U0905667

珍藏本
纪念版

汉译世界学术名著丛书

现代经济学导论

〔英〕琼·罗宾逊 约翰·伊特韦尔 著

陈彪如 译

2017年·北京

Joan Robinson John Eatwell

AN INTRODUCTION TO MODERN ECONOMICS

revised edition

McGraw-Hill Book Co. (UK)1974

根据英国麦格劳-希尔图书公司

1974 年修订版译出

汉译世界学术名著丛书
（120年纪念版·珍藏本）
出 版 说 明

2017年2月11日，商务印书馆迎来120岁的生日。120年前，商务印书馆前贤怀揣文化救国的理想，抱持“昌明教育，开启民智”的使命，立足本土，放眼寰宇，以出版为津梁，沟通中西，为中国、为世界提供最富智慧的思想文化成果。无论世事白云苍狗，潮流左右激荡，甚至战火硝烟弥漫，始终践行学术报国之志，无改初心。

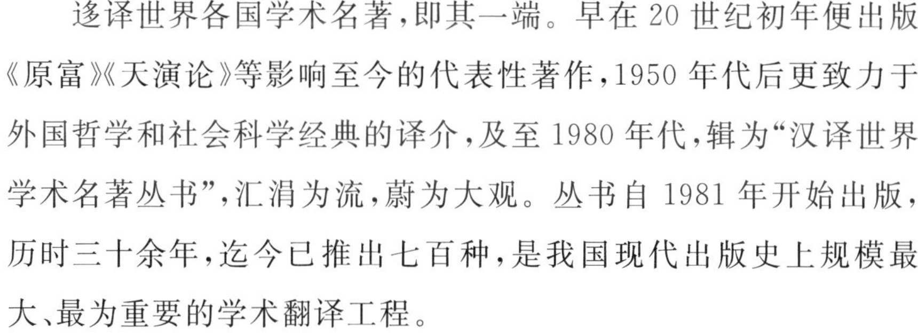

逐译世界各国学术名著，即其一端。早在20世纪初年便出版《原富》《天演论》等影响至今的代表性著作，1950年代后更致力于外国哲学和社会科学经典的译介，及至1980年代，辑为“汉译世界学术名著丛书”，汇涓为流，蔚为大观。丛书自1981年开始出版，历时三十余年，迄今已推出七百种，是我国现代出版史上规模最大、最为重要的学术翻译工程。

丛书所选之书，立场观点不囿于一派，学科领域不限于一门，皆为文明开启以来，各时代、各国家、各民族的思想与文化精粹，代表着人类已经到达过的精神境界。丛书系统译介世界学术经典，引领时代思想，为本土原创学术的发展提供丰富的文化滋养，为推动中国现代学术和现代化进程做出了突出的贡献。

为纪念商务印书馆成立120周年，我们整体推出"汉译世界学术名著丛书"120年纪念版的珍藏本，寄望既利于文化积累，又便于研读查考，同时向长期支持丛书出版的译者、编者和读者致以敬意。

两甲子后的今天，商务印书馆又站在了一个新的历史时间节点上。我们不仅要铭记先辈的身影和足迹，更须让我们的步伐充满新的时代精神。这是商务人代代相传的事业，更是与国家和民族的命运始终紧密相连的事业。我们责无旁贷，必须做好我们这代人的传承与创造，让我们的努力和成果不仅凝聚成民族文化的记忆，还能成为后来人可以接续的事业。唯此，才能不负前贤，无愧来者。

商务印书馆编辑部

2017年10月

译者前言

琼·罗宾逊(Joan Robinson)是英国著名经济学家,生于1903年,剑桥大学毕业后,即在该校任教,1965年起任教授,直至1971年。1933年她发表了《不完全竞争经济学》一书,因而闻名于西方资产阶级经济学界。1936年凯恩斯的《就业、利息和货币通论》问世后,她写了许多阐述凯恩斯理论的书籍和文章,成为一个重要的凯恩斯主义者。第二次世界大战后,凯恩斯的信徒力图使凯恩斯的短期比较静态分析"长期化"、"动态化",但在增长理论的分配理论方面发生了意见分歧:美国凯恩斯派保罗·萨缪尔森把凯恩斯的就业理论和以瓦尔拉及马歇尔为代表的"新古典学派"的价值论与分配论结合起来,杜撰了一个所谓"新古典综合"[①]的理论体系;在英国则形成"新剑桥学派",着重考察在经济增长过程中劳动收入(主要是工资)和财产收入(主要是利润)在国民总产值中相对份额的变化,琼·罗宾逊是这一学派的主要代表人物之一。

琼·罗宾逊著述甚多,除《不完全竞争经济学》外,其他主要著作有《就业理论引论》(1937年)、《论马克思主义经济学》(1942年)、《经济论文集》(四卷,1951—1973年)、《资本积累论》(1956

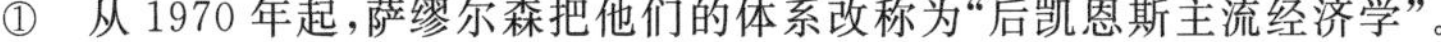

① 从1970年起,萨缪尔森把他们的体系改称为"后凯恩斯主流经济学"。

年)、《经济增长论文集》(1962 年)、《经济哲学》(1963 年)、《经济学的异端》(1971 年)和《现代经济学导论》(1973 年)等书。她的大量著作对当代资产阶级经济理论的发展有相当大的影响。

《现代经济学导论》一书是琼·罗宾逊同约翰·伊特韦尔(John Eatwell)合写的,分为三卷。第一卷围绕财富、价格、货币、社会正义和有效需求等问题,扼要论述了从十八世纪到现在为止的经济学说。作者强调指出,经济基础的变化引起经济学说的发展,经济学说具有明显的阶级性,它是为一特定阶级服务的:“重商主义者是海外贸易商的拥护者;重农主义者卫护地主的利益;亚当·斯密和李嘉图则相信资本家(他们赚取利润,为的是进行再投资,扩大生产)。马克思把他们的论点倒转来为工人辩护。现在,马歇尔站出来充当食利者的战士……”(第 50 页)。第二卷主要是对资本主义经济的分析。作者首先提出一个农业生产模型,接着提出一个工业生产模型,用来说明凯恩斯的有效需求理论和技术变革的影响;然后着重说明利润和分配问题;最后四章涉及金融、经济增长、国际收支和社会主义计划。第三卷探讨了当前世界的一些经济问题,包括主要资本主义国家的就业、增长和通货膨胀问题,社会主义国家的国际贸易、农业和计划问题,以及第三世界的土地改革、就业不足、资金、技术和人口等问题。

本书的特点是推翻“新古典学派”以边际生产率为依据的分配论。萨缪尔森根据这种庸俗的分配论提出,随着资本量的增长,资本的边际生产率不断降低,于是利润率将逐渐下降,工人的实际工资将逐渐提高。这显然是一种为资本主义制度辩护的理论。在本书中,琼·罗宾逊断言,“资本”是不能测度的量值,因而资本边际生产率概念是没有意义的，用边际生产率来说明工资率和利润率的理论也是站不住脚的。她采用彼罗·斯拉法所著《用商品生产商品》一书的论证方法，推论出资本家的消费和投资决定利润，而不是相反的情形。如果资本家的消费倾向不变，那么“整个经济的利润水平——产量与就业水平——决定于投资水平”（第158页）。较高的投资率必然带来较高的经济增长率。在经济增长过程中，工资和利润在国民收入中所占的相对份额将朝着不利于工人的方向发生变动。她主张国家采取措施，以实现收入的“均等化”，因此她在美英各国博得了“凯恩斯左派”的称号。

这本书是一本现代资产阶级经济学教材，对一些重大经济理论问题有其独特的见解，是一本可供学习西方经济学和研究当代经济问题时参考的比较有分量的著作。

陈彪如

目　　录

第二篇　分析

第三篇　现代问题

引　言

这本书首先是为初学经济学的学生写作的，不过，书中的某些部分，也许会引起人们的广泛兴趣。

经济学说、分析和现代问题这三个题目，既可以作为同时开设的课程中的科目，也可以对它们进行连续的研究。

第一篇概括地评述了从十八世纪起到现在为止经济思想的主要线索。在这里，读者不要停留在理论论证的细节上；它所涉及的分析的要点，是要在第二篇中说明和阐释的。

在关于分析的第二篇中，第一章系考察在技术要求相同的场合，各种财产制度影响生产的情形。

以下九章是研究资本主义经济的活动的。一开始，我们应用一种高度简单化的模型来讨论有效需求、收入在工资和利润间的短期分配以及技术的发展。在以后各章中，论题变得逐渐复杂起来，模型规格就放松了。第五、六、七章涉及通常所谓微观经济学的基础，包括对政府财政的简单论述，以后三章是从国家和国际观点来探讨货币制度以及公司与贸易增长的各个方面的。第二篇最后一章提出社会主义国家计划的一些理论问题。

在序论中，对方法论作了一些探讨，并对第二篇各章作了一个提要。附带指出，读者在第一遍阅读时，有一两段可以省略不读，即使这样,也不致遭受重大的损失。

纯粹经济逻辑可以看作是应用数学的一个小小的分支,但是,我们并不认为,把大部分论证采用符号形式是有益处的。理由是,一些经济关系,如同储蓄在国民收入中所占的份额,土地同劳动的比率对产量的影响,或技术革新所带来的生产率的变化,是不能用简单的、光滑的函数来适当表示的。把它们压缩到代数公式里,可能引起严重的误解。我们觉得,用举数字的例子和作图的方法会更好些;这种方法虽不那么流行,却更富有启发性。

当为现实目的而处理实际资料时,我们需要数学方法(第二篇第十一章附录一谈到苏联经验提供的一个例子)。不过那时节,数学要比一般用来说明基本理论的高深得多,说实在的,这种数学还在创造的过程中。

第三篇接触到有关政治判断的一些问题,这些问题只能从某一特定观点来理解。作者想使读者充分了解他们自己的偏见,以便在他认为适当的时候,不把这种偏见当作一回事。

一九七四年四月,修订本第一版

一些疏忽和遗漏改正过来了。我们并不打算使本书的论证能够符合一九七三年一月初稿完成以后的事态发展。

第一篇

经济学说

序　　论

政治经济理论的发展是十七世纪科学革命以后理性认识中自我意识不断发展中的一个要素。如果社会秩序不是神授的，而是自然界的一部分，那么它就是哲学研究的一个适当课题。在社会关系方面，照宗教的说法，每一宗商品都有一个公平价格，它谴责索取利息是高利盘剥，这种宗教观点由于商业生活的要求而消失了。在经济学成为系统理论以前很久，现实经济早就达到高度复杂的水平。可以说，哲学家们凝视着这一眼花缭乱的复杂情景，极力要弄明白它的意义是什么。

十八世纪自由思想家从自然规律的概念找到了宗教的代替物。他们企图探索人类生活的和谐与公平的原则，这些原则是和牛顿所揭示的物质世界的规律性相适应的。

随着思想的发展，自然规律就让位于功利主义者所提出的原则，他们支持边沁（1748—1832）关于社会安排能够而且应当依据它们的后果进行判断的学说。判断任何政策的后果的标准，在于它对“最大多数人的最大量幸福”作出的贡献。

这是同变成自然规律观念的神学生活观点的彻底决裂。行动要从行动的结果来判断，而不是求助于某种一般的道德规范。撇开它的功利主义口号，我们将会看到，功利主义很快就形成对权宜

办法的虔诚信仰，在这种虔诚信仰中，社会阶级概念变得比过去任
2 何时候都更加严格了。

一、经济哲学的问题与作用

在哲学家所面临的问题中，首先是财富从哪里来的？不难看到，劳动创造财富，自然仁慈地提供了天生的果实，不过另外还有利润。利润是哪里来的？资本像劳动一样创造财富吗？抑或利润只不过是对劳动所创造的财富的一种课税呢？

然后是价格问题：商品价格是经济生活中需要说明的最明显的表面现象；但是，价格在一些偶然事件影响下可能一天一天地发生不规则的变动——肯定有某种基本的价值原理来解释价格吗？

然后是货币问题：在经济中货币的作用是什么？个人货币收入同整个社会的财富有什么关系？如果每个人都有更多的钱去花费，而可以买到的货物则保持不变，那么，什么人的处境会变得好些呢？

然后是社会正义：一些家庭过着豪华的生活，而另一些家庭则简直无法养活他们的子女，那是正当的吗？这确是一个困难问题，没有哪一派思想（甚至在苏联）曾经对这个问题找到一个满意的答案。

最后是有效需求问题，有效需求就是在有利价格下对于现有生产能力能够生产的产品量的需求。将会有足够需求来使一切可以利用的资源——人和机器——都得到充分利用吗？财富随着专业化而增长，专业化随着财富而发展。靠自己的收成来养家糊口维持生存的农民，既没有很多的生产，对别人也没有很多的需求。

专业化带来了销售问题。每一个生产者——耕者、手工业者或劳工的雇主——的正常情况是在寻找市场;如果他能在适当的价格下找到买主,他就总是能够略微多生产一些东西。需求从哪里来,为什么难得有足够多的需求使每个人都能尽量地工作呢?

从十七世纪以来,每一个经济思想的流派都集中注意这些问题中的一个或另一个。然而今天这些问题依然悬而未决。

现实经济是在民族国家范围内发展起来的。哲学是同爱国主义联系在一起的。从一开始,国民财富的研究就是对于我的国家的财富和怎么样使它增加的研究。经济体系各个组成部分的成就,是依据它们对国民财富的增长作出什么贡献来评价的。理论涉及对政策的支持;哲学之卷入争论,主要是证明政策所依据的社会观点是正确的。甚至到今天,经济学包括三个方面或者起着三种作用:极力要理解经济是如何运转的;提出改进的建议并证明衡量改革的标准是正当的;断定什么是可取的,这个标准必定涉及道德和政治判断。经济学绝不可能是一门完全“纯粹”的科学,而不掺杂人的价值标准。对经济问题进行观察的道德和政治观点,往往同所提出的问题甚至同所使用的分析方法那么不可分割地纠缠在一起,因而上述政治经济学的三要素,就不那么容易保持它们之 3
间的分明界限了。

二、形而上学与科学

在社会科学中,常用一种推理方法,那可以说是**形而上学的**。这个字眼有着各种不同的意义。在这里,它是指使用一种语言,这种语言既不提供实际情况,也不说明逻辑关系,更不给予明确的指示，但却被认为会影响行为。[1] 讲自然和谐就是一种形而上学，因为它拿不出什么是自然秩序的证据来。“最大多数人的最大量幸福”也是个形而上学的概念，因为它没有提出一个标准来判断什么是“幸福”，也没有提出什么方法可以使少数人的较大量幸福与多数人的较小量幸福相对比。

形而上学的说法没有提供情况，因为它的术语不是依据任何外界事物来说明的。和谐的就是和谐，幸福的就是幸福。这种说法并不具有科学的内容：不能说，如果它不正确，事情无论如何会是不同的；然而它也绝不是空洞的，它表示某种精神状态、某种政治同情或道德价值，它可以把人们的意见结晶成为具有重大实际影响的形式。

由于政治经济学同爱国主义混合在一起，所以，一般幸福的口号往往暗含有国家利益的主张；由于理论是在划分阶级的社会里建立起来的，所以，口号表示了对一特定阶级的同情，并在增进国家财富的掩护下鼓吹有利于那一阶级的政策。

在以下几章里，我们扼要叙述一下近二百年来传播的政治经济学说，还打算把事实的和逻辑的部分分别同形而上学（在我们使用这一术语的特殊意义上）的部分区别开来。论证的分析部分将在第二篇中展开并加以说明。

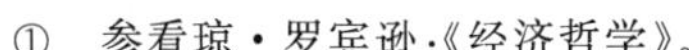

① 参看琼·罗宾逊：《经济哲学》。

第一章　在亚当·斯密以前 5

第一节　主要思想

一、有效需求

政治经济学借以获得发展的头一个问题是国际贸易。

重商学派是随十七、十八世纪英国海外贸易的增长而一同兴旺起来的，它有一个明显的学说，即出口为国家带来财富。这一学派的倡议者支持并主张政府采取可以用来保护贸易余额的措施。亚当·斯密嘲笑了这些人，说他们误把黄金看成财富了。其实，他们并不是就那么愚蠢的。

在国际金融制度得到高度发展以前，对外收支发生赤字（对外付款大于它的进款）的国家，必须用现金来弥补这个差额，而国际收支的主要部分是进出口货的价值。各个贸易商是进行买卖货物来为自己牟取利润。从进口货获利的可能性，取决于国内对外国货（印度的薄纱或锡兰的香料）的需求，从出口货获利的可能性则取决于国外市场上国产货物（英国的衣料）的价格。将一个国家在一年中的全部交易进行总计，我们发觉，进口货和出口货的价值大部分会互相抵消掉，但是没有一个机构使它们恰好相等。当全部进口商欠外国卖主的钱大于出口商从外国买主挣得的钱时，就整个国家来说，产生一个付款大于进款的相应超过额。国际间唯一可以接受的现金形式是金银，因此，“国库空虚”，贵金属外流，乃是贸易收支出现赤字的征兆。

6 重商主义者关心有效需求问题。他们认识到，贸易收支赤字一般地说对生产是不利的。赤字有压低有效需求的影响。进口货意味着有供给而没有需求。国内的收入花在进口货物上面，而购进它们却没有在国内提供收入。另一方面，出口货意味着有需求而没有供给来抵消它。生产出口货所挣得的收入大部分花在国内市场，从而提高国内的需求。重商主义者认为：出超倾向于膨胀国内经济，而入超则倾向于压缩国内经济。这是不错的。

对贸易差额的关注使得重商主义者主张用保护措施来制止进口，他们企图证明：一切旨在促进国家繁荣的政府法规都是正当的，虽然收效往往适得其反。

二、货币与财富

重商主义者反对黄金流失还有一个因素。他们看到（但不十分理解这是什么缘故），黄金数量的外流从而货币供给减少，压低有效需求的程度大于贸易收支赤字的紧缩影响。但要承认，他们把这个问题搞得相当混乱。

哲学家大卫·休谟（1711—1776）提出了一系列问题，后来由亚当·斯密解决了。尤其是，休谟试图消除货币和财富之间的混乱情形。他的《论货币》一文开头一段如下：

正确地说，货币并不是商业问题之一，而只是人们同意用

> 来促进一种商品与另一种商品交换的工具。它不是贸易的车轮，而是使车轮运转更加平稳更加灵活的润滑油。[①]

在他的《论利息》一文中，有一段话往往被人曲解了：

> 假使出现奇迹，在英国一夜之间有五英镑装进每个人的口袋，这使王国现有的全部货币增加一倍而有余。可是第二天或在一定时期内就不会再有放款人，也不会再发生利息的变动。如果在这个国家里除地主和农民外没有别的什么人，那么，这批货币，不管数量多么大，决不会集拢成整笔的款子；它只会抬高一切物品的价格而没有任何进一步的影响。[②]

从字面讲，这显然是不正确的。假定你一周有 7 英镑收入，在星期五支付，每天花 1 英镑。那么你的年收入是 365 英镑，你的口袋里平均有 3.5 英镑。如果你在星期三早晨醒来时发现你的口袋里有 7 英镑，或者，甚至你在星期六醒来时发现有 14 英镑，那并不意味着，你的一年收入和一年花费将要增加到 730 英镑。也许会 7
发生一次为限的花费浪潮，然而没有理由认为物价要永远上涨。

后来一些作者陷入了这种混乱当中，但是休谟不是顺着这条思路进行思考的；他论证说，普遍散发的小额额外购买力不会“集拢成整笔的款子”，可以用来资助贸易和工业。他是针对社会环境提出问题，而不是对货币数量和物价水平的关系问题表明他拥护一种机械的理论的。

---

① 一个合适的版本是大卫·休谟关于经济学的著作（罗特威恩编），参看第 33 页。

② 同上书，第 51 页。

三、最后一个重商主义者

詹姆斯·斯图亚特爵士(1712—1780)是一个事务家而不是一个哲学家,他在1767年发表了《政治经济学原理研究》一书,这本书对思想的发展不曾发生重大的影响,因为九年以后它就被亚当·斯密的《国富论》压倒了。在国际贸易问题上,斯图亚特有点采取重商主义路线,他提出的修正意见是相信专业化利益的一些暗示,这种专业化在他的时代以后流行起来了。他考察的一个问题是一国发觉在个别产品的生产方面,别的国家这一产品的售价比它低的问题。

> 贸易在我们现在进行观察的这个国家已经存在很久了,我料想,经过一段时间,她的邻国已经懂得比她更便宜地提供一宗商品来满足她们自己的和其他国家的人民的需要。怎么办?当一些商品能以较低价格从另一个地方得到供应时,不会有人再向她购买的。我说,怎么办?如果对贸易不加限制,如果政治家不给予最大的关心,那就可以肯定,商人将会进口这些产品,甚至进口竞争国家的制造品;居民情愿购买这些产品而不愿买他们本国的产品;于是,国家的财富将会输出;她的勤劳的制造商将要陷于饥饿状态。所以我们不妨把这看做是贸易问题,要根据已经制定的原则予以解决。[①]

在这种情形下,最后一着是禁止有关商品的进口而在国内进行生产,不过,如果能放弃那一商品的生产也许要好些:

① 《政治经济学原理研究》(斯金纳编),第284页。

> 如果在研究一种制造业所雇用的工人如何安排时发现，
> 他们可以顺利地投入另一部门工业，在这种工业中，国家的天
> 然有利条件胜过她的竞争者，正如后者的天然有利条件胜过
> 她打算放弃的部门一样；假如她的邻国同意开放她们的港口
> 使有关商品可以自由进口的话。因为，尽管通过交换，从贸易 8
> 所得到的利润不多，我仍然认为继续交流并避免在一切场合
> 停止同其他国家做生意是明智的。一个勤劳、节俭、精明的民
> 族（我认为我们的商人就是这样的）将能够利用许多情况，这
> 些情况必定会变得不利于它进行贸易的其他民族，这些民族
> 在商业方面不是那么老练的。在指望有利的变革中，它不应
> 该轻率地，也不要因为小小的麻烦而断绝同它们的贸易往来，
> 特别是当奢侈品看来好像是在发展中的时候。[①]

詹姆斯·斯图亚特像重商主义者一样关心有效需求问题。他注意到，政府支出，即使花在“军需品”上面，也会提供就业，不过他宁愿提倡和平建设：

> 在一座工厂建成时，它更加有用，那就更好了；因为那时节它可以使一些不曾参加建造工厂的人们有饭吃。但是，不论以后是不是有用，在它正在兴建的时候，它是一定有用的。许多人十分愿意捐献一千镑来修饰一座教堂，而不愿捐献一先令来建造威斯敏斯特大桥或罗什福尔港；其实，随便做哪一桩，穷人都同样可以靠它过活。因此，耗费巨大的公共工程是给穷人挣饭吃和发展工业的一种手段，这不会损害朴素的生

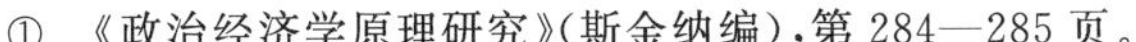

① 《政治经济学原理研究》(斯金纳编)，第284—285页。

活方式。[①]

在凯恩斯于十九世纪三十年代重新叙述这种情况以前，在这个问题上，这个见解是比人们所晓得的其他看法都更为明显的见解。

第二节　重农主义者

尽管英国哲学家往往都是有深远见识的人，但他们对合乎逻辑的经济分析却不曾提出一个有条理的严密体系来。这样做的头一批作者出现在法国。这个以重农主义者著称的学派，是最早用它的社会阶级体系来说明经济社会结构的。

一、封建主义

法国在十八世纪还保持着封建经济的结构。地租连同向耕者征收的赋税是用来维持法庭、军队和一切艺术文明的金钱来源。地租是直截了当地向农民勒索一份收成。农民只得用剩余部分来维持自己的生存和进行种子等等的必要投资。重农主义者就拿这样的一幅图景，作为他们学说的依据；在他们看来，提供地租的土地是纯产品的唯一源泉。

弗朗斯瓦·魁奈(1694—1774)是路易十四的宫廷医师，他有
时被称为近代第一个经济学家，因为他用抽象的图式提出了他对
9 经济体系的分析，从而说明生产和消费过程中的商品流通。魁奈
根据血液循环原理所制订的表式，有点类似今天用来表明工业生产

① 《政治经济学原理研究》(斯金纳编)，第387页。

结构的投入-产出表。社会上有三个阶级:地主、农民和手工业者。如果我们把魁奈的《经济表》略微简化一下,他们之间的关系如下。

在每一年年初,农民有从去年收成中留下来的产品贮存。这部分贮存可在一年中养活他们,并为他们提供生产用的种子等等;农民耕种田地,生产农作物,照魁奈的例子,所获农产品是他们一开始时所有贮存的二倍。他们用这些产品补偿生产过程中所消耗的贮存,而将剩余部分或纯产品缴给地主。地主直接消耗一部分(包括养活他们的从属人员),而用其他部分来购买手工业者的产品。手工业者有他们自己的生产设备——织工的织布机,铁匠的熔铁炉。他们出售制造品所得到的款项是他们的总收入,他们用这些收入来补偿原料以及生产设备的损耗并养活他们自己,他们的进款恰是他们的产品的价值。他们对剩余产品是没有贡献的。剩余产品纯粹是来自土地的产品。

这些见解支持了某些进步的政策方针。首先,向农民征税是错误的,因为这会减少再生产剩余产品过程中他们消费所必需的贮存。其次,改进耕种方法以提高剩余产品对贮存的比率并增加纯产品,从而扩大对手工业者产品的需求和一般国民财富,是可取的。这一切是从对经济结构的分析演绎出来的。不过论证还有形而上学的一面。将剩余产品等同地主的地租,可以变成为社会制度辩护的理由。因为如果只有土地提供剩余产品,那就只有土地所有者有权来享受它了。

二、形而上学论点

一种形而上学说法(在我们使用这个术语的意义上)的标志

是，如果它不正确，事情不会有什么不同。一家农民将他们自己土地上生产的农产品的超过自己消费的部分用于缴纳地租，这个说法只是陈述事实。地租是来源于土地生产率的，这个说法除非考虑下面这一点，否则就没有意思了，这一点就是，对超过农民消费的剩余生产物所下的定义是，剩余生产物是由于土地生产率的关系而产生的。论证的形而上学部分，除了提出为地租制度辩护的口号以外，并没有什么作用。

同样经济社会的情景，也可以便当地得出有利于农民的口号。从一个不同的政治立场可以争辩说，没有农民的劳动就不会有产品。是劳动而不是土地提供了剩余产品。地主之所以消费而不劳动，只是因为他们占有土地，又有国家权力作为后盾，才使他们能够榨取地租。

同样，我们也能够提出一些口号来表明，手工业者是提供剩余
10 产品的人，因为他们的工艺品给予消费者的满足远远超过消费者所必须支付的价格。在随便哪一种情形下，形而上学除了被用来进行的鼓动宣传以外，在分析方面并没有什么不同。

撇开一些改革建议不谈，重农主义者从他们的形而上学引申出来的教训是接受他们生活在其中的社会制度。但是，他们的经济分析，不论在今天看来是多么粗浅，还是尖锐深刻，倒是有它独到的见解的。目前，它在摆脱封建主义并为现代化而斗争的一些国家里，有着不同的意义。如果农业剩余产品是发展中国家的基本必要条件这一点是正确的话，那么，容许地主继续消耗剩余产品就决不是可取的了。

第二章　古典政治经济学 11

制造业的日趋重要，使得重农主义者的看法变得陈旧过时了；但是，他们的后继者——通称为古典学派——却接受了以阶级为依据的经济结构的观念，为新工业社会的动态学提出了又一种分析。

亚当·斯密(1723—1790)的声望使所有以前的经济哲学都相形见绌。1776年《国民财富的性质和原因的研究》的发表，宣告一种经济事务概念占据支配地位几乎达一百年之久。在那个时候，政治经济学已经被确定为社会哲学的一个独特部门。

李嘉图(1772—1823)在一个严密的分析体系里使斯密的广阔思想规范化并得到了发展。他是一个退隐的证券经纪人，后来成为国会议员，他的主张对当代的政治经济学问题发生了巨大的影响。

在努力理解实际问题当中，李嘉图钻进了理论分析。他远比魁奈更当得起现代经济学之父的称号，因为他搞出了我们认为是建立模型的分析方法。这个方法是抽取一个问题的简明的基本要素，删掉不相干的细节，然后研究它的各个部分的相互作用。当这个方法所选择的实体和它们的活动方式同广泛的现实符合一致时，则运用模型推断出来的关系就富有启发性了。不过，这样一种危险也是存在的，即模型所遗漏的一些要素实际上可能是重要的，因而从模型得出的结论，往往会不符合于实际情况。

李嘉图对于分析具有非凡的天才，他是一个顽强的思想家。他煞费苦心地请求人们批评他的思想，当他信服时就予以修正。

李嘉图的主要批评者是他的朋友马尔萨斯（1766—1834）。马
12 尔萨斯最出名的是他那本悲观主义的《人口论》（1798 年），照《人口论》的说法，人类倾向繁殖到粮食供应所规定的界限。可是，后来他在经济思想发展方面起了重大作用——最著名的是他在经济理论的一切方面同李嘉图发生的一些争论。从 1815 年到 1823 年，这两个朋友不间断的书信往来包括有：经济问题的奥妙论点，对彼此发表的著作的评论，以及对其他人著作的批评，这些书信全都写得异常直率而富有感情。

约翰·斯图亚特·穆勒（1806—1873）是李嘉图的另一个朋友詹姆斯·穆勒（1773—1836）的儿子。他除了对哲学和伦理学作出显著贡献以外，还是古典学派最后一个重要的自由作家。他对分析的实质无所增补。他的《政治经济学原理》（1848 年）一书到新古典学派兴起为止一直是政治经济学的基本教材，这本书反映了十九世纪中叶英国日益加强的自信心，而在这个过程中，也把透彻明白的李嘉图思想弄得模糊不清了。

穆勒从古典学派分析法得出的结论和马克思（1818—1883）得出的结论正好相反。马克思依据他自己的历史哲学，重新表述了李嘉图的分析。马克思的广阔思想使他的著作超出了古典学派经济学的狭隘界限，不过他的分析的重要因素仍是来自古典学派的观念。

像一切概括一样，把不同集团的经济问题作家称为“学派”容易引起误解。在一个集团之内，观点也有重大的分歧：相对斯密来说，李嘉图的《政治经济学及赋税原理》(1817 年)被同时代人认为是“新经济学”，而马克思则往往恶意地摒弃他的前辈的思想。但是这个集团的所有作家，都有一个共同的根本思想体系，虽然他们的经济分析的方向和结论往往不同。

第一节　基本观念

一、阶级分析

古典学派分析中的基本概念涉及社会上各个阶级的经济特征。这个体系采取了魁奈原来描绘的一幅关于农民、地主和手工业者的图景，亚当·斯密把它改为由工人、资本家和地主所组成的社会结构。工人的消费接近维持最低生活的水平，资本家的作用是积累，地主的消费是可用于积累的剩余产品的扣除额。由于这三个阶级用不同方式处理他们的收入，所以总产品在他们之间的分配决定了经济的发展。

斯密谈到社会上“三大阶级”时说：

> 我们已经说过，一国土地和劳动的全部年产物，或者说，
> 年产物的全部价格，自然分解为土地地租、劳动工资和资本利 13
> 润三部分。这三部分，构成三个阶级人民的收入，……
>
> 一国年产物的普通或平均价值是逐年增加，是逐年减少，还是不增不减，要取决于这一国家的年产物每年是按照什么

比例分配给这两个阶级的人民。[①]

李嘉图在说了同样一段话后断言：

> 确定支配这种分配的法则，乃是政治经济学的重要问题。[②]

斯密的定义没有李嘉图那么明确，他那以自然规律为依据的道德哲学，使他不赞成人们之间的关系缺少人情味；而功利主义的李嘉图则认为这是理所当然的。亚当·斯密的许多意见在今天看来似乎是激进的。关于地主的地位，他说：

> 一国土地，一旦完全成为私有财产，有土地的地主，像一切其他人一样，都想不劳而获，甚至对土地的自然生产物，也要求地租。[③]

对于雇主和工人的"自由竞争"，他同样是直言相告的：

> 雇主们为使劳动工资不超过其实际工资率，随时随地都有一种秘而不宣的团结一致的结合。破坏团结，随时随地都是最不名誉的行动，都为近邻和同业者们耻笑。我们所以不常听到这种结合，正因为那是一种不被人知道的普通结合，或者可以说是一种自然结合。[④]

但是这个论点的主要力量在于维护工业资产阶级日益扩大的权力，并呼吁把利己主义的作用从阻碍重重的限制中解放出来：

---

① 亚当·斯密：《国民财富的性质和原因的研究》上卷，商务印书馆 1979 年版，第 240 页和 49 页。

② 李嘉图：《政治经济学及赋税原理》，商务印书馆 1962 年版，第 3 页。

③ 亚当·斯密：《国民财富的性质和原因的研究》，上卷，第 44 页。

④ 同上书，第 61 页。

> 人类几乎随时随地都需要同胞的协助，要想仅仅依赖他人的恩惠，那是一定不行的。他如果能够刺激他们的利己心，使有利于他，并告诉他们，给他做事，是对他们自己有利的，他要达到目的就容易得多了。不论是谁，如果他要与旁人做卖， 14
> 他首先就要这样提议。请给我以我所要的东西吧，同时，你也可以获得你所要的东西：这句话是交易的通义。我们所需要的相互帮忙，大部分是依照这个方法取得的。我们每天所需要的食料和饮料，不是出自屠户、酿酒家或烙面师的恩惠，而是出于他们自利的打算。我们不说唤起他们利他心的话，而说唤起他们利己心的话。我们不说自己有需要，而说对他们有利。[①]

但是，要解放的利己主义是商人和劳工雇主们的利己主义。工人的利己主义没有考虑。一旦手工业者失去他的工具和市场联系，他就变成靠工资过活了。正是雇主得到工厂劳动所强行规定的效率和纪律的好处。对亚当·斯密来说，工资是生产成本的一部分，就像耕畜的饲料一样。国家财富不包括工人的消费，只包括超过成本的剩余生产，因为剩余产品可以用于再投资，在不断加剧的螺旋形上升中膨胀自己。

二、作为预付款的资本

对古典学派经济学家来说，唯一根本的生产力量是劳工，说得更确切些，是劳动。因此，撇开“自然的免费赠品”，只有人类劳动

① 亚当·斯密：《国民财富的性质和原因的研究》，上卷，第13—14页。

创造财富。物质世界只是一系列条件,它不过为人类劳动之成为积极活动的因素提供一个环境罢了。

经过一定时间来组织生产的过程需要预付款,因为在产品制成以前要支付工人的工资。靠预付工资来制造越来越精密的工具,使劳动生产率不断提高。所以**资本**是对资源的支配权,资本家用它来取得对劳工的支配权。照古典学派的见解,在一般意义上,资本是一笔工资**基金**,机器是过去支付的工资**基金**的体现,它转入了更进一步的生产阶段。

三、"剩余产品"的决定

剩余产品是商品数量中超过维持生产这一数量商品的工人生活需要的剩余部分。总产量是由技术决定的,工资是那一产量的扣除额,工资的提高导致剩余产品的相应减少。(在下一章我们将会看到,这种"扣除额"理论是和十九世纪后期提出的新古典学派分配理论十分不同的,在后一种理论中,工资和每人平均产量是一种函数关系。)

李嘉图论证的逻辑要求工资水平确定在生活费用的最低点。这不是一个完全满意的概念;最低生活费用的物质需要不够确切——食物不足会产生缩短寿命的估计而不是人口的突然减少。而且,正如马克思所说的,在生活程度方面包含有社会认为"必需的""历史的和道德的因素"。

李嘉图受到马尔萨斯人口论的影响,他认为,如果工资提高到
15 最低生活费用以上,人口的增加会无情地把工资压低。现在一般地说这一点是不错的,即工人队伍生活在一个低水平,因而婴儿死

亡率控制了工人人数。收入上升也许会使更多的婴儿活下来,并增加寻找职业的工人人数。但这显然是一种缓慢的反应,不能成为一个恰恰保持工资在最低生活费用水平的机制,即使有可能发现使工人队伍人数保持不变的收入水平也是一样。

然而李嘉图所需要的只是这一假定:在一个固定的工资率下,总有劳工可以雇用。这是符合他所试图分析的当时的情况的。

马克思否定了马尔萨斯的人口论和所谓"报酬递减律",这一规律预测生产的增加赶不上人口的增长。他认为是失业工人"后备军"的存在把在业工人工资压低到社会决定的最低水平。

马克思把工资水平同剩余产品生产过程联系在一起了,剩余产品是除最原始社会以外一切社会都存在的历史现象,而在生产中榨取剩余产品的方式是因社会结构而不同的。马克思关心的正是这一过程,特别是剩余产品的榨取在资本主义社会所采取的形式。

四、动态分析

古典学派经济学家试图发现资本主义经济的"运动规律"。他们的分析必然是动态的,这种分析探讨的是资本的积累(这使更多的工人可以雇用)和机器的生产(这依次又推动更大量机器的生产)。他们还考察了日益发展的经济中不能再生产的资源特别是土地的限制所产生的问题。虽然斯密、李嘉图和穆勒都抱有社会达到"财富满额"或"静止状态"的思想,但这总归是经济趋向的一种状态,是动态过程的自然结果。

第二节　财富积累

亚当·斯密是工业革命的先知。重商时代留下了它的遗产。从贸易获得的大量财富和从海外掠夺的金钱财物提供了现在可以用来投资建设工业的资金。贸易渠道以及征服地和殖民地则开辟了市场(在这些市场里,制造品的售价可以比当地手工业者的产品低),同时供应了用来加工制造的原料。现在重商主义政策的狭隘防御性质变成了财富增长的障碍,有效需求不再是关系重大的事情了。

16 亚当·斯密说明,分工是技术发展的基础,并且表明,“分工取决于市场的范围”。他对重商主义者的攻击就是针对重商主义的妨害市场扩大的限制政策的。

一、分工

分工的发展以及劳动划分为越来越精细的专业化作业,是正在出现的工厂制度的主要结果——在亚当·斯密看来,则是这一制度的主要优点。资本家的剩余产品是促进专业化和便于进入更广大的市场所必需的;而更广大的市场则又是推销扩大的产量所必需的。随着剩余产品的增加和资本的积累,每人的平均产量提高了。因此,为了增加每个雇佣工人的剩余产品,没有必要极力压低工资,相反,提高一定工资所能购买的工作时间的生产率比降低工资要好得多。于是斯密声称,促进分工的资本主义生产(通过工艺的优越性)消灭了手工业和工匠的生产,其结果是财富的增加,这就使整个国家都得到好处。

他对尽可能精细地划分作业的技术优越性提出了三点论证。

> 有了分工，同数量劳动者就能完成比过去多得多的工作量，其原因有三：第一，劳动者的技巧因专业而日进；第二，由一种工作转到另一种工作，通常须损失不少时间，有了分工，就可免除这种损失；第三，许多简化劳动和缩减劳动的机械的发明，使一个人能做许多人的工作。①

斯密用他那有名的制针工厂来说明这些论点，在这个制针工厂中：

> 一个人抽铁线，一个人拉直，一个人截断，一个人削尖线的一端，一个人磨另一端，以便装上圆头。……

余类推：

> 这样，扣针的制造分为十八种操作。②

二、工厂制度 17

就制针工厂来说，斯密的论证并不是很有说服力的。要节省从一种工作转到另一种工作通常损失掉的时间，只需把一种特殊活动持续在相当长久的时间内，来消除因安排这种作业所需的原料而损失掉的时间就可以了。孤独的制针手工业者，可以一整天抽出铁丝，第二天将铁丝弄直，第三天切断，等等。节省时间需要划分作业并确定各种特殊活动的理想持续时间；它并不意味着需

① 亚当·斯密：《国民财富的性质和原因的研究》，上卷，第8页。

② 同上书，第6页。

要各个人的专业化。

在有关技巧不难获得的情况下，分工使技巧愈来愈熟练的说法也是站不住脚的。在工厂制度最先发展的大多数部门中，所需技巧是比较容易学会的，容易到连童工都能学会的程度。要到很久以后，工艺的复杂性才真正产生了专业化的作业。

最后，斯密是相信日益发展的革新倾向的，所以，以后他就自相矛盾起来：

> 一个人如把他一生全消磨于少数单纯的操作，而且这些操作所产生的影响，又是相同的或极其相同的，那么，他就没有机会来发挥他的智力或运用他的发明才能来寻求解除困难的方法，因为他永远不会碰到困难。[①]

这并不是说，技术改革不曾伴随产生工厂里的劳动组织，而只是说，技术改革的方向是由工厂制度所需要的劳动组织方法决定的。

亚当·斯密主张建立这样一种制度，而没有回头看看它的成就。分工的原来作用是加强纪律和控制劳动进行的情形，并靠确定组织者的必要性来保证资本家在生产过程中的地位。在采用昂贵机器以前，只是由于工人专业化才产生了精密组织的必要性。但是，如果要进行积累的话，资本家就必须取得支配地位。因此，一开始，劳动专业化和控制工人的社会作用，是榨取剩余产品以从事积累。[②] 对提高技术效率的作用是后来的事情。

---

① 亚当·斯密：《国民财富的性质和原因的研究》，下卷，第338—339页。

② 这一节的论点系根据马格林著：《老板做什么？资本主义生产中等级制度的起源与作用》，哈佛经济研究所：《讨论论文集》，第222期，1971年11月。

除马克思外，没有哪一个古典学派经济学家对技术改革问题给予了像亚当·斯密那么大的注意。他们倒是认为积累对工艺的影响是理所当然的，于是把兴趣集中在积累率的主要决定因素方面，即资产阶级在总产量中所占有的比例方面。

第三节　分配与价格

亚当·斯密说明了资本主义经济的优点，但是他不曾牢靠地
掌握它的运动方式。像所有古典学派经济学家一样，他也看到，理 18
解经济行为的关键在于决定收入在社会上三个阶级——工人、地主和资本家——之间进行分配的力量；但是他对剩余产品在利润和地租之间的分配不能提出一种站得住脚的理论。这是李嘉图首先有系统地阐明的完整理论。

一、李嘉图的分配理论

李嘉图认为这一点是理所当然的，即地主用地租形式从土地生产物中拿去的一份会全部消费掉；而大部分利润会被储蓄起来进行再投资以增加就业，扩充生产。他需要证明的是，地租是经济增长的沉重负担。但是，虽然他怀有一种意图，却必须弄清事实真相。他的论点有时模糊不清，然而，这决不是他有意矫揉造作。

他的模型同他的活动时期的英国农业状况是符合一致的。十八世纪的英国，地主与耕者之间的关系和魁奈所描述的关系大不相同。圈地运动剥夺了自耕农，同时也大大提高了生产。地主将他们的土地**出租**；农场主租赁土地，并用工资雇用工人。农场主将

净产量超过工资额的部分用于支付地租和他自己的利润。

在李嘉图最早最简单的分析形式中，他描绘农业部门只生产单一产品——谷子，从一次收割到下一次收割要经过一年的劳动。这一部门只需要单一投入物，也是谷子，谷子在本部门生产出来，用种子形式进行投资并用以支付工人的工资。

一个人天天要吃饭，而收成则一年才一次。农场主必须从上次收成中保存足够多的谷子来预付下一年的工资和种子。工资率确定为按周支付的谷子数量。正因为工人没有其他生路，所以他不得不为农场主做工，他和重农主义世界里的自耕农不一样，自耕农是自己有“预付款”以用于下一年的消费的。

李嘉图的模型说明资本的利润率是怎样决定的。每人一年的利润是一个谷子数量，雇用一个工人所必需的投资也是一个谷子数量。谷子利润同谷子资财的比率就是投在谷子生产中的资本的利润率。

用马克思的记号，V 代表一定数量雇佣工人用谷子表示的一年工资额，C 代表一年生产所用的种子，S 代表利润——产量减去生产费用($C+V$)和超过地租的部分，上述各种项目全都用谷子数量来表示。由于投资雇用工人的资本是一年的种子和工资总额，它等于 $C+V$。资本的利润率是

$$\frac{S}{(C+V)}$$

19 所有其他的雇主们都必须用谷子来支付工资，他们生产的种种商品的价格，也必须是和农场主挣得同样利润率的价格。如果他们能挣得较高的利润率，一些农场主就会变为制造商；如果挣得

的利润率比较低，一些制造商就会变为农场主。因此，生产工人生活资料的农业的利润率决定整个经济的利润率。

在地主庄园里作为地租支付的谷子被地主兴高采烈地消耗掉了。农场主是渴望扩大他的企业的资本家，他从收成获得的份额，不仅足够弥补他在去年预付的谷子，而且还有一个额外数量——净投资，他可以在下一年度用这个额外数量来雇用更多的工人。由于土地不是同样肥沃的，随着总雇用人数的增加，优良土地的级差利益不断增加，而农场主之间的竞争就把地租抬高了。每人的平均产量（减去地租）逐年减少，因为工资是处于最低生活费用的水平，无法削减，所以利润率将要下降。

这种分析引起对谷物法的猛烈攻击，因为谷物法禁止从欧洲进口廉价的粮食，从而保护了地主的利益。英国工人可以生产工业品来交换进口的谷子。用这种方法获得的一单位劳动的谷子数量要多于同样劳动在英国农场所能生产的谷子数量，英国的农场已经扩展到比较贫瘠的土地了。如果容许进口的话，获取谷子的谷子成本将会降低，劣等土地将会停止耕种，地租将会减少，利润率将会提高。

二、价格

马尔萨斯指出，这个论点有一个重大缺陷。在经济中没有一个部门，包括农业在内，是所有生产出来的投入物和所有的出产物都由同样商品构成的。工资不单是由谷子构成的。工人还需要消费一些工业品和一些进口货物。这意味着，利润率的计算要涉及构成产量、工资和总投资的庞杂的各种商品的比较。但要比较这些各种各样的商品，就必须把它们化为统一的单位。

为了对付这种反对意见，李嘉图打算探索一个价值单位，以便衡量所生产的庞杂的各种商品，使之成为单一的数量。他的理论需要一个价值尺度，这可以把在地租、工资和利润间进行分配的庞杂的各种商品化为纯一的单位，这个尺度类似他的简单模型里的谷子。

庞杂的商品可以依据市场上它们的交换比率——它们的相对价格——化为纯一的尺度。而且，由于问题在于决定由资本家利润表示的对资源的支配权，所以商品与商品以及商品与劳动的相对交换价值一定要成为任何价值理论的一个组成部分。但是用于生产每一种商品的生产的投入物的总成本包括有资本家作为他的投资报酬所必需的利润。因此，特定商品的价格取决于利润率。谷子模型的美妙处在于用物质形式来测度决定利润率的种种量
20 值，排除了价格与利润率相互依赖所产生的复杂情形。

面对同样的问题，亚当·斯密提出了一种劳动价值论：

> 在资本累积和土地私有尚未发生以前的初期野蛮社会，获取各种物品所需要的劳动量之间的比例，似乎是各种物品相互交换的唯一标准。例如，一般地说，狩猎民族捕杀海狸一头所需要的劳动，若二倍于捕杀鹿一头所需要的劳动，那么，海狸一头当然换鹿二头。所以，一般地说，二日劳动的生产物的价值二倍于一日劳动的生产物，两点钟劳动的生产物的价值二倍于一点钟劳动的生产物，这是很自然的。
>
> 如果一种劳动比另一种劳动更为艰苦，对于这较大的艰苦，自然要加以考虑。一点钟艰苦程度较高的劳动的生产物，

往往可交换两点钟艰苦程度较低的劳动的生产物。

如果某种劳动需要非凡的技巧和智能，那么，为尊重具有这种技能的人，对于他的生产物自然要给予较高的价值，即超过他劳动时间所应得的价值。这种技能的获得，必须经过多年苦练，对有技能的人的生产物给予较高的价值，只不过对获得技能所需费去的劳动与时间，给予合理的报酬。进步社会，对特别艰苦的工作和特别熟练的劳动，一般都在劳动工资上加以考虑。在初期蒙昧社会，可能也作过这种考虑。

在这种社会状态下，劳动的全部生产物都属于劳动者自己。一种物品通常应可交换或支配的劳动量，只由取得或生产这物品一般所需要的劳动量来决定。①

这不是一种市场理论，而是“公平价格”概念。

当劳动是唯一成本时，各种商品应当按照同它们所含有劳动时间相一致的价格进行交换。

资本一经在个别人手中积聚起来，当然就有一些人，为了从劳动生产物的售卖或劳动对原材料增加的价值上得到一种利润，便把资本投在劳动人民身上，以原材料与生活资料供给他们，叫他们劳作。与货币、劳动或其他货物交换的完全制造 21
品的价格，除了足够支付原材料代价和劳动工资外，还须剩有一部分，给予企业家，作为他把资本投在这企业而得的利润。所以，劳动者对原材料增加的价值，在这种情况下，就分为两个部分，其中一部分支付劳动者的工资，另一部分支付雇主的

① 亚当·斯密：《国民财富的性质和原因的研究》，上卷，第42页。

利润，来报酬他垫付原材料和工资的那全部资本。假若劳动生产物的售卖所得，不能多于他所垫付的资本，他便不会有雇用工人的兴趣；而且，如果他所得的利润不能和他所垫付的资本额保持相当的比例，他就不会进行大投资而只进行小投资。①

但是这段话依然没有解决利润率同价格的关系以及利润率究竟是什么的问题：

在这种状态下，劳动的全部生产物，未必都属于劳动者，大都须与雇用他的资本所有者共分。一般用于取得或生产任何一种商品的劳动量，也不能单独决定这种商品一般所应交换、支配或购买的劳动量。很明显，还须在一定程度上由另一个因素决定，那就是为劳动垫付工资并提供材料的资本的利润。②

三、生产的商品

李嘉图对这个问题的说明要比亚当·斯密清楚得多。首先，他把商品分成两类：生产的商品和稀少的商品。

具有效用的商品，其交换价值是从两个泉源得来的——一个是它们的稀少性，另一个是获取时所必需的劳动量。

有些商品的价值，单只由它们的稀少性决定。劳动不能增加它们的数量，所以它们的价值不能由于供给增加而减低。

① 亚当·斯密：《国民财富的性质和原因的研究》，上卷，第43页。

② 同上书，第44页。

> 属于这一类的物品，有罕见的雕像和图画，稀有的书籍和古钱，以及只能在数量极为有限的特殊土壤上种植的葡萄所酿制的特殊的葡萄酒等。它们的价值与原来生产时所必需的劳动量全然无关，而只随着希望得到它们的人的不断变动的财富和嗜好一同变动。
>
> 但是，这类商品在市场日常交换的商品总额中只占极少一部分。人类所欲求的物品中，绝大部分是由劳动获得的。只要我们愿意投下获取它们所需的劳动，这类物品就不但可以在一个国家中，而且可以在许多国家中几乎没有定限地增加。①

因此，稀少的商品是供给固定不变或其生产大部分取决于资 22
源供给固定的一些商品。另一方面，生产的商品是工人利用其他生产的商品（如同机器）制造出来的，它们的供给不因稀少性而受到限制，而是可以无限生产的。稀少商品的价值只决定于固定供给和需求的相互作用；但生产的商品的价值，除短期波动外，都不是这种情形。后一类包括大部分商品。在一个工业国家里，前一类是比较不重要的。

决定于利润率的是生产的商品的价格。这种商品的价格必须支付用于生产它们的工资和资本所必需的利润。

我们从这里往哪里走？李嘉图注意到，由于技术方面的原因，不同的商品要求不同的原料和设备同劳动的比例和长短不同的必须预付的时间。资本家之间的竞争倾向于在一切生产部门建立一

① 李嘉图：《政治经济学及赋税原理》，商务印书馆1962年版，第7—8页。

律的利润率。因此，由于一年利润率只是一年挣得的利润量除以进行生产所必需的投资的价值，所以利润在各种不同商品的产量价值中所占的份额，是随生产这些商品时雇用一个工人所必需的投资的价值而变化的。在特定的一律利润率下，按每人计算的投资价值比较高的商品将获得比较大的一份利润。所以相对价格的模式取决于利润率。

四、一个不变的标准

李嘉图希望把他的简单谷子模型一般化，来寻求一个“不变的价值标准”，它会避免利润率同相对价格关系的复杂情形。他尝试了各种不同的想法：如同劳动价值理论，然而劳动价值不能准确地反映相对价格；又如“一般”商品标准，他称之为“黄金”，但它证明是很难下定义的。李嘉图找不到一个不变标准来衡量一特定产品量的分配，他就尽善尽美地对论证修修补补，可是他一点也不满意。在他临死的时候，他在写一篇文章，这篇文章是人们所不知道的，一直到彼罗·斯拉法编纂他的全集出版为止。

> 要使价值尺度成为一个完善的尺度，其仅有的一些必要属性是，它自身应当具有价值，这个价值自身应当是不变的，就像长度的一个完善尺度应当具有长度，这个长度应当既不会增也不会减，或者是重量的一个尺度应当具有重量，那个重量应当是恒定的情况一样。
>
> 一个完善的价值尺度应当是什么样的，虽然说说很容易，要找到具有所要求的属性的这样一种商品，却不那么容易。我们需要长度的一个尺度时，我们挑选了“码”或“呎”，那是某

> 一确定的长度，它不会增也不会减；但是当需要价值的一个尺
> 度时，我们应当挑选哪一种具有价值而且其自身价值是不变 23
> 的商品呢？①

这是根据一种错误的类比。长度或重量尺度只不过是一种惯例，一旦人们接受了这一惯例，它是不会从一个大陆到另一个大陆或从一个时代到另一个时代而不断改变的。可以说，它是人和物质世界之间的关系。然而价值是在社会内部产生的。重量和长度对孤岛上的鲁滨逊和对于本国是一样的，然而价值对于鲁滨逊却没有什么意义；当他发现一袋黄金时，用它买不到东西。每一个社会都有它自己的需要和它自己的技术可能性，两者都随着时间而继续不断地发生变化。没有什么有价值的东西具有不变的价值。

尽管如此，李嘉图用“一般商品”作为价值标准的想法后来还是有结果的。斯拉法曾经论证这宗商品如何成为一种综合商品，可以用来分析一特定时间适用于一个生产商品的经济社会的分配关系。② 他用这个方法使李嘉图的利润理论的根本意义清楚明白地显示出来了。

第四节　有效需求

马尔萨斯对李嘉图的积累和分配分析进一步提出了反对意见。在他的人口研究中，他极力强调土地报酬递减律——每人平

① 《李嘉图著作和通讯集》，第 4 卷，商务印书馆 1980 年版，第 342 页。

② 参看第 2 篇第 6 章第 3 节第 4 段。

均产量随着劳动对土地的比率提高而下降，可是现在他不接受李嘉图从这一规律推导出来的逻辑结论。他维护地主绅士们的利益，提出有效需求问题为他们进行辩解。

马尔萨斯认为，资本家不断积累可能证明是自招失败的，因为它会导致生产过剩，这种过剩产品由于没有需求而出卖不掉。不会“过剩”吗，一般货物生产不会过多以致人们没有钱来购买它们吗？唯一的补救办法是维持地主的收入，他们把地租花在奢侈品消费上面从而保持有效需求的水平，对社会起了值得想望的作用。

一、萨伊定律

李嘉图搬出萨伊定律来否定马尔萨斯的有效需求见解。根据萨伊定律，一切生产出来的东西都可以按照合理价格（包括通常利润）出售，因而决不会发生一般过剩情形。一种特定商品生产过多只能是暂时的情形，因为需求从一种商品转向另一种商品了。

萨伊定律来自让·巴蒂斯特·萨伊（1767—1832）——亚当·
24 斯密的法国追随者——著作中关于有效需求问题的讨论，他所著《政治经济学概论》一书发表于1803年。两个主题支配着他的分析。第一个是对人们认为的重商主义者混淆货币与财富的攻击。第二个是重农主义的；它依据生产循环流通重申了商品同商品交换而不是商品同货币交换的观念。他把这两个主题结合起来就产生了下面这一说法：

> 事实上，我们并不是用货币——我们用来购买消费品的流通手段——来购买这些东西。我们首先必须出售我们的产

品来购买货币本身。[①]

既然商品只能用其他商品来购买，那就意味着，如果商品是按正确的组合生产出来，一切商品都可以卖掉，因为一切生产都是旨在购买。“供给创造它自己的需求。”李嘉图重申了这个见解：

……由于需求只受生产限制，所以不论一个国家有多少资本都不会不能得到使用。任何人从事生产都是为了消费或销售；销售则都是为了购买……某种其他商品。所以一个人从事生产时，他要不是成为自己商品的消费者，就必然会成为他人商品的购买者和消费者。……

生产总是要用产品或劳务购买的，货币只是实现交换的媒介。某一种商品可能生产过多，在市场上过剩的程度可以使其不能偿还所用资本；但就全部商品来说，这种情形是不可能有的。……[②]

穆勒重复了同一论点：

成为商品支付手段的仅只是商品。每个人用于支付其他人产品的手段是由他自己所掌握的产品构成的。一切卖主必然地并且就这个字眼的意义来讲都是买主。如果我们能够突然地把这个国家的生产力提高一倍，我们将会使所有市场的商品供应增加一倍；但是我们这一做法也将使购买力扩大一倍。每个人既带来两倍供给，也带来两倍需求；每个人都将能购买两倍那么多的东西，因为每个人都将提供两倍那么多的

① 萨伊：《写给马尔萨斯的信》，第 2 页。

② 李嘉图：《政治经济学及赋税原理》，第 247—248 页。

东西进行交换。[1]

就整个经济来说，总供给被认为同总需求相等，而总产量只受工资基金——可以用来雇用工人的资本数量——的限制。照古典
25 学派的说法，萨伊定律并不意味着工人会充分就业，而只是意味着生产不可能发生普遍过剩情形。如果劳动供给有在最低生活工资率下进行调节、使之符合劳动需求的趋势的话，那是通过马尔萨斯的人口繁殖和饥饿过程实现的。

从“成为商品支付手段的仅只是商品”这个概念推论出：“储蓄即花费”。这是因为生产商品是为了直接购买其他商品，或间接地经由借给其他愿意支付利息来获取借款利益的人们来购买其他商品。后来伟大的新古典学派经济学家阿尔弗雷德·马歇尔把这一思想概述如下：

> ……一个人用他储蓄的那部分收入来购买劳动和商品，和他用所谓花费的那部分收入来购买是完全一样的，这是一条人所熟知的经济原理。……当他使他所购买的劳动和商品用于生产财富，他指望从这种财富生产得到将来享受的手段时，他被认为是进行储蓄。[2]

二、马尔萨斯的“过剩”理论

站在维护地主的立场，马尔萨斯攻击了一切生产出来的东西都将卖掉的命题。他认为生产能力扩大过程类似人口增长过程，

---

① 穆勒：《政治经济学原理》(艾希利编)，第557—558页。

② 马歇尔：《纯粹国内价值理论》，第34页。

并宣称，这两种增长都超过了对他们所提供的服务的需求。

> 因此，虽然可以认为支配资本增加的规律没有支配人口增殖的规律那样明显，但是，两者肯定是属于同一性质。这就表明，当增益资本所生产的产品没有相应需求时，而为了谋求财富持续增加，不断将收入转化为资本，就同没有对劳动的需求，供养劳动的基金无所增加时，而不断鼓励结婚和生育，一样地枉费心机。①

为什么“对资本……的产品”可能没有“足够的需求”，马尔萨斯提出了两个十分不同的解释。头一个只是说，人类也许显示出情愿空闲而不情愿生产活动：

> 认为人类会生产和消费他有力量生产和消费的一切，决不会宁可贪图安逸而不重视辛劳的报酬，认为这是理所当然，这种看法是极其错误的。②

应当考虑到

> 人类性格中那样普遍、那样重要的一个因素——懒散或贪逸恶劳的影响作用。③

李嘉图毫无困难地否定了这个论点： 26

> 马尔萨斯先生假定有足够强烈的动机从事于生产商品，然后认为产出以后会找不到市场，因为人们对这些商品没有需要。④

---

① 引自《李嘉图著作和通讯集》，第 2 卷，商务印书馆 1979 年版，第 323 页。

② 《李嘉图著作和通讯集》，第 2 卷，第 308 页。

③ 同上书，第 306 页。

④ 同上书，第 308 页。

但是马尔萨斯的第二个论点比较有力量些。它对利润份额的决定具有深刻的见解。他指出：

> 从事于生产性劳动的那些人产生的消费和需求，决不会单独地构成积累资本和使用资本的动机。[①]

正是工人队伍中不从事生产的那部分人（如同地主庄园里的仆役）对“生产劳动”的产品的需求使得这些产品按照高于它们的工资成本的价格出售，从而赚到一笔利润。这个命题用下图来说明。生产工人 ab，生产消费品并把他们的全部工资花在消费品上面。非生产工人 bc，自己并不生产他们用工资来购买的商品。所以消费品可以按照高于它们的工资成本的价格也就是按照包括有利润的价格来出售，利润的数量决定于非生产工人的花费。（图中的阴影面积是相等的。）

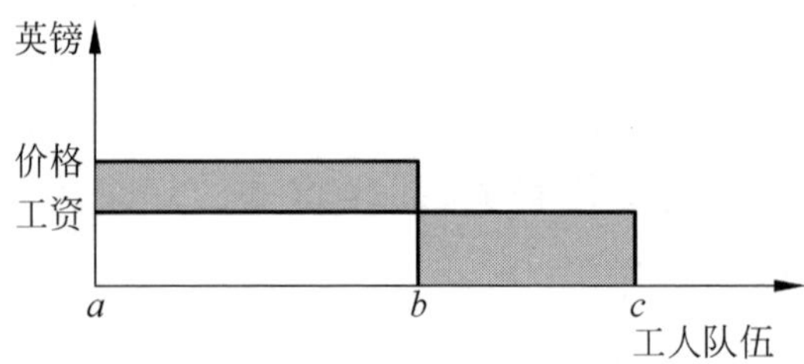

马尔萨斯说，如果地主和资本家的储蓄增加而消费减少的话，那么，随着储蓄之用于雇用生产工人，生产工人对非生产工人的比例将会提高。

> 在这种情况下，由为数增加了的生产性劳动者所生产的数量扩大了的商品，怎样有可能假定其可以找到买主，而不引

① 《李嘉图著作和通讯集》，第 2 卷，第 297 页。

起价格下降，甚至使其价值降低到生产成本之下呢？[①]

这个论点就它本身来说是很不错的，不过它有两个重大缺陷， 27
其中一个是李嘉图立刻注意到了的。他指出，马尔萨斯的见解意味着

> 庞大的生产力开动起来，其结果是对人类不利的，

但实际发生的情况是

> 也许没有适当的生产动机，因而不会有东西生产出来；

结果

我们看到……庞大的生产力并没有开动起来。[②]

但是，甚至李嘉图也不曾注意到这个论点的主要错误。不只是非生产工人把他们的工资花在他们并不生产的东西上面，而且还有那些生产工人，他们生产机器一类的投资品，或生产要储藏起来用于支付明年追加工资的谷子。积累率的提高导致后一类工人的扩大从而导致消费品生产所获利润的增长。

马尔萨斯的论证发生问题在于他坚持“储蓄即花费”的假定，他没有认识到这只是他想要攻击的萨伊定律的另一种说法。直到1936年，凯恩斯才揭露了这一假定的矛盾，于是马尔萨斯对“普遍过剩”可能性的信念，才被证明是有相当根据的。不过同时他为之辩护的利益集团已经不合时宜。李嘉图和资本家赢得了论证的胜利。

---

① 《李嘉图著作和通讯集》，第2卷，第297—298页。

② 李嘉图：《写给马尔萨斯的信》，1821年7月9日，《李嘉图全集》，第9卷，第15—16页。

第五节　马克思

从李嘉图以后，一直到十九世纪最后二十五年，约翰·斯图亚特·穆勒支配了古典学派政治经济学的自由传统。穆勒的分析适合于中产阶级日益昌盛的时期，在这个时期内，资本家和地主的冲突已经缓和，而一种把社会描绘为趋向美好将来的分析，却没有强调资本家和工人之间日益加剧的对抗。穆勒承认他

> 并不迷恋一些人所坚持的生活理想，他们认为，人类的正常状况是蹂躏、砸烂、排挤和互相踩踏的状况，这形成现在的生活方式。①

他展望社会正在走向的静止状态，在这种状态下，工人阶级的克制将会防止工人人数的过分增长：

> 28 不消说，资本和人口的静止情形并不意味着人类进步的静止状态。当人们的思想不再全神贯注谋生的艺术时，一切精神文化以及道德与社会的进步有着和过去一样的广阔前景；改进生活艺术有着和过去一样的充分余地，也有比过去更大得多的可能性。②

然而穆勒有时又相当悲观，就像他作下述评论时所表现的：尽管美国有着庞大的财富，

> 看来这种种利益对他们所起的作用只不过是，所有男性

---

① 穆勒：《政治经济学原理》，第 748 页。

② 同上书，第 751 页。

一生致力于追求金钱，所有女性一生致力于生育金钱追逐者。[1]

就在穆勒写作的时候，他的自满情绪受到古典经济学全新解释的挑战，这种全新解释强调资本主义经济所固有的基本矛盾。这个新体系是卡尔·马克思建立的，它把李嘉图的许多思想同更一般的历史和社会理论结合起来了。

一、社会关系与剩余生产

马克思接受了李嘉图关于收入分配的许多思想的要旨，但是他断定李嘉图分析的问题不对头。要分析剩余产品的来源才能理解资本主义的性质，而剩余产品的来源不能单从技术关系方面进行探索。

资本主义的特殊性质来自在生产中榨取剩余产品的方式。在奴隶社会，奴隶主占有奴隶劳动成果的方式对一切人都是显而易见的。同样，在早期封建经济中，农奴每天要有一部分时间为地主劳动，于是地主直接得到农奴超过他们需要用来养活自己那一部分的劳动剩余产品的好处。但在资本主义经济中，榨取剩余产品的方式被工资和价格的表面现象掩盖住了，工资和价格是在市场上自由议价中决定的。

透过这些表面现象，马克思接受了古典学派的下述理论，即商品系按照生产它们的必要劳动时间所决定的价值进行交换的；他还说明这个理论意味着，只有劳动才创造价值。他从这一点推断

① 穆勒：《政治经济学原理》，第748页脚注。

说，由于一切商品都是按照它们的劳动价值进行交换的，劳动这宗商品（马克思把它叫做“劳动力”）也必须按照它的劳动价值进行交换。劳动力的劳动价值是生产维持工人最低生活的商品所必需的劳动时间。于是劳动具有生产大于它本身的价值的独特性质。工人受到资本家的剥削，因为资本家占有劳动创造的一部分价值。这就是利润的来源。

只有劳动才创造价值的命题并不是说一个人可以凭赤手空拳就生产出什么东西来的意思。马克思坚持说，设备和原料（他把这
29 叫做不变资本）总归一定要在生产开始前就存在着，生活基金（**可变资本**）是维持工人直到产品生产出来所必需的。亚当·斯密抹杀了纯产品和总产品的区别；马克思和他不同，坚持劳动要重新生产原料以及生产中损耗的价值。纯产品是劳动增加到不变资本上面的价值。

这个命题也不意味着工人有获得他所生产的全部价值的权利。那是天真的空想社会主义者的观点，马克思对他们是轻视的。如果工资吃掉全部纯产品，就不能进行积累了。

只有劳动才创造价值的说法是形而上学。它唯一的逻辑内容是一个定义：劳动创造价值，价值是劳动创造的。但是这种形而上学是强有力的，几次震撼了世界。

作为马克思分析体系基础的**剥削率**不是形而上学，它是整个经济中净利对工资的比率。虽然在计量方面存在着一些问题，[①]但这是事实问题，而不是定义问题。

① 参看附录。

马克思把剥削率说成是工人提供的剩余劳动对他们的工资所体现的劳动的比率。工人在工作日里，花一部分时间为自己生产(生产用于消费的货物，作为工资)，其余时间则为资本家劳动。在现代工业国家里，生产当然是互相联系的，它只能用一种综合的投入物和生产物系统来表示。一个人不能单独进行任何生产。工作日的划分是描述全部工业净产量划分为工资和利润的一种方法。

这种描述事物方法对于剥削概念是适当的，资本家不得不每周支付工资，使工人多少可以抚养他的家属，但是这样一来，资本家就会尽可能延长工作时间来从他榨取尽可能多的劳动。工人组织进行限制工作时间的斗争，就是降低剥削率的一种斗争。

在现代工业资本主义世界条件下，“劳动力价值”不再等同维持最低生活的工资，但是作为生产过程中资本家和工人的关系的剥削率概念还是照样恰当的。它促使人们考虑一些问题，如同劳动条件，工人同劳动对象的脱节，技术进步的性质及其对就业和生产的影响；而且它揭示出商品交换是一种社会现象，不能单用技术关系来说明。这一切是和价格符合劳动价值的理论不相干的。

二、价值与价格

马克思从李嘉图那里继承了用劳动时间衡量价值的概念，不 30
过他也接受了这一见解：资本家之间的竞争倾向在整个国民经济中使资本获得一律的利润率。那么，只有劳动才创造价值的说法如何应用到用货币表示的价格的决定上去呢?

劳动价值学说，作为商品相对价格的一种理论，是在两个水平上起作用的。在一个水平上，它同形而上学意义上的劳动价值联系在一起。到今天，许多马克思主义者坚持说，应用剥削概念或支持革命事业而不相信下面这一点是不可能的：在某种意义上，商品价格决定于它们的劳动价值。

在另一个水平上，它只不过是一种分析的工具。如果商品价格同它们的价值成比例，那么，一切生产部门的利润和工资在纯产品的货币价值中就会占一样的份额——净利对工资额的比率对一切商品来说都一样。只要采用这样的技术，使资本的货币价值对所使用的劳动的比率在一切工业中都相同，则资本的利润率就会是一律的。

总之，马克思假定利润率是一律的，特定商品的价格相对它们的劳动价值是大些或小些，要看资本对劳动的比率是高于还是低于整个工业的平均数而定。马克思把这种价格模式叫做生产价格。剥削率决定总利润量，生产价格则把总利润这样进行分配，以使资本的利润率均等起来。因此，商品价格不是恰同劳动价值成比例，而是按照一种有规则的方式同劳动价值相联系。

但是我们将会看到，[①]在任何特殊情况下，要弄清与劳动价值成比例的价格同生产价格相联系的确切关系，不是那么简单的事情，马克思有时根据劳动价值理论用数字来举例，本来用生产价格来说明是要更适当些的。

在所谓“价值转化为价格”的问题上发生不少混乱情形，但是一旦它摆脱了同形而上学的联系，原来不过是一个分析上的难题，像一切难题一样，一旦得到解决，它就不再使人发生兴趣了。

① 参看第2篇第6章第3节第4段。

三、资本主义时期

榨取剩余产品的方式是资本主义制度的基本特征。在资本主义制度下，掌握生产资料的人们并不像封建地主占有土地那样占有特定的资源。说得明确些，他们是凭借资金支配权来控制工业活动的。资本家的权利来自金钱财富。货币不再单纯是便利商品交换的媒介。财富积累本身变成了目的。商品生产和销售不过是积累的手段罢了。

而且，资本主义的竞争性质是这样的：每个资本家如果他不愿 31
让他的对手压倒并最终被消灭的话，他就必须不断扩大他的财产权利。因此，这个制度的唯一目的就是积累，这就是它的动力。

在他的“扩大再生产图式”中，马克思依据资本积累过程中投资同消费的关系，为今天所谓的发展理论打下了基础。他考察了技术进步对生产和对产品分配中的工资份额两方面的影响。他依据资本家出售商品来实现他从生产中榨取的利润的必要性，探讨了有效需求问题；他把这个概念同研究商业循环的周期性危机联系在一起，他的分析用了大量历史调查材料来说明，由此断定资本主义制度所固有的矛盾，这种矛盾正在导致它的自行毁灭。马克思预见到，最后，剥夺者将被剥夺，于是工人将夺取过去的全部积累，并开始为他们自己的利益而运用这个制度。

在这期间，经济学已经成为一种学术性职业，需要内容比较和缓一些的学说。于是正统派把马克思连同他从中得出这么不合意的结论的整个古典学派体系全部都否定了。

附录　马克思的记号

在一个工业国家里，一年中——譬如说——发生的生产流量，可以看做是包括一些特定货物的数量，用货币表示的价值的总和，或者看做用劳动时间表示的价值的总和，也就是看做一个劳动人-时的数目。（马克思用抽象劳动的数量来衡量价值。一小时熟练劳动创造的价值大于一小时普通劳动所创造的价值。这是我们用一切工人都一样的一个模型进行论证就可以避免的一种复杂情形。）

货物分成下列一些部类：生产资料，工人的消费和资本家的消费——$I+II+III$。货币价值是由折旧提成（相当于用掉的原材料和设备的损耗）、货币工资额和净利总额所构成的——$A+W+P$。

马克思把用劳动时间数来表示的生产流量写作 $C+V+S$。“不变资本”C 代表原有数量生产资料在一年中消耗掉的部分（劳动价值相当于折旧提成 A）；“可变资本”V 代表工资；剩余价值 S 代表利润。由于“不变资本”的劳动价值已加在今年工人所创造的价值上面，所以要从总收入中把它减去，于是，用劳动时间表示的净收入（$V+S$）就等于一年做的劳动人-时的数目。

用物质形式来表示净收入（$V+S$ 或 $W+P$），我们必须把生产资料的年产量分成两部分：I_a（保持原有原材料不变所必需的替换）和 I_b（物质的净投资）。工人消费的是第二部类的全部产品；用
32 物质形式表示的利润是由 I_b+III（净投资和资本家的消费）所构

成的。

我们必须探讨的问题是在马克思分析中起主要作用的剥削率的意义。用劳动价值来表示，它是 S/V。这同 P/W 有什么关系？我们首先必须考虑工资的意义。在某些场合，工资意味着工人所得到的，即第二部类的货物；在另一些场合，它意味着资本家所支付的货币数额。从工人观点来看，实际工资取决于他的货币工资对他所购买的货物的购买力。从资本家的观点来看，实际劳动成本是货币工资除以他出售的货物的价格。

因此，S/V 和 P/W 的不一致情形有两个根源。显然，V 意味着工人所得到的劳动价值量，而 W 意味着资本家支付的货币数额。

当三个部类货物中平均起来净利对工资（在通行价格下）的比率相同时，货币价值同劳动价值成比例，全体资本家所支付的等于工人所得到的，因而不致发生不一致的情形：S/V 和 P/W 是一样的比率。

马克思惯于用劳动价值来计算，甚至在这样做对他自己的论证不适当的场合也是如此。无论如何，这种枝节问题在他的宏伟计划中是无关紧要的。但在今天，当马克思的结构被用来讨论现代问题时，我们则必须予以注意。

这些比率纯粹是叙述性的。因果关系一定要依据经济如何活动来详细说明。首先考虑一种情况：经济是这样进行活动，因而每人-时的实际工资是第二部类的一个特定货物量。于是 V 相当于这批货物的劳动价值，S 代表利润对劳动时间的购买力，也就是货币利润除以货币工资率，货币工资率是构成实际工资的货物的货币价格。

用货币来表示，W 相当于按通行价格估价的工资品，P 相当资本家享受的货物，即按适合它们的价格估价的部类 I_b 和 III。当价格和劳动价值不成比例时，W 和 P 必须用两个不同的物价指数加以调整：于是 P/W 是个相当麻烦的概念，但 S/V 仍然有着明白的意思。

但当实际工资不是一特定商品量时，P/W 就是起作用的关系；工人所购特定货物的劳动价值没有明显的因果意义。而且，当实际工资远远高于某一基本的标准货物堆时，第二部类和第三部类可能大部分重叠起来。在这种情形下，把 P/W 等同剥削率似乎是自然的。同时，必须记住按一般价格（包括第一部类价格——资本家的实际劳动成本）调整的 W 和按第二部类价格（工人得到的实际工资）调整的 W 之间的区别。重要的是考虑经济如何活动，而不是对同样一些关系用不同方法命名进行争论。

33 马克思的记号还有一点困难，这个困难即使在价格同劳动价值成比例的情形下也会产生。他把资本的利润率写作 $\frac{s}{c+v}$。除非是在像李嘉图的谷子经济那样一种简单事例中，否则这是不正确的。[①] 一般地说，c 不是“不变资本”量，而是一年中用掉的原料和损耗的设备。我们应当把存量写作 C，把一年流量写作 c。同样，工资额 v 和用做工资基金的资本 V 是不一样的。马克思仿效李嘉图把周转时期定为一年，因此，雇用一个工人一年所必需的工资基

① 参看第 1 篇第 2 章第 3 节第 1 段。

金额等于一人一年劳动的工资额。但即使这样，那也不是一回事。工资基金是收割后谷仓里的谷子数量，而工资额是一年支付的流量。

假设生产资料存量是一年生产所消耗的数量的十倍，流动资本的周转时间是六个月。那么，

$$C = 10c \qquad V = \frac{1}{2}v$$

剥削率是 s/v，资本的利润率是$\frac{s}{C+V}$：马克思写作 c/v 的“资本有机构成”究竟是什么？这个概念的意思大体是用“物化劳动”衡量的资本资财对当前使用的劳动时间的比率，用“物化劳动”衡量的资本资财，即过去生产资本所花费的一切劳动时间的总数。用马克思的记号来说明这种意思的最近似方法似乎是$\frac{C+V}{v}$。

经过这些调整，马克思的结构为分析资本主义生产、分配和积累提供了非常宝贵的工具，为有力地批判新古典学派打下了基础。可是，若不重新调整，它又成为产生大量混乱的根源。

34

第三章　新古典时代

1871 年，杰文斯（1835—1882）在英国发表了他的《政治经济学理论》，卡尔·门格尔（1840—1921）在奥国发表了他的《国民经济学原理》。三年后，利昂·瓦尔拉（1834—1910）的《纯粹经济学要义》在洛桑问世。同时，阿尔弗雷德·马歇尔（1842—1924）提出了类似杰文斯的思想，他是独立发展出来的，虽然他的巨著《经济学原理》第一卷直到 1890 年才发表。

后来的许多贡献不胜枚举，这些促进经济学发展的贡献是在 1870 年到 1914 年作出的。纳特·维克塞尔（1851—1926）发展了导源于奥国学派的思想。瓦尔拉体系由他的洛桑大学经济学教授继承人维尔弗雷多·帕累托（1848—1923）详加阐述，后者对统计理论也作出了重大的贡献；马歇尔和瓦尔拉两人所发挥的思想是由美国人阿尔文·非歇尔（1876—1947）发扬光大的。

阿尔弗雷德·马歇尔支配了英语世界的经济学说一直到三十年代大萧条，甚至到 1939 年大战开始。不过，二十世纪中叶正统派在新古典学派手里的复兴，大部分是以瓦尔拉提出的概念为依据的。

第一节　新学派的胜利

在十八世纪七十年代，杰出的作家中间有不少分歧，但他们都有一些共同的基本特征。过了几年，著名的新古典学派经济学用静止状态的供求均衡分析取代了古典学派的积累概念。

事实上，新学派的基本思想在 1870 年并不是什么新鲜货色。
奥古斯特·古尔诺（1801—1877）在他所著《财富理论数学原理的 35
研究》（1838 年）中就提出了市场行为理论，这个理论，如果有什么不同的话，就是它要胜过后来作家的分析；亨利·格森（1810—1858）在 1854 年就将全部个人效用最大量原理搞出来了，这些原理后来成了新古典学派分析的基础。但是这些思想在经济思想中不曾占有中心位置。

同样思想的一些新说法也同时在欧洲各处地方突然流行起来，可以用两个因素来说明它们所取得的显著的学术支配地位。首先，古典学派政治经济学对许多纯粹理论问题都不曾提出解答；其次，政治和意识形态方面的气候变化，使得古典学派的思想，已经变得不是无关宏旨，而是颇为危险的了。

古典学派经济学家对分配和价格理论不能提出一般的说明；他们不得不退而依靠不完善的从“物化劳动”引申出来的价值理论，和附带的限制条件与模糊不清的理论，这就毁掉了李嘉图的有说服力的朴素性的理论。

此外，他们对使用价值和交换价值的关系这个老大难问题也依然没有解决。亚当·斯密曾用水和钻石的自相矛盾情形来说明使用价值和交换价值的区别。水无疑是很有用的，然而它的交换价值却很小。另一方面，钻石并非生活所必需的，然而它的交换价值却很大。商品显然必须有用，如果要用它来进行交换的话；但是，用处显然不能决定交换价值。亚当·斯密甚至暗示使用价值和交换价值是负相关。

然而，结束古典学派统治的，与其说是纯理论方面的弱点，倒不如说是政治气候的变化。古典学派的种种学说，甚至就它们的最自由主义的形式来说，也是强调各个社会阶级的经济作用和它们之间的利益冲突的。到十九世纪后期，社会冲突的焦点从资本家和地主的对抗，转向工人和资本家的对立。1871 年巴黎公社对整个欧洲的影响加深了马克思著作所激起的畏惧与恐怖。暗示阶级冲突的学说不再是可取的了，而把人们的注意力从社会阶级对抗移转开来的理论则马上受到了欢迎。

第二节　基本思想

新经济学不能完全忽视社会阶级的存在，不过它把重要论证集中在个人地位，它的判断标准是依据个人主义来确定的。劳动价值学说和剥削概念系来自生产条件的探讨。新古典学派则把注意力转向交换，并把**效用**概念作为商品相对价格理论的基础。于
36 是收入的阶级根源被丢弃到一边，而把市场相遇的各个个人作为经济分析的根据。

一、效用

作为一种形而上学的概念，效用必须从它本身来说明。效用是商品的一种特性，它使人们要购买它们，而人们所以购买商品，就是要在消费它们时享受效用。

一个人带着他的收入来到市场并这样花费，以使效用达到最大量。很明显，一个消费者并不把他的全部收入都花在一种商品上面。如果他有理性的话，他要这样安排他的购置，使他将一元钱从一种商品转到另一种商品时不会得到什么好处，这就是说，他要把花在各种商品上面的一元钱的边际效用（预期从购买数量的小量增加所获得的效用增加量）和节省一元钱的预期效用的边际效用均等化，来使他获得最大量的总效用。（这个论点是十分保险的，因为一个人不这样做，他就是没有理性的。）

这个论点说明了人们通常观察到的情形，即任何上市的商品的突然增加——譬如说番茄——一般将导致它的价格下跌；于是它解决了水和钻石的老大难问题。一宗商品的价格取决于它的边际效用，而不是它的用处。在水是充分供应的场合，它的边际效用低；钻石的边际效用高，是由于它的稀少性。

这个概念带来一个麻烦的结论：由于每宗商品的边际效用随着购买愈多而不断下降，整个收入的边际效用一定要随着一个人有更多的钱花费而降低。从这一点可以推论，正如马歇尔所说的：

> 使一个穷人对任何东西付出一定的代价，比使一个富人需要有较强的动力。对于一个富人而言，一先令所衡量的愉

> 快或任何满足，比一个穷人为小。[1]

这段话的言外之意，好像是赞成平均主义。维克塞尔声称：政治经济学的概念本身意味着一项“彻底革命的纲领”。[2] 但是新古典学派并不是站出来主张革命的。埃奇沃思(1845—1926)提出了一个摆脱困境的方法：

> 享乐能力是进化的一个特征，是文明的一个根本标志。生活的优美、礼貌和胆量的魅力，至少一度显示出高贵的身份，而高贵的身份不是无缘无故就得到的享受和遗传手段。分配给下层社会的似乎是他们最能胜任的工作，而上层社会的工作性质则不同，不能同样严格……少数人玩弄女性同样是建立在所谓的男人追求快乐的优越能力的基础上的。[3]

37 后来帕累托对效用的平均主义道德标准提出了一个比较透彻的答案。他否认不同人们的效用可以加起来，因此说一个富人花一元钱所得到的效用比一个穷人小，这是没有意思的。由于把一元钱从富人转给穷人将会增加总效用这一点得不到科学证明，我们不妨让富人保有这一元钱。帕累托认为，“纯科学”对道德判断是一无所知的，但是他不反对用它来为现状辩护。

二、均衡

古典学派政治经济学主要关心的是积累；新古典学派则把主

---

① 马歇尔：《经济学原理》，上卷，商务印书馆 1964 年版，第 39 页。

② 《政治经济学讲义》，第 4 页。

③ 《数学物理》，第 77—78 页。

要关心代之以静止状态的均衡。

对瓦尔拉来说，有一系列明确的商品要进行交换，在任何时候都存在着特定数量的明确的生产资料。每个人都有天赋的工作能力，或拥有对一些机器、一些原料或一块可耕土地的所有权。每宗商品都有人所共知的生产方法。人人都在市场相遇并经过要价还价过程；于是一切商品的产量和价格决定了，市场达到一种状态，在这种状态下，没有人能够通过改变他所购买的任何商品的数量或改变他安排劳动或生产资料的用途而改善他自己的处境。

瓦尔拉自己认识到，靠错了再试的方法来达到均衡状态不是切实可行的；不过他设想，买主和卖主可以大声叫喊需要和供应来进行交易，在生产和交换发生前就得出均衡的一套产量和价格。

他的现代追随者仿佛不要假装认为这种情形是可能的，而满足于探讨一种均衡状态所必需的条件，这一种均衡状态至少是存在着的。[①]

马歇尔以更坚定的方式应用需要和供给。他争辩说，在任何时候任何市场上，价格低时，一特定商品的购买数量一般要大些（因为边际效用减少），供给的数量要小些，于是有一个均衡价格，在这个价格下，供给数量等于购买数量。[②] 瓦尔拉派反对“一次研究一宗”商品，理由是，对任何商品的需求必定取决于所有其他商品的获得可能性和价格。但是马歇尔用一种合乎常识的方法来探索各批商品或各批工人（如同**联合供给**和**综合需要**）之间的特殊关

① 参看德布鲁：《社会均衡存在原理》，《考尔斯委员会论文集》，新辑第 46 期。

② 参看第 2 篇第 5 章第 6 节第 1 段。

系。例如，小麦需求的提高多半继之以麦秸供给的增加，或砌砖工人工资的急剧增长可能造成建筑工人的失业。瓦尔拉派只能说，一切决定于其他的一切，所以常识没有运用的余地。

三、生产要素

38 在瓦尔拉体系里，生产要素是在某一时刻存在着的具体项目。它们的构成是：一批具有特定种类技能和训练的工人；特定生产能力的机器；特殊性能的土地，等等。瓦尔拉好像有意忽略劳动收入和财产收入的区别。一切要素在市场上都是自由平等的。每一要素为它的服务获得一个雇用价格——工人的工资和机器的租金。虽然物质要素全都是十分具体的，但必须认为它们是多方面适用的，因为技术条件容许各种不同的组合用于生产任何一宗商品。要点是，在供给方面有生产要素的替代，就和需求方面有消费者对各种商品进行的替代一样。

马歇尔分析了某些场合下特定的一些专业化要素，不过他也利用了从李嘉图那里引申出来的一些广泛范畴——工资、地租、利息和利润。在这样做时，他在资本供给的概念方面陷入了困境，他喜欢把资本叫做“等待”。

四、“等待的报酬”

马歇尔要调和古典学派的生产成本理论和新的效用概念，于是他说，价格决定于供求两方面，就像一张纸用剪刀的两面刀片剪裁一样。在这样做时，他粗暴地歪曲了古典学派的剩余产品概念。真实的生产成本是由人们的努力和牺牲所构成的；唯一的剩余产品是地租，这是“自然的免费赠品”。

工资是工人努力的“报酬”，是克服劳动的负效用所必需的。利息是忍受等待的牺牲的“报酬”。然而“等待”是什么意思呢？

> 一个人等待享乐的能力，是由他直接从劳动中得到的——劳动差不多是一切享乐的最初的源泉——还是由他以交换或继承、合法的贸易或毫无顾忌的形式之投机、抢劫或欺诈的方法从别人处得到的，对于我们眼前的目的是没有关系的；我们现在所研究的唯一问题只是：财富的增长一般是包含一个人在目前有（正当地或不正当地）力量支配的愉快之有意识的等待在内，和他愿意这样等待的心理依赖于他的生动地想象将来和为将来作准备的习惯。①

因此，在读者思想里，“等待”是同节俭的美德和好户主的深谋远虑相联系的，这个好户主节省他的一部分收入来保障他的家属 39
的将来。然而，明显的是，储蓄的“报酬”是占有更多的财富。利息是对一个人已经占有的财富的“报酬”。占有财富的好处之一，是能将它借给别人来获取利息。在将来得到利息也许是储蓄的动机之一，但在目前，一个财富所有主获得他所有全部财产的利息，假如他愿意将它出借的话。等待是占有财富的意思，“牺牲”是不将它消费掉。

因此，马歇尔企图表明创造价值的不单是劳动而且还有“等待”，用这个来挽救李嘉图，洗刷他因同马克思的思想有联系而沾染的污点，马克思的思想是从李嘉图那里得到的。

① 马歇尔：《经济学原理》，上卷，第249—250页。

我们已经看到，重商主义者是海外贸易商的拥护者；重农主义者卫护地主的利益；亚当·斯密和李嘉图则相信资本家（他们赚取利润，为的是进行再投资，扩大生产）。马克思把他们的论点倒转来为工人辩护。现在，马歇尔站出来充当食利者（财富所有主，他们借款给生意人并从贷款利息获取他们的收入）的战士。在这个场合，利润等同利息，利息被正当地认为是“等待的报酬”。

但是，我们将会看到，马歇尔不能始终一贯地坚持他的立场，他的全部分析，在细节上富于启发性，但就一般轮廓来说，他的分析却是混乱的、模糊不清的。

第三节　价格与分配

瓦尔拉的概念和马歇尔的概念有一点重大差别。瓦尔拉是从已经存在的生产资料数量开始他的分析的，只有改变物质项目相互间的组合，才能实现一个“要素”对另一个要素的替代，而对价格的变动作出反应。对马歇尔来说，则是有一笔“等待”基金，可以对需求变动作出体现为各种不同的形式的反应。

一、稀少性

瓦尔拉分析的中心论题是市场竞争的自由活动，在消费需求的影响下，将一些特定的“要素”分配给不同商品的生产。相对于需求来说，稀少的资源是价格的基本决定因素。

为了支持稀少性概念的普遍使用，瓦尔拉攻击了古典学派关于稀少的商品和生产的商品的区别。

> 没有什么产品可以无限成倍地增加。形成社会财富的一切东西——土地、社会才能、资本物本身和一切种类的货物——都只有有限的数量。在这些东西中，土地和个人才能是自然财富，而资本物本身和货物则是人造的财富，因为它们是经过一个生产过程的产品。在一些东西的生产中，如同水果、野兽、地面矿砂和矿质水，土地服务起着主要的作用。在 40
> 其他一些东西的生产中，如同法律和医疗服务、教授的演讲、唱歌和跳舞，则劳动居于支配地位。然而在大部分东西的生产中，土地服务以及劳动和资本服务是集合在一起的。所以从这一点可以推定，形成社会财富的一切东西是由土地、个人才能或土地与个人才能服务的产品所构成的。现在穆勒承认，土地只有有限的数量。如果这对人们的才能来说也是不错的话，产品怎么能无限地成倍地增加呢？①

在这里，瓦尔拉曲解了古典学派的见解。不是各种商品作为整体来说可以无限地生产，而只是任何一宗商品。一定数量生产资料的构成可以调节使之符合任何流量的产品，从而使资本家得到的利润率相等。稀少生产资料（如同土地）的出现，只不过减少可以作为利润进行分配的剩余产品罢了。

此外，生产的生产资料概念意味着随着时间而进展的一个过程，而不是每种“要素”数量都固定不变的一种静止状态。瓦尔拉曾试图把积累引进他的模型，但在人们进行储蓄的场合，只能在下述荒谬的假设下才能保持市场均衡，这个假设是，每个人在无限长

① 《纯粹经济学要义》，第 399 页。

的将来时期内，不单是对他自己的生活而且对一切价格的动向都有正确的预见。事实上，瓦尔拉的思想体系只能应用于(如果可以应用的话)超时间的均衡位置的比较。

马歇尔体系也强调稀少性，不过那是历史上某一时刻的稀少性。对他来说，时间和变化总是有的，他在试图调和历史过程和一种均衡概念时一直是茫然不知所措，这种均衡概念是以对立的供求力量平衡时所产生的静止状态的机械类比为依据的。

二、“边际生产率”

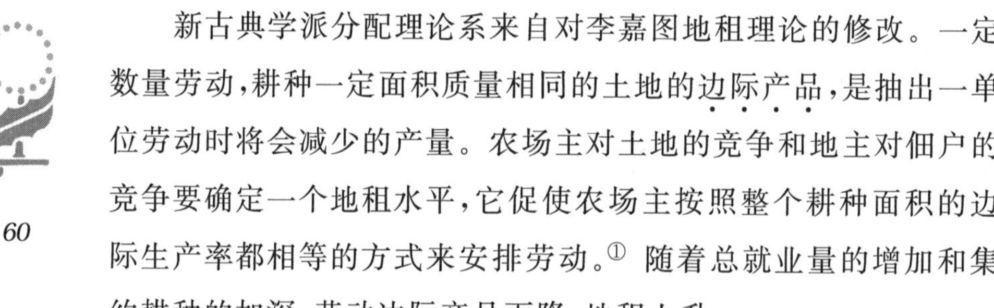

新古典学派分配理论系来自对李嘉图地租理论的修改。一定数量劳动，耕种一定面积质量相同的土地的**边际产品**，是抽出一单位劳动时将会减少的产量。农场主对土地的竞争和地主对佃户的竞争要确定一个地租水平，它促使农场主按照整个耕种面积的边际生产率都相等的方式来安排劳动。① 随着总就业量的增加和集约耕种的加深，劳动边际产品下降，地租上升。

李嘉图体系是用一人一年劳动作为单位的，劳动边际产品等于一人一年的工资加雇用一个工人一年所必需的资本的利润。新古典学派试图把边际生产率的概念分别应用到每一种要素上面。

在瓦尔拉体系里并没有一般劳动的边际生产率。一组特殊种
41 类的要素(譬如说特殊技能的人们或特殊规格的机器)每单位获得那一组的边际产品所决定的租金。在这里，一种要素的边际产品意味着，将这种要素抽出一单位并将所有要素的剩余部分重新适

① 参看第 2 篇第 1 章第 4 节第 3 段。

当安排以后将会减少的产量。这个论点是，如果用小于边际产品的租金能购得任何要素的一单位，对那一要素就会需要得多些；如果租金大于边际产品，就会需要得少些。因此，市场的要价还价确定一种均衡，在这种均衡下，每一种要素为它的服务获得的租金等于它所属哪一组的边际生产率。

在维克塞尔的分配论中，工人和生产资料是分别独立的要素，但全都处于同等地位，而不管他们的社会关系有什么差别。他建立了一个模型，在这个模型中，不论是一个地主用工资雇用工人，还是工人用地租租赁土地，工资和地租的水平总归是一样的。[①] 他的一些现代追随者，把这一模型发展成为一个论点：在均衡状态下，能够借到资本为自己生产的工人的收入会和他们被资本家雇用时所得到的工资是一样的。

马歇尔所应用边际生产率的概念就不同了。他描绘了精明的生意人在一定工资率下愿意雇用多少工人。这必定以他必须出售的产品的价格、他计划使用的生产资料的费用以及他借到的资金的利率为转移。马歇尔阐明了这一规则：劳动的边际纯产品将等于工资。纯产品是雇用一个工人的预期产品增加量的价值减雇用他时所引起的一些额外费用。

> 这个原理有时被当做工资理论提出来。但任何这种主张都是站不住脚的。一个工人的报酬有等于他的劳动纯产品的趋势这一原理，就其本身来讲，是没有实际意义的；因为要计算纯产品，除他的工资外，我们还必须假定他所制造的那种商

① 《政治经济学讲义》，第109页。

> 品的全部生产费。
>
> 不承认它是一种工资理论，这是对的，但不承认这个原理是阐明决定工资的那些原因中的一个原因所起的作用，这就不对了。[①]

当然，这个学说纯粹是循环论证。它说，当一个生意人在一特定市场情况下使他的利润成为最大量时，他是在用这样一种方式把各种不同生产要素结合在一起，因而他不可能用另一不同方式把它们结合起来获取更多的利润。

42 同时，马歇尔非常注意经济生活中的道德因素，并对这个问题表示了许多看法。例如：

> “在家庭仆人之中，有许多具有优良本性的人。但是，生活在非常富有的家庭中的仆人，易于染上放纵的习惯，对财富的重要性估计过高，并一般重视低级的生活目的，这种情形对于独立的劳动人民是不常有的。在有些我们的最好的家庭中，孩子大部分时间所往来的人，没有普通家庭往来的人那样高尚。但在这些家庭之中，不是特别合格的仆人，是不许照管一头小的猎犬或小马的。[②]”

这一类考虑促使人们分散对分析中薄弱环节的注意力。

美国约翰·贝茨·克拉克（1847—1938）完全没有马歇尔那种犹豫不决和保留意见的情形。他提出了“最后生产率规律”，在自由竞争条件下，它“倾向将劳动创造的给予工人，将资本创造的给

---

① 马歇尔：《经济学原理》，下卷，商务印书馆1965年版，第192页。

② 同上书，上卷，第225页注②。

予资本家，将协调作用创造的给予企业家(生意人)”。[1]

在资本边际生产率方面是存在着一些困难的(姑且不谈“协调作用”)。资本体现在“资本物”(生产的生产资料，如机器)上面。现在，设备体现着使劳动富有生产性的工艺。我们怎样为资本物求得个别生产率呢？而且，利息不是付给机器而是付给借钱给生意人的财富所有主的。金钱借贷和假定的“资本物”的“生产作用”之间究竟有什么关系？这种分析一点也不清楚，但是这种形而上学却是令人欣慰的。

三、正常利润

除均衡分析以外，在马歇尔对世界的看法中还有一个动态因素。他提出了任何变动的短期与长期影响之间非常宝贵的区别。[2] 如果我们认为一个经济社会是在时间的推移中、随着积累和技术进步的发展而前进的话，就可以最好地理解他。在这里，英雄人物就不再是节俭的食利者，而是搞革新和担风险的精力充沛的生意人了。随着积累的进行，在不断发展的经济中有一个稳定的平均利润水平，而环绕这个平均水平的则有不断发生的短期搅乱情形。

投资计划是从设想的将来利润的预期制定的；资金一投到特定的一项设备上面，它实际得到的收益就取决于对于它所提供的产品的需求。毛利叫做**准地租**，因为一项设备一旦安装起来，它就

① 《财富分配》，第 3 页。

② 参看第 2 篇第 3 章第 1 节和第 2 篇第 6 章第 1 节。

像一块李嘉图的土地一样固定化了。在一切事情都正常进行的时候，一家工厂在其整个投产期间所获得的准地租足以弥补投在它
43 上面的资本，连同投资费用的正常净利润率。然而正常情形是没有保障的。在任何特殊情况下，净利可以高于或低于正常利润率。

什么东西决定正常利润率，他没有说明，虽然在一些段落中，它好像等同长期利息率，在另一场合，长期利息是“等待的报酬”。

马歇尔渴望把供求因素结合到一个发展中经济的情节里面。他在这样做时，把一切商品分为两类：第一类“服从报酬递减律”，因为它需要某一特定的稀少生产要素，因此，就李嘉图的谷子来说，“边际成本”随着生产扩充而提高。第二类“服从报酬递增律”；资本积累，大规模生产的经济和技术进步促使它的成本相对一般水平来说要下降。随着总产量的增加，第一类商品价格上涨，第二类商品价格下降。由于需求扩大决定着每种商品增加多少产量，所以供求剪刀的两面刀片都起作用，但是马歇尔自己也知道，当他试图把这些概念塞进静止状态的均衡体系时，他就是在胡说了。[1]

第四节　有效需求

由于李嘉图取得对马尔萨斯的胜利，有效需求问题就被埋葬了，新古典学派认为没有理由使它复活。

在瓦尔拉体系里，“市场供求平衡的价格”保证一切生产出来的东西都会卖掉。当一特定商品的供给大于需求时，不论价格多

① 马歇尔：《经济学原理》，下卷，附录八。

么低，它的价格要下降到零，变成免费的货物。这条规则也适用于劳动。过去任何一个时候，在均衡状态下，当工资等于零时，一定有相当多的工人相继死去，使今天剩下来的人相当稀少，从而获得可以维持生活的工资。

马歇尔赞同穆勒对萨伊定律[①]的看法，但他也依据供求为劳动和储蓄提出了均衡的解释。

他仿佛主张(虽然十分模糊不清)：失业也许是由于实际工资太高造成的，救治办法可能是削减货币工资率。[②] 他的更加模糊的意见是，利率水平是这样地上下波动，会使得作为可供投资的真实资源的供给看待的储蓄额和生意人要进行的投资额相等。[③]

马歇尔承认，衰退可能是由生意人对将来投资的获利性缺乏 44
信心所造成的，[④]但不容许这个意见破坏在萨伊定律的慈善作用下出现的一般均衡景象。

商业循环问题被划到单独的一卷和单独的一门课程，叫做“货币”。这一部分是受“数量说”支配的。数量说详尽地阐述了休谟关于现金数量增加如何影响物价水平的见解。这一点是将**流通速度**(在一年中一枚货币进入交易的平均次数)概念补充进去来完成的。

马歇尔对当前问题发表了不少意见，主要是采取在皇家委员会作证的形式发表的。但是他一直迟迟不肯谈论就业问题，这也

---

① 参看第 1 篇第 2 章第 4 节第 1 段。

② 马歇尔：《经济学原理》，下卷，第 352 页。

③ 同上书，第 206 页。

④ 同上书，第 362 页。

许是因为他无法将他在经济生活方面的实际知识同他的均衡理论调和起来的原故。他的最后一部著作《货币信用和商业》是在八十岁完成的，这"不过是将早先一些零星作品汇编成集，其中一部分是在五十年前写作的"。①

维克塞尔的性格和马歇尔大不相同，他不要胡言乱语；当遇到他不能回答的问题时，他就坦白承认他迷惑不解。在试图建立一个有条理的一贯利率理论时，他放弃了"边际生产率"，为现在一般认为是凯恩斯革命的新思潮开辟了道路。

第五节　批评家

在新古典正统派统治时期，马克思主义者，各种不同见解的社会主义者，以及圈子里持不同意见的人们的批评还是有的。在这里，我们谈到三方面杰出的批评家，他们的见解同我们的中心论题在某些方面有些关系。

一、一个马克思主义者

甚至在今天，大部分马克思主义者只满足于嘲笑学术性的经济学，而不肯费脑筋去理解它试图阐明的东西。尼·布哈林(1880—1938)在俄国革命前流放期间写作时，曾对奥国学派进行了系统的研究，以便分析它的社会基础。

他把这一学派的著作叫做《有闲阶级经济理论》，因为它是从

① 凯恩斯：《传记随笔》，《凯恩斯文集》，第10卷，第230页。

不参加生产而只是享受他人劳动果实的食利者的观点来考察一切问题的。

布哈林认为，马克思的价值论是根据生产过程的客观事实为出发点，而资产阶级的价值论则是从主观效用和消费者嗜好引申
出来的。资产阶级经济学家没有历史观念，他们希图探索普遍的 45
规律，它适用于孤岛上的鲁滨逊·克鲁索，也适用于现代垄断资本主义。于是他们从研究消费而不是从研究生产条件开始。

> 我们到处碰到一样的动机：价值论被用作理论的起点，目的在于证明现代社会秩序是合理的，边际效用理论对热衷于维持这种社会秩序的一些阶级的“社会价值”就在这里。这个理论的逻辑基础越薄弱，一个人对它的心理感情就越强烈，因为他不希望摆脱资本主义的静态概念所规定的狭隘精神境界。①

二、一个民粹派分子

在美国，索尔斯坦·凡勃伦（1857—1929）在学术界里连篇累牍地提出一系列批评。他攻击了把所有人类关系归结为商业关系的思想意识：

> “当前经济情况是一个价格体系。现代文明生活方式中的经济制度（普遍）是价格体系的制度。现代经济生活的一切现象都要适应的会计工作是用价格表示的会计工作。根据目前习惯，现代生活的事实，不论在法律上或在实际上，是没有

① 《有闲阶级经济理论》，第156页。

> 其他公认的会计体制、其他的评价要遵守的。的确，这种金钱会计的习惯（制度）变成如此巨大如此普遍的力量，以致它往往是理所当然地扩大到许多事实，这些事实严格地说没有金钱关系，也没有金钱的量值，如同艺术品、科学、学识和宗教。”①

凡勃伦多次揭露用来支持这种思想意识的虚假逻辑。下面一段系摘自他写的对克拉克进一步阐明上述理论的一本书的书评里的。②

> 在这里，就像在克拉克先生的其他著作中一样，对这一学说做了大量的工作，这个学说是，“资本”和“资本物”这两个事实在概念上的不同，虽然它们实质是一样的。这两个术语实际上就是包括“货币资本”与“工业资本”这些术语要包括的同样事实。……

> 这个资本概念，作为构成工业设备一连串生产性货物所形成的物质上“持续的实体”，在克拉克先生终于谈到资本流动性而应用这一概念时就垮下来了，也就是说，他一使用这个概念就垮了。……

> 资本的“持续的实体”所依存的连续统一体是所有权的连续性，而不是物质的实体。事实上，连续性是非物质的，是法
> 46 律权利、契约、买卖问题的连续性。为什么这个明显的事实被忽视了，就像它有点是精心策划的一样，这一点还不容易弄清

① 《科学在现代文明中的地位及其他文章》，第 245 页。

② 参看第 1 篇第 3 章第 3 节第 2 段。

楚。然而明显的是，如果资本概念是从观察当前商业实践推敲出来的，那就会发现，"资本"是金钱的事实而不是机械的事实；它是估价的结果，这种估价直接决定于估价人的精神状态；资本同其他事实相区别的具体标记并不具有重要的性质。[①]

凡勃伦在反对新古典学派形而上学方面没有能够取得进展，他的抗议在美国经济学说的主流中被丢到一边了。

三、马克思的颠倒

约瑟夫·熊彼特(1883—1950)是从他自己的一种特殊观点批评正统派的。他很迷恋于资本主义企业，并且断言，正统派的静态分析并没有阐明它的真正性质。

他的主要著作集中在商业循环的历史研究方面。在这个领域，他有许多深刻的观察，可是他不曾像凯恩斯所显示的那样，对有效需求原理提供一种有系统的分析。

在维也纳做学生时，熊彼特就从反马克思的立场深入钻研了马克思的思想。他描绘资本主义动荡的、动态的发展景象说，在资本主义经济中，争相积累的斗争带来技术发展。这一描述非常接近于马克思的分析，虽然他同马克思的思想意识相去甚远。

尽管熊彼特轻视静态理论，但他对瓦尔拉却评价很高，在他所著的《经济分析史》一书中，他把瓦尔拉置于中心的位置。

他的大部分职业生活是在美国度过的，但是他那古怪的才华

① 《科学在现代文明中的地位及其他文章》，第195—197页。

不适合新古典正统派的要求。像凡勃伦一样，他在现代思想中几乎没有留下什么痕迹。

第六节　凯恩斯的革命

新古典学派理论的脆弱理智结构之所以好像还站得住脚，是因为它不曾受到实际压力。自由市场竞争发生良好影响的学说事实上意味着：生意人知道得最清楚。任何政府干预，不论用意多么好，都被认为是有害的，所以这个理论并不建议采取行动。至于理论本身有没有意义，实在是没有关系的。

一、自由放任

对亚当·斯密来说，自由放任是一项纲领。他预言，如果取消了旨在保护特殊利益的一些限制性法律，让私营企业自由活动，那
47 么，国民财富就会大大增加。对新古典学派来说，自由放任成了一种教条，自由贸易的利益成了一项信仰。经济学被说成是研究稀少资源在各种可供选择的用途中的分配，从中得到的教训是，要是政府不干预经济活动的话，自由企业将会按照最有利于整个社会的方式来分配资源。

马歇尔的虔诚信徒庇古（1877—1859）从《经济学原理》中推敲出来一个用静止均衡状态比较来表示的显然一贯的逻辑体系，他避开了马歇尔思想中的动态因素。在《福利经济学》中，庇古叙述了许多自由放任不一定有利的事例，但是，他把这些事例看做一般地说毫无疑问的一条规律的例外。

在公共政策方面，必定有不少背离纯粹自由放任学说的情形，特别是1906年，自由党政府提出了社会保险原则，支付失业津贴就是从这项原则发展出来的。不过大体上，正统派经济学家的教导同影响政策的信仰是符合一致的。

同希图探讨实际价值的均衡理论相并行的，是用货币表示的物价水平理论，物价水平是由政府和银行体系所创造的交换媒介的数量来调节的。① 商业循环、通货膨胀和金融危机引起了一些讨论，这种讨论暗含有这样的意思，即这些情形都是由货币制度的错误产生的。但这不曾打击学说的主要部分。在大萧条时期，当所有工业国家都有大量失业时，经济学家们仍然坚持说，自由市场倾向于建立均衡，干预它的微妙机制只能造成损害。

1929年，在英国，"财政部意见"对劳埃德·乔治用公共工程支出救济失业的建议的答复是：人们有一定数量的储蓄，这些储蓄无论如何是要用于投资的，因此，如果政府借用其中的一部分花在公共工程方面，则其他投资将会因而削减同样的数量。②

人们轻蔑地叫做"施舍"的失业津贴，普遍地被认为是有害的，因为它支持了工会不让工资下降到均衡水平这一愚蠢的顽固态度。只要工资率能够削减，均衡就会恢复。

在1931年英国金融危机期间，在美国金融资本家的怂恿下，英格兰银行总裁威胁不幸的工党政府说，如果不削减失业津贴，维

① 参看第1篇第3章第4节。

② 参看第2篇第3章第2节第1段。

持英镑黄金价值的海外贷款是不会得到的。[①]（不幸的是，为挽救英镑而成立的所谓各党联合政府不能做到这一点。）

自从面对萧条的正统派理论彻底破产后，一种新思潮出现了。
48 效法维克塞尔的冈纳尔·米尔达尔在瑞典，迈克尔·卡莱基在波兰，格纳德·凯恩斯在英国通过各自进行的研究，对资本主义的不稳定性作出了新的判断。[②] 这一运动被称为凯恩斯的革命，因为凯恩斯是这一理论阐述者中最雄辩和最著名的，虽则卡莱基所作的说明在一定程度上比他更富于逻辑上的一贯性。

二、时间

私营企业制度显然崩溃的情况是同正统派的假定不一致的。正统派体系的根本谬误在于相信市场经济总是倾向于达到均衡，就像左右摇摆的摆锤总要接近于静止状态一样。这个类比是错误的。一种空间运动可以来回往复，然而通过时间的运动则只能是单向的，从过去到将来的。人类生活势必在没有"正确预见"的情形下度过。支配经济行为的，要么是对行动将要产生的结果所作的预测，或者是依据常规判断而得出什么是适当行为的见解；要么是依据过去的经验教训，而这些经验教训可能被证明是靠不住的。

在萧条期间，常规被打破，预期落空了，而且没有自动恢复的前景。

---

① 参看亨利·克莱：《诺曼爵士》，第 392 页。

② 米尔达尔的《货币均衡》是 1931 年用瑞典文发表的(1939 年英文版)。卡莱基早期波兰文章的译文重印于《资本主义经济动态学论文选，1933—1970》。凯恩斯的《就业、利息和货币通论》发表于 1936 年，虽然书中一些思想是从 1929 年起发展起来的。

米尔达尔早就理解了均衡概念的思想作用[①]。卡莱基的分析是依据马克思再生产图式的动态学[②]。而凯恩斯则“长期挣扎着要摆脱”他在其中熏陶出来的传统[③]。正是由于这个缘故,他清楚地看到,要承认将来不可知,这就将正统派的以超时间的均衡概念为依据的理论推翻了。

在《通论》发表后发生的争论中,凯恩斯重申了他认为是他对经济分析进行革新的要点。

> [他的同时代人]像他们的前辈一样仍然在对付一个体系,在这个体系中,所使用的生产要素数量是既定的,其他有关的事实多少是确切知道的。这并不意味着,他们是在对付一个排除掉变动的体系,或对付一个甚至排除掉预期落空的体系。在任何特定的时间,他们假定事实和预期是在确定、可靠的形式下给定的,虽然他们承认风险,却不十分注意,认为 49
> 它是能够精确地由保险统计员计算出来的。他们虽把概率的演算放在隐蔽地位,却认为它能把不确定性归结到同确定性本身一样可靠的地步;就像边沁的痛苦与快乐或利弊的计算一样,边沁哲学假定人们在他们的一般伦理行为中要受到这种计算的影响。

凯恩斯注意到,由于将来不确定,所以严格合乎理性的行为是不可能的。指导人们作出决定的常规是

① 参看《经济发展理论的政治因素》,1929 年用瑞典文发表,1953 年英译本。

② 参看第 1 篇第 2 章第 5 节第 3 段。

③ 参看《就业利息和货币通论》,商务印书馆 1963 年版,第 5 页。

> 为装潢美丽的会议室和巧妙调节的市场准备的精美的雅致的技巧。……我指责古典学派经济理论本身就是这些精美的雅致的技巧中的一种，它试图把我们对于将来知道得很少的事实抽象掉来对付当前局势。①

凯恩斯把他的正统派同时代人叫做“古典学派”，因为他没有区分古典派学者和新古典派学者。对他来说，李嘉图正像庇古一样糟糕，因为他不曾考虑有效需求不足的可能性。凯恩斯极力要在重商主义者和马尔萨斯当中寻找前辈，可是不知怎么的他竟然忽略了詹姆斯·斯图亚特，实际上后者是会更加合乎他的要求的。②

三、物价

凯恩斯曾经是马歇尔的学生。他一点没有受到瓦尔拉的静态一般均衡观念的影响。他打破了那个脆弱的外壳而没有注意到他自己过去也曾是这么做的。他从马歇尔继承了某一时刻短期均衡概念，认为一些特定商品的价格决定于直接成本——工资、原料费用、电力等等——和某些间接费用的扣除额，认为这是理所当然的。卡莱基在直接成本上面实行加价的概念中更为精确地阐述了这个理论，而加价是同市场的“垄断程度”有关的。③

工资是直接成本（包括一家厂商卖给另一家厂商的原料的成

---

① 《一般就业理论》，《经济学季刊》，1937 年 2 月号，重印于《凯恩斯文集》，第 14 卷，第 112—113 页和第 115 页。

② 参看第 1 篇第 1 章第 1 节第 3 段。

③ 参看第 2 篇第 5 章第 4 节第 3 段。

本)中的主要因素,从这点推定,货币工资率的变化将会带来物价水平的相应变动。这就使“边际生产率”没有决定实际工资率的余地,货币数量也没有决定物价的余地。

凯恩斯革命的最重要的方面是,在一定程度上,他认为:在现代工业经济中,一般物价水平在技术发展的任何阶段都主要取决于货币工资率的水平。这时,它表明削减工资不是救治失业的办法,因为那就会使物价或多或少地按成本下降的比例一同跌落。今天,它为通货膨胀问题提供了一个线索,虽然政府当局花了很长 50
久的时间才掌握了它。[①]

四、储蓄与投资

正统观念是以萨伊定律的说法为依据的,根据萨伊定律,储蓄量决定投资率。凯恩斯指出,储蓄量不能不受投资量(增添设备和原材料的支出)的支配。储蓄水平随收入水平而变化。在工人失业和生产设备利用不足的时候,投资支出的增加会提高收入,从而增加消费支出,又增加储蓄。收入增加量中没有被收入领受人储蓄起来的部分是花掉了;花费提高收入,于是收入继续扩大直到储蓄的增量等于投资的增量为止。[②]

将来的不确定性为私营企业经济中活动的起伏不定情形提供了线索。收入的花费多少是为了眼前的消费,而投资支出则取决于对遥远的未来时期利润的预期。萧条乃是自行实现的悲观局

① 参看第2篇第7章第4节第2段。

② 参看第2篇第3章第2节第2段。

面，在这种局面下，利润是低的，因为投资水平低，因为预期利润是低的。

萨伊定律使重商主义者和马尔萨斯全神贯注的有效需求这个老大难问题转入地下，现在它以猛烈爆发的形式突出到表面来了。

五、利率

在一定生产设备下，收入水平取决于投资支出和消费支出的分析推翻了利率使储蓄和投资均等的理论。(凯恩斯不曾否认利率水平可能影响一定收入中的家庭储蓄额，但是他认为这种影响不重要，为了说明简单起见，他在分析中把这一点省略了。)

由于旧理论已成过去，就有必要提出一个替代的理论，凯恩斯首先澄清了旧著作中利息和利润的混乱情形。利润是厂商希望从投资获得的；利息是借款必须支付的。其次，他还说，我们不是从储蓄的流量，而是必须从一个时候存在着的全部财富数量和货币数量的供求来探索利率水平的决定因素的。

凯恩斯把对货币的需求分成两部分。一是个人和机构为了进行交易方便起见所需要的现金余额。在这方面，货币需求取决于
51 和数量说大致相同的一些关系——用货币表示的交易总额和各种支付之间的平均时间间隔，后者决定着货币“流通速度”。[①]

此外还有作为保持财富的一种形式的货币需求。凯恩斯问道：当任何人都可以从持有债券获得收益时，他为什么要用没有利息的现金或存款形式来持有货币呢？他从灵活性愿望(即一个人

① 参看第1篇第3章第4节。

在他需要钱时要能"接触到他的钱"的保证)概念找到一个答案。利息就是为了保持现款所具有的灵活性而被放弃的。[①]

灵活性的需要,像投资不稳定性一样,是因将来的不确定性而产生的。的确,在一个有着"正确预见"的世界里,没有人需要持有货币。

凯恩斯仔细阐述了利率理论并赋予它很大的重要性,而卡莱基却仅仅满足于这一点:他想当然地认为,投资、收入和储蓄的增长要求增加货币数量;如果银行体系没有适当地予以增加,则利率将会上升。

六、革命与重建

凯恩斯的革命对旧正统派带来的变化,首先是从超时间的均衡降临到我们此时此地生活在其中的世界。其次,"货币"和现实经济的旧的二分法被推翻了。货币体系被看做整个经济活动的一部分。它对利率水平有重大的影响,但同物价水平却只有淡薄的和曲折的关系。

对于私营企业制度,在听任它放任自流时,持续的充分就业是没有保障的;而依靠政府的政策来控制它,为了缓和经济活动的起伏不定的情形,则至少是有可能的。

战时超充分就业的经验使舆论界转向了凯恩斯的观点,但在战后,学术界的正统派成功地重整旗鼓。现在的论点是,政府当局有责任保持有效需求的水平来提供充分就业。然后政府当局就没

---

① 参看第 2 篇第 8 章第 1 节第 6 段。

有别的什么事要做了。自由放任死灰复燃。经济理论又回到推敲瓦尔拉均衡的性质方面。

如今这个新正统派依次也发生了危机。二十五年的近乎充分就业遗留下很多悬而未决的问题,新的新古典学派逻辑有很多弱点被揭露出来了。现在是回过头来重新开始的时候了。

第 二 篇

分　　析

序　论

这本书叫做《现代经济学导论》，因为它的目的是要从这门学科的传统的和当代的教导中，摄取有助于理解现代问题的部分。这是一项雄心勃勃的和艰难的任务，它对读者提出的要求也不下于作者。而且，它决不是能够彻底完成的任务，因为，在这瞬息万变的时代，历史不断产生新的问题，旧的结论接着又成了疑问。尽管如此，我们希望，通过重新解释经济学说所能获得的论证方法和观察世界的方法，对于理解我们今天生活在其中的世界，仍然是有帮助的，而且也是必不可少的。

Ⅰ　方法

一、模型

构成经济学教义传统的学说、解释和理论是由这门学科所特有的分析方法予以发挥和阐明的。这个方法是从川流不息的历史（包括作为历史来看的现在）中挑选一些实体，诸如商品、物价、货币单位、可耕土地、生产设备、雇主、工人和财富所有主等等，详细说明这些实体在其中起相互作用的经济环境，并把它们制成一个模型；在这个模型中，它们的相互作用是通过一种准教学的逻辑推敲出来的。

一个模型表示对现实的一种假设。在自然科学中，各种假设可以用经验获得的证据来进行检验。但对社会所做的假设，则不能像高度发展的科学控制的试验室里进行的试验那样，或者像对于自然界的不变规律性进行准确的观察那样，能够进行检验的。
54 经济学家必须依靠一些事件衬托出来的试验，而这些试验并不是在控制当中进行；很多事情是随时发生的。如果一个模型的预言证明多少是正确的话，那也许是由于偶然。得出的结果不一定能证明预言所依据的推理是正确的。如果预言被证明是错误的，那就很难知道这个模型在什么地方出了毛病，或根据它所做的具体分析在哪一方面搞错了。一个模型同它希望反映的现实之间的关系决不是清清楚楚的，往往可以对它们作各种各样不同的解释。

为了这个缘故，经济学作为一门学术性学科，它缺少自然科学那种理性的纪律；它有着从传统教导中来的难以去掉的一些坏习惯，说实在的，某些坏习惯曾经表现出异常的顽强。其中一个就是作出同现实没有可以想象的关系的假设，然后依据这些假设进行详细的论证，得出“结果”并提出“问题”，这完全是彻头彻尾的循环论法的思想体系。例如描述一种市场经济的活动，在这里，各个人对无限长久的将来都有“正确的预见”；又如研究这样一个世界中的国际贸易问题，在这个世界中，每个国家的进出口总归是平衡的。

这只不过是无聊的消遣罢了。更严重的是这种习惯，即建立一个模拟的代表现实的模型，尽管这种模型是用高度简单化的形式建立的，却从它得出一些结论，用来制订政策，而不首先检查一下这些简单化的假定在多大程度上同政策要在其中实行的局势是否相符合。这方面最著名的例子是新古典学派的完全竞争的私营企业经济模型，它是这样运转的，假使对市场机制的自由活动不加干预的话，它就会使所有可以利用的工人队伍都得到充分就业。从这一点引申出下面的判断：三十年代大规模失业之所以发生，是由于工会作为垄断者把工资保持在“均衡水平”以上的缘故。于是就得出结论说：失业津贴倾向于增加失业；而旨在增加就业的政府支出，实际上会减少就业。

但是，不建立模型，我们就无法前进，而模型则一定要简化。比例尺 1∶1 的一张图，对一个旅客是没有用的。建立模型的艺术是把一切同争论点无关紧要的复杂情况统统删去，而保留可靠的推论所必需的一些特征。

要包括在任何一种分析中的最根本因素是表明它要进行分析的社会制度的性质。经济关系是人们之间的关系。人类同物质世界的技术关系规定了人们过着的经济生活的条件，虽然人类社会（或就这一点来说的动物社会）的技术发展水平对社会中的各种关系有着重大影响，但技术条件并不能完全决定人类社会的各种关系。举个例子来说，现在应用大致相同工艺的工业，同时在各种各样资本主义的和社会主义的组织形式中经营着。

同时，在一个经济社会里，人们之间的关系则对它所发展的工 55
艺影响很大。例如在一个由独立自耕农家庭组成的社会中，它们就不会采取雇用工资劳动者的大规模资本主义农场主所使用的耕种方法。

人类关系和工艺关系的相互作用是经济分析的论题。

一个社会的特征是同它的经济结构有关系的，这些特征反映在法规、习惯和公认的正当行为的观念上面。这就是说，它们涉及谁有权做什么事情，如何行使权利，以及社会中一部分人的行为对其他人起什么样的作用等问题。

以下各章主要论述现代工业资本主义，但是这个社会的性质是在同其他各种社会组织对比之下表明的。

我们不打算提出一个普遍"规律"的体系，不过，我们希望对各种经济制度运行的方式提供最起码的洞察力，并对探讨它们所产生的问题提出一些分析方法方面的原理。

二、简化

经济生活的各个方面都是极端错综复杂、多种多样的。庞杂的细节埋没于具体的现实中，在这重重迷雾下不可能透彻观察一个经济社会运转的技术方面和人类方面。分析方法是撇开所有的细节，把这个体系的机制用最简化的形式揭露出来。在下面，我们要采取极端方式来探讨这种方法。例如在头三章中，我们运用一个只有一种相同的消费品的模型，而排除一切相对价格问题和需求的模式。当我们讨论农业问题时，我们抽象掉气候的变化。我们假定所有工人都一样并抽象掉男女的区别。这个练习的目的在于揭示出现实中的一些重大关系，虽然在现实中这些关系是被一些错综复杂的情况掩盖起来的。在把这样论证出来的任何结论应用到现实中时，必须把有关的细节放回原处。在这里，我们只提出第一阶段的分析。读者在应用的时候，还需要进行深入的研究，以便弄清楚在把这种论证应用到特殊事例时，还必须考虑哪些细节。

在这期间，重要的一点是，他应该适当地预先告诉人们哪些细节被省略了。作者和读者公平对待的要求是，在看一个模型展示出来时，所做的简化要交代清楚，进行论证的实体要具体说明，谈到的数量都要指明计算的单位。读者有一切权利警惕着，一定要使游戏规则得到遵守，但他不能要求现成的结论。当他自己掌握分析的艺术时，他就可以纠正或推敲在他看来不够满意的任何一部分的论证了。

我们要采取的方法是建立尽可能最简单的模型，用来解说一 56
切可以表明的关系，指出我们在前进过程中排除在外的一些问题。当我们从这个最简单的模型获得我们能够得到的一切时，我们就提出另一个比较复杂的模型，这样一步一步地进行论证。

我们举一些简单的数字例子和用一些图形来说明论点。数字是这样选择的：没有可能把它们误解为它们是现实经济中统计数字的危险。运用数字完全是为了帮助读者用最简单方法掌握一些基本关系。同时，这些例子没有使读者脱离现实的意思；所有揭示出来的关系都是在现实经济活动中对于原理有重大关系的。例子是想象的，然而它们是现实的简化，而不是比喻或神话故事。

三、警告

我们的论证是用凯恩斯以后的说法。这就是说，我们把经济生活看做是通过时间进行的过程，在这个过程中，对未来不是未卜先知。我们在每一章最后一节里还简单叙述相应的凯恩斯以前的均衡理论，从而使读者可以了解，我们对每个题目的论述在哪一方面不同于他在别处也许看到过的论述，以使他不会发生一些思想上的混乱。不幸的是，在当前经济学教义中普遍存在着这种思想混乱的情形。

一些教师无疑将把这许多节看做是讽刺文，并坚决表示，这不是他们曾经相信过的。如果是这样的话，那就更好了。

Ⅱ　提要

第一章，**土地与劳动**：论述可以用尽可能简单的一种生产来表现的一些关系。这里涉及的技术关系，首先是可以利用的可耕土地对一单位劳动的产量的影响，其次是要花时间生产的资财的必要性。社会关系则用各种不同的地产来表示。

我们从各个家庭可以随意耕种多少土地的假想开始，然后，我们讨论占有土地面积大小不同的自耕农和封建地主的佃户。最后我们提出李嘉图的资本主义农业模型，并探讨一下它的含义。

图形一节采取表明其用途和局限性的一种阐述方法。

第二章，**人和机器**：建立一个工业生产模型。在这里，技术条件极为简单，以便为讨论资本家和工人组成的社会中的社会关系开辟道路。一个附录说明流动资本。

57 第三章，**有效需求**：涉及通称为凯恩斯理论的基础，虽然我们是遵循卡莱基的说法。这个简单模型显示了生产和收入的流通情形。然后这个体系的结构是通过两种情况的比较进行考察的，除投资率或工资在产量价值中所占份额不同外，这两种情况全都一样。最后分析一特定情况下变动过程的影响，并描述私营企业经济中就业变动的初步概括情形。在附录里举了一个利润预期变化引起产量变动的例子。

第四章，**技术变革**：是仍在简单模型限制的范围内谈到工业经济中的革新与积累。我们讨论所谓工艺性失业的性质，生产率提高和实际工资增长的相互作用，损耗和折旧提成的意思，以及发明同积累的关系。探讨中性和偏性积累意义的第三节有点形式主义，在第一遍阅读时可以省略。

第五章，**商品与价格**：离开简单模型而引进复杂的数量关系，如同产量与消费的数量关系。这一章涉及通常叫做微观经济学的大部分内容。商品市场分成两大类：供求支配的市场和在直接成本上面加价所形成的价格的市场。

第一类是联系初级的商品交易来进行讨论的。在这里，价格通常是在供求变动及其对预期所起反应的影响下而上下波动的。在这种场合，马歇尔的市场分析虽然适用，但是没有产生均衡的趋势。

在另一类市场上，价格相对需求变化来说是相当稳定的，而产量却有变动。接着简单探讨一下这两类市场的相互作用。图示一节表明人所熟知的马歇尔供求均衡图的利用和被滥用的情形

第六章，**利润率**：是从长期观点探讨价格。在这一章，论证必然要比上面所谈的更为困难，因为它不可能讲得很精确。“资本的利润率”对经济理论和商业实践两方面来说都是个重要的概念，但在现实当中并没有净利和资本价值的确切比率那么一回事。

在进行投资以前，资本的费用可以算做一笔钱，但那时节，利润是对将来所抱的一种不确定的和主观的预期。当资金用在物质生产设备上面时，赚得的利润是一笔钱，而那时节，资本却不再是

一笔钱，已不能用明白无误的意思来说明它的价值了。利润率是一年利润和资本价值之间的比率，但在任何时候，比率中的两个要素都不是同时存在的。

在本章的头一部分，我们一般地讨论价格同利润的关系，由于具体情况的性质，那不可能是精确的。然后，为了探讨经济理论的
58 作用，我们建立一个虚构的稳定状态模型，在这个模型中，利润率可以具有清晰的含义。靠这个模型分离出一些关系，我们断言，这些关系显示出工业经济的活动情形，虽然由于理论同错综复杂不断变动的现实分析脱节，依然有大量工作要做。在第一遍阅读时，第三节连同附录都是可以省略的。

第七章，**收入与需求**：把早先从生产者观点考察价格与分配转向从消费者的观点考察上述问题；它考虑到个人收入分配的某些方面和需求的主观因素。不幸，消费需求分析是这么长期地陷于依据“效用”和“偏好”进行的循环论证中，所以在这方面，经济理论几乎没有什么可说的。

住户购买的货物和劳务只是货物和劳务的一部分。其余部分是由赋有征税权的政府当局消费的。政府财政这个题目，从很早的时候起，就成为政治经济学的一个重要部分。在现代教科书中，像“需求理论”一样，政府财政一般是用非常传统的方式论述的。在这里，我们提出一个把它纳入后凯恩斯分析范围的观点。一个附录说明会计恒等式同因果方程式的关系。

第八章，**货币与金融**：涉及通常所说的货币理论。这是非常专门的一项研究。在这一章，我们分析现代货币制度和政策所依据的原理，而不研究特殊制度和特殊规章的种种错综复杂的情形，因

为这些规章制度因国而异，一些细节是经常改变的。

我们讨论基本的银行原理，证券交易所同工业的关系，利率的决定(虽然只是扼要加以论述)，以及货币政策用作控制工业活动手段的局限性。

第九章，**增长——厂商、工业和国家**：系根据前几章提出的一个意见——资本主义经济增长的主要动力在于企业对利润的追求。从十七世纪甚至更早的时候起，欧洲经济的增长一部分是在海外方面。从一个观点来看，整个世界可以看做是一个市场，这里能够产生竞争性的扩张和积累。从另一个观点来看，各个国家有着多少是独立的政府，多少博得人民的忠诚，这些国家的存在对整个体系增长的速度与方向都具有重大的影响。

我们联系厂商行为来分析“使利润成为最大量”的概念。我们探讨世界范围生产能力的扩充，然后考察国家的商业政策对生产能力发生的影响。

第十章，**国际收支差额**：转到从各国金融关系的观点进行研究的国际贸易和国际收支问题。我们首先对下述难题提出一个答案：为什么英国有国际收支差额问题而牛津夏郡却没有？

我们把国家货币制度的影响隔离开来后探讨国际收支差额方 59
面各种不同的关系以及汇率模式对这种关系的影响。一个附录提出开放体系下收入倍数的公式。

第十一章，**社会主义计划**：谈到新古典学派的价值问题和马克思主义探讨计划问题的分析方法。由于马克思的价值论是对资本主义剥削的诊断，它不能有效地应用于社会主义的价格政策；然而，马克思的积累分析却和社会主义计划有很大的关系。

新古典学派"市场供求平衡的价格"这个口号是令人误解的，但是效率概念却提供一种对于一些计划问题的研究方法，虽然对此只能非常粗略地灵活地予以应用。一般地说，这些练习对深入了解理论命题的意义和局限性、而不是对计划方法方面提出实际建议有较大的帮助。附录一论述苏联计划对效率的追求。附录二举一个例子说明积累过程中各个部门之间的关系。

第一章　土地与劳动 61

在经济分析中，基本因素之一是投入物同商品产出量之间的关系。投入物是生产过程所必需的要素或生产资料，产出量则包括消费品和生产的投入物二者。自然资源是生产所必需的投入物，它们本身是无法生产的。在现代工业经济中，就任何典型的生产过程来说，极大部分投入物是生产出来的，是以前生产过程的出产物，虽然在前一阶段自然资源却在或大或小的程度上参与了它们的生产。这个区别并不十分明确。甚至表面上的“自然”投入物，如同土壤质量或气候，也有许多特性是可以用肥料、暖房或空气调节器来创造的；不过，土地的最基本特性——它的广度和位置——是不能再生产的，特定一块可以提供特产的土地的一些特殊质量也是不能再生产的（像李嘉图所指出的葡萄园[①]）。矿产资源基本上也不能再生产。

但生产中的基本要素是劳动。没有人类劳动，任何生产都不能进行，甚至机器人也必须靠人来制造。经济学是人对人类情况进行的一项研究。人类靠劳动来维持生活是他们最关切的事情。不能仅仅把人同自然资源和其他投入物等同地看成都是生产

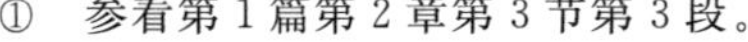

① 参看第1篇第2章第3节第3段。

要素。

劳动组织的方式和产品分配的方式，一部分取决于技术关系，一部分取决于在其中进行劳动的社会制度的形态。在这里，我们将首先建立一个工艺规格非常简单的模型，考察它在各种不同社会环境中是如何运转的。

要生产一种出产物，一个工人需要时间、空间和一些事先存在以进行加工的原料。在我们这一阶段的论证中，劳动的空间方
62 面——人和货物移来移去——的显著特征可以略而不谈，但是我们必须注意下述事实：生产是需要时间的，它通常需要这种或那种资财使劳动成为有效的劳动。

根据我们无比简单化的规定，我们将首先考察一种经济，在这种经济中，人们是在一种不能再生产的生产资料（土地）上面，对同质的用于生产的单一商品（“谷子”）从事劳动，来进行生产，“谷子”也是这个体系的唯一产品。用图解表示：

劳动＋土地＋谷子——→谷子

一种长期形成的传统是假定有确定的生产方法而没有技术变化，但是这个传统包含有耕种的不同深度（即劳动同土地的不同比例）如何影响产量水平的知识。我们要观察在不同社会制度下这种简单经济的活动情形。技术条件是这样极端简单化，因而我们不能装作是描述实际的历史情况，不过它打算表明一些可识别的经济发展时期所依据的基本原理。

第一节　生产条件

一、单位

我们需要为我们自己准备一些计算生产资料的单位，我们首先考察土地可以简单地用英亩来计量的情形。各种不同质量的土地将在后面提出来。

劳动单位是什么？我们首先必须考虑如何衡量人力。按照传统，男人、妇女和儿童做的是不同的工作。在不同社会里，他们各自的作用是不同的；这是农业经济的一个重要方面，我们现在不予考虑。我们认为一个家庭是由许多标准的“男人”组成的（虽然在某些社会里，劳动主要由妇女担任）。其次，我们必须详细说明一个“人”的劳动。这不是那么简单的。我们需要有一个一年中的人-时来表示的单位。在现实生活中，农业劳动的季节性是个严重问题：例如在某一特定地区，农忙季节也许非常缺乏劳工；而在其余时间，人们则不得不长期地闲得没有工作。那是另一问题，对我们的简单模型来说是过于复杂了。我们用下面的假定来回避这个问题：技术要求一年中进行特殊的连续操作。于是我们的劳动单位是一年中在特定模式下的每年劳动若干人-时。这不是很清楚的。但是，为了使我们的模型尽可能地简单起见，这样的假定却是必要的。

二、资财

生产需要一段时间，但是一个人却天天都要吃饭。生产周期
63 总归要从继往开来的工作开始，要准备种子并供应耕者的家属直到生产过程产出产品为止。我们假设除种子外没有生产出来的物质投入物，假定既没有肥料也没有犁，而且每亩可耕土地所需要的种子数量也是由技术条件确定的，我们用这个假定来避免另一些复杂情况。一单位劳动的净产量是产品多于种子的超过额。

在所用技术——生产形态——涉及一年一次收成的场合，生产所需要的资财是由拨出做种子用的和维持生活到下年度的那一部分收成构成的。在刚刚收割后，资财表现为一堆谷子。随着一年内时间的进展，资财就变成地下的种子，供应日益减少的粮食，再加上耕者劳动所体现的逐渐成长的庄稼。就在下次收割前，资财是由少量储备和田里成熟的谷子构成的。在收割时，它重新表现为一堆谷子。

在自然条件许可连续生产而不是一年收割一次的场合，可以采用另一生产形态。在天天可以播种并且天天都从一年前播种的土地上收割成熟的谷子时，资财是由从零到一年之久的所有各种生长期的植物构成的。一旦平衡的资财建立起来，产品就是一个每天这么多的连续流量。资财绝不会突然表现为一堆谷子；它采取的形式是一片总是保持不同生长期组成的植物。

生产有许多更复杂的时间形态，每种技术都要求适当的资财，使劳动能够产出产品。

三、社会关系

上述一些生产形态是每一种社会都可能存在的技术关系。但生产不单纯是技术过程，它也涉及社会关系，特别是关于财产要求权的法律规定和公认惯例。在一切社会里，生产资料都是由某些人所占有和控制的，不论它是个人、组织或民族国家。社会制度可以用它所采取的所有权形式加以区别。例如，封建社会是以庄园主独占土地和种子储备为特征的。农奴只占有他的劳动能力，用劳动服务来偿付他的领主，作为他使用一部分土地和种子的特惠的报答。

控制生产资料所固有的社会关系不只影响满足生产技术要求的方式，而且影响到生产多少产品以及生产果实如何分配的问题。

一个确定的社会关系体系，可以为技术可能性的形态变化所破坏。例如新土地的发现，能使一度缺少的一些生产资料充裕起来，从而削弱它的占有者的权势。同样，技术进步能使一特定资源变得陈旧过时。一个社会集团保持它的影响在于它适应或控制经
济变动的能力，适应性强的英国贵族从封建时代一直到现在都存 64
在下来了。

现在我们根据这些技术方面和社会方面的考虑，分析我们高度简单化的农业经济模型中不同社会制度组织生产和分配产品的方式。[①]

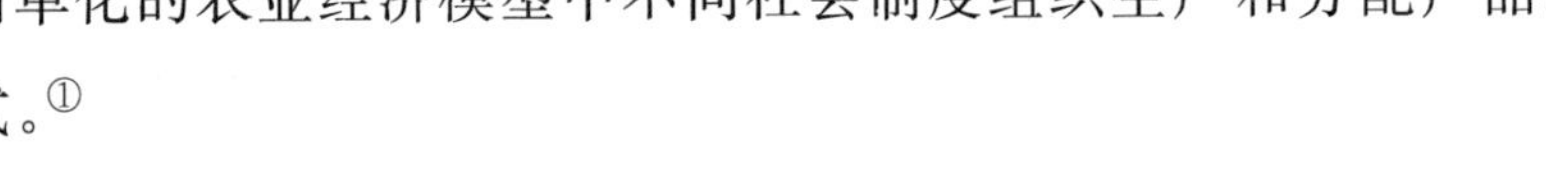

① 下面几节的论证是用本章第五节的图形来说明的。

第二节　独立的家庭

我们首先考察一种由独立自耕农家庭所组成的经济社会，它们居住在一片广阔的同样肥沃的平原上。土地并不稀少，每个家庭愿意种多少就可以种多少土地，也可以提供使用中的工艺所要求的每亩种子的数量。我们把新开垦耕地的费用和开垦时的土地休闲略而不论——假定整个面积都将获得收成。我们还假定使用中的技术使土地的肥沃程度保持不变。土地财产权是必要的，因而一个家庭可以收获它所栽种的东西而没有被干扰的恐惧。在我们假想的肥沃平原上，每一户家庭享有它所占土地的财产权，但使用土地并不附带报酬，因为它可以满足一切人而有余。（财产是比我们普遍认为是地主占有产生地租的土地更为一般的概念。）

一、静止状态

一单位劳动的产量取决于每亩的劳动量。如果可以利用的劳动单位过于分散地应用在土地上，总产量要低些。野草也许会无法控制，走路也会损失很多时间。另一方面，太过精细地耕种很少的土地也会浪费人力。土地（连同所需要的种子）和这个家庭所提供的劳动单位有一个最适度的比率，它使每单位劳动获得尽可能最高的产量。因此，每个家庭生产的产品只取决于它投下的劳动量。投入更多的劳动、耕种较大面积土地的家庭，相应地获得更多的谷子产量。（家庭大小不同，各个人热爱劳动的程度也高低不等。）

当然，现实决不是这么简单的；但是我们要假定：每个家庭都是这样经营以使每单位劳动的产品达到最大量，也就是已知技术所能达到的最高产量水平。如果一个家庭用10单位劳动耕种60英亩土地（连同必要的种子数量），使每单位劳动获得最大的产量，那么另一个家庭用（譬如说）5单位劳动就将耕种30英亩土地，每一家都保持土地和种子对劳动单位的最适度比率。[①] 净产量按一固定比例随着所做的劳动量和所用的土地而增加。每英亩产量和每单位劳动净产量并不随一个家庭所做的总劳动量或随它所耕种的面积而有所改变。

收入是根据社会传统在每个家庭中间分摊的。总收入纯粹是 65
按照每个家庭愿意做的劳动进行分配的。

在人口和所做劳动量都固定不变时，这个经济社会是处于静止状态；生产和消费条件随着时间的推移并没有发生变化。每个家庭年复一年地得到同样的谷子产量（我们把气候变化略而不计）。在一年收割一次的情形下，他们每年都是在留存种子后消费前一年的收成，同时为下一年的生产进行劳动。

在连续生产的情形下，每个家庭用成长中的植物形式保持固定的资财并继续消费和种植一天一天收割下来的成熟谷子。

二、增长

现在假定人口在增加。每个家庭要为新的成员准备必需品，使他们可以维持这个家庭过惯的生活水准。当进入壮年的青年人

① 参看第1.1图。

数大于死亡的老年人数时，一个典型的家庭觉得它能够而且乐意一年比一年做更多的劳动了。当一个家庭增加一个“成年人”时，他们当中有一个去耕种新土地。这个家庭供给他所需要的资财。

当产量从静止状态的水平提高时，不同生产技术的时间形态是重要的。我们已经看到，每一时间形态有同它相联系的一特定生产资料数量，这是进行生产所必需的。

在一年收割一次的情形下，这个家庭必须交给要出门种田的人足够多的种子，全部立刻种下去，他们还必须为他准备一年的消费品。在连续生产情形下，他们不妨一天一天地交给他每天播种的种子以及他所需要的粮食。不论在哪一种情形下，这一年他们自己的消费必须相应减少。（因为总人数在增加，而留下来的人正在做的总劳动量和他们生产的产品仍然和一个人离开以前一样。）

在应用这两种技术时，庄稼需要一个固定时间（譬如说一年）才能成长。在一种情形下，这个青年人要在他离家一年后得到收成并在下一年度靠它过活；在另一种情形下，他在第一年年终开始得到产品并在以后川流不息地继续获得稳定的收成。不论在哪一种情形下，他从第一年年终起就可以自给自足了。这个青年人第一年吃的谷子以及他的谷种，是一个家庭为了使儿子能够生活而进行的投资。他并不付给他们任何利息，甚至不偿还垫付的东西，但要承担一种道德上的义务，轮到他为下一代成长作准备时，也要尽他的一份责任。即使在一个随意就可得到马上能够耕种的土地的理想世界里，人口增长也是加给社会的一项负担，因为装备青年子孙做耕者所必需的投资，势必要来自他们祖先的消费。

66 由于经济理论最初是从高纬度的地区发展起来的，所以，重农主义者和李嘉图都认为一年一次收成是理所当然的。我们将在这些练习中遵照这个传统。当我们讨论工业时,连续生产情形将再次出现。在这期间,我们假定我们的“谷子”是在一年一次收割的场合生产出来的。

三、报酬递减

现在假设人口分布在整个可耕地面积上,再也没有可以利用的土地了。每个家庭都占有特定的一块地。现在一个家庭每单位劳动的纯产品取决于他们所占土地的大小,随便哪一家,现在都没有足够多的土地使它用同样劳动量可以像土地随意扩充时那样来谋生了。一单位劳动的产品不能再靠保持土地同劳动的最适度比率(在我们的例子中是 6 英亩对 1 单位劳动)来达到最大量。现在他们必须更加集约地耕种土地:精耕细作,加强锄草,加快收割,等等。每英亩需要的种子还是那么多,但每英亩追加的劳动提高了产量——从一定数量种子得到的收成。土地面积越小,获得一定量收入所需要的劳动就越多。报酬递减情形在下述意义上是普遍存在的:在一定土地面积上,产量是按比劳动增加为小的比例而随劳动一同增长。因此一单位劳动的纯产品随劳动对土地的比率提高而不断下降。[1]

现假设条件像表 1.1 那样。我们比较若干家庭,每个家庭每年做 10 单位劳动,这些家庭占有不同面积的土地连同所需要的种子。每家占 60 英亩土地,做不同的劳动量,这许多家庭的情况见

① 参看第 1.2 图(a-c)

表1.2。这些数字是十分任意的，挑选这些数字是为了用最简单的方法来说明报酬递减的性质。要点是，在劳动对土地的比率接连提高时，每英亩的产量要高些，一单位劳动的产量要低些。到某一比率时，一定面积土地的总产量就不能随投工更多而增加。超过这一比率时，在同样数量种子的条件下，使用更多的劳动就是多余的。一个家庭也许迫切需要比他们现在得到的更大的产量，并乐意为更大的产量而劳动。但是靠他们所理解的最好技术，他们无法在他们所占有的小块土地上好好利用他们的全部潜在劳动。他们势必要把他们的大部分时间花在不愉快的闲暇上面。

表　1.1

占有土地 英亩数	谷子 纯产品总量	一单位劳动 耕种的英亩数	一英亩 谷子净产量
60	480	6	8
50	450	5	9
40	400	4	10
30	300	3	10

表　1.2

67

劳动 单位数	谷子 纯产品总量	一英亩所 投入劳动单位	一单位劳动 谷子净产量
10	480	1/6	48
12	540	1/5	45
15	600	1/4	40
20	600	1/3	30

产生递减报酬的工艺引起**边际生产率**的概念，这就是产量差别同劳动对土地加种子的比率不同的关系。如果我们考察在一定

条件下发生的比率变化的影响，就很容易看到这一点。在上面的例子中，我们是将不同的家庭采取劳动对土地的不同比率进行**比较**的。现在我们假定，当一个家庭在占有的一定面积土地上改变投下的劳动量时，同样的关系依然适用。报酬递减意味着，在一块土地上投入劳动的比例增加，连同投入适当的种子，导致产量按较小比例的增长。这就是说，一单位劳动的平均产量随总劳动量增加而下降，因劳动增加一单位而增加的产量小于平均产量。现在重新解释我们的例子来表明比率变化而不是比率比较的影响：增加了单位劳动，从 12 增加到 15，使产量增加 60，从 540 增加到 600，每单位劳动的平均净产量从 45 减少到 40。为了更细致地划分（参看表 1.3），让我们补充 540 和 600 之间的数字。这些数字仍然是十分任意的，只不过用来说明我们将会感到对以下论证有所帮助的一条原理。在一定面积上追加一单位劳动，从 12 增加到
13 时，生产净增量是 25，从 13 增加到 14 时，生产净增量是 23，余 68
类推。

表　1.3

劳动单位	总量	谷子净产量一单位劳动平均数	一单位劳动生产增加量
12	540	45	—
13	565	43.5	25
14	588	42	23
15	600	40	12

我们已经看到，超过 15 单位劳动对 60 英亩土地的比率时产量不再增加。超过这一点，一单位劳动的平均产量随劳动量增加

而按同一比例下降；总产量不增加，劳动边际生产率等于零。

四、间接劳动

在某些情况下，要获得任何产量就需要大量的劳动。每一年都有一些“间接”操作，没有这种“间接”操作，额外劳动不会提供任何报酬。（譬如说，灌溉渠道要在春天疏通。这不能同改良土壤的投资混为一谈。那是一定传统工艺的一部分必要条件。）在劳动对土地的比率很低时，产量等于零；当超过必要的最低比率时，平均产量急剧上升，追加劳动的边际产量大大超过平均产量。[①]

如果一个家庭觉得它不能做足够多的工作来提供一年的间接劳动，那么它和占有少量土地的家庭通力合作，将它们的土地和人力集中起来，合伙经营，对它是有利的。这样，问题就会有联合产品应当怎样分配的原则问题。它们也许赞成集中的土地每英亩给多少报酬，和每单位劳动给多少报酬；要不然它们可以实行土地共有，只对劳动付给报酬。或者它们根据下述家庭的同样原则进行活动：在这个家庭中，权利和义务是以正当的传统观念为依据的。要不然它们也许要发生争论，根本无法取得共同劳动的一致意见。

五、收入与努力

要注意，报酬递减是对一单位劳动而不是对一个人来说的。对有若干个“人”的家庭来说，所做劳动量取决于一些情况。像我们的简单数字的例子那样，当达到某一深耕细作的水平，一英亩产

---

① 参看第1.4图。

量已经不再增加时，占有有限土地的家庭投入比一定量更多的劳动，是没有用的。另一种可能的情况是，由于土壤和所用工艺的性质，一英亩产量不是在一特定深耕细作的水平上突然停止上升：边际生产率实际上绝不会下降到零，但在劳动对土地的比率大时，它会逐渐降低到一个低水平。在这种情形下，占有相对少量土地的家庭就不致因无地可种而弄到只好闲散的地步。[①] 于是另一不同的限度发生作用，即它认为值得做的劳动量。

这个家庭也许占有这么少土地，因而仅仅为了维持生活，它有必要竭尽全力做最大量的劳动。而且，占有较大量土地时，一单位劳动得到较大的报酬，少干一些活就可获得较多的收入。有更多 69
土地可以利用时，那么拼命干就不必要了。每个人的劳动量越来越少，在一定范围内，一单位劳动可以得到较大的报酬。在另一范围内，有更多可以利用的土地，可能养成高消费的习惯，如果报酬更多的话，似乎更值得多干一些活。但在极高消费水平下，似乎不值得为更多一点收入而格外努力。[②] 从这一点起，看来一个家庭的成员占有较大量土地，不仅可以获得比较高的收入，而且可以做比较少的劳动来获得它。

六、大地产与小地产

仍然用每亩产量在某一深耕细作水平上达到一定限度的事例，我们用来比较一下“人”数相同而占有土地数量不同的两个家

---

① 参看第 1.3 图。

② 参看第 1.3 图和第 1.5 图。

庭的情况。一个典型富农家庭，占有大面积土地；而一个典型贫穷的自耕农，只占有很少土地。我们现在还必须考虑地质的差别：富农占有地的土壤也许比较肥沃，对于灌溉来说位置也比较好，等等。

富农家庭仅仅靠它自己的劳动就可以过着比较舒适的生活；而自耕农家庭至多只能得到微薄的收入，或许还不够使他们吃到能好好干活的地步。在穷自耕农的小块土地上，总产量限在狭小的范围内，他的家庭愿意比富农做更多的劳动；可是这一家占有的土地是那么少，所以他们尽可能投入的劳动量小于他们愿意做的劳动量。不值得更加苦干。因此，他们甚至比富农还要空闲，虽然这样做是被迫而不是出于自愿的。[①]

富农家庭可以拿工资来购买穷自耕农的劳动，靠雇用工人耕种它自己的土地来获取更多的收入。工资率确定在最穷的自耕农平均收入上下的传统水平。他们为生活所迫不得不接受富农所出的价钱。在既定工资率下，原则上富农投下的劳动单位直到这一数量是合算的，在这一数量下，他的土地上的边际生产率等于工资。（在上面的例子中，[②]设一人一年为一单位劳动，在一人一年的工资是 23 的场合，我们发觉，占有 60 英亩土地的富农雇用的工人不超过 14 人，富农家属甚至不参加劳动。）投下更大量的劳动会使工资额增加得比产品多。少用一些，又会丢掉一部分潜在利益。因此，如果富农们有能力，在尽可能掠夺土地（连同适当的种子）方

---

① 参看第 1.6 图。

② 参看表 1.3。

面是精明的，他们就要按照这一原则使用劳动。如果是这样的话，他们乃是出自天生的狡猾而根据经济理论所规定的原则办事。

（应用我们的简单假定，我们必须用一年劳动来计算。实际
上，一个富农通常只是在农忙季节雇用穷自耕农每天做那么多的 70
劳动。）

富农从他们所雇用的劳动享有一部分剩余，这个剩余等于额外劳动净产量大于他们支付的谷子工资额的超过部分。他们靠这种剩余可以过着舒适的生活。假使占有的土地足够多的话，他们除了安排工资劳动者干活并使他们达到工作标准以外就根本不需要劳动了。

第三节　地主与农民

现在我们来考察魁奈所描述的一种经济，在这种经济中，土地全为封建主所占有，他们认为土地仅仅是收入的来源。

一、利益的冲突

这种封建制度的重要特征是土地财产权同土地上的劳动相分离。这就产生一种不会很有效的生产组织。为了摆脱耕种的麻烦，地主将土地租给佃农，地租是按传统比例缴纳的，譬如说占土地总产量的一半。地主对劳动不像分成制农民那样具有直接的控制权。佃农既没有保持土地生产率的手段，也没有保持土地生产率的动机；地主则不为土地生产率操心而可以获得他的收入。在这种情况下，地主庄园里劳动的人数越多，他的收获就越大。当占

有的土地是这么少，深耕细作的水平是这么高，因而可以使每亩生产达到最大量，也就是达到追加劳动不会使产量明显增加的水平时(额外增加一个佃农的边际产品将是零)，地主得到的收获最多。这和农民的利益恰恰相反，正如我们已经看到的那样，只有占有的土地多到足以使一单位劳动的净产量达到最大量时，他们的处境才会好起来。

从地主观点来看，佃农占有的土地，只要不少到佃农家庭不能维持生活的地步，每家佃农占有的土地越少越好。占有土地的最小面积取决于土壤的肥沃程度：在比较肥沃的土地上，一个地主能将数量比较多的佃农家庭挤进他的庄园里。占有土地的面积越大(一特定庄园的佃农人数越少)，每亩的产量就越低；地主的收入越小，每家分成制农民的收入就越大。

当没有足够多的佃农来耕种整个面积时，地主将不会出租那么多的土地，以致每亩产量下降到很低的水平；他们宁愿保持一部分土地不出租(无论如何，他们要保留相当一部分作为森林地带来打猎)，以免农民变得富裕起来，可以独立生活。但是，如果他们使过多的土地空闲着，就会引起政治动乱，归根到底，他们是靠暴力来控制土地的。

在这种情形下，尽管一个人也许认为他的儿子是他年老时的保障，但人口增加只有利于地主而不利于农民。人口不断增长要
71 减少收入，可能产生极端困苦的情形，这主要不是由于劳动的报酬递减(像马尔萨斯所主张的)，而是由于佃农对地主讨价还价的力量微弱。在人口达到这么高的密度，以致一个家庭所能做的最大劳动量的全部产品还不够维持生活之前，马尔萨斯所说的真正苦

难情形是不会降临的。马尔萨斯对地主乡绅们的喜爱使他觉察不到人口压力造成苦难的机制。（我们已经看到，即使在土地无限的场合，人口增加也会是一个负担。[①]）

二、放债者

在土地上面干活来生产谷子，是需要时间的；在任何时候都要有一笔资财投在“进展中的工作”，使年产量得以生产出来。佃农不得不承担这笔资财，从归他们所有那一半的年总产量中提供种子。（这里，在现实的封建条件下，我们模型不予考虑的气候变化是一个严重威胁。）

一家分成制农民自己无法供给这部分资财（因为他那一份收成不够养活他的家属直到下一次收割的时候），他不得不借债。这就为有一定数量谷子而自己并不需要用的人们提供一个收入来源。对农民来说，这是生死存亡的问题。他在讨价还价方面处于软弱地位，只得同意放债者索取的任何利率。利息超过他的支付能力；在下一次收割时，他必须续借并加上没有付清的利息；一旦陷于债务，他就永远无法摆脱了。放债者从放款得到的收益小于名义上的利率，因为他从分成制农民那里榨取的部分不能大于农民的净收入和维持最低生活所必需的消费之间的差额。高额名义利息的要点是使债务人不可能还债从而永远处于奴役地位。

在贫穷农民和富农的传说中，过去，他们的处境曾是相似的。一家农民对他占有的土地享有所有权，可以用它做抵押品来借款。

① 参看第2篇第1章第2节第2段。

这样，利息也许比没有抵押品时要低些。但是，如果他还是不能还债的话，放债者就能将土地没收。富农就是这样靠放债给他们的贫穷邻居来扩大他所占有的土地的。

地主的挥霍无度的儿子也会借债，把多于地租收入的钱花在奢侈品上面。正是因为借贷带来苦难和罪恶，所以宗教谴责高利盘剥。

三、好起来的地主

重农主义者指出，改进地主庄园里的耕种方法，对地主是有利的。分成制农民没有动机也没有力量去进行肥料的投资或进行新种子、新耕作方法的试验。十八世纪时，英国地主关心农业，一部分是由于爱好，一部分是作为增加庄园收入的手段。他们出钱做
72 试验并进行投资，这就为耕种技术带来了革命。要把技术革命进行到底，就必须把佃农从他们的占有地上驱逐出去，圈起共有地并招募被剥夺了土地的农民来做工资劳动者。

大庄园所有主也许保留一块他有直接兴趣的家庭园地，但大部分土地则按适当大小的面积租给别人。农场主负责缴地租给地主，并雇用工人在农场生产农作物来出售。如果一切进行顺利的话，卖得的款项使他能够支付工资，缴纳地租并为自己获取一部分利润。这就是李嘉图开展资本主义生产分析的局面。但是，只有在我们撇开销售和货币价格问题并继续用纯一的产品“谷子”（工资和地租都用它来支付）来进行论证时，我们才能最好地理解他的分析。

第四节　资本主义农场主

照李嘉图的说法，资本主义农场主并不占有土地，但提供生产所必需的资财——在收获前供给种子并支付工资。由于农场主有一定数量谷子，用来支付工资，所以他控制而且能规定在他所租赁的土地上进行劳动的方式。按照自耕农耕种情形下同样的甚至更高的劳动对土地的比率，他从土地和劳动专业化的经济以及组织"间接"劳动来提高生产率就可得到较高的每人产量。

工人早已失掉他们的土地所有权；他们为了生活不得不为工资而劳动。工资率——按周支付的每人一年的谷子数量——确定在社会和历史所决定的传统水平，它刚好使工人能够进行劳动和养活一家人口。可以受雇的工人一般都多于农场主所要雇用的人数。工人们急于找到工作；愿意得到工作的竞争就把工资压低到传统的水平。

农场主要为他支付的工资榨取固定数量的劳动。为了这个缘故，我们现在用一人雇用一年作为劳动单位。农场主供给播种的种子，他必须提供的种子数量取决于他雇用的劳动量。现在我们假定一个工人生产所需的种子数量是由技术条件决定的。（做出这一假定，像我们以前假定每亩所需要的种子是一个固定数量一样，只是为了简便起见，对于论证并没有什么重要性。）

地主在下述意义上是抱着商业动机的：每个地主都要从他的庄园获得尽可能多的地租，但是他们对于经营管理或投资改进都不感兴趣。他们将这一切都交给农场主，他们的地租全都用于维持他们的大家庭。在这个意义上，他们保持着封建的传统。

在李嘉图的论证里，不同区域土地的不同肥沃程度起着重要作用。（在现实中，地点的便利——譬如说靠近市场——也很重要，但在这里，为了使分析简单，我们只考察一种土地经济质量方
73 面的变化。）我们必须考虑这一事实：即每一块土地对投下的劳动要起它所特有的反应。现在我们不能单单用英亩数来计算了。在每一特定地区，土地要列成一张表，一种“名人录”，说明每一区域的肥沃程度，操作条件，等等。一块土地的质量是用这块土地上雇用的每个工人（连同必要数量的种子）的产量来衡量的。

从农场主观点来看这个问题，雇用的每个工人所需要的工资和种子到处都一样，而在优良土地上每人的净产量却要高些。他为自己挣得的利润等于净产量大于工资的超过额减去他所缴纳的地租。当雇用工人耕种优良土地时，产量超过工资和种子的部分要大些。所以相对比较差的土地来说，对于优良土地，农场主愿意缴纳而地主也能够榨取更多的地租。在严格实行商业原则，而且普遍存在着地主竞争佃户，农场主竞争土地的场合，不同农场的地租差别将确定在刚好抵消地质差别的水平。一些土地提供比较高的净产量大于工资的超过额，每英亩的地租也相应要高些；一些土地提供的超过额低，地租也少；从而农场主雇用一个工人为自己挣得同样的利润，不管他的农场土地质量是怎样的。（要切合实际，在这一情景中还必须涉及许多复杂情况，这里说的不过是地主和农场主之间的商业关系的一般基本原则。）

一个农场主雇用的工人人数取决于他能投资的谷子数量。他供给种子，还必须掌握一笔由足够数量谷子构成的工资**基金**，来支

付一年中从收割到下次收割的每人常规工资。（为了简化论证，我们曾经假定，为雇用的每个工人准备一固定数量种子而不受总产量的影响，我们不考虑其他投入物的投资。一个工人需要的任何工具都是他在冬天用从农场收集的材料制成的。）种子数量和工资基金里的谷子构成农场主的**资本**，他将从运用这笔资本来获取他的利润。从农场主的观点来看，雇用一个工人所得到的利润等于作为种子和工资投下的一单位谷子的利润。如果农场主像一个资本家那样行事，极力要对他所掌握的谷子资本数量挣得最大量利润，那么，他的目的是要使所雇每个工人的利润成为最大量。由于每个工人的谷子投资是固定的，这意味着，利用土地的面积和质量，使缴纳地租以后每人的产品成为最大量。

农场主获得的一年利润是在补充种子和减去他所支付的地租与工资以后他所雇用的工人的总产量的剩余部分。

用一年百分率表示的资本利润率，是每个工人提供的利润除以雇用一个工人所必需的工资基金加上他所使用的种子。这个利润率对所有农场主都是一样的，因为每个工人的产量差别为缴纳的地租差抵消掉了。

当然，这些关系取决于我们的假定：谷子是唯一的产品，除种
子和工资基金外没有其他资本投资。一个出产物和投入物的复合
体是不能这么简单处理的。这些假定是用来阐明李嘉图论证的要 74
点，虽然他自己对种种错综复杂情形感到困惑，因为他不能将它们归结为这样简单的说法。[1]

---

① 参看第 1 篇第 2 章第 3 节第 2 段。

一、粗放耕种的边际

要弄明白级差地租原理是如何起作用的，让我们首先分析一个简单的事例，在这个事例中，技术条件使耕种一英亩地所需要的人数到处都一样，而每人一年的产量则因土地质量而不同。农场主组织的全部雇用人数（和每年谷子的总产量）取决于投下的谷子数量。当已耕土地上普遍是这种雇用情形时，某种质量土地——最贫瘠的——提供最低的每人净产量。于是已耕最贫瘠土地的每人净产量取决于技术条件和雇用的总人数。假使最坏土地开垦时有一部分同样质量的土地空闲着，地主对佃户的竞争将把地租压低到零，而农场主对较好土地的竞争则保证：每种质量土地的地租水平要吞掉耕种这块地的一队工人的产量大于无租土地的产量的超过额。

在任何一年，总就业量（由谷子资本总量调节的）决定已耕土地的面积，从而决定不缴租的**边际**土地的质量。据说这种使用中的最劣等土地是处在**粗放**耕种的边际，因为它是规定可以利用土地面积的耕种范围的边际。在这块土地上每人净产量（工资是既定的）决定所雇每个工人提供的利润，地租水平是使整个面积上所雇每个工人提供的利润等于无租土地的利润。

当就业量相对可以利用的土地来说是这么大，因而不存在没有使用的潜在可耕地时，地主甚至对最坏土地也要索取地租；于是优良土地的级差地租就要表述为它对地租最低的土地的优越性，而不是对无租土地的优越性。

二、集约耕种的边际

粗放耕种的边际系根据这一暂时假定：不管土地质量怎样，每英亩使用的人数相等。现在我们必须在资本主义生产模型里引进深耕细作时的报酬递减原理，我们在论述自行雇用的自耕农场合已经对这一原理探讨过了。在这里，我们不再谈到地理方面的事实，如同不毛之地和已耕土地的界限，而是处理计算问题。而且，这个分析涉及的是经济学家假定生产者要进行的计算，而不是他看到他们在进行的计算。把边际生产率观念应用到其他场合，也许靠不住，因为我们必须辨别劳动和种子合在一起的生产率，而不是各自的生产率；但在李嘉图模型的格局中这是一种有益的练习： 75
即推敲农场主将会怎样活动，如果他们严格地要从一项谷子投资获取最大量利润的话。

在每一块土地上，雇用工人人数越多，每人平均产品就越低；在劳动对土地的每一比率下的边际产品要小于每个工人的平均产品，正如我们在上面曾经看到的那样。每个农场主可以调节他租赁的土地的深耕细作程度。随便哪一年，他雇用工人的人数决定于他投下的谷子资财数量，于是他必须确定要多少土地来雇用他们进行耕种。他调节他租赁的每英亩地的耕种程度，以使任何一块地上追加一人一年劳动的边际纯产品不小于平均产品减追加的一块地的地租。因此，农场主不会在一块地上将耕种深度推进到那样的一点，在这一点上，那块地上额外一人一年劳动的边际产品要小于另外一块地上每人的产品减那一块地的地租。粗放耕种边际有相应的集约耕种边际；在整个面积上，劳动边际产品（连同必要的种子数量)是处处都等于使用中最坏土地的平均产品减这块地的地租。[①] 当然,实际上事情绝不会变得那么简单明了,但是这条原理大体上还是正确的。

三、边际均等

边际产品的均等会使一定工人队伍(连同每人必要的种子)在可耕土地上的配置终于能提供最大的总产量,这是一个引人注目的理论命题。(李嘉图不曾明白阐述过,但他的论证确定了这个命题。)

显而易见,如果工人是这样安排,以致一些农场的边际生产率大于另一些农场,那么,将工人从边际产品低的地方移到边际产品高的地方,产量将会增加。

改变一下我们的简单例子(土地全都一样)[②],现假设所有劳动对土地的比率都是 14 个工人对 60 英亩地。于是一个农场主在 60 英亩土地上雇用 13 个工人,他每年生产的净产量是 565 单位谷子。另一个农场主雇用 15 个工人,生产 600 单位。他们俩一共生产 1165 单位。但用 14 个工人时(连同相应数量的种子),60 英亩提供 588 单位。这两家农场一起本来可以生产 1176 单位。在雇用 13 个工人的农场里增加一个工人可以增产 23 单位,在雇用 15 个工人的农场里减少一个工人将减产 12 单位。因此,工人和种子在土地上的分配不当使产量损失 11 单位。这一条原理在土

① 参看第 1.7 图。

② 参看表 1.3。

地质量不同的场合也是适用的。当雇用工人人数对土地肥力进行这样的调整，使所有农场因减雇一个工人一年而损失的生产全都一样时，总生产就达到最大量。

在李嘉图体系里，从农场主的观点来看，他要盘算的是土地生 76
产率和要对土地缴纳的地租。每个农场主都通过使用他的工资基金所能雇用的工人人数，连同租赁一定数量的土地要他们耕种，从而使减去地租后的纯产品成为最大量。于是，农场主租赁土地的竞争，引导他们找出使全部纯产品成为最大量的土地对劳动的比率。生产率和不同质量土地深耕细作程度的关系是纯粹技术性的，不因人的因素而发生变化（因为我们假定所有农场主都是同样精明的管理人，所有工人都被迫进行同样的劳动）。边际产品的均等和全部纯产品成为最大量是靠下述机制来实现的：即农场主同地主的商业关系以及农场主对利润的追求。

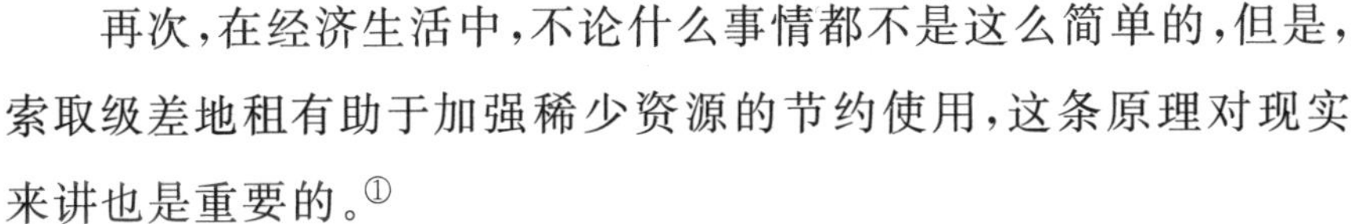

再次，在经济生活中，不论什么事情都不是这么简单的，但是，索取级差地租有助于加强稀少资源的节约使用，这条原理对现实来讲也是重要的。[①]

四、储蓄与借款

在李嘉图的结构中，任何一年的就业量取决于农场主所控制的谷子数量。资本家自然是野心勃勃的，要扩大他的活动来增加他的利润流量。农场主一年年地将他们的大部分利润储蓄起来，并增加他们所雇用的人数。

---

①　参看第2篇第11章第2节第3段。

一个农场主不一定只限于用他自己的储蓄进行投资。如果他肯定有获利的前景，他也许要出利息借款，比靠他自己储蓄更快地扩大他的投资。当一个农场主要投下比他所有的更多谷子时，他可以向任何有资财而自己不用来雇用工人的人们借贷。放款人得到的利息不能大于农场主值得支付的数额。利率的上限要略低于利润率。我们已经看到，就谷子来说，它决定于技术条件和工资率；如果农场主必须放弃全部额外利润的话，他借款就不合算了。

这种利息和放款人向苦难农民勒索的高利贷大不相同。它代表财富所有主能够分享生产中的利润的一个途径。

五、增长与收入分配

李嘉图提出资本主义农业的分析，为的是表明地租不断上涨是阻碍积累的一个因素。在他的论证中，农业起着主要作用，因为农业生产出工人的生活资料。在农业方面每人净产量同工资水平
77 的关系不仅决定农业中而且决定整个工业中雇用工人所能获得的利润率。（在可接受的工人消费水平远远不只包括“谷子”的现代经济中，这是不够确切的；但利润取决于生产率同实际工资的关系这条一般原理依然是资本主义的一个基本特征。）

在任何一年，谷子产量（给定包括土地质量在内的技术条件）取决于全体资本主义农场主所能进行的谷子投资。每一年，他们靠自己的储蓄或借款来增加他们的资财，并在下年度增雇工人。在他们这样做时，耕种的边际扩大，地租水平上升。如果事情像这样继续发展一个时期，利润水平就会下降到不值得再储蓄也不可能再借款的一点，于是出现停滞状态。

这个论点的关键在于下述见解：积累总归要为土地报酬递减以及后来无法维持不断增长的人口所制止。一旦人们认识到，对土地的投资（发展新生产技术）可以或多或少无限地把边际推回去，从而消除土地对增长的限制，工农业的突出差别就会变得模糊起来。而且，当地主不再将地租用于维持他们的仆从和享受豪华生活而开始储蓄和投资时，地主的地位就和资本家相类似了。随着资本主义的发展，地主和资本家作为社会阶级的明显区别就消失了。资本家阶级反倒分为靠财产获得收入的食利者和组织生产的企业家。于是社会之分为闲散的消费者和积极的生产者就变成一方面是形形色色的食利者（包括地主）和另一方面是经理和工人的划分了。

第五节　图示

理论经济学广泛地用图形来说明问题。这些图是特殊的一种。它们并不提供实际情况，也不能用来证明命题。它们不过是描述各种关系的一种方法，这些关系用文字来表述是复杂的，而用代数来表示又过于简单化。本章中的许多论点如果用图来阐明，就比较容易掌握，所以，为自己制图的习惯可以帮助思考。不过，用图也必须适当地注意它的局限性。图和公式二者都比任何现实经济关系显得明白精确得多。它们只应用作领会一个论点的方法，而不能看做是论点本身。

我们用一张图来说明（譬如说）每英亩土地上劳动和产量间的关系，两轴距离表示两个变量，一条曲线表示它们之间的关系。在

制这种图时必须遵守三项绝对的规则：第一个是，要计量的每一个
78 数量必须是同质的，因而它可以表示为若干单位：在以下的事例中就是谷子的物质单位和劳动单位。第二个是，当图是说明投入和产出的流量时，必须指出一单位时间的速率。在这里，我们的劳动单位涉及一年，我们的产量单位是收割时的谷子。因此，我们的所有数量都是一年的流量。第三条规则是，一个平面图只能说明两轴所表示的数量之间的关系，而不能说明变动的影响。例如，它表明在集约耕种程度高或低的时候每英亩产量的差别；它不能表明加强集约耕种的作用。一项变动是某一时刻发生的一个事件及其随着时间向前发展的结果。要表示变动，我们需要第三个维量。但在目前，要是我们记住上述规则的话，我们靠两个维量是可以运用自如的。

一、劳动对土地的比率与产量

我们要说明的关系将三个数量联系在一起：劳动、土地和谷子。净产量是总产量减去播下的种子。表述这一点的最简单方法是上面数字例子中所用的方法，即用一定数量劳动表示一英亩土地的谷子净产量，或用一定面积土地来表示一单位劳动的净产量。

先说明头一种情况，在这种情况下，农民家庭想要多少土地就能搞到多少，我们设一特定家庭所做的劳动单位为已定。y 轴表示一单位劳动的谷子数量，x 轴表示土地面积。于是曲线表明，这个家庭生产的净产量（它是提供给这个家庭的）如何随着他们可能耕种的面积而改变。

第 1.1 图表明两个家庭的生产情形：一家 β 做 5 单位劳动，另
一家 α 做 10 单位劳动。每家按一单位劳动 6 英亩的比率进行生 79
产时一单位劳动获得 OA 净产量。

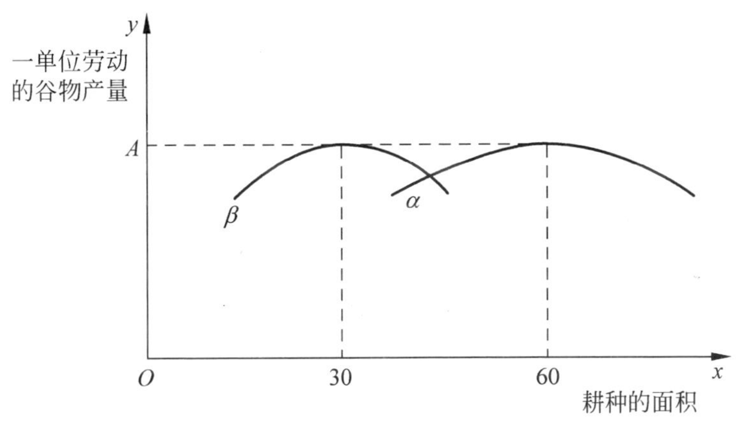

第 1.1 图

现在我们设土地面积为已定。在第 1.2a 图中，曲线 A 表明净产量如何随着一英亩的劳动量而改变。y 轴表示一单位劳动生产

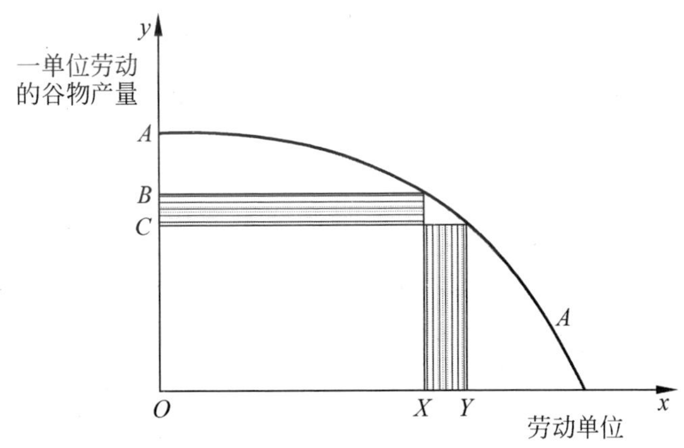

第 1.2a 图

的若干单位谷子，x 轴表示若干单位劳动。在劳动对土地的低比率下，一单位劳动的净产量是尽可能最大的产量 OA。过了某一点，报酬递减出现，此后，劳动对土地的比率越高，一单位劳动的净产量越低。当在一定面积上做 OX 单位劳动时，全部谷子净产量，即一单位的净产量乘以劳动单位数，是由面积 OB、OX 来表示的。
80 做 OY 单位的劳动，净产量是 OC、OY。因劳动增加量 XY 而产生的净产量增加量是 OC、$XY-OX$、BC。在这两个面积相等的一点、总产量达到极限。超过这一点，增加劳动就不能增加产量了。我们不能用这个图直接说明就业量从 OX 到 OY 或从 OY 到 OX 的变动，但是，假使在变动发生的一段时间内一切条件都保持不变的话，我们不妨用它来表明一种变动将会发生怎样的影响（像我们所举的数字例子一样）。

在劳动差额极小时，X 点和 Y 点靠近在一起，就像 B 点和 C 点一样。在极限过程中，就无限小的差额来说，一单位劳动净产量的差额对劳动量的差额的比率是由曲线的斜度来表示的。当然，在经济关系中，决不会有无限小的差额；要发生什么影响，一项差额必须具有可以觉察得到的规模。但是，一条连续曲线的数学性质可以用来说明一个论点，要是记住它的局限性的话。

在第 1.2b 图中，曲线 M 表明在一定面积土地上一些连续劳
81 动量所提供的净产量。在 E 点，每人减少的净产量对造成这种情形的劳动微小增加量的比率是由在 E 点相切的斜度即 BD/BE 来表示的。因每人平均产量下降而损失的数量等于 BD/BE 乘 BE，也就是等于 BD。在这一点，平均净产量是 EG。**边际净产量**等于平均净产量减损失，即 $EG-BD$。如果我们使 EF 等于 BD，则 FG

表示边际净产量。在产量达到最大量的一点，边际生产率等于零，于是边际曲线与 x 轴相交。

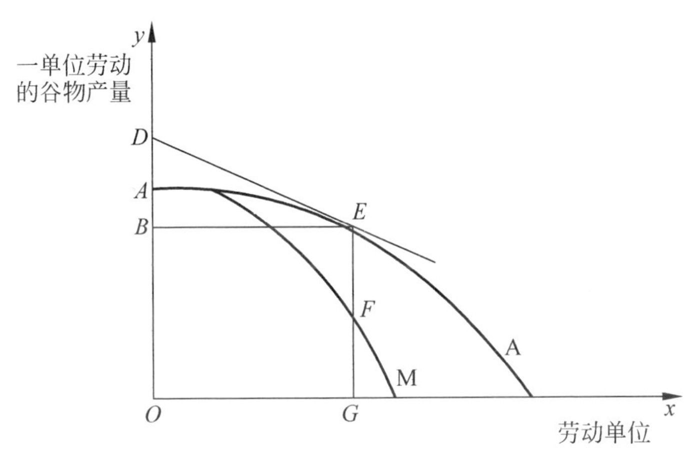

第 1.2b 图

在一定面积上全部净产量同劳动相关联的一条曲线可以表示同样一些关系。在第 1.2c 图中，图上部表明一定面积土地的全部谷子净产量，随所做劳动单位增加而上升。全部净产量曲线 T 一开始是一条直线，它的斜度相当于平均净产量 OA（在它是常数范围内）。当报酬递减情形发生时，曲线的斜度转了过来，一直到产量达到极限 OT 的地方它成为水平线，在这里，边际产量等于零。 82

第 1.2c 图下半部表明边际曲线同全部净产量曲线的关系。在和生产 OT 的劳动量相当的一点，边际产量等于零，于是边际曲线与 x 轴相交。

第 1.3 图说明另一套技术条件，在这一套技术条件下，总产量不会达到极限，而是无限上升，尽管在高比率时，随着劳动对土地的比率增加，上升非常缓慢。

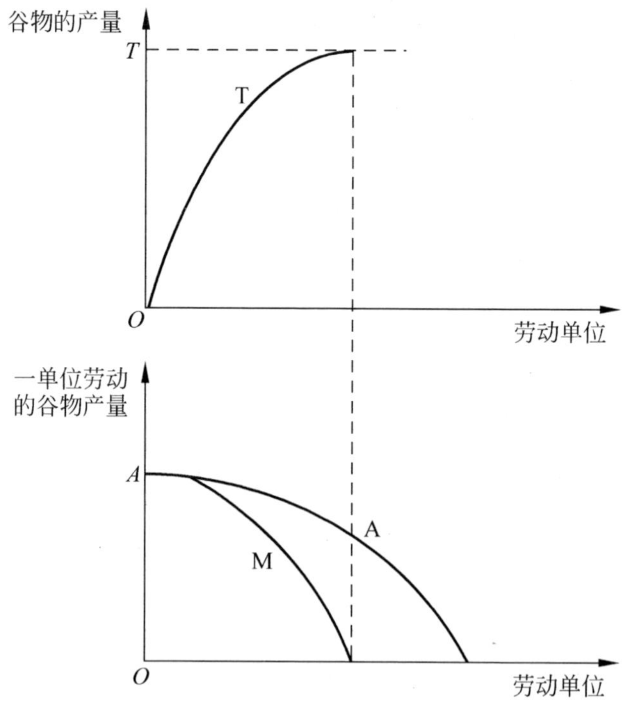

第 1.2c 图

第 1.4 图说明一种情况，在这种情况下，一特定劳动量 OX 是在 60 英亩土地上能够进行一年生产所必需的。对 OX 以外增加的头一批劳动单位来说，净产量的增加是一单位 XA 数量。那是这一点上劳动的边际产品。现在间接劳动 OX 要同追加的劳动平均计算，因而一单位劳动的平均产量在 XZ 范围内是上升的。超过这一点就发生报酬递减情形。边际曲线在平均曲线上升的范围内处在它的上面，并在它的最高点穿过它。

谷物的产量
T
O
劳动单位
一单位劳动
的谷物产量
A
M
O
劳动单位

第 1.3 图

y
一单位劳动
的谷物产量
A
A
M
O
X
Z
x
劳动单位

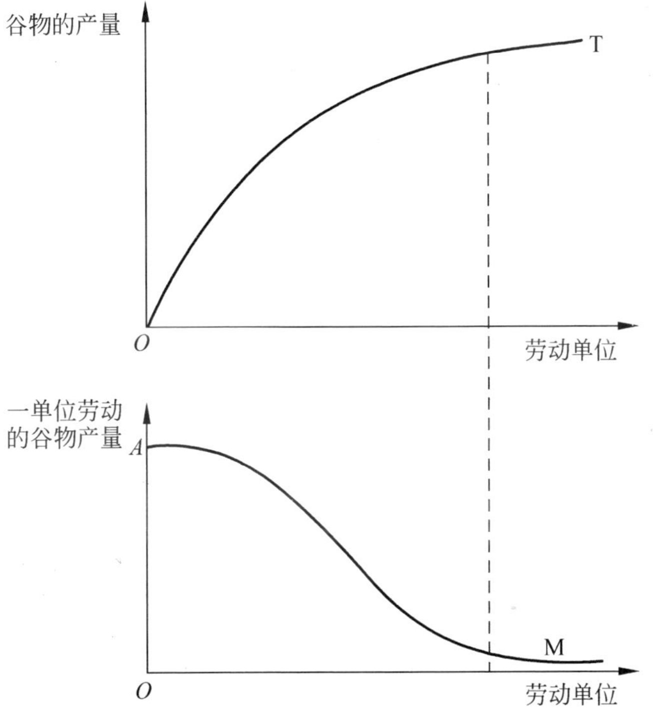

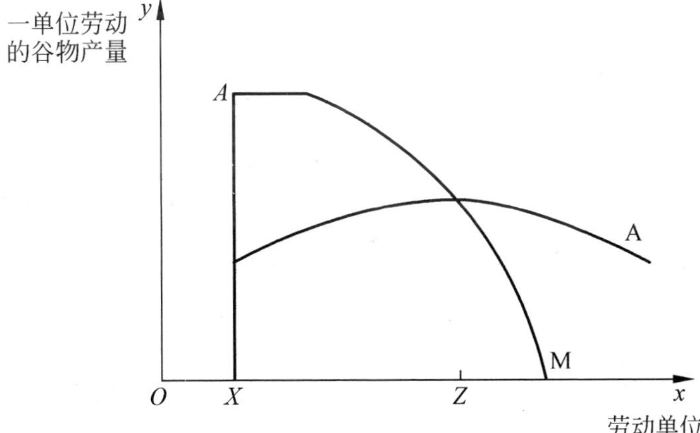

第 1.4 图

二、收入与努力

第 1.5 图表示一个人的劳动对一单位劳动报酬做出反应的可
83 能情况。*OB*、*OY* 是保持效率所必需的最低数量。在低于 *OB* 的报酬率下，他的劳动少于 *OY*，因为他不够吃。在一单位劳动报酬率是 *OB* 到 *OC* 的范围内，他劳动得少。从 *OC* 到 *OD*，他开始做另一种反应。在 *OD* 以上，他的劳动再次随报酬率提高而减少。

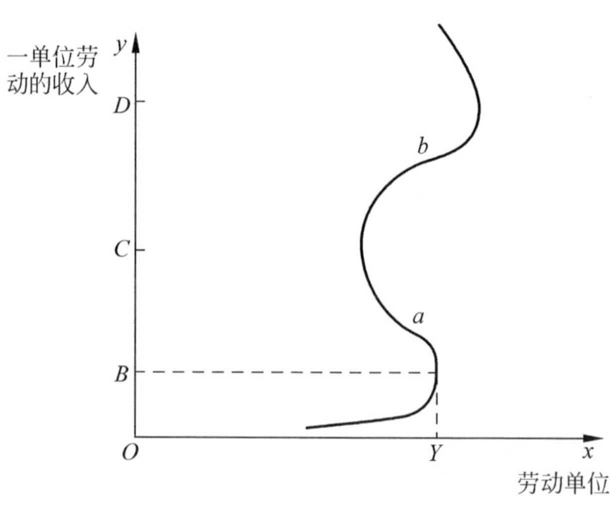

第 1.5 图

三、地产大小

在第 1.6 图中，在同样两个轴内画两对曲线来表示两块不同土地上(每一块都有必要的种子)劳动和净产量的关系，这两块地属于“人”数相同的两个家庭所有。A_k 和 M_k 分别代表富农土地上平均和边际净产量的曲线，A_p 和 M_p 则分别代表贫穷自耕农土地上平均和边际净产量的曲线。

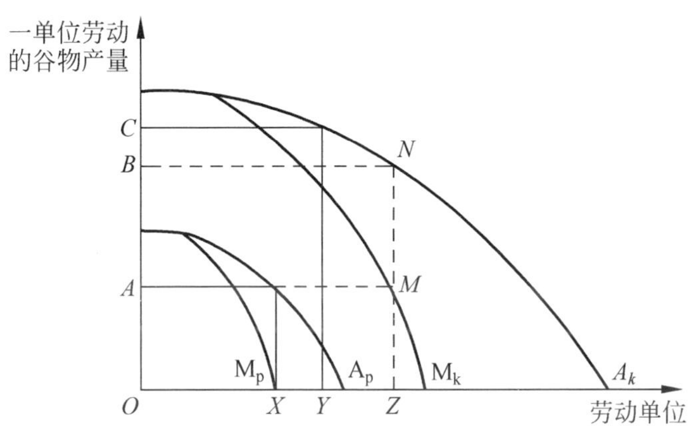

第 1.6 图

贫穷自耕农从他的地产所能获得的最大产量是 OA、OX。富农家庭耕种自己土地时，它投下 OY 单位劳动，获得 OC、OY 收入。84
自耕农家庭比富农劳动少，虽然他们的需要和劳动意志大得多。

当富农雇用工资劳动者时，我们假定工资率等于一个典型的贫穷自耕农的净收入。（这不是一种商业关系，而是一种关于合理事物的可以接受的观念。）在一单位劳动工资率是 OA 的场合，富农在他们的土地上安排 OZ 劳动，这时，劳动边际生产率 ZM 等于工资率。在上述事例中，富农雇用工人时，他们自己就不劳动了。于是他们享有 AB、OZ 所表示的收入。

第 1.7 图表明平均产量与边际产量和投在三块不同面积土地上的劳动（连同适当的种子）的关系。在这个事例中，假定必要的种子是同所雇用的劳动成比例，而不是一英亩土地多少数量。工人队伍等于 $OX+O'Y+O''Z$，当这些工人是这样部署，使优良土地的边际生产率等于边际土地的平均产量时，总产量就成为最大量。可以看到，如果将少量劳动 LY（等于 XL）从中等土地转到最好土地，那么产量的损失会大于收获。

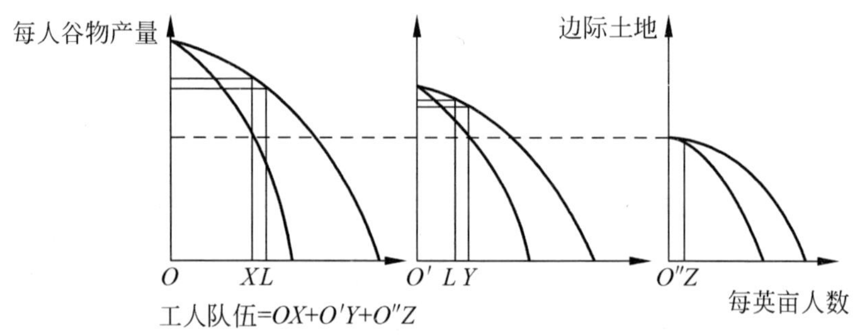

第 1.7 图

损失和收获是由各自边际曲线下的面积变动来表示的。XL 和 LY 的宽度相等，而 LY 上面损失的高度要大于 XL 上面收获的高度。

第六节　虚假的痕迹

新古典学派经济学家接受了李嘉图地租理论中的“边际”因素，但是他们对它进行了奇怪的歪曲。他们坚持说，在市场经济中，实际工资率倾向等于或（像一些人所说的）相当于或有时决定于整个经济中劳动的边际产品。

85 在我们对李嘉图模型的简单化描述中，唯一的要素是谷子、土地、劳动和“谷子——工资基金”，在劳动对土地的一定比率下，用一年谷子数量来表示的每人（连同必要的种子）产量决定于一般技术条件，而工资率则确定于某一传统水平，不随比率变化而改变。

在第1.8图中，曲线A表示全部可耕面积上的每人净产量。M是相应的边际曲线。当*OX*表示雇用的总劳动量时，*OB*是劳动的边际纯产品。谷子——工资率是*OC*。每人的全部净产量是*OA*。减去缴给地主的按每人计算的地租*BA*，我们还剩下*OB*。这就是说，劳动边际纯产品等于每人工资加按每人计算的利润。这是李嘉图论证中的根本要点。①

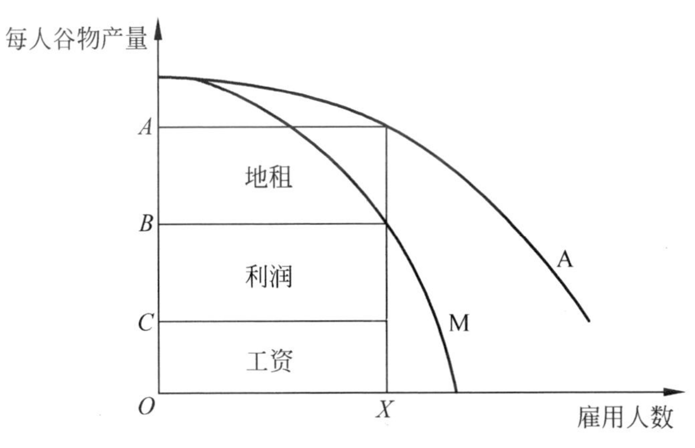

第1.8图

新古典学派体系打算提出一个不管谁在雇用谁只依据边际生产率来分析的分配理论。

一、自由市场：工人租用土地

首先，我们假定耕者要交纳地租为自己租用土地，而不需要资

① 参看卡多尔：《一些可供选择的分配理论》，《经济研究评论》，1955年，重印于《价值与分配文选》。

本家居间媒介。为了使分析发生作用，我们必须假定：他们的心理和他们一单位劳动的收入情形是使他们处在第 1.5 图所描绘的 *OC* 和 *OD* 之间的地位，这就是，他们愿意为一单位劳动的较高报酬而做更多的劳动。把这一点写进我们的图景，只是为了给新古典学派的论点一个机会，因为没有理由假定这是现实生活中的普遍情形。

在上述条件下，新古典学派的论点是由特定一组耕者的劳动供给曲线来表示，这一条曲线表明要引诱人们做每一数量劳动所
86 必需的单位劳动报酬。这个报酬表示劳动的供给价格——一单位劳动必须挣得的谷子数量，使得做一特定数量劳动是值得的。（这个供给价格有时被说成表示劳动的边际负效用，但这是说不通的，因为它是用一单位劳动的谷子而不是用谷子的效用来衡量的。[①]）

一定工人队伍的想象中劳动供给曲线碰到可以利用土地上一单位劳动的平均报酬和边际报酬。耕者愿意租用这么多土地，使一单位劳动的边际报酬等于那一劳动量的供给价格。对土地的竞争要求耕者缴纳某一数量的地租，这一数量地租把一单位劳动的平均报酬和边际报酬的差额都吃掉了。

第 1.9 图表明一定人数的耕者想象中的劳动供给曲线，曲线 S，以及一单位劳动的平均产量和边际产量。耕者租用这么一块面积的土地，使所做劳动的边际产品等于那一数量劳动的供给价格。

① 参看第 1 篇第 3 章第 2 节第 1 段。

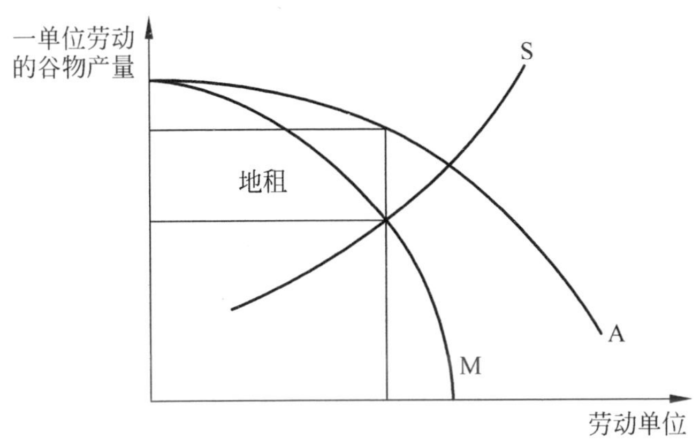

第 1.9 图

二、自由市场：地主雇用工人

现在假定地主雇用工人来耕种他们的土地。这就必须有一个每人每年的必要标准劳动量。有一定的工人队伍可以雇用。据这个论点说，地主对工人的竞争和工人对就业的竞争保证工资率等于在整块土地上劳动的工人总人数的边际产品，每一土地所有者在他自己的土地上雇用工人以使对他来说的边际生产率等于工资。

如果我们假定一人一年的劳动是固定的而且所有土地都一样，那么，这两个“自由市场”的事例就变成同样情形。于是在两个事例中，一人一年的工资或收入等于全部工人队伍的边际生产率，一英亩的地租等于耕种中那一数量土地的边际生产率。

三、“公平”分配收入 87

根据这个论点，土地的边际产品就是如果少种一英亩土地就要损失掉的谷子数量。在一定工人人数下，少种一英亩土地，就是使原有那么多的工人来耕种减少了一英亩的其余的土地。把腾出来的人力用来增加其余土地的产量；这是停止耕种那一英亩土地所损失的产量的补偿。移转过来的工人的产品等于工人的边际产品乘以每英亩雇用的人数；所以它等于付给停止耕种那一英亩土地而腾出来的工人的工资。因此，土地的边际产品是每英亩产量减每英亩支付的工资。同样，劳动的边际产品是每人的产量减支付已耕土地按每人计算的地租。总产量等于土地边际产品乘以使用中的土地面积加劳动边际产品乘以雇用人数，这又等于地租总额加工资总额。人们有时说，这意味着总产量是根据每一“生产要素”（土地和劳动）的生产率公平分配的。[①]（当然，劳动产品属于进行劳动的工人，而土地产品则按每一所有主所占面积的比例属于其所有主。）

四、一些混乱情形

关于这项论证要注意几点：首先，它要求这个严格限定的产品纯一的模型是由一个物质单位（像我们的“谷子”）或一堆按完全固定比例的货物所构成，因而这一堆可以看做一个物质单位；它还要求劳动对土地的比率可以连续发生微小的变动。当把设备和其他投入物引进模型时，下述假定就很不自然了，这一假定是，它们结合的比例对辨别每一投入物的物质生产率来说，是充分灵活的。当各种投入物要求按技术规定的比例进行操作时，我们也许能够

① 参看第1篇第3章第3节第2段。

辨别(譬如说)劳动加肥料加土地灌溉的生产率，但是我们不能辨别劳动、灌溉和肥料的各自产品。在这种情形下，我们的模型势必变得更加复杂，而新古典学派模型是不适用的。在我们的模型中，我们辨别投在土地上的劳动加种子的生产率，或劳动加投在土地上的种子的生产率。我们只是为了简单起见才在模型中做了一些假定，这些假定对新古典学派论证是必不可少的，如果将他们撤销，他们的论证就站不住脚了。

其次，在新古典学派体系中，他们认为和边际生产率相一致的收入是由生产过程的净产量构成的。即使在我们的模型中，使生产能够进行的资财只有谷子，它们是用来做种子和一次收割到下一次收割这段时间的生活资料的，至于谁负责准备和补偿，还有探 88
讨的必要。

当耕者像重农主义的模型那样握有每年再投资来提供这一年产量的资财时，他们的服务的“供给价格”是补偿一年中消耗的资财，而不是净收入。当一家地主握有投在他的庄园里的全部资财时，他把种子和生活资料借给他的佃户，他的收入应当认为是由地租和高利贷构成的。当资财像李嘉图的模型那样是第三者——资本家——所有时，他为自己保留一部分净收入。

第三，新古典学派的论点要求各方讨价还价能力完全相同和每一集团内部的自由竞争。如果土地所有主内部一致同意提高地租，他们就可能压低工人的收入水平，在这一水平，工人们将会为了较低报酬(如在第 1.5 图中从 b 点降到 a 点)而照样艰苦劳动。如果工人有足够储备支持到底的话，他们就可能减少地租，而将差额在他们中间实行分摊。一种收入分配理论不能单从技术条件引申出来，而不考虑它要在其中应用的经济社会关于财产与权力的分配情形。

最后，我们必须注意，甚至照论证本身的说法，下述一点也是不正确的：在一个体系中，每一“要素”获得一笔等于其边际产品的收入，这个体系符合某种自然的正义，根据这种自然的正义，每一“要素”得到的就是它对总产量所贡献的。恰恰相反，如果土地更加肥沃，因而每英亩土地对总产量做出更大的贡献，那么，一定工人队伍的边际生产率将会高些；地租水平可能低些。同样，如果工人为了同样工资而更艰苦地劳动，那么地租将会增加。决定每一要素边际生产率的，并不是它的生产率，而是相对其他“要素”来说的它的稀少性。

我们清楚地说明这个论点来澄清经济教义中造成很大混乱的一些因素。工资倾向等于劳动边际产品的观点，是新古典学派经济学的形而上学；即使在这个简单的分析体系里，我们也要花很大力气来弄懂它的意思。当它包括有各种各样生产出来的生产资料时，它就根本没有意义了。[①]

① 参看第2篇第6章第3节第4段。

第二章　人和机器 89

上面的分析旨在说明生产过程中社会关系的重要性。即使在简单的农业经济中，社会关系也被认为它支配着进行生产和实行产品分配的方式。在以下几章里，我们将集中注意先进**资本主义**经济的简化形式，在这种经济中，一特定社会集团——资本家——占有生产资料，他们当中每一个人都企图靠他所占有的一批生产资料来赚取利润。

在这个模型中，除劳动外，唯一的投入物是生产出来的生产资料。在甚至是最先进的工业经济中，土地和自然资源也是必不可少的，不过在工业中使用的大部分生产资料是工业产品。为了一次集中注意一件事情，现在我们在叙述中撇开非生产的生产资料。

我们先考察一种简单经济，在这种经济中，工人用机器生产单一消费品并生产新的机器。我们暂时假定只有一种机器，生产消费品需要一批机器而不需要其他资财。

为了这个目的就不可能建立一个逼真的模型，因为在现实生活中，任何产品都需要许多种资财——以前生产的生产资料。但在只有一种资财的模型中，一些关系容易掌握；在有几种资财时，这些关系就格外复杂化了。在本章附录中，我们探讨设备（如同我们的“机器”）和一批原料之间的关系，这批原料在生产中消耗掉并重新补充。

90 第一节　生产条件

在这一章，我们研究的是整个经济的活动；还不需要提出一些特殊商品的市场问题。因此，我们依然可以利用单纯一种消费品，而继续把它叫做“谷子”。现在谷子是由工人借助机器生产出来的。

一、技术关系

生产谷子要人来操纵机器，操纵机器的活动生产出谷子。我们必须假定生产时期很短，因而就我们模型的目的来说，在谷子上面的加工可以略而不计，一个工人每天都能吃到那一天劳动的产品，这样就不另需要一批谷子了。用图表示，在一个时期内我们的生产过程是：

机器时数＋劳动——→谷子

机器也是由工人操纵机器来生产的，不需要原料，但制造一部完整机器所花的时间，即它的妊娠期，却是相当长的，所以连续的新机器生产的流量涉及任何时刻都要有大量部分制成的机器。因此，在几个时期内：

机器时数＋劳动——→一部机器

显然，头一部机器不是靠机器来制造的。然而在这里我们将不叙述一种工艺如何从另一种工艺产生的历史，而是在一特定技术已经在使用和一堆机器已经存在的场合打开历史。

在我们的模型中，只有一种机器：生产谷子和制造机器用的是一样的机器；它们是用完全相同的方法生产出来的。不过，为了缩小同现实的脱节情形，我们假定产谷机和制造机器的机器不能交替使用。这样，一部机器安装起来用于生产谷子，它就不能转而用来制造机器了。

我们假定工人都是一模一样的；他们在任何操作方面都不需要特殊训练。他们能够操纵生产纯一消费品——谷子——的机器，也能操纵制造机器的机器。

因此，我们模型的技术关系是由一种生产谷子的技术和一种制造机器的技术构成的。这些关系制约着每一部门劳动同机器以及劳动同产量的关系。这个模型不存在空间限制问题。土地得不到地租，由于它只是作为安装机器的地点进入生产过程，它对生产所起的作用可以从略。

二、生产能力

一套机器的生产能力必须用两个维量来说明。首先，它取决于一组操纵机器的工人每人-时的产量；其次，它取决于每天机器运转的时数和每年机器运转的天数。一组工人工作日的长短涉及重大的社会和政治问题；多次轮班工作的可能性又涉及经济和技术的考虑。我们把这些问题撇在一边；我们假定在生产谷子部门和制造机器部门都实行标准长短时间的一班制。

一堆机器可以多少集中地运转来提供较高或较低的产量率。我们假定一堆机器的充分开工产量要求一定工人人数按照标准时间进行劳动。开工不足情形下的劳动可以用各种不同方法来组织，譬如说，使全部工人短时间劳动，几天充分开工和几天停工，余类推。对我们的目的来说，最简单的情形是这样一种场合：一堆机器的利用是随雇用工人人数而变化的。譬如说，充分开工时100部机器是由100个工人按标准工作周来操纵的。当生产设备的利用率是75%时，25部机器闲置不用，75个工人按标准工作周劳动。在做这些假定时，我们依据雇用的工人人数对设备利用率获得一个明确的定义。

此外，我们假定雇用的每个工人的产量不受机器利用水平的影响。如果充分开工工人人数的75%在劳动，生产就是充分开工产量的75%。

劳动同机器的关系和劳动同土地的关系大不相同。土地是自然供给的；它基本上不能再生产，必须由工人尽可能最好地加以利用。耕种技术必须适应土地对劳动的比率，不管这个比率是怎样的。但是一套机器体现一种特殊挑选的工艺，旨在用于特殊的用途。不能假定一堆机器没有充分利用时每人产量将会高些，像土地与劳动经济中普遍存在着报酬递减的情形一样。（的确，在现实中，情形也许正相反；当一家工厂根据设计的编制人数全部开工时，每人产量往往是最高的；而在较低水平开工时，效率要低些。）在我们的模型中，技术是这样的：在每一部门，每人产量一直到现有一堆机器充分开工时都是固定不变的。超出充分开工的限度，产量不再增加。

三、私营企业经济

如果这种经济是按照一项合理的计划安排的，那么，在制造机器部门和生产谷子部门间，人员和机器的配置总归是要由中央权力机关决定。在那里，谷子部门净产量总是根据某项人们接受的原则（譬如说，按劳分配）在人民中间进行分配。如果积累被认为 92
特别紧迫，则大部分资源会用于机器部门，用谷子表示的每人平均收入将处于低水平。不论什么时候，积累率越高，谷子产量就越低，但比较快的积累可以为更多的工人提供生产设备，因而随着时间进展而更迅速地提高潜在的产量。

这一类计划经济存在着艰巨的组织问题，而不存在有效需求问题，也就是不存在保证所能生产出来的东西都销售掉的问题，因为生产资源要用于满足计划制订者所决定的需要。在私营企业经济中，个别生产者必须为他的产品找到市场以便从中牟利。就漫长的将来时期内进行机器投资来说，资本家今天必须对这种会在将来为他带来利益的活动作出决定。他生活在一个变幻无常的世界中，而每一个资本家的经营又多少要同其他资本家进行着尖锐的竞争。没有理由指望他们个别决定的综合结果能符合任何合理的规划。

四、阶级与收入

我们要利用我们的模型来分析一种没有政府活动的纯粹资本主义经济。我们研究一个封闭体系，因而没有发生国际贸易的余地。我们暂不考虑现代经济的一些重要特征，以便集中注意我们问题的一个方面。

这种经济中的各个阶级同李嘉图所描绘的阶级略有不同。现在没有地主。生产控制在厂商手里，它们占有机器，雇用工人并赚取利润。消费发生在住户方面，它们从厂商得到收入。住户有两类：挣得工资的工人住户和有权要求一份利润的食利者住户。

在这一分析阶段，个别厂商的大小（在我们的模型中，即个别资本家所控制的机器数量）是无关紧要的。我们可以设想，在谷子部门有大量或多或少是同样大小的厂商，在机器制造部门数量要少些。机器部门的厂商既生产它们卖给谷子部门的机器，又生产它们自己使用的机器。

工人们每星期花费他们的全部工资。失业工人是靠赚钱的工人维持生活。

食利者视同资本家的家属。除资本家愿意给他们的钱以外，食利者得不到任何其他收入。这基本上就是马歇尔所描述的旧式家庭工商业那样的情形——企业主给他的妻子以补助费。一家现代公司的情况，尽管在法律上大不相同，实质上也是这样——利息和红利是从利润开支的。这种种问题将在后面进行讨论。在这期间，我们假定：各家厂商将一份利润给他们的家属，食利者的全部
93 收入一年年地都花掉了。利润在赚到手以前不实行分配，厂商认为这是精明的做法。因此，当前谷子产量中食利者家属消耗的部分关系到过去挣得的利润。

由于不论工人或食利者都不储蓄，于是积累所必需的储蓄全部是在厂商内部进行的。

我们有意作出这些假定来贬低食利者阶层在资本主义经济中的重要性，马歇尔在阐述“等待的报酬”时是赞扬这个阶层的。马歇尔的概念意味着积累是为了将来消费。但在资本主义经济中，各家厂商具有它们自己的生命。它们不单是为食利者挣得利润而

存在着。一家企业把它的很大一部分利润用于再投资来扩大经营，这通常被认为是必要的，正当的。于是积累成为赚取利润的目的，而不是消费成为积累的目的。虽然我们的模型撇开了许多复杂情况，但它仍然大致符合于现代资本主义工业的特征。

第二节　工资与利润

一、货币工资与实际工资

在我们的模型中，工资率是每周每人的一定谷子数量。因此在谷子部门，按雇用每个工人计算的利润是每人的产量减工资。这种按每个工人计算利润的简单处理办法仿佛太过着重我们的单一消费品假定；可是就我们的目的来说，这样做是有道理的。当然，在现实中，各家厂商专门经营一个狭小范围的商品，没有一家可以简单地把它自己的一部分产品给予工人作为报酬。一家袜厂不能用袜子来支付工资，一家火柴厂也不能用多少盒火柴来支付工资。工资必须用货币（即一般购买力）来支付，从而工人能够购买许多厂商的产品。从工人的观点来看，实际工资——货币工资将会买到的商品量——取决于他们要购买的货物的价格。雇主的劳动成本取决于他的产品的价格同货币工资率的关系。于是有"袜子"劳动成本——必须卖掉若干双袜子来支付工资；有火柴成本，等等。就我们的谷子来说，它代表一般消费品，从工人观点来看，实际工资率和谷子部门各家厂商的劳动成本是等同的。

在资本主义工业中，卖给公众的货物的价格是在直接成本上

面加上**加价**形成的。直接成本是生产一批货物的直接费用——如果那一批货物不生产时将会节省的费用——工资、原料费用等。加价则构成商品卖价中的总差额。这在我们的模型中是用谷子部门按每人计算的利润对每人产量的比率来表示的。我们通过整个
94 经济一律的直接成本，一种单纯的消费品和用它表示的一律工资率这个假定来描绘一种经济，在这种经济中，总差额对直接成本的比率在所有生产消费品的工业中都是一律的。这是一种简化，但它基本上没有歪曲现代工业经济的特征。

在现实中，进款大于直接成本的超过额，一部分要用于弥补间接成本，即维持企业活动的一般费用。毛利（马歇尔叫做准地租[①]）是收入减去直接和间接成本的余额。此外，毛利还包括必要时用于机器更新的折旧提成。净利就是从毛利减去这些项目以后的剩余。给食利者的钱通常是从净利中支付的。

在我们高度简化的模型中，工资是唯一的直接成本。我们的厂商没有间接成本，我们暂时假定，一部机器一旦安装起来就可以无限期地使用而不致影响效率，因而我们将不考虑折旧提成（我们将在提出技术变革后讨论这一点[②]），因此在我们的模型中，总差额全部都是净利。

我们假定机器制造和谷子生产两部门的谷子-工资率相同，只是对机器部门利润差额水平的说明涉及许多复杂情况，我们是不准备探讨的。（它涉及不同产品——这个事例中的谷子和机

① 参看第 1 篇第 3 章第 3 节第 3 段。

② 参看第 2 篇第 4 章第 1 节第 4 段。

器——相对价格的决定，我们要在第二篇第五章中谈到这个问题。）目前，我们要依据下面这一简单假设进行分析：两个部门在工资上面实行的利润加价是一样的。

二、利润份额

整个经济的总产量是以工资和利润的形式在工人和资本家之间进行分配的。由于利润同工资保持固定不变的比率，所以，一家厂商每年获得的利润，取决于一年中平均雇用的人数的多少，按每部机器计算的利润，则取决于一年中一堆机器的平均利用程度。

利润对产量的固定比率反映在总收入划分为工资和利润的固定份额上面。假定谷子部门工资是每年一单位的 3/4，一个工人每年生产 1 单位谷子。于是在谷子部门，利润对工资的比率是 1/4∶3/4，或 1∶3。因为我们假定谷子和机器部门的加价相同，所以工资对利润的比率也是一样的，从而在整个经济中利润对工资的比率也是 1∶3。换句话说，当在直接成本上面加价是 $33\frac{1}{3}$ 时，利润在产量中所占份额就是 25％。

三、利润的决定

每年总利润是每年总收入的一个份额：在我们的例子中是收入的 1/4。就整个经济来讲，我们可以从两个角度来看国民收入：（一）作为收入的流量，（二）作为支出的价值。因此： 95

收入	支出
利润	机器的投资

工资	食利者消费的谷子
	工人消费的谷子

由于工人将他们的工资全部都花掉,从这点推定:

利润=投资+食利者消费

这个公式有什么意义?它究竟意味着一定时期内利润决定资本家的消费和投资还是相反的情形?对这个问题的答案取决于这些项目当中哪一项是直接由资本家决定的。现在显而易见,资本家可以决定在一定时期内比前一时期消费和投资更多些,但是他们不能决定赚得更多些。所以,确定利润的是他们的投资和消费决定,而不是相反的情形。[①]

而且,根据我们关于住户收入不储蓄的假定,利润大于分配给食利者的超过额——储蓄——等于投资的价值。

对一年投资所下的定义是一年中机器部门所做劳动的价值,而不是那一年造成和安装的机器的价值。只有在机器部门雇用人数在相当长时间内保持不变的场合,这两者才会相等。[②]

四、记号

根据我们的模型来表述这些关系,我们使用下列记号,其中每一符号代表用谷子表示的一年价值

谷子部门	机器部门
C= 总产量 (消费)	I= 所做劳动的价值 (投资)

① 卡莱基:《资本主义经济动态学论文选》,第 78—79 页。

② 参看附录。

W_c＝工资　　W_m＝工资

P_c＝利润　　P_m＝利润

P_c^e＝消费掉的利润（吃掉的）　　P_m^e＝消费掉的利润（吃掉的）

P_c^s＝储蓄起来的利润　　P_m^s＝储蓄起来的利润

把两个部门合并起来，我们写成：

Y＝总收入　　P＝总利润＝P^s+P^e

W＝总工资　　$Y=C+I=P+W$

用实物表示，一年收入是谷子产量加对机器生产作出的贡献。96
用谷子价值表示，这可以表述如下：

$$C=W_c+P_c^e+P_c^s$$
$$\underline{I=W_m+P_m^e+P_m^s}$$
$$Y=W+P^e+P^s$$

和

$$C=W_c+W_m+P_c^e+P_m^c$$

如果我们从第三行减去第四行，也就是从收入中减去消费（因为工资和分配掉的利润全都消费了），余项是 P_s，即是说，储蓄等于投资价值。

把 s 写成储蓄在收入中所占的比例，我们得到：

$$sY=I \qquad 或 \qquad Y=\frac{1}{s}I$$

把 s_p 写成储蓄在利润中所占的比例：

$$s_pP=I \qquad P=\frac{1}{s_p}I \qquad s=s_p\frac{P}{Y}$$

我们的模型使我们能够从实物形态把这些关系看做谷子工资

和谷子利润以及谷子投资价值的流量。在现实资本主义经济中，同样原理是以远为复杂的形式起作用的。住户收入也有一些储蓄；净利不等于总差额；收入、储蓄和投资的关系涉及对外贸易和政府的活动。然而，基本原理不受影响。我们模型的目的是使我们能够清楚而确切地看到这些基本关系，同时要我们必须认识到我们在每一阶段论述中抽象掉的一些复杂情况。

我们用谷子价值把总收入列成一表，但还不曾考虑怎样支付。现在我们必须在利用模型来分析有效需求问题以前说明这一点。

第三节　信用

关于谷子是唯一产品和生产所必需的唯一资财的经济体系，不用货币也可予以说明。我们不妨想象一切交易都用谷子进行。在无论多么复杂程度的模型中，商品不止一种，交易要经过一段时间，那就必须引进某种金融制度。凯恩斯的论证大部分涉及一个先进经济社会的货币与金融制度。其中一部分将在后面进行探讨。在这里，我们只提出使模型发生作用所必需的最低限度假定。

97 一、票据

首先，我们必须考察两个部门之间的关系。对工人和住户可以直接用谷子支付，于是谷子部分地起着货币的作用，但不能这样来购买机器。一部机器是一个庞大而不可分割的单位，不能一星期一星期地零碎出售。而且，机器部门厂商在制成一部机器准备好交货以前，需要谷子支付工资；简单地说，它们需要信用。因此我们假定制造机器的资本家可以靠自己来发行票据。一张票据就是一张在规定日期支付规定金额的契约，譬如说，在开票日期一年后交付持票人（不论他是谁）100 单位谷子。人们总会接受票据来换取谷子，谷子则用于支付制造机器工人的工资和食利者的一份利润。

机器部门资本家随着他需要谷子付给工人和食利者而一时一时地发行票据。当一部完整机器交付给谷子部门时，相当它的价值的票据就勾销掉了，生产这部机器的厂商又要为下一个生产周期发行票据。这样，一批票据就继续存在着，在任何一个时期，它都等于机器部门全部未清偿的债务。

票据也可以进行第二手的买卖。一个放债者也许断定在票据到期以前他就需要他借出去的谷子。他可以把票据卖给另一个放债者而得到他的谷子，后者愿意将债权保持一个时期。于是票据成为一家厂商同另一家厂商进行交易的通货。

现代金融制度问题要在第二篇第八章中讨论，在这里，我们只将有限几种货币引进模型。谷子是支付工资和食利者利润的货币，而票据则代表对机器的购买力，因为机器部门资本家要靠交付机器来偿还他们自己开出的票据。收回票据就勾销了债务。实际上，他们是用机器而不是用谷子偿清票据的。

个别谷子部门资本家的储蓄是他没有分配给他的家属的一部分谷子利润。但不能用谷子来保持储蓄：它是容易腐烂的，贮存谷子则花费浩大。储蓄必须投到票据上面，它代表对机器的将来购买力。票据是为保持财富而提供的一种金融形式的生财或债券。

在储蓄和投资过程中，票据起着中介作用。储蓄先是投在票据上面，然后将票据用于购买机器。我们将会看到，正是这种储蓄和投资或获取收入和花费的脱节造成有效需求的不稳定性。这并不是说要莫名其妙地把问题归咎于货币制度。一种私营企业经济没有这种或那种形式的货币是无法活动的。但是，正如我们将会看到的，造成不稳定性的是私营企业而不是货币。我们只是将最低限度的“货币性质”引进我们的模型，为的是不致分散人们对基本问题的注意力。

98 二、贷款与借款

购买票据表示谷子部门资本家对机器部门融通资金的贷款。由于在耽搁期间预期要获得利润的关系，准备开工的一部机器比以后交货的一部机器更有价值些。发行票据要相应贴现，贴现率视到期日——应偿还日期——而定。这就是说，一张票据写明它到期时值多少钱的票面价值大于对它支付的谷子价格的数额就相当于贴现的数额。举个例子，订明一年期间交付 100 单位谷子的契约也许现在只能筹措 90 单位谷子，贴现等于一年百分之十。贴现相当于票据购买者的贷款利息，他用谷子形式向发票人提供资金。因此，一部完整机器的谷子价值大于实际偿付靠机器发行的票据的谷子价值，这个相差的数额，就等于票据的利息。

在资助机器投资方面也可能发生借款情形。一家厂商计划扩充它的机器设备，它指望增加它的利润流量和它在将来的储蓄。为了比预先积累资金能够更快地开始挣得利润而付出一些代价是合算的。于是一家厂商可能借入到期的票据，即借入应立刻偿还的票据，用来购买一部机器，约定在以后的日期偿还。为了报答借款的特惠，借款人偿还时要付一笔酬金，即用价值较高的票据还款。酬金代表借款利息。

厂商购买未到期的票据，实际上它们是预先付款而买到比较便宜的机器。那些借到期票据的厂商要额外付一笔钱，因为它们是在延期支付。

在这期间，推迟把它的储蓄用作自己投资的厂商，可以用两个方式中随便哪一个来为它的储蓄获得一笔报酬。它可以持有未到期的票据至到期日而享受贴现，然后把它们再换成未到期的票据，这些票据的票面价值大于到期票据的数额等于贴现。于是这家厂商就继续获得一个利率，它相当于购买票据的原来金额的贴现率。例如，在一年年初借出一笔 100 单位的款项，在年终收回 110 单位。把这 110 单位再借出去，第二年年终收回 121 单位。每年从原来 100 单位放款获得 10%的利息。一个替代办法是，这家厂商可以把到期票据借给另一家在它自己储蓄以前就进行投资的厂商，用酬金形式获取利息。

放款带有一些风险，因为借款人遇到困难而无法偿还的可能性是存在的。把到期票据借给谷子部门资本家一个相当长时期的风险，比持有机器部门短期票据的风险要略微大些。但不论在哪一种情形下，比把资金投在经久耐用机器上面的风险要小得多，人们不能满怀信心地指望这些机器的将来收益。所以利率水平同引诱人们进行投资的预期利润相比一定要低些。我们将会看到，它要随预期利润水平而变化。

利率在我们的模型里起着比较小的作用。票据市场的重要性 99
在于它容许个别厂商储蓄而不立即投资，当它们愿意的时候，也可以先投资而后储蓄。

金融机构给予厂商超过它们自己所拥有的对资源的支配权，这是现代资本主义经济的一个基本特征。它系来自资本家使借款给他们的人产生对将来收益的信心的能力。他们激起的信心愈小，他们对借款必须支付的酬金就愈大。若是资本家作为一个整体根本不再能激起任何信心的话，这会招致金融制度的崩溃，实际上也招致整个经济制度的崩溃。

在这一章，我们扼要阐述了一个简单工业资本主义模型的一些要素。在下一章，我们分析这些要素有怎样的相互关系以及它们的相互作用可能产生的后果。

第四节　一个不同的模型

我们建立的资本主义工业模型和许多当代教科书里的教导所依据的模型是大不相同的。

现在正统派的所谓微观理论是对瓦尔拉提出的均衡体系的详细说明。经济社会是由许多个人所组成的。每个人都是三位一体的生产者、消费者和商人。每个人都赋有一些“生产要素”：从事某一特种劳动的能力，一块适合种植一系列农作物的土地面积，或对各种生产有用的一些机器。有一张明确的众所周知的商品单，这些商品是各个人要消费的，也是上述一些要素能够生产出来的。

各个人相遇并相互交换商品和要素的服务。市场上的要价还价被认为形成一种供求模式，它决定着产量的组成和商品的相对价格。从商品需求得出要素服务的报酬，这些要素可以按不同比例结合起来生产商品。从要素报酬得出它们的所有主的收入，收入的花费又构成商品的需求。因此，市场均衡是由一些联立关系的循环体系建立起来的。供求规律说明一个市场将会达到均衡，如果一宗商品的供给过剩，它的价格要下降；它的需求过多，它的价格要上涨。这一规则也适用于劳动及其价格(工资)。于是，在这个体系里，工人不自愿失业是不可能的，因为，如果一个人失业一个时候，他可以接受较低工资而得到工作。

我们的模型同这个模型的最重要差别是：首先，我们强调而不是忽视劳动收入与财产收入的区别；其次，我们的模型系用于分析随着时间发展的过程，而这个模型则只能描绘任意假设的最初条 100
件的相应均衡情形。

我们的模型将用于揭示不可捉摸的将来对当前决定的影响以及在一个生产出来的商品的体系里工资水平和物价水平的相互依赖关系。我们只有两种产品和严格技术条件的模型足可对有效需求问题进行探讨，尽管它撇开多种产品经济的所有复杂的细节。随着论证的进展，我们将要讨论把许多细节引进模型的方法。

附录：流动资本

上面展出的模型描述一个生产过程，它只用一种资财——“机器”。我们的机器是以经久耐用为特征的：它比一个生产周期要持久些，说得恰切些，在我们的模型里，这些机器是无限耐用的。这种资财通称**固定资本**。一般生产还需要像原料一类的投入物，这些东西在生产过程中消耗掉了，如果要继续生产就必须重新补充。

而且，在产品出售之前还得支付工资；要雇用工人，一家厂商还必须拥有一笔工资基金（马克思叫做“可变资本”）来度过从开始支付工资到卖掉产品的时期。这两个要素形成流动资本。

当就业增加时，固定设备利用程度提高，于是要追加流动资本。每一周要支付增雇工人的工资额和原料、电力等账单，这就增加厂商投资的价值（如果它靠借款经营的话，也要增加它的债务）。在生产周期终了时出现追加的产品，从此以后（如果一切按计划进行的话），一周产品价值可以支付一周工资、原料等费用，另外再加价，抵付企业的适当一份总费用并提供一部分企业的一年毛利。在这以后，对最初增雇的工人来说就没有流动资本的进一步投资了。

我们在叙述农民儿子的故事中，已经碰到过这条原理，他每天播种一些种子，干了一年，靠他家里每天的补助粮过活，一直到第二年初自给自足时为止，这样，他就搞到一笔谷子（连续生产的品种）资财。①

当投在流动资本上面的资金是借来的时候，那么20周（譬如说）生产周期的借款（把得到的利息除外）是：一周债务在19周末清偿，一周债务在18周末清偿，余类推。因此，全部债务（不计算利息）是对连续产量支付的每周费用和生产周期大约一半的乘积。

101 在作出减产决定和雇用人数开始下降时，固定资本暂时不动，而流动资本则进行负投资。起初，制成品的每周产量保持不变，这是20周前开始劳动和将原料投入生产的结果。随着每批产品的

① 参看第2篇第1章第2节第2段。

制成，从事这种劳动的工人就被解雇，投进去的原料就不再补充。过了生产周期后，工资基金和原料数量逐渐减少，一直到它们确定在和较低水平新的稳定产量率相适应的规模为止。

在谷子部门，我们继续只用固定资本（我们的机器）。在第二篇第六章第三节第四段的一个模型中，我们只用流动资本。在同一章第二节里，我们对这两种资财的关系作了一般评述。在原则上建立一个有几种资财的模型并不困难，只是那会变得复杂起来，难于领会。为了这个缘故，我们一次对付一种，但重要的是要记住现实并不是那么简单的。

102

第三章　有效需求

在李嘉图模型所描绘的资本主义图景中，重商主义者和马尔萨斯关心的问题，即寻找一个充分的综合的市场来保证已产货物的销售的问题，没有产生的余地，这就是有效需求问题。这个问题不能根据第二篇第一章的假定来阐明。不论谷子属于耕者所有还是缴给地主，或缴给一个贷放货币的人，也不论它是被一个资本家雇主所占有，这些在一年中不曾消费掉的部分，都被追加到资财里面。储蓄（不肯吃掉的谷子）和投资（增加谷子资财）是没有区别的。我们在上面一章里建立了一个比较复杂的模型，以便探讨有效需求、就业水平的变动以及个人储蓄同一个经济社会生产能力积累的关系等问题。为了这个目的，我们把一个不发达的金融制度（票据市场）引进了模型，但是，就业波动自然不是由于存在信用的缘故。问题之所以发生，是因为产业工人和农民不同，他们不能得到生产资料（在我们的模型中就是机器），用来满足他们自己的需要，而是必须等待，一直到他们符合条件被牟利的厂商雇用为止。

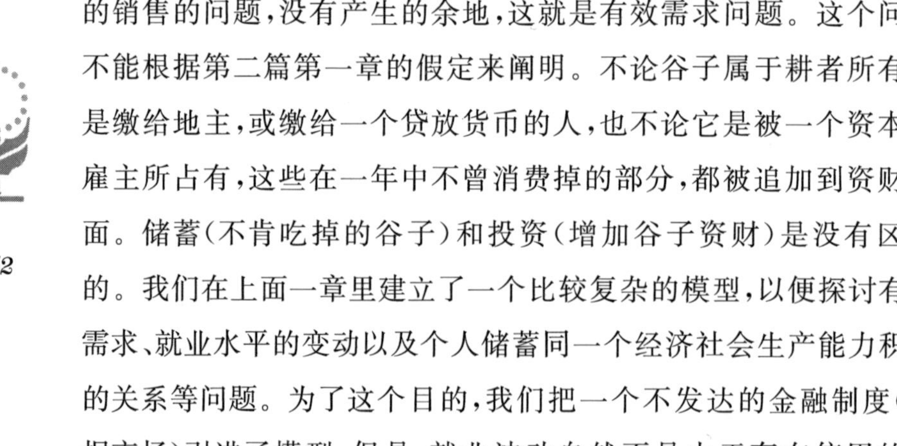

在 1930 年世界大萧条爆发时，依然流行的正统观念是以马歇尔所谓“人所熟知的经济格言”为依据的，这句经济格言是：储蓄和资财积累是一回事，因而“一个人用他所储蓄的一部分收入，来购

买劳动和商品，恰和他用他被认为花掉的收入来购买是一样的。”①按照这一见解，对货物和劳务的全部支出，必定足够购买这些东西的总供给量；决不会有一般生产过剩或生产设备开工不足的情形。

而且由于假定：只要没有工会干预，“劳动市场”的活动总会导 103
致一种“均衡工资”，在“均衡工资”下，所有寻找工作的人都会被雇用，所以，一般失业只能是因为工资太高了。这在一个特定抽象模型中也许不错，但在大萧条情形下，这一观念显然是很荒谬的。凯恩斯对这种正统观念进行了广泛的攻击，并建议对现代经济的分析采取迥然不同的研究方法。

凯恩斯认为资本主义工业制度是理所当然的，但一直没有确切说明他的想法。卡莱基（他独自发现著名的凯恩斯《通论》的要点）对资本主义经济活动提出一种比较狭隘然而更为精确的分析。我们在上面一章所阐述的和在这里继续说明的就是他的公式。

第一节　短期情况

马歇尔关于生产中长期与短期变动的区别系根据这个事实：工业方面的厂商拥有经久耐用的设备（我们叙述中的机器），一旦它们占有了这种设备，它们就尽可能充分地加以利用。它们随着销售额的增减而多雇或少雇工人，多生产或少生产产品。但是它们不会从事建造新工厂，除非它们指望在长远的将来能够赚到利

① 参看第1篇第2章第4节第1段。

润。因此，对工厂利用率的决定涉及短期的考虑，对建造新工厂的决定涉及长期的考虑。

在这里，我们关心的是短期情况。我们利用我们的模型来考察某一时刻的资本主义经济情形。现有一定数量机器。技术没有发生变化。新机器在生产中；机器资财随着时间进展而逐渐改变，但在一特定时刻，只有一定数量存在着。人口至少是和机器资财的增长一样快地在增加；不存在缺少工人来操纵现有机器的问题。在一特定时刻可以提供的最大就业量决定于机器设备，不过机器设备不一定要充分开工。任何时候就业量都取决于机器的利用程度，而机器的利用程度依次又取决于对工业产品的有效需求。

一、总收入

在一定时刻，谷子部门有一定的就业水平和一定的谷子出产率。

谷子部门资本家当前得到的一部分利润作为早先获得的一份利润而分配给食利者。当前利润的剩余部分就储蓄起来并在票据
104 市场用于购买票据。一个资本家可以暂时持有这种票据，希望将来购买机器或者仅仅作为挣得利息的生财手段。

机器部门资本家发行票据以便获得谷子，因为他们手头有使他们从正在制造的机器来挣得利润的订货单。这些票据是靠把制成的机器卖给谷子部门厂商来偿还的。机器系按谷子价格定价，那将包括一个制造它们的谷子成本（工资）以上的利润差额。（正如我们在前面一章所看到的，在短期情况下一部机器价格中的利润份额多少是任意的。我们只假定两个部门加价——利润对工资

的比率——相同。)

机器部门厂商用票据换来的谷子支付制造机器工人的工资，并把一份利润给予他们的食利者家属，这些家属得到谷子就用于消费。为了不使我们的简单金融制度复杂化，假定机器部门不借款来扩大它自己的生产设备是适当的。我们假设机器部门各家厂商直接用它们的谷子利润作为它们为自己使用而制造的任何机器的成本。它们为自己使用的一部机器所规定的谷子价格同卖给谷子部门的一部机器是一样的，并付给食利者一份通常的利润，但是这部机器成本中的利润要素只不过是簿记问题罢了。它直接归属生产利润的机器制造商。簿记中的利润大于付给食利者的部分就算作利润中用作储蓄的份额。这些关系同前面一章用符号表明的模式是一致的。

支付利息就把机器的一部分产值在各个部门之间和各个资本家之间重新进行分配。

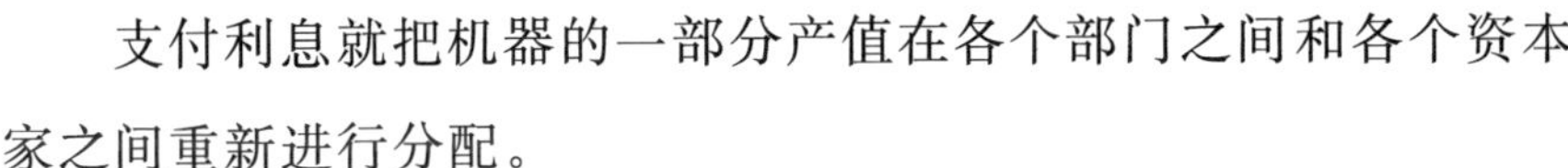

二、账目

让我们假设两个部门的加价都是$\frac{1}{3}$，因而工资对产品价值的比率是$\frac{3}{4}$(即 0.75)，当前利润被食利者消费掉的比例算下来是$\frac{3}{5}$(即 0.6)。然后从任何方便的数字开始，譬如说，谷子部门雇用 3600 个工人，每年提供 3600 单位谷子产量，我们可以用谷子单位表示的年流量来开列两个部门的账目。依据上述假定，谷子部门各家厂商合在一起的总账见表 3.1。

表　3.1

		谷子部门 所产谷子单位数	谷子支出	
C		3600		
W_c			2700	
P_c			900	
	P_c^e			540
	$P_c^s = B^*$			360
				900
		3600	3600	

* 整个部门票据净购买额。

机器部门从它开出的新票据每年获得 360 单位谷子。我们假定两个部门中工资对利润以及食利者消费对利润的比率都一样。因此,360 单位谷子流到机器部门,270 用于雇用工人制造机器卖给谷子部门,90 作为利润(贴现略而不计)。这部分利润有 54 单位付给食利者。在剩余的 36 单位中,30 单位用于雇用工人制造为机器部门使用的机器。这些机器的劳动价值是 $\left(1+\frac{1}{3}\right)\times 30$,

105 即 40 单位。账面利润的价值是 10。其中 6 单位付给食利者。机器部门的总账见表 3.2。

表　3.2

机　器　部　门

从票据卖 360 单位谷子获得的收入。

	工资	利润	付给食利者	产量价值
出售的机器	270	90	54	360
留用的机器	30	10	6	40
	300	100	60	400

最后得到谷子的人

工人	300
食利者	60
	360

一般地讲，机器产量在交给谷子部门的机器和留用的机器之间的分配要受到机器部门资本家出售票据所依据的贴现的影响，我们的数字例子把这种影响省略掉了。

机器部门总就业量（包括为机器部门使用的机器资财所增雇 106
的工人）是工资额 300 除以工资率 0.75，即 400。在每一部门，利润等于 $(1/s_{\mathrm{p}})I$。在谷子部门，投资是 360，利润是 $\frac{5}{2}(360)$，即 900。在机器部门，投资是 40，利润是 $\frac{5}{2}(40)$，即 100。

现在不妨将两个部门拼为一本总账，有如表 3.3。两个部门合在一起的产量价值是 3600＋400＝4000。卖给谷子部门的新票据的价值 B 是 360。

表　3.3

C	3600			
W_c	2700			
P_c	900			
P_c^e		540		
P_c^s		360＝B＝360		
			270＋30	W_m
			90 ＋ 10	P_m
			54＋6	P_m^e
			36＋4	P_m^s

两个部门合在一起的投资价值是 400 单位谷子，全部利润是 1000 单位。两个部门的总就业量是一年 4000 个工人。

三、投资与储蓄

表 3.3 的说明是过去一年的事后关系的回顾，它记载已经发

生的事情。然而发生的事情取决于向前看时事先作出的决定。表中阐明的关系是因业已作出的决定而产生的。

很明显,把谷子卖给机器部门是由于曾经作出的投资计划。这种出售也许是谷子部门订购新机器的结果,或者是机器部门厂商因指望推销而着手生产机器的结果。机器部门各厂商也决定了用它们的一部分利润为自己制造机器。而且食利者的花费是来自已赚到手的利润。整个经济的利润水平——产量与就业水平——决定于投资水平。

有效需求理论的中心点是:可以利用的卖给公众的货物(我们的谷子)的售价,决定于生产它们所获得的收入的支出加生产不可利用的产品(我们的机器)所获得的收入的支出。由于花在可以利
107 用的货物上面的钱少于从这些货物获得的全部收入(包括利润),所以其他收入的支出是保持有利可图的销售额所必需的。(这是马尔萨斯几乎成功但还不完全成功地提出过的论点。[①])

政府支出和出口所得同投资一样提供从不可利用的来源所产生的收入,它一部分被赋税和进口支出抵消了。我们将会看到,预算赤字和国外所得的盈余有助于保持国内的有效需求。到现在为止,我们排除了这些因素,把论证局限于一般是不可利用的产品的主要来源——投资。

用我们模型的术语来说,凯恩斯理论的中心点是,就业(和机器资财利用)水平的关键在于为谷子部门生产的新机器的订货单,这些订货单依次刺激机器部门的机器生产。决定性因素是支配投

---

① 参看第1篇第2章第4节第2段。

资量的决定。

我们已经看到，谷子部门的某一特定厂商并不限于仅仅靠它自己的储蓄来投资，因为它可以借债。它也没有义务将它的全部储蓄用于投资，因为它可以购买第二手票据。每一家厂商都可以随意先储蓄而后投资，或先投资而后储蓄。不过，就所有厂商合在一起来说，储蓄不能大于或小于投资。谷子部门(作为一个整体)的生产大于它自己消费的超过额——即它的储蓄——决定于机器部门对谷子的需求。

在李嘉图看来，人们储蓄乃是为了投资。照这个见解，投资促使人们进行储蓄。

在一种意义上，就任何社会作为一个整体来说，如果会计方面的定义是正确的话，一个时期内人们进行的储蓄和投资必定相等，因为事后储蓄和投资是观察同一事物——那一时期的财富总增加额——的两个方面。私营企业制度的特点是，投资是由厂商从它们本身的特殊利益和预期角度来规划的，这种投资决定整个社会要储蓄多少。

四、投资与收入

要进一步探讨这些关系，让我们弄清楚投资水平不同的影响。假设在一年过程中，谷子部门订购价值 450 而不是 360 单位的机器；又假设当前利润用于消费和储蓄的比例和上面例子一样。现在谷子部门多生产 90 单位谷子用来购买机器部门的票据。机器部门用这部分谷子来支付工资和食利者的收入。要生产额外 90 单位，谷子部门需要增加 67.5 单位谷子来支付工资，并附带使食利者的消费增加 13.5 单位。要生产这额外 81 单位谷子,又涉及工资增加 60.75 单位和食利者消费增加 12.15 单位的问题,余类
108 推。总之,谷子部门生产每一单位谷子涉及谷子部门内消费的 0.9 单位谷子(作为工资和食利者消费)和可以用来转给机器部门的 0.1 单位谷子。储蓄占谷子部门总收入的百分之十。同样,当机器部门收入增加 90 单位时,它们自己使用的机器的投资也增加 10 单位,包括账本上的利润在内。

谷子部门投资增加 90 单位的影响如下:

ΔY	ΔC	ΔI	ΔW_c	ΔW_m	ΔP_c^e	ΔP_m^e	ΔP_c^s	ΔP_m^s
1000	900	100	675	75	135	15	90	10

Δ 表示有关数量的增量;δ 总是表示无限小的增量。

在两个部门投资水平提高的情形下(值 100 单位),当利润中消费和储蓄保持通常的比例和加价保持通常的做法时,总收入的价值增加 1000 单位。

这个论证的要点是要表明投资支出是怎样决定总储蓄率的。如果谷子部门厂商试图将它们的利润少分配给食利者一些,多储蓄一些,而不增加机器的订货,那么,谷子部门的生产与就业水平就要低些。如果它们只是生产更多的谷子而不等着瞧瞧将会发生什么情形,那么额外工资和食利者消费能够吸收一部分,可是一部分额外产量会卖不掉。

举个例子,假设谷子部门厂商将它们的一半利润储蓄起来,但依然总共用 360 购买票据。它们的利润总额等于它们的投资加它们的食利者消费,即 360＋360。由于利润依然是产量的四分之一,所以谷子产量会只有 2880 而不是 3600 单位。利润的花费下

降从而生产下降将会挫败少消费多储蓄的打算。

凯恩斯的学说起初是非常令人震惊的。他好像说储蓄是有害的，因为它引起失业；而对于新古典学派来说，节约是所有经济美德中最好的一种美德。当然，凯恩斯并不否认储蓄是生产能力能够实行扩充所必需的（如果家属将工业的全部产品都消费掉，那就不能有投资）。他只不过指出，当工厂设备开工不足和有失业工人时，是投资的决定确定储蓄水平，而不是储蓄确定投资水平的限度。

五、消费与投资

凯恩斯依据“消费倾向”讨论了消费量同收入水平的关系。他的“消费倾向”是根据这样一个观点：每一个人，如果他的收入增加的话，他的消费就多半要每年增加一些，因而就整个经济来说，较高的总收入带来较高的消费水平。我们的论证是按照卡莱基对凯恩斯理论的看法，它主要强调收入在工资和利润之间的分配。

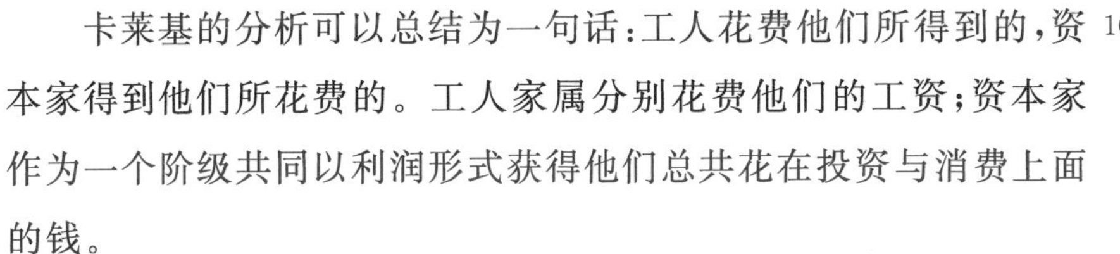

卡莱基的分析可以总结为一句话：工人花费他们所得到的，资 109
本家得到他们所花费的。工人家属分别花费他们的工资；资本家作为一个阶级共同以利润形式获得他们总共花在投资与消费上面的钱。

根据我们的简单模型，一个比较高的利润水平（不论是由于更多的投资或一个较大份额的利润分配给食利者）是同按比例地较大的就业量和较大的工资额相联系的，因为加价没有改变。相反地，一个比较低的投资率，或少分配给食利者而多储蓄一些的徒劳的尝试，是同和利润作等比例下降的就业量相联系的。

这个模型就是这么简单地运转，因为我们一直把我们的论证限于这一情况：总有一些剩余生产能力，工资份额同产品价值保持固定的比例。

试考察一下谷子部门加价变动的影响，模型的所有其他特征都没有变化。每年用谷子表示的投资量相同，食利者花费利润的比例相同，不管怎样加价，利润总额都一样。在加价较少情形下，工资对利润的比率比较高，工资额也相应大些。按每人计算的较低利润要由较高就业水平来补偿，以使利润总额保持不变。相反，如果资本家试图多加价来获取更多利润而没有较高水平的投资，那么唯一结果是减少就业。资本家也许能够减少实际工资来增加利润份额，然而他们要是不扩大利润的支出也就不能增加每年的利润量。

表　3.4a

谷子部门			
	所产谷子单位数	谷子支出	
C	4500		
W_c		3600	
P_c		900	
P_c^e			540
$P_c^s=B$			360
			900
	4500	4500	

表 3.4a 说明在我们的数字例子中其他方面相同而利润对工
110 资的比率是 1∶4 而不是 1∶3 的情况，表 3.4b 则说明 1∶2 加价的相应情况。在两个事例中，百分之六十的利润分配给食利者。表中只说明谷子部门。对机器部门的支出依然是 360 单位。

在头一个事例中，比较小的加价要求一单位谷子的工资率为 $\frac{4}{5}$ 而不是 $\frac{3}{4}$。工资额是 3600 而不是 2700，连带的就业量是 4500 个而不是 3600 个工人。

表　3.4b

谷　子　部　门			
	所产谷子单位数	谷子支出	
C	2700		
W_c		1800	
P_c		900	
P_c^e			540
$P_c^s=B$			360
			900
	2700	2700	

在第二个事例中，比较大的加价导致一单位谷子的工资率只有 $\frac{2}{3}$，就业量只有 2700 个工人。

第二节　经济活动的变化

我们不打算将这一章的数字例子变成现实的（我们模型的规格过于狭窄，因而不能接近现实）。举这些数字例子只是要阐明一些基本关系；它们表明投资水平怎么会决定储蓄水平和全部就业水平，谷子部门的利润怎么会等于投资部门的工资额加两个部门食利者的花费，以及产品价值中的工资份额怎么会影响就业水平。

这些关系表明卡莱基所阐述的就业理论的要点，但只不过是论证的重要部分的开场白，因为它们纯粹是依据静态比较予以说明的。

一、比较与变动

要了解一个模型的构造，像上面那样进行比较是有帮助的，这些比较表明，如果仅只一件东西有所不同（投资水平，利润中的储
111 蓄份额或产品中的工资份额），模型将会变成什么样子。不过这一类比较必定是不自然的。一个经济社会的两种不同情况一定发生在不同时间。从一种情况到另一种情况的变动涉及随着时间进展而发生的一些事件；这就要求不同于对两种情况进行比较的分析，其中每一种情况都发生在从它本身过去的特殊历史走上一特定道路后的一个时刻。

在上面的练习中，我们是在同样机器资财场合下对不同就业水平进行比较的。在每一种情况下，我们都假设两个部门的食利者消费是当前获得的利润的一定份额。这同考察就业水平变动的影响不是一回事，后者涉及厂商获得更多的利润和食利者花费他们的份额之间的时间间隔。

对总收入同投资水平的关系的最初论证是从变动而不是从比较的角度出发的。在英国发生严重失业的一个时候，有人鼓吹政府实行公共工程支出政策（不用额外征税来弥补），其目的在于增加工作人数。官方正统派反对这种政策，他们提出如下的一个论点（今天看来是荒谬可笑的）：有某一数量储蓄无论如何要用于投资，当政府借一部分储蓄花在公共工程上面时，另一些投资必定要减少。凯恩斯为了对付这个反对意见，曾指出下面一点：如果投资

增加，总收入将会增加，结果储蓄将会增加。[①] 卡恩从这一点推敲出**倍数**理论，这就是就业总增量同引起这一增量的投资部门原始就业增加量的关系。[②] 凯恩斯把这种关系写进他的《通论》作为他的分析中的一个基本要素。显然，就政策来说，要紧的是一种变动的影响；但在描述整个经济活动时，静态比较所表明的各个部门相互间的全面关系也是重要的。在论证中这两个方面往往搅和在一起，造成大量不必要的混乱情形。不仅在本书中，而且在经济理论的一切部门，都有必要牢牢掌握比较一些特定情况同分析某一时刻发生的一个事件的影响之间的区别。

二、投资的变动

现假设在一个稳定水平把谷子卖给机器部门一个时期以后，订购机器数值突然上升，然后这一较高订货率保持不变。起初，只是订货增加，这不涉及对机器部门的立即付款。但是机器部门资
本家开始发行更多票据来获取他们提高生产速度所需要的资源 112
（谷子从而工人）的额外支配权。额外票据发行量则创造要生产更多谷子的需求，于是谷子部门资本家相应地扩大他们的产量，赚得更多的利润，并把这些利润的一部分用于购买票据，也就是增加他们的储蓄率。（当投资率随着更多机器半制成品通过生产作业线而一年一年地提高时，用谷子价值表示的未清偿票据的数量也在

① 凯恩斯与汉德森合著：《劳埃德·乔治能做到吗?》，1929 年。

② 《国内投资和失业的关系》，《经济学杂志》，1931 年 6 月号，重印于《就业与增长论文选》，1972 年。

增加。当制成机器的产量再次在一较高水平保持不变时,票据数量将稳定在一个比较大的总值上面。)

一开始,随着就业和谷子产量的增长,谷子部门的利润也提高,但是食利者的收入还没有任何增加,因为利润是在获得后过了一些时候才进行分配的。当食利者开始增加消费时,紧跟着就产生额外就业和额外利润。

机器部门厂商为自己使用而进行的投资也会增加,但不一定是按照以前对它们的票据发行量的比率。现在我们将机器部门就业的两个因素——为谷子部门的生产和为自己使用的生产——合并起来考察它的总量变动的影响。

从表 3.3 的情况开始,我们假设在一特定时刻机器制造雇用人数增加 180 个工人,从此以后机器部门就业量就维持在这个新水平上。这要求工资额增加 135 单位谷子,从而要求谷子部门增雇 135 个工人。这批追加的 135 个工人需要 101.25 单位工资,余类推。谷子部门就业总增量是

$$135+\frac{3}{4}(135)+\frac{3}{4}\cdot\frac{3}{4}(135)+\cdots\cdots$$

这最后合计为 540 个工人。

在这个膨胀阶段,整个经济就业增加量是谷子部门 540 个工人和机器部门 180 个工人。因此,就业总增量是机器部门决定扩大投资所引起的就业增加量的四倍——就业倍数等于 4。

这种对收入和就业的初步影响的全部情节见表 3.5。(E_m 是机器部门的就业量,E_c 是谷子部门的就业量。)

表 3.5

谷子部门						
阶段	C	W_c	P_c	P_c^e	$P_c^s=B$	E_c
0	3600	2700	900	540	360	3600
1	4140	3105	1035	540	495	4140
Δ在开始阶段	540	405	135	0	135	540

机器部门						
阶段	B	W_m	P_m	P_m^c	P_m^s	E_m
0	360	300	100	60	40	400
1	495	435	145	60	85	580
Δ在开始阶段	135	135	45	0	45	180

三、进一步膨胀

在利润方面，机器部门增加 45，谷子部门增加 135。在我们所假设的投资率稳定的例子中，储蓄占利润的百分之四十。现在利润为 1035＋145，即 1180，其中用于储蓄的部分是 495＋85，即 580。现在储蓄约占利润的百分之四十九。

当然，我们的模型是极为粗糙的。谷子部门没有原料，也没有工资基金。所以不需要进行扩大工资基金的第二次投资，以使就业有可能增加。我们排除了赋税和付给失业工人的社会保险津贴，这在原来倍数值论证中是起着重要作用的。尽管如此，这里说明的论点对现实来说还是重要的。投资和利润的增加首先带来储蓄对利润的比率的急剧上升，因为利润起初是由厂商得到，大概要到六个月或一年以后才分配给食利者。

经济活动继续高涨。在投资开始增加和利润提高以后一些时候,两个部门食利者的花费都开始增长,因为利润开始分配出去。食利者消费开始增长到它以前对利润总额的比率。这种增长将带来就业从而总产量和利润的进一步增加,于是食利者消费又进一步增长。我们用表 3.6 来说明下面的情节。

当一次为限的投资水平的提高充分发挥它的影响时,全部就业增加量总计是 $1620E_c + 180E_m = 1800$ 个工人。机器部门最初就业增加量的倍数作用是 1800∶180 或 10∶1。

因此倍数等于 1/s,在这里,s 是储蓄在收入中所占的比例。在我们的模型中,倍数的大小取决于利润在产值中所占的比例和储蓄在利润中所占的比例:储蓄所占的比例越大,则利润增加所引起的消费增长就愈小。在我们的例子中,利润在产值中所占的比例是$\frac{1}{4}$,储蓄在利润中所占的比例是$\frac{4}{10}$。储蓄在产值中所占的比例是$\frac{1}{10}$。就投资的任何一定增量来说,在储蓄对产量的比例恢复到通常水平以前,产量必定要增加 10 倍。因此,倍数等于 1/0.1,即 10。

一次为限的投资水平下降的影响可以同样用我们的模型来充分说明。当新的机器订货不够抵消就要制成的机器时,机器部门厂商就解雇一些工人并减少它们所购买的谷子。向机器部门销售的谷子数量下降,所以谷子部门也解雇工人。(仍在雇用的工人同
115 失业工人分享他们的工资;工人的总消费随工资总额减少而下降。)需求下降遍及谷子部门。机器利用水平全面降低了。厂商发觉利润下降就减少付给食利者的款项,这又进一步压缩谷子产量,从而进一步削减工资额,经济情况就这样恶化下去。同时,机器部

门资本家挣得的利润下降，就减少付给食利者的款项和为自己生产机器所雇用的工人。

表　3.6

谷　子　部　门 114						
阶段	C	W_c	P_c	P_c^e	$P_c^s=B$	E_c
0	3600	2700	900	540	360	3600
1	4140	3105	1035	540	495	4140
2	4572	3429	1143	621	522	4572
3	4831.2	3623.4	1207.8	685.8	522	4831.2
4	4986.72	3740.04	1246.68	724.68	522	4986.72
	5220	3915	1305	783	522	5220
Δ当所有影响充分实现时	1620	1215	405	243	162	1620
机　器　部　门						
阶段	B	W_m	P_m	P_m^e	P_m^s	E_m
0	360	300	100	60	40	400
1	495	435	145	60	85	580
2	522	435	145	87	58	580
3	522	435	145	87	58	580
	522	435	145	27	58	580
Δ当所有影响充分实现时	162	135	45	27	18	180

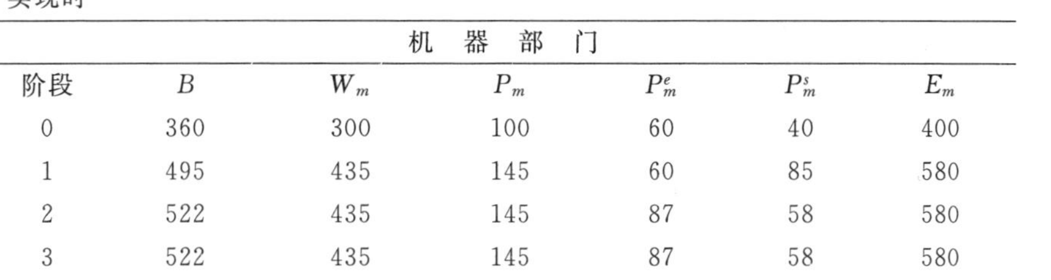

第三节　不稳定性

到现在为止，我们考察了投资水平不同或变动的影响，但是没有谈到什么东西决定投资水平。这涉及私营企业经济活动理论中最困难和最有争论的问题。在这里，我们只能对它作一暂时性的说明。

一、预期

我们假定，当谷子部门各厂商发觉它们的现有设备大部分已在利用时，它们打算扩充它们的生产能力。这时它们的现有机器获得高额利润，因而它们相信，如果它们有更多资本的话，它们就能获得更多的利润。这就是说，我们假设它们对将来的预期受到现在经验的强大影响。

金融制度（票据市场）容许它们将其预期变为对资源的支配权从而扩大生产。预期可以是自发发生的。悲观情绪或乐观情绪的变化可能促使投资支出从而总产量和总就业量增加或减少，于是在一定程度上这种变化好像证明是正当的。

由于预期取决于当前经验，所以在模型里引进经济活动的变化。这就产生一般叫做商业循环的现象。根据这一见解，不稳定性系来自倍数和“加速器”的相互作用，也就是来自投资增加所引起的收入增长和收入增长所带来的扩大投资计划之间的相互作用。在当前设备利用水平和利润水平刚刚提高时，投资受到刺激，设备利用程度就更高了。从较低投资率到较高投资率的进展决不会以一次为限，像我们以上的分析那样，也不会发生相反的情形。消费同某一投资水平的关系在投资率变动前是永远赶不上的。所以经济社会决不会停止在一个稳定的位置上，像表 3.6 所表明的一样，就业水平相对于现有生产设备资财来说是在不断上升或不断下降着的。①

① 参看附录。

二、利率 116

利润预期的变化导致投资率的变化，它还对利率起反作用。当谷子部门各厂商指望每年从一部机器获得较大量利润时，它们更急于尽可能快地安装新机器。于是到期票据的利息就被哄抬高了。比较乐观的厂商从不那么乐观的厂商那里借用到期票据，它们满怀信心地指望用额外利润来支付利息，这种额外利润是它们在新机器一安装起来时就将得到的。

利息上升意味着推迟将其储蓄用于投资的个别厂商要得到的报酬已经提高，借款费用也相应增加。同样，当利润预期衰退，投资率下降时，利率因竞争而降低，借款变得便宜了。因此，利率变动指出了抵消投资方面预期变化影响的方向。但对预期抱有相当信心时，这就不会产生多大效果。（这些问题要在下面做进一步探讨。）①

三、繁荣

既然投资增加引起投资增加，究竟什么东西制止高涨无限地进行下去呢？根据我们的模型，当投资率相对现有生产能力来说刚刚上升时，两个部门的机器利用水平都已提高。现在利润水平要高于按照原来计划进行投资时的水平。在产量猛增的时候，谷子部门机器可能达到充分开工的产量，于是机器方面的投资率，即机器部门购买谷子的流量，势必要制止住，一直到谷子部门安装和

① 参看第 2 篇第 8 章第 3 节。

操纵更多机器的时候。所以过了一定时期后上升运动还可以继续下去。

当机器部门实现充分开工时，结果就不一样了，那时节投资率一时无法进一步提高。谷子需求达到最高点，要在上限停留一个时候。然而这时生产管道产出了机器。随着谷子部门机器资财的增加，它赶上产量的增长。一旦相对投资率来说生产能力扩大，工厂平均利用率下降，更多新投资的利润前景就暗淡起来。于是兴旺景象消失，经济开始下降。

如果投资没有从衰退中恢复过来，那么产量、就业和利润就要停留在一个低水平上。低利润是要阻碍投资的，厂商可能无限期地处在一种自行实现的悲观状态中。

第四节　长期需求

以上完全是短期论证。我们讨论了某一时刻相对现有生产能
117 力来说的就业水平。我们不曾探讨生产能力同寻找工作的工人总数的关系。我们假定至少可以雇用到足够多的工人来掌握充分开工时的设备，但是我们不曾假定有足够设备来雇用所有的工人队伍。而现有设备则即使得到充分利用的话，也是可能有任一数量的工人会失业的。

因有效需求不足而产生的失业有时叫做凯恩斯主义的失业，因追求利润的厂商提供的设备不足而产生的失业有时叫做马克思主义的失业，因为马克思强调的现象是众所周知的“劳动后备军”的存在。我们不妨把**失业**这个术语用在第一种情形，而把**未就业**

用在第二种情形。在经济社会中，未就业人数是即使全部现有设备充分使用也找不到工作的工人人数。（在一个现代工业经济中，人们有时主张未就业的是这样一些人，他们是由于效率不高、没有纪律或其他坏习惯而不能被雇用的人们。这是因为，在一个私营企业经济中，这一点被认为是理所当然的：即工人的本分是使自己适合追求利润的厂商的要求，而不是相反的情形。）

这个区别使我们能够看到马尔萨斯和李嘉图是怎样抱着相反的目的的。[①] 马尔萨斯争辩说，地租的花费会保持有效需求，正如同在我们的模型中食利者的花费有助于在短期内维持就业一样；李嘉图则争辩说，较高的利润会加速资本资财增长率，从而促进长期意义上就业的增加。马尔萨斯没有接受李嘉图关于生产能力的长期积累需要储蓄的论点，李嘉图也不承认马尔萨斯关于短期获利性需要花费的论点。到今天，人们还不知道存在着同样的混乱情形。

第五节　凯恩斯以前的理论

凯恩斯所攻击的正统意见属于这样一种观点：私营企业经济有走向均衡的自然趋势，除非工会进行干预将工资抬得太高，否则自由市场的活动将会保证现有工人充分就业。

我们在上面已经注意到，土地和劳动的自由市场（如果这种情形可以想象的话）会导致资源的有效利用，因为劳动边际生产率会

---

① 参看第 1 篇第 2 章第 4 节第 2 段。

在整个可耕面积上趋于均等。[①] 如果将这一论点应用到我们的人和机器模型中，它要产生一种尴尬的结果。假设现有一定数量的机器和一定数量的工人，当他们聚集在一个自由市场里时，工资和租用机器的价格是由供求决定的。在充分开工能容纳的工人多于
118 机器的场合，工资由于竞相出价而下降到零，于是全部生产的谷子都归机器所有主得到。当工人太少时，租用机器的价格由于竞相出价而下降到零，于是全部收入都成为工资。如果碰巧工人刚好足够利用现有机器，则工资和利润在收入中所占的份额会是不确定的。

要避免这种尴尬情形，必须建立一个不同的模型。我们一定要假定劳动和“资本”间的可替代性。在过去，这个概念有点模糊不清，但在凯恩斯以前的理论现又复兴的时候，它已得到明确的详细说明了。

设备资财是直接用产量中的储蓄创造的，就像我们的情节中一部“机器”是由一定数量“谷子”构成的一样。一方面，这类似李嘉图的谷子经济，因为在这种经济中，整个资本资财就是一定数量谷子。但在另一方面，这个情节又是十分不同的。对李嘉图来说，谷子资财所能提供的就业量是由技术条件和传统的工资率所确定的。在前凯恩斯充分就业模型中谷子资本的要点是，模型可以重新塑造成为这样的形式，以便雇用任何数量的工人。这就抹杀了长期和短期劳动需求的区别，因为它意味着离开就业水平就谈不到生产能力概念。

① 参看第2篇第1章第4节第3段和第1.7图。

就这个情节来说，工艺是这样一种工艺，它使每人产量按一种递减率随所雇每个工人的“谷子资本”数量增加而上升。也就是说，投在劳动上面的谷子数量是报酬递减的，这是从劳动投在土地上面时传统的报酬递减观点借用的一个概念。设现有“谷子资本”数量为已定，工人用自己的劳动交换谷子工资。“谷子资本”所有主雇用工人的人数是要使劳动的边际产品等于工资，从而使一单位谷子资财的谷子利润成为最大量。在这个结构中，如果有任何工人失业，工资率就要下降；如果工人缺少，工资率就要上升。因此，总有某一个工资率可以保证充分就业。

除“谷子资本”连同它的“边际生产率”取代土地以外，这重新说明了我们在上面根据地主雇用工资劳动者所阐明的见解（在所有土地都一样和工资拖延支付的场合）。我们没有必要再重述一遍。

这个模型将有效需求问题滑过去了。设备只是谷子资财；谷子的储蓄仅仅增加到这项资财里面。当可以雇用的工人队伍按照谷子积累的同样速度增长时，工资率保持不变。如果它增长得慢些，工资率要上升（谷子资本的边际生产率要下降），反过来也是一样。

有人对这个模型提出一些比较精确的形式。例如，“谷子资本”可能属于雇主所有，他们将其利润全部都分配给家属。食利者家属和工资劳动者将谷子收入的一部分储蓄起来并交给雇主用来扩充他们的资财。

我们的模型在两个重要方面是同这一模型不同的。首先，就
业量在任何时候都取决于现有机器的数量和它们的利用程度，后 119
者是由有效需求的情形而不是由关于实际工资的谈判支配的。的确，在我们的模型中，工资和就业的关系颠倒过来了，因为，如果谷

子工资率被削减的话，谷子生产的就业人数就会减少。

其次，积累率取决于厂商的投资决定而非家属的储蓄。我们在模型里引进了一种形式的金融，使得这些基本特征可以显示出来。

一些微小的差别是，我们根本不容许家属收入有什么储蓄，我们把工艺的性质极端简化，这些简单化情形变成“谷子资本”和劳动之间的连续可替代性的另一个极端。随着我们论证的进展，这些微小的差别都将陆续予以修正。我们将容许家属收入可以储蓄并使技术条件不那么刻板。重大的差别则是划分前凯恩斯同后凯恩斯分析的一道鸿沟。

附录：不稳定性

私营企业经济的不稳定性是同投资和收入的两面关系相联系的。无论什么时候，投资率的提高导致收入水平的上升，而收入水平的上升多半会进一步刺激投资。这种种关系在任何现实情形中都是极为错综复杂的，而且在任何经济社会中，都是随着一般情况而时时改变。但是根据我们的简单模型，这个问题的实质还是可以理解的。

一、倍数

在上面第二节里，我们说明了以一次为限的投资率增加的影响，它是从以前保持一个时期的稳定状态开始增加的。在一个不断波动的经济中，不大可能发生这样的变动。但就我们所举例子的目的来说，我们将利用那里所表明的同样的一些数字关系。为了方便起见，将时间分成不相联系的时期，我们可以说在第一时期一个投资增加量的倍数是 4。机器部门就业量和工资额的增加立即引起总就业量和谷子产量四倍那么多的增长。由于利润开始付给食利者，在以后各个时期这种影响继续扩大。因此，当投资率一个时期一个时期地发生变动时，在任一时期内，消费对投资的比率一部分是以前各时期进行投资的结果。

二、加速器 120

收入增加对投资水平的影响不是那么容易简单说明的。它有时被说成是一种加速器，把一个时期的投资同前一时期的产量变化联系起来。

$$I_t = v(Y_{t-1} - Y_{t-2}) = v\Delta Y_{t-1}$$

这里 I_t 是当前时期的投资，ΔY_{t-1} 是前一时期生产增加量，v 是**加速系数**。举个例子，如果前一时期生产增加量是 100 单位谷子，加速系数是 0.25，那么当前时期的投资数值会是 25。这种形式的加速器好像体现了两种思想的混合物：(一)产量和提供这一产量所需要的设备数量之间存在着某种技术关系，因而增加的产量要求投资以便相应扩充生产能力；(二)产量增加加强对未来形势的信心，从而刺激投资。

这个论点的头一个因素同第二个因素是分不开的。当生产设备充分开工时，在对卖主有利的市面中——大于最高产量的产品也能按满意的价格销售掉——存在着扩大设备数量的刺激，只要人们预料这种局面持续足够长的时间，值得扩充设备就行了。在对扩大生产能力已经作出决定时，还要断定投资要按什么速度进行。一种纯技术的加速器是一个使人误解的概念。

由于投资是受利润前景支配的，所以把投资率变动同利润水平变动联系起来，并假设在不确定情况下，预期要受过去不久发生的事情的强大影响，这一点似乎是比较合理的。我们应用加速公式如下。首先，我们提出一个限度观念。利润要提高到某一水平，低于这一水平，投资将不会增加。由于机器数量已经扩充了一个时期，即使投资保持不变，利润总额的增长在一定时期内还是必然的。从我们以前的数字例子开始，在这个例子中，谷子部门的利润是 900 单位，我们假定限度是 120 单位。此外，我们假定任何时期投资的变化都是谷子部门利润高于限度的超过额的$\frac{1}{3}$。因此，

$$\Delta I_t = \frac{1}{3}(\Delta P_{c,t-1} - 120)$$

这个公式的意思是，由于经济活动发生变化，如果从一个时期到下一个时期利润的增长大于 120，则谷子部门资本家就认为按照比以前更快的速度向机器部门订购新机器是合算的。如果利润的增长小于 120，他们的乐观情绪就不能尽量保持住，他们倾向将投资削减到以前水平以下。

挑选比较大的限度可以使我们的模型能够表明迅速的反应，从而使我们的情节变得极为生动。

121 **三、时间滞差**

使用不相联系的时期是一种使我们的情节能够具有一定时间序列的方法。今天投资的变化是同一个时期以前的利润变动相联

系的，也就是投资的反应落后一个时期。同样，付给食利者的款项系根据前一时期的利润，因此，付款的增加要推迟到利润增加时期以后的一个时期。

正是投资对情况变化的延迟反应造成经济体系的不稳定性。如果投资是依据正确预见作出决定的话，经济就能够平稳地从一个均衡位置移向另一个均衡位置，而没有搞过头或发生被动的趋势。然而未来情况是要猜测的，人们无从了解未来。投资决定必然在一定程度上是以过时的情况或因投资本身所引起的变动以致过时的情况为依据的。

四、繁荣

从表 3.3 的位置开始，我们可以探索投资增加的影响，以便表明谷子部门利润的提高和机器定货的数值两者之间的相互作用。现在我们可以看到，当投资增加时，这些关系是怎样显示出来的。我们假定在最初状态下谷子部门有 5400 部机器，那会在充分开工情形下使 5400 个工人就业。在最初状态下，谷子部门就业量是 3600 个工人。机器部门只有 600 部机器制造机，而在生产过程中的机器要过五个时期才能使用。在最初状态下，机器部门就业量是 400 个工人。

我们的情节从机器部门就业量由 400 个工人增加到 600 个工人开始，这个就业增加量使这一部门达到充分开工的产量。以后经济发展情形见表 3.7。机器部门最初就业增加量要求工资增加 150 单位谷子，这导致谷子产量扩大 600 单位。就业的增加伴随着利润的增长，但是付给食利者的款项还不曾增加。机器部门的谷子需求增加了支付工资所必需的 150 单位，这使得谷子产量增加 600 单位。

表　3.7

谷子部门					
阶段	C	W_c	P_c	P_c^e	$P_c^s=B$
0	3600	2700	900	540	360
1	4200	3150	1050	540	510
2	4680	3510	1170	630	540
3	4968	3726	1242	702	540
4	5092.8	3819.6	1273.2	745.2	528
5	5069.28	3801.96	1267.32	763.92	503.4
6	4293.29	3692.47	1230.82	760.40	470.42

机器部门						
阶段	B	W_m	P_m	P_m^e	P_m^s	I
0	360	300	100	60	40	400
1	510	450	150	60	90	600
2	540	450	150	90	60	600
3	540	450	150	90	60	600
4	528	438	146	90	56	584
5	503.4	415.8	138.6	87.6	51	554.4
6	470.43	387.27	129.09	83.16	45.93	516.36

由于我们知道：

$$\Delta P_c = \Delta P_c^e + \Delta P_m^e + \Delta W_m = 0 + 0 + 150 = 150$$

在第二个时期，谷子部门利润的增长刺激进一步扩大生产能力的愿望。投资率应提高：

$$\Delta I_2 = \frac{1}{3}(150 - 120) = 10$$

122 可是这种投资的增长是不可能的，因为机器部门的生产能力暂时限制在 600 部机器，现在这 600 部是在充分利用(450/0.75＝600)。投资一定要保持在 600 部，机器部门工资要保持在 450。但是，由于谷子部门食利者消费增加 90 单位，谷子和机器部门食利者消费增加 30 单位，谷子需求继续扩大。结果

$$\Delta P_{c2} = 90 + 30 + 0 = 120$$

于是产量增加 480 单位谷子。然而现在，

$$\Delta I_3 = \frac{1}{3}(120 - 120) = 0$$

因此，第二个时期以后机器部门的工资没有增加。不过，对谷子部门食利者的付款增加 72 单位，所以 $\Delta P_{c3} = 72$。这是比较适度的增长。同时，生产过程的机器数量相对利润总额来说一直在增加。这种种影响一并造成第四个时期投资的削减：

$$\Delta I_4 = \frac{1}{3}(72 - 120) = -16$$

和

$$\Delta W_{m4} = \frac{1}{4}(72 - 120) = -12$$

然而谷子部门对食利者的付款仍在增加，所以

$$\Delta P_{c4} = 43.2 - 12 = 31.2$$ 123

在下一阶段：

$$\Delta I_5 = \frac{1}{3}(31.2 - 120) = -29.60$$

和

$$\Delta W_{m5} = \frac{1}{4}(31.2 - 120) = -23.2$$

机器部门食利者的消费也削减，尽管谷子部门消费略有增加， 124

$$\Delta P_{c5} = 18.72 - 2.4 - 22.2 = -5.88$$

谷子总产量减少 23.52。现在机器部门的追加设备终于可以利用了，然而它已不再需要；利润减少造成投资和产量的下降。这种下降将继续下去，一直到投资率不再降低为止，但直到 $I=0$，投资率是不会停止下降的。

这个过程用第 3.1 图来说明。要注意，第一个时期过后投资不再增加时，食利者消费提高的延迟影响，在投资开始减少的时期以后，仍在一定时间内保持谷子需求的增长。但在投资减少情况

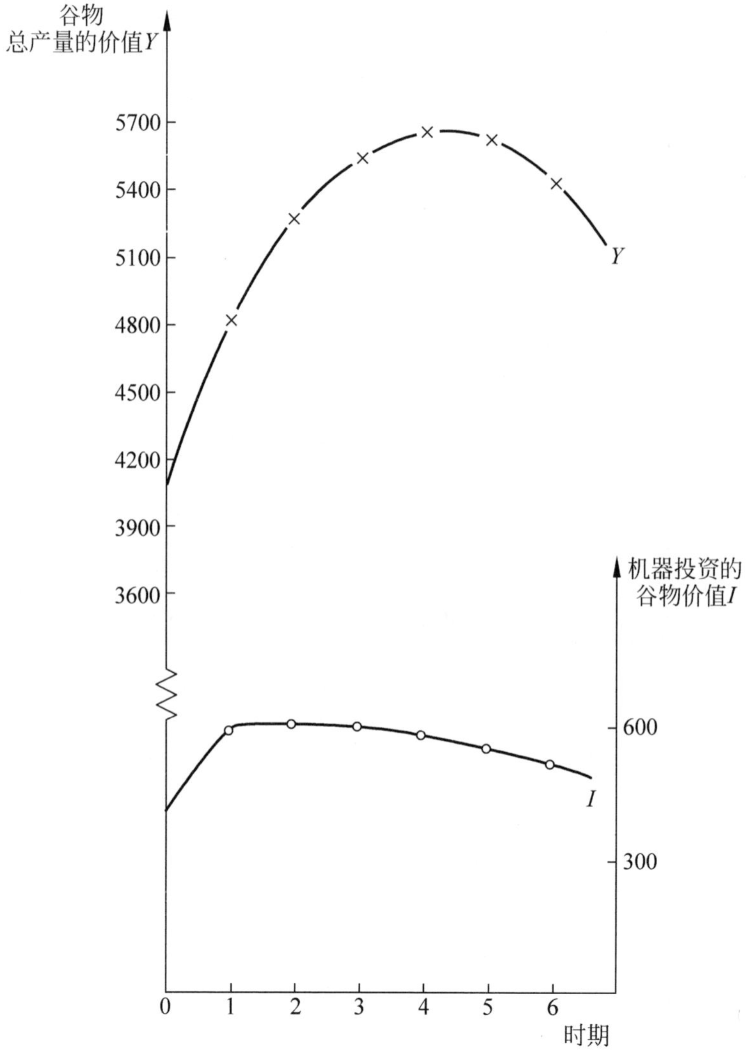

第 3.1 图

下，利润和食利者消费是不可能维持下去的，于是产量终于开始下降。

五、衰退

表 3.8 说明经济下降到衰退的路线。在这个事例中，我们描述一种比在一个较为复杂的经济中能够发生的情况更加生动的情节。衰退是机器部门就业量减少 200 的结果。投资就像繁荣时那样是同前一时期利润变动相联系的。在第四个时期，悲观情绪是那么严重，以致机器没有更多的定货。

表　3.8

谷子部门						
阶段	C	W_c	P_c	P_c^e	$P_c^s=B$	
0	3600	2700	900	540	360	
1	2952	2214	738	540	198	
2	2191.2	1643.4	547.8	442.8	165	
3	1314.72	986.04	328.68	328.68	0	
4	1200	900	300	300	0	
机器部门						
阶段	B	W_m	P_m	p_m^e	P_m^s	I
0	360	300	100	60	40	450
1	198	150	50	48	2	200
2	165	79.5	26.5	25.5	1	106
3	0	0	0	0	0	0
4	0	0	0	0	0	0

125

在我们以前的例子中，利润等于投资加食利者消费，当收入处在一个稳定水平时，食利者消费占利润的一个固定比例。现在投资下降到零，机器部门既不提供就业，也不提供利润。但是谷子部门各厂商并不让它们的家属挨饿。在最坏情况下，它们继续支付 300 单位，因而继续获得那么多利润。因此，随着利润总额下降，消费的比例继续上升直到它达到百分之百为止。

126　在第四个时期以后，利润仅仅维持在食利者消费的范围内。产量没有增加的趋势，衰退也许要无限继续下去。第 3.2 图说明这种情形。

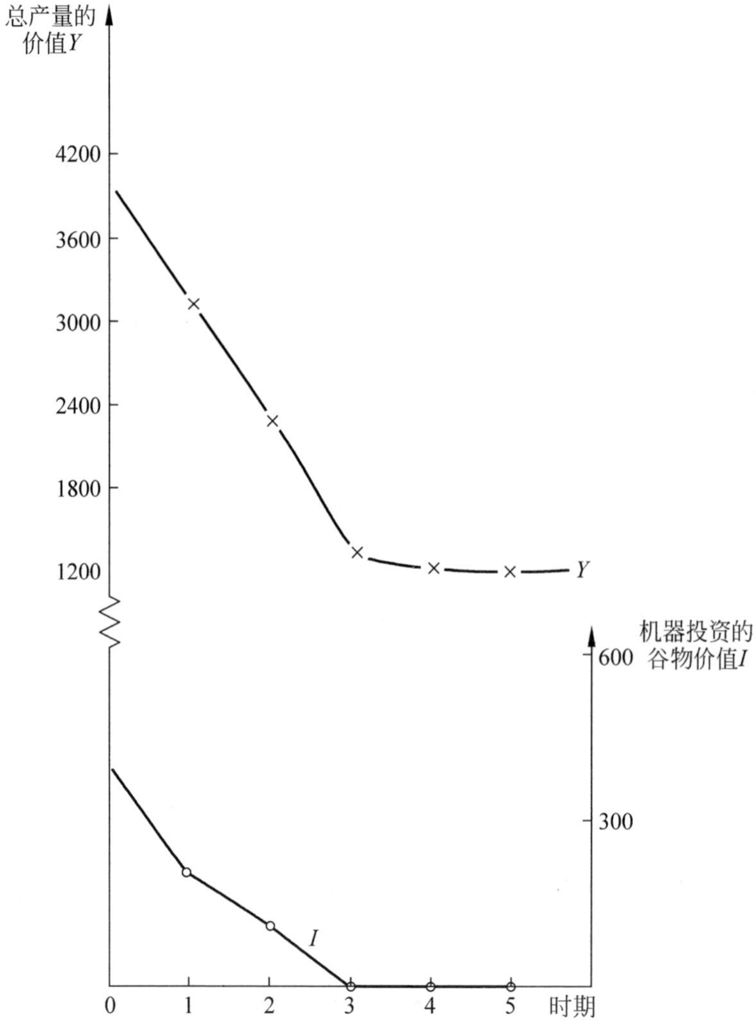

第 3.2 图

把根据这种线路所进行的分析应用到一种现实情况，那就势必要详加阐述，将更为复杂的时间落后结构，流动资本投资的影响，各种形式的设备限制和意外事件的影响都结合进去。但是，我们的简单例子阐明了一个要点：将来情况不确定的动荡影响，这是分析资本主义经济动态学的核心。

127 # 第四章　技术变革

一个只具有单一生产技术的资本主义经济模型，是同任何真实的历史不相符合的。资本主义一开始就是通过生产方法、组织、运输、贸易、金融和控制工人队伍方法的不断革新而发展兴盛起来的。这是资本主义过程的实质和它获得成功的根源。在任何达到某种工业发展水平的经济中，都是不断有所发明，有所发现，不断为新的生产方法打下基础的。

各种**发明**也许是有目的的研究或灵机一动的结果，或者它们是作为科学发现的副产物而产生的。当发明被用于实践时就成为**革新**。总会有一些潜在可用的发明被积压起来，还不曾得到应用。技术变革是体现在新的工厂设计、新的原料、新的工序或新式商品的革新中实现的。

第一节　积累

扩大生产能力的投资，很少采取已在应用的设备的原来形式。投资不断体现新的技术知识，有时巨大的变革——如同动力来源——甚至要求全部设备资财为之焕然一新。

技术变革影响到所生产的商品的性质以及生产这些商品的方

法。新生产方法影响到产品的特色，新产品是利用新方法制造出来的。

一项投资决不是永存的，因为，即使设备在物质上经久耐用，但各种各样产品和生产方法的获利性是在经常地发生变化的。一 128
家工业厂商要继续存在下去，它就必须用新设备更换旧设备，并从一种生产线转向另一种生产线，来保持它的赚取利润的能力。

技术革新还影响到工人队伍的特性。由于工艺变得更为复杂，工人需要比较高的一般教育水平来适应必要的特殊技能。一切工业国家都认为，建立一种国家教育制度是必要的。（教育目的不再是为了丰富高贵人们的生活，而是准备工业厂商所必需使用的生产要素。）在工人的特殊技能方面包含有大量的投资；工艺变化往往使得一些特殊技能陈旧过时，因而在人的资本方面的投资所遭受的风险不下于在机器方面的投资，一个工人要“保持他的资本完整”是不容易的。

这一切产生一些影响经济和社会生活各个方面的重大问题。在这里，我们仅仅探讨某些可以用我们的简单模型来表明的一般原理。

我们将继续用“谷子”作为单一的消费品，并假定一切“工人”都一样，但不再是一种同一类型的设备。“机器”设计发生技术变革。制造机器部门继续为谷子部门提供新型机器，并改装它自己的工厂使它能够做到这一点。在这种种假定的限制下，我们是能够有所进展的，但重要的是，总要记住这种种限制的范围是多么狭窄。

一、就业

技术发展几乎总可收到提高所雇每个工人的产量的效果。这对私营企业工业中的劳动需求有什么影响？当工人队伍是在增加，从而工人总有一个“后备军”急于找到工作时，实际工资率可能保持不变，于是所雇每个工人提供的利润上升。举个例子，如果将表3.1同使用一组不同类型机器所产生的局面进行比较，这种机器使每个工人的产量达到（譬如说）1.2单位而不是1单位，谷子工资率依然是0.75，每个工人提供的利润就是0.45而不是0.253。这样，3600个工人就生产4320单位谷子了。如果食利者消费的利润份额像从前一样是0.6，那么，我们得到的关系有如表4.1所示。现在谷子部门需要投资648而不是360单位来维持谷子部门3600个工人的就业水平。

所雇每个工人提供的利润的增长，将会提高投资率吗？那不一定。正如每单位劳动的较高报酬率，可能减少也可能增加一个工人愿意做的劳动量一样，比较轻易获得的利润也许会使资本家集团感到没有必要那么艰苦奋斗来进行扩充。

举一个最简单的例子，现假设新技术设备安装以后，投资仍和
129 使用旧技术时一样。利润只是在获得以后才付给食利者家属；假定食利者是按对利润的一个固定比率进行消费的。由此推定，如果投资仍和从前一样，利润总额也仍和从前一样，就好像我们在前面讨论过的较低实际工资率的情形一样。① 现在是靠较少的就业

① 参看第2篇第3章第1节第5段。

人数来赚取同样的利润总额。工资额减少了;利润份额增加,而每年利润总额则保持不变。

表　4.1

	产量	工资	利　润	
技术			用于消费	用于储蓄
(i)	3600	2700	540	360
(ii)	4320	2700	972	648

在上面的例子中,如果投资保持在360单位,那么,利润保持在900单位;谷子部门的就业减到2000工人,工资额减到1500单位。

当然,这些数字是十分任意的,不过它们所表明的现象——当每人平均产量的提高快于总产量的提高时,就业就要下降——这却是资本主义世界的一个严重问题。

在这种情形下,就业下降有时叫做"工艺性失业"。所以,人们把这一结果归咎于技术改进。在一个合理计划的经济中,每单位劳动产量的增加,显然对一切有关人员都应该是有利的。但在资本主义经济中,怎么反而会变成工人的灾难呢?答案是,一种合理的经济是根据有意识的政策进行改进的。如果形势是当局认为积累处于最优先地位的一种形势,消费不会增加;因每人平均产量提高而从消费部门解脱出来的工人,会被派遣到投资部门来加快积累。如果以前投资被认为适当的话,那么通过提高工人每单位劳动的报酬,通过对一切人给予额外津贴,或扩大养老金、奖学金等等(这些并不属于当前劳动的报酬)就能够提高消费。如果以前消费水平被认为适当的话,那么,缩短劳动日,延长假期,或准许提早退休和延长教育年限就能够减少劳动量。从每人平均产量提高所得到的利益也许按照当局规定或舆论同意的任何比例用以上种种方法分配出去。而在私营企业经济中，所雇用的每个工人平均产量的提高和实际工资不变的困难在于，潜在产量和潜在利润虽然已经扩大，但还没有实现，因为投资增加得不够快。（在十九世纪初期英国工业革命和二十世纪初期日本工业革命中都是技术迅速
130 发展而工资没有提高。为什么这不曾导致经济停滞？原因是，在这两种情形下，成本下降造成出口的大量增长，因而无论哪一国的经济都无须单靠提高消费来保持有效需求。）

二、实际工资

一个高度发达的现代经济的实际情况，并不像以上论证所启示的那么暗淡。一百多年来，每人-时劳动的综合平均实际工资一直是在增长着的。这也许部分地是以世界其他地方低收入为牺牲，并且部分地是同进口原料的低廉价格相结合所造成的，[①]但主要的还是工艺发展的结果。

在只有一种技术的简单模型里，我们假定工人顺从地接受向他们提出的工资。事实上，工资合同一直是个连绵不断的战场。力量很不平衡，因为就具体情况的性质来说，雇主比工人少，但他们在财力上却牢靠得多；他们遵守亚当·斯密所注意到的相互支持的惯例，[②]在大多数场合，他们还能呼吁国家机器来保护他们的

---

① 参看第 2 篇第 5 章第 5 节第 2 段。

② 参看第 1 篇第 2 章第 1 节第 1 段。

利益。但是工人们是有强大力量的，如果他们能够联合起来运用这种力量的话。

工会要以利润为牺牲而强行提高工资是不容易的。当每人平均产量没有变动时，即使货币工资率获得增加，雇主也能提高价格来使相对的利润差额保持不变。但当某一系列商品的生产通过革新，使相对产品售价来说的生产成本（在原来工资率下）降低时，工人就会处于强有力的地位，要求从利润增加额里面得到他们的一份。于是雇主允许增加工资来摆脱罢工的威胁，但就是在最坏的场合，雇主也会为他们自己保留同从前一样的预期利润水平。

同时，许多革新是同大规模经营的经济结合在一起的。新工厂也许要求大量不可分割的投资，这种投资只有在一个高的出产率下才是有利可图的。于是价格显著下降以便打开一个广大市场。不论是哪一种情形，实际工资都有随生产率不断提高而增加的强大趋势。在我们将形形色色消费品引进模型以后，我们还要回到这个问题。

在这期间，我们不妨弄明白上升中的实际工资率怎样有助于缓和生产率提高所造成的所谓“工艺性失业”的倾向。我们已经看到，如果每人产量增加时实际工资保持不变，所雇用的每个工人提供的利润将会增加，从而维持一个甚至是固定数量的失业工人；而且储蓄在利润中占一个不变的份额，那就必须使产量中的投资份额不断增加。在利润中一个递增的消费份额会有助于保持就业， 131
但生活水平的日益悬殊可能产生其他麻烦。

由于储蓄对收入的比率提高，当投资增加的速度不足以保持就业水平时，潜在利润没有实现，工艺改进就在失业当中白白浪费掉了。

当实际工资随每人平均产量而一同上升时，则增长中的储蓄的吸收问题要缓和得多。这时产量价值中的利润份额多少是固定不变的，一个固定的投资对收入的比率就足以实现利润和保持就业水平。

在我们的例子中，如果每人产量增加百分之二十，从而谷子工资率也按同一比例随之增长，那么，情况就会像表 4.2 所表明的那样：

表　4.2

	产量	工资	利　润	
技术			用于消费	用于储蓄
(i)	3600	2700	540	360
(ii)	4320	3240	648	432

现在每年投资按产量增长的同一比例增加，即百分之二十（从 360 增加到 432 单位谷子），就足以维持谷子部门 3600 个工人就业。

当然，工资的固定份额并不能保证充分的有效需求，但同产量价值中的工资份额要是下降将会发生的情形比较起来，它不是那么难以达到充分的有效需求。再次，我们挑选的数字只不过使计算便当一点，然而在现实中它们所表明的原理是很重要的。

在生产率不断提高的情形下，保持固定工资份额的可能性不仅取决于工会的力量，而且取决于生产能力的扩大（相对于工人队伍增长来说）。当人口增加快于资本主义工业中劳动需求的增长时，未就业的产业后备军多半会扩充，这既削弱了在职工人的谈判地位，又压低了每人平均的消费。当可以雇用的工人比就业人数增加得慢时，实际工资率随同生产率一同提高的机会就要大些；而且那时节，每个家庭的平均消费要随工资的增加而一同增加。

每个家庭消费水平的提高具有重大影响。工人们在一定程度下变得倾向资本主义制度。我们的单一技术模型非常不现实：在这种情形下，如果工人联合起来要求较高的实际工资，资本家势必诉诸暴力来保持他们的地位。但在技术发展和工资提高的场合，工人就同这个制度发生共同的利害关系。同时，他们被复杂的技术吓住了，害怕他们也许不能掌握复杂的技术。因此，工资提高对 132
资本家也有一点好处。每一个别资本家愤恨在他遭受损失的情形下提高工资，但对资本家作为一个整体来说，工资提高则是这个制度顺利运行所必不可少的。

三、革新者与追随者

每一家冒险采用新生产方法的厂商都知道，投资所获得的利润迟早将因以后改进的竞争而消失。那么，为什么随便哪一家厂商都要采用新方法呢？答案是，每一家都担心，如果它不利用的话，其他一些厂商将会利用。在工艺发展的任何特定阶段，每一生产系统都有一些厂商走在其余厂商的前面。当一些厂商采用了新方法，其他各家必须跟上或者歇业，因为在新技术可能导致的实际工资水平下，它们的旧技术是不会赚钱的。领先的厂商并不限于应用偶尔搞出来的发明。它们利用自己的研究所来计划改进并把纯科学或空间竞赛过程中的发现应用到它们自己的生产系统。它们还把喜欢冒险的革新者所做的成功试验接收过来，这些革新者没有足够的财力来大规模地利用他们的设想。

从工艺观点来看，最进取的厂商一直跳到其余厂商的前面并在工资以上享有比较高的加价。领先者靠专利和尽可能的保密来保护它们自己。当追随者在一个生产系统赶上它们的时候，它们又着手一项新工艺。技术发展的步伐在很大程度上取决于厂商玩弄竞争游戏的劲头。领先的厂商提高生产率越快，则实际工资上升越快，于是追随者不得不尽早抛弃旧方法以便追随于后。正如熊彼特所说的，生产能力积累的过程发生“在创造性毁灭的风暴当中”。①

在我们的模型中，消费品是由“谷子”构成的，这个模型的特征依然没有改变，它不容许我们探讨产品的革新，然而我们不妨用为谷子部门制造机器的新设计来表示技术变革。厂商雇用工程师来改进机器的操作；这家或那家厂商有时用和以前模型同样的谷子成本安装一部机器，它提高所雇每个工人的平均产量。（工程师的薪金可以加到付给食利者的款项上面。只要工程师的家属将他们的所得全部花掉，这就对模型没有什么关系。）当一家厂商比过去搞得好些，其他各家就模仿它，有几家提出还要好的新设计。这样，在投资进行中，每一投资回合只生产当时所知道的最优良机器。

在我们的模型中，谷子部门的一部特定机器，只要在使用，就
133 保持同样的物质效率，即是说，所雇用的每个工人连同某种设计的机器的产量在更优良机器发明的场合仍保持不变。由于谷子工资

① 参见熊彼特：《资本主义社会主义和民主主义》，商务印书馆 1979 年版，第 105 页。

率一年一年地上升,所雇用的每个工人连同一部特定机器所提供的利润就不断下降。在一部机器的整个寿命期间,每一年毛利(即当利用程度不变时进款大于直接成本和间接费用的超过额)都比前一年低。而且,当有效需求水平呆滞时,旧机器产量多半比新机器产量减得多些,因而随着机器变得更加陈旧,开工不足的情形就变得更经常了。最后,谷子工资率达到一个水平,在这一水平下,即使充分开工,成本也会吞噬掉全部产量。毛利下降到零。这部机器就不再值得使用,于是变成废铁。

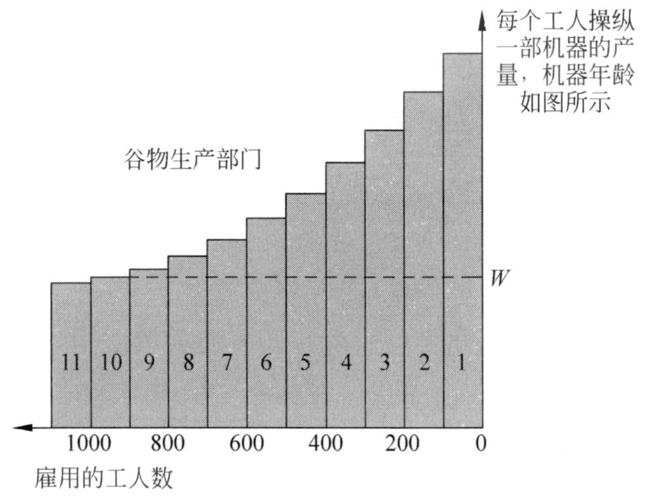

第 4.1 图

在上述事例中,机器数量每年增加 100 部。每次新增加的机器都比前一时期增加的机器具有更高的生产能力。柱的高度表示每个工人从柱内表明年龄的一部机器得到的产量。柱的厚度表示每一现有机器年龄所雇用的工人人数。在这个事例中,由于一个工人操纵一部机器,所以柱的宽度都一样,它表示 100 个工人。工资确定为 W 单位谷子。凡是年龄超过 10 个时期的机器都不值得使用,因为 11 个时期的老机器不能补偿它们的工资成本。

当经济发展状况处在近乎充分就业水平的时候，以前雇用来操纵现已陈旧机器的工人将被调到最新设计的工厂，不论他们仍留在原来的厂商还是被招募到有更新工厂的厂商。在萧条时期，操纵不再有利可图的机器的工人就被解雇而暂时失业。

134 四、折旧提成

获得一部机器的厂商是不让它投在机器上的资本的价值随着机器的损耗而消失的。这家厂商必须在机器赚钱期间从它所提供的报酬中得到充分补偿，以便在旧机器获利时期结束后投资于另一部至少具有同等价值的机器。因此，这家厂商要扣除折旧提成，打算在机器使用期间为重新创造投资的价值准备足够多的款项。当一家商行经营顺利时，投下的资金不断得到补偿并重新投放到新式的物质资产中去。所以一项投资的价值可以永远保存，而连续的每一套机器的收益却在它的一生中不断减少。

在我们的机器十分耐用而没有新发明的模型中，一部机器不管使用了多么长久，它前面总还有一个无穷无尽的潜在获利的生命。于是全部毛利都是净利。现在我们必须划分一项投资的毛利和净利。毛利是进款大于成本的超过额。（在我们的模型中，工资额是唯一成本。间接成本将在后面讨论。[①]）要计算净利，必须从毛利中减去足够的损耗扣除额以便永远保持投资的价值。

在现实中，实际投资价值随着时间进展而保持不变的意义决不是一个简单问题。一般地说，对一家商行重要的是用对资源的

---

① 参看第 2 篇第 6 章第 2 节第 4 段。

购买力来表示的价值；因此，当人们预料价格相当稳定时，折旧提成是用货币计算的。当通货膨胀发生时，它就应当根据当前设备再生产成本来计算，这个提成等于损耗的部分，不过这个概念决不可能是精确的。

在我们模型的条件下，我们继续用谷子来计算一切价值以免涉及这些困难，即使这样，其他问题依然存在。

在一个动荡的世界中，一项投资的适当折旧扣除额的计算一部分是惯例问题。在一套机器最初安装的时候，它的收益是在将来。它的获利时期的长短是无法确定的（这取决于还不曾出现的革新使它变得陈旧的速度），它的总收益水平将取决于它正在度过什么样的时期。事先无法确切知道适当的折旧扣除额。如果它定得太低并把大部分计算出来的净利分配给食利者，这家厂商是在使它的资本价值受到侵蚀。但是，若是把它定得太高，唯一的结果又会是净利算得太少。厂商算作过去投资折旧的一部分严格地说是净储蓄部分。这是正当的缺点。慎重的厂商采取一种倾向于低估净利的惯常做法。因为成功的厂商通常是无论如何要把净储蓄用于新投资的，只要这条线不是那么低以致不考虑损耗而让资本 135
漫不经心地损失掉，它划在什么地方就无关紧要了。

我们在下面讨论积累时，假定毛利和净利的界线已经正确地划定。于是像短期情形一样，我们可以把任何时期谷子部门的投资看做交给机器部门的谷子总量。这足以抵补机器部门的工资和利润；和以前一样，我们假设机器部门用它自己的储蓄照料它本厂的投资。再次，谷子部门的利润总额是由谷子投资加谷子部门食利者的消费构成的。

唯一区别是，现在这种投资是总额。任何时期新机器成本大于机器资财的谷子价值增加的部分等于这一时期因损耗而失掉的价值。

再一次，我们一定要记住，我们挑选了一个使我们便于论证的模型。在现实工业中，技术变革的研究不是那么简单的。

第二节　不稳定性

技术变革和有效需求水平变动之间有着两面的关系。在工业内部，或由于纯科学研究和空间技术、军事技术发展的结果，发明和发现是一直有的，但是它们不是按一样的速度搞出来的。一些时期新发明所开辟的利润前景大于其他时期，安装新技术设备所需要的投资数量对某些革新来说要大于其他革新。同样，不论为了什么缘故，当投资率高时，革新的速度也要快，只因新投资总归要投在设计最新和最满意的工厂方面。

熊彼特争辩说，技术变革速度的变化就足以说明资本主义工业活动在历史上所观察到的波动，即人所共知的商业循环。某一生产系统不时有所发明，它使应用新发明的厂商有可能大大提高利润。（用我们的模型来说，工程师设计一部机器，它在投资方面用大致相同的谷子成本就可指望得到比过去所知道的任何机器都大得多的每人谷子产量；但是我们的模型过于狭小，因而不能充分表述熊彼特的见解。）前进的厂商抢先投资于新工序，其他厂商追随于后。在大量投资时期，到处都是高就业、高消费和高利润。结果，没有受到最初革新影响的工业也增加了投资；这些投资又推动还不曾利用的积压起来的计划，从而提高它们的未来生产率。大量投资一直继续到应用原来发明的设备安装起来为止（譬如说铁路已经建筑完成）；于是那一系统的投资愈来愈少；不久利润开始减少，一般投资水平下降，萧条到来。新发明和新发现仍然是有的，不过投资率低，它们很少得到应用，于是积压而没有利用的计划又积累起来，一直到它们当中这一家或那一家相当振奋，掀起一 136
个新的兴旺时期为止。

依据这些思路描述的波动似乎比一种机械的商业循环理论要富有说服力些。用倍数和加速器表述的机械理论可以为繁荣的发展及其崩溃描绘一幅图景，[①]但它从来不曾说明一个必定保证经济从衰退转入复苏的机制。不管怎么样，随便哪一种纯粹私营企业经济的有效需求理论全都过时了，因为今天政府总要在这种游戏中插一手。

第三节　中性的和偏性的积累

在技术变革的经济理论中，讨论最多的论题之一是发明和把这些发明应用到生产设备方面所必需的积累数额的关系。在进行革新时需要投资在产量价值中占一固定比例的意义上，革新可能是中性的，或者可能是偏性的，偏向于要求比过去采取的比较低或比较高的比例的方向。一般地说，同它所取代的工艺相比较，新工艺可能摆动需求，使之有利于当前劳动方面或有利于设备方面。

① 参看第2篇第3章附录。

在革新是中性的时候，它们并不改变提供当前产品流量的劳动、同具有不变生产时间-形态的设备所体现的劳动的相互关系。[①]

在一种工业经济发生技术变革的洪流中，要使现实的革新适合这些范畴是不容易的；我们不妨用我们的简单模型来说明这个论点。在这个模型中，投资只在于制造“机器”，最后产品只是由“谷子”构成的。就我们的模型来说，在用最新技术装备一个工人所必需的人-年劳动随着技术发展而保持不变时，革新就是中性。在雇用固定劳动人数的情形下，工艺改进表现在提高谷子部门所雇用的每个工人的产量，而在机器部门则要求一个固定的就业量来实现工艺的改进。

假定为机器部门工人配备一定数量的设备，他们在提供谷子部门机器产品流量的同时，保持着这些设备并使之适应新的工艺。当机器部门利润对工资的比率随时间进展而保持不变时，一部新机器的谷子价格是随当前劳动时间的谷子成本而改变的。但当革新有所偏重或积累发生波动时，两个部门的关系要受到短期的搅乱。那时节，机器部门利润对工资的比率可能不再是固定不变的了。为了这个缘故，我们依据一个固定的劳动人数在部门间的分配而不依据投资的谷子成本来进行论证。

137

一、平稳状态

现假设有稳定的一系列革新。制造机器部门是在继续为谷子部门生产新设计的机器，并保持它自己的设备现代化。如果我们

---

① 参看下面第 2 段。

用一年来表示机器的妊娠期，每一年制造的机器类型使谷子部门得到比一年前生产的类型更高的每人产量。

现在，如果投资这样进行下去，使一固定比例的谷子部门的工人每一年都用最新式机器重新装备，那么，当革新在上述意义上是中性的时候，两个部门的就业比率并不随着时间的推移而改变。

当谷子部门的雇用人数保持不变时，为谷子部门制造机器的雇用人数和保持机器部门机器现代化的雇用人数也是固定不变的。

现假设改进是按这样一个速度进行，使一部最新设计的机器的每人平均产量在每一轮投资时要比一年前的设计高百分之二，而每一年谷子部门的工人有百分之十要重新装备，从而一部机器的获利时期长达十年。这样，当谷子部门继续雇用 1000 个工人时，每一年会有 100 个人从刚刚废弃不用的最老机器调到最新式的机器方面来。由于每一类型机器比前一类型产量高百分之二，这些工人的产量大约提高百分之二十以上，即 21.9%。如果这种情形一年一年继续下去，谷子产量就是按技术发展的速度——每年百分之二十——在增长。

当谷子工资是按同一速度提高时，机器部门的工资额也按那一速度在增长（因为那里的雇用人数不变）。在这种情形下，也只有在这种情形下，那一部门利润对工资的比率才能随着时间进展而保持不变，从而在谷子产量价值中，谷子投资的固定份额保持一种稳定的增长率。

革新的中性本身不足以保证两个部门雇用人数的固定比率。这个结果不仅要求发明在其技术性质上是中性，而且要求工资率同每人产量作等比例的增长以及投资同收入保持一个稳定的比例。如果工资按较小的比例提高，则总产量的上升会小于前人的产量；稳定增长的条件将遭到破坏，尽管从工艺观点来看技术变革是中性的。

当工艺是这样地发展，从一个回合到下一个回合，装备一个工人所必需的劳动要减少时，革新就有节约资本的倾向，在相反的情形下，革新就有耗费资本的倾向。（这个题目的术语是不同的和混乱的。早期作家叫做耗费资本的革新、“节约劳动”等等，今天则叫做中性发展、“扩大劳动”。要移译到我们的体系里，就有必要查看一下定义并弄明白这一些名词究竟算是什么意思。）

138 二、节约资本倾向：枝节话

为了能够掌握这种相当复杂的分析，我们在模型里将生产限定在一种严格的时间形态。在谷子部门，生产是短期的，所以雇用人数增加时没有必要投入资本来增加工资基金或其他流动资本；机器部门则有一固定的妊娠期，即一年。这就不容许讨论节约时间那一类的节约资本。而在现实当中，节约资本倾向的最重要来源，是加速生产过程，从而减少维持一特定出产率所必需的投资量。生产的时间可以缩短，这可减少所雇每个工人的工资基金和流动资本（甚至铁路乍一看来仿佛是非常耗费资本的，它一定也可以加快向市场送货来大大减少流动资本）；另一个办法是缩短工厂的妊娠期。不管怎样，依照我们模型的条件，我们只能探讨在下述场合发生的节约资本，这就是，工程师向厂商提出一种类型的机器，同一向使用的那种类型比较起来，它使得谷子部门装备一个工人所需要的机器部门的劳动要少些。

从工艺观点来看，这种节约资本的革新是比一种中性革新(它使谷子部门每个工人增加同样的产量)更大的改进，因为它还节约机器部门的劳动。但是它对就业的影响取决于它对用谷子表示的投资率发生怎样的影响。

三、耗费资本倾向

当提供的最好机器比早先发明的机器要求对谷子部门所雇用的每个工人进行较大量投资时，工艺就带有耗费资本的倾向。现在保持机器部门雇用人数不变的一个投资回合将为比较少的谷子部门工人提供设备。要么谷子部门的雇用人数将要减少，要么工资上升将受到充分限制来使比较旧的机器继续生产，于是机器废弃不用所解放出来的工人并不多于新机器可以雇用的工人。在随便哪一种情形下，工资在产量价值中所占的份额势必要下降。

李嘉图考察了耗费资本性质的革新的一个特例，他不得不承认它对工人是不利的。[①] 他不情愿这样做，因为一般地说，他是极力赞成积累和技术发展的；然而他相当老实地承认了分析的逻辑。(在新古典时代，这一点被掩盖起来了；利益冲突很少提到。)李嘉图用他作为一笔工资基金的资本概念来阐述这种情况。当一笔固定谷子工资基金每一年都重新投资时，雇用人数不变。如果采用新式机器，资本家可以雇用工人生产机器而把一部分工资基金转到固定资本来增加他们的利润。当采用这种机器时，每人产量提 139

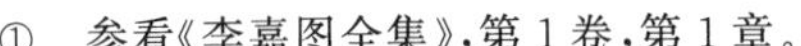

① 参看《李嘉图全集》，第1卷，第1章。

高。但是现在谷子工资基金被削减，于是雇用人数减少。较少的工人人数提供较大的利润总额。要么就业人数减少，要么谷子工资率下降。这同在不变的投资率下耗费资本性质的革新是一回事。

马克思采取另一不同的路线。他的资本有机构成不断提高概念应当怎样解释还不清楚，[①]但它似乎相当于提高资本设备的物化劳动对当前雇用的劳动的比率——用我们的术语来说，即相当于谷子部门一个工人所操纵的一部机器的劳动成本的提高。马克思坚持说，一般设想是：技术发展提高有机构成（即它有不断耗费资本的倾向），在长期内，不可能充分降低工资份额（提高剥削率）来防止资本的利润率下降。

就现代工业资本主义来说，这似乎是他的预言当中不曾实现的一个。先进的工艺可以是节约资本的，正如它可以是耗费资本的一样。而且，在它是耗费资本的时候，似乎李嘉图认为技术发展会促使工资份额下降的见解要比马克思的技术发展会促使利润率下降的见解更有道理些。

四、扩大的、优越的和加深的投资

具有中性或节约资本性质的技术革新，在它们提高每单位就业量的产量和提高每单位投资费用的产量这两方面的意义上，要比它们所取代的技术更为优越。

耗费资本的技术在下述场合是优越的，即应用这种技术所必

① 参看第2篇第2章附录。

需的投资费用的增加，同已经采用的最好技术比较起来，不会超过它们可能使每人产量增加的比例。因此，在我们的例子中，如果一种新技术使谷子部门装备一个工人所必需的机器部门劳动时间增加不到百分之二（假定机器部门利润对工资的比率不变），那么，当每人产量在每一革新回合增加百分之二时，这种新技术就是优越的。

工程师能够提供的最好技术将会提高每单位谷子产量的投资费用，各家厂商就看不出它有什么好处。它们宁肯继续安装已经在使用的那一类型机器。如果在某一日期以后没有出现新的优越技术，那么，当所有旧机器都被可以利用的最好类型机器所替换时，投资只是在有劳动后备军可以雇用（因为每人平均产量不再增加）或人口按足够快的速度在增长的场合才能继续进行。增加使用中的机器数量（全都属于同一类型）就是一般所熟知的**扩大**设备。

当工人人数不是在增加，没有“后备军”可以利用，也没有优越的技术发明出来时，各家厂商仍然可能急于扩大它们的生产能力；140
它们也许乐意采用提高每单位产量的投资费用的革新，因为它们没有其他办法靠固定的工人人数来增加产量了。这就是一般所熟知的**加深**设备或提高**机械化程度**。

在最先进的工业里，加强机械化恰像采用优越技术一样，需要新的发明。加深意味着在得不到优越技术的场合采用非常耗费资本的革新。（对正在试图模仿发达国家的技术来实现本国工业化的所谓发展中国家来说，这涉及另外一些考虑，我们将在后面进行讨论。）

五、工厂的寿命

一种特殊种类的加深是逐年提高重新装备的工人人数的比例，从而工厂的使用年限缩短，在任何时刻，比较新式的和生产量
141 高的一种装备所占的比例都是在增加。首先，从两种情形的比较就可弄清这个论点，在这两种情形中，技术发展和积累是以同样速度进行，不过一家工厂的寿命比另一家短。

在上述稳定状态例子中，我们假设谷子部门工人每年重新装备百分之十。把这种情形同恰恰经历着同样一系列革新，但(譬如说)有百分之二十重新装备的情形进行比较，于是在任何时候，使用中的最老式工厂只有五年之久而不是十年。每人平均产量要高些，因为用更好更新机器装备的工人的比例要大些，如第4.2图所示。

但在百分之二十的情形下，每年必须重新装备更多的工人：这就要求机器部门的工人人数占一较大比例。谷子总产量会高于百分之十的情形，不过提高的比例要比每人产量的增加略微小些。可是对最老式工厂来说，工资要按每人产量增加的同样比例提高(如果不是这样的话，那么六年之久的老式工厂仍会产生利润；它还不会废弃不用，从而不会有百分之二十的工人重新装备)。因此在百分之二十的情形下谷子产量中的利润份额要小些，而投资份额要大些。只有少分配一些利润给食利者，这才是可能的。

从这一点推断，把一种情形同食利者少消费一些的情形进行比较，那么在后一种情形下，在技术发展的任何阶段，工厂寿命要短些，工资要高些，谷子产量要大些。

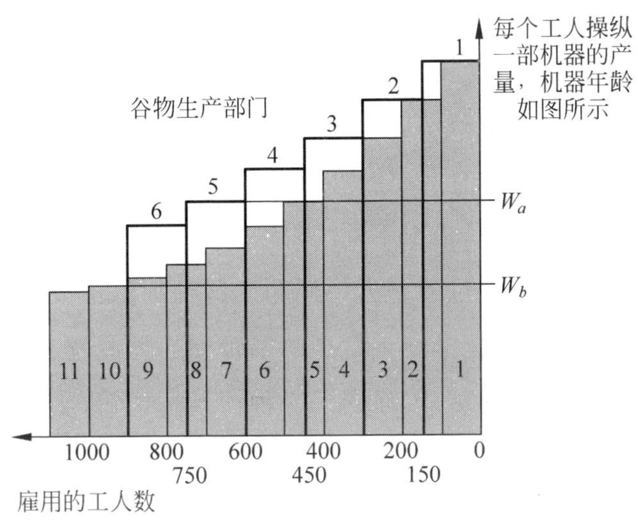

第 4.2 图

在甲和乙两种经济中，工人人数相同，工资率是 W_a 和 W_b。甲的较高工资率意味着，同乙所使用的 10 个时期的老式机器相比，它所使用的最老式机器只有五个时期之久。在甲那里，投资部门所雇用的工人比乙多——从而谷子部门的工人比较少——并且每年机器更新 150 部；在乙那里，每年机器更新 100 部。甲的每人平均产量高于乙。每年更新的机器数量愈大，则每人平均产量就愈高，毛利就愈多。在没有食利者消费和工人储蓄的情形下，谷子部门的毛利等于投资部门的工资。就这一投资部门就业量的相应工资水平来说，年龄结构是提供最大量消费的结构。只要除全部利润有储蓄之外工资也有一些储蓄，那么增加投资部门的就业量就是可能的。

在全部利润都用于投资的场合，食利者没有消费；产量中的消费份额（全都是工人的）是处在一特定增长率可以一直保持下去的最高水平。（如果工厂寿命更短，工人势必要减少消费来资助一部分投资。）在这种情形下，工厂寿命的进一步缩短就会减少谷子产量。

在这种种假定的条件下，当全部工资都花掉和全部利润都储蓄起来时，消费达到最高水平（在增长过程的每一点），这个命题有时叫做储蓄金律。但资本家是会为自己打算的。没有什么规律指使他们要少给他们的食利者一些并尽快将设备更新。

而且，这个论证是依据不同“深度”的资本资财的比较进行的。缩短工厂寿命的加深过程是另一问题。这种加深不大可能在金律的作用下实现，但在技术突飞猛进的场合往往可能发生，这种技术发展导致工厂加速更新，因而同另一种情形相比较，工资水平提高得多些，而利润份额则增加得少些。

六、一团糟

根据我们的模型，我们可以将纯粹加深的和优良的然而是耗费资本的革新划分开来，纯粹加深系采取比每人投资为小的比例

142 提高每人产量的一些革新。在现实中，这样做并不容易。的确，在现实积累起伏不定的一团糟的情形下，在错综复杂的工业结构处处都有技术发展的情形下，所有这一类区别是难以弄清的。

回顾一下在相当繁荣年代的进程中的工业统计，熨平波动并推算用某一计算单位表示的产量价值的年增长率是可能的。所以我们往往发现，不论现有设备资财价值（用工业厂商的估计资本来表示）对总产量价值的比率还是净产量价值中的工资份额（全用一样的单位）都不曾发生显著变化。这仿佛表明，从事后看，就整个工业来说，在一个时期内技术变革或多或少是中性的。但这只是最模糊地表明正在计划一定投资时一些特定厂商事先必须做出的抉择。

七、污染

资本家要采取降低他们的成本——也就是他们必须支付的费用——的革新。他们在掠夺社会本来会更多一点的资源时，毫不迟疑地耗尽自由财货——空气、水和空间——来扩大他们能够销售的东西的产量。在技术上最先进的经济可能支付用商品表示的最高工资，然而它决不能提供最愉快的生活。[①]

第四节　虚假的痕迹

我们已经看到，如果把生产设备资财——设备和流动资本——当做像是产品流量一样的东西，如同我们情节中的谷子，那就可以合理地说明凯恩斯以前的理论，那一思想体系的重要特征是“劳动和资本之间的替代”。[②] 在那个体系里，在一家工业厂商所掌握的资金的意义上的资本和现有生产资料的资财是等同的。这个概念是，“在一定技术知识水平下”，所雇每个工人“谷子资本”的增加要受报酬递减的支配——它提高每人产量而降低每单位“谷子资本”的产量。这就是说，没有技术发展，积累就只限于在上述区别的意义上的纯粹加深。

如何把这一点转变到这样一个世界呢？在这个世界里，资本物不是由一种和消费品相同的纯一物质所构成的。维克塞尔遵照

① 参看第3篇第1章第4节第5段。

② 参看第2篇第3章第5节。

奥国传统,试图用“生产时间的平均长短”来测度物质资本的数量。143 他举了一个例子,在这个例子中,仅仅是让时间度过来积累资财。一个工人每年种一棵树。20 年以后,他砍掉一棵 20 年的老树。他可以无限期地一直继续下去,以后他永远每年砍掉一棵树又种植一棵树。如果他一开始就在砍倒头一棵树以前等待 25 年,那么此后他会得到较大的一单位劳动年产量,因为一棵 25 年老树包含有较多的木材,而不需要显著地花更多劳动去砍倒它。所以 25 年老林木的木材同 20 年老林木相比是一种“较深”的资本资财。就这个例子本身而论,一切都很好,但它显然是一个特例。而且,维克塞尔觉察到,即使在这种情形下,也不可能把资本的物质数量同构成资本的投资费用等同起来。

在我们讨论因借款投到流动资本而产生的债务时,我们排除了从债务产生的利息。[①] 维克塞尔感到烦恼的是,正当地讲,不能排除利息。生产时期的复利是投资费用的一部分。对 20 年老林木的木材来说,头一年借款利息要加到债务上面。于是第二年又要付全部未清偿债务(包括头一年利息)的利息,余类推,一直到 20 年。全部债务的数额相当于所投资本的价值。因此,维克塞尔认识到,甚至在像固定年龄组成的一批树这样一个显然简单的事例中,不知道利率(对他来说,这等同于资本的利润率),也不可能计算物质上详细说明的生产资料资财的价值。

当“一定技术知识水平”用一本蓝图来表示,详细说明每一种技术所必需的设备,这种技术可能在某一实际工资水平下被认为

① 参看第 2 篇第 2 章附录。

是最有利可图时，又产生另外两点困难。首先，在每一种技术所需要的设备也许是由十分不同的项目所构成的场合，什么是较大的或较小的“资本数量”？（“谷子资本”概念的发明恰恰是为了回避这个问题。）

其次，从一种技术转到另一种技术，不能像把谷子加到谷仓堆里那样用一部分资本增加到以前存在的资财来表示。将一种技术改为另一种技术，要求一种技术的全部设备资财完全改变为另一种形式。在这里，作为纯粹加深的积累是没有意义的。

总之，关于一本蓝图所表示的“一定技术知识水平”概念一直在进行的全部争论都属经济学说的范围，而不属于一个现实经济社会的分析。很明显，就现实生活中的工业来说，大量可以替代的不同技术的蓝图并不是同时存在的。在现实生活中，技术在不断发明，而每一种技术只是在它好像多半会被采用的场合才被制成蓝图的。

当然，在历史上可能有一些时候，加深是唯一可以采取的投资形式，不过，即使这种情形也要求采取新技术时利用耗费资本的发
明。在“一定技术知识水平”下“劳动和资本之间的替代”的整个概 144
念，乃是对静止状态的比较相对时间上发生的一些事件进行的分析之间无法摆脱的混乱情形，这种混乱情形，由于“资本数量”作为一笔资金和用物质名词详细说明的一批生产资料资财的混淆不清，变得更加严重了。

145 第五章　商品与价格

迄今为止，我们靠一种单一的、一律的消费品避开了大部分复杂情况。现在我们必须从这个防空洞里走出来，开始考察由形形色色商品组成的产品流量这一复杂事物所产生的种种问题。

第一节　综合的数量

人们经常讨论许多经济范畴，如同国民收入、所雇每个工人的产量或可以雇用的工人人数，就好像每一经济范畴是一个简单的数量，由若干明确说明的单位所构成似的。这在某些场合可能是合理的，不过，它容易使人发生误解。在经济学中，机械的类比是靠不住的。当一个工程师在用“热度”或“应力”进行计算时，他知道在什么限度内计量器读数指明他必须考虑的数量。在经济学中，像所发表的统计数字一类的计量器读数，代表着一些极端复杂而不能精确说明的实体。而且综合的统计数字所表明的总量变动通常都伴随着它的组成的变化。

举个例子，在失业和工厂开工不足情形下，投资支出的增加通常导致就业、消费和收入的增长。但是这些变动中的每一种都是由一些特定要素——特定的工人、特定的商品和特定家庭的收入——构成的，在统计数字中作为一样的总量来表示的变功，可能是由十分不同的要素所构成，并以不同方式影响到不同的人们的。对每个人来说，变化并不总是朝着同一个方向；当总就业量增加 146
时，一些工人可能失去他们的工作，一些商品的需求可能下降，一些厂商在销售总量增加时却可能获得比较低的利润。

描述任何全面的变动总归是粗糙的。要对一种变动进行适当的讨论，会涉及衡量这一变动的方法的详细说明，这就产生经济理论中一些最错综复杂最混乱不清的问题。尽管如此，通常某种形式的统计折衷办法还是可能的，不论采用什么尺度，许多种类变动都会显示一些广泛的特征。为了弄清这一类特征而不迷失在一片混乱的烟雾中，我们建立了我们的简单模型，在这个模型中，一切数量都是详细说明的物质单位——人-时劳动，“谷子”和“机器”——的数字。我们用这种简单办法来探讨一连串的产品怎样（比如从横剖面来看）在收入的广泛范畴——工资、地租、利润和利息——之间进行分配。我们一定不要忘记这些范畴是多么广泛。由于强调模型极端简化，我们力图避开作出不能容许的概括的诱惑。尤其我们的“谷子”是提醒人们要注意不少问题有待探讨的东西。现在我们必须向“谷子”告别而考虑一种川流不息的生产，比如从纵剖面来看它划分为一些特定商品的种种产量。于是决定不同产品的相对价格问题就进入我们的情节了。

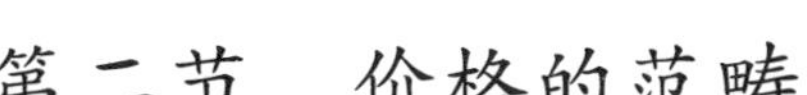

第二节　价格的范畴

形形色色的商品是满足人类生活需要所必需的，但是，只要一切东西都在一个家庭(譬如说在一个独立的自耕农住户)之内生产出来,这就不会产生价格问题。一个家庭的不同成员担任不同的工作,可是他们并不按照商品原则彼此交换他们的产品或劳务。描述鲁滨逊·克鲁索计算椰子和鱼的边际价值的经济学家们,却把一些商业概念塞进它们根本不存在的经济社会的理解中去。

在市场经济中,相对价值的计算产生于交换,而交换产生于专业化。当每个人从事生产一个狭小范围的商品时,他们一定直接或间接地卷进交换中去,因为他们需要消费比他们所生产的范围更广的货物。所以他们必须关心他们自己的产品对其他商品的购买力。

生产专业化可能起因于自然资源的不同,如矿藏、土壤类型或适合某些农作物的气候,或起因于一些特殊行业世代相传的技巧和经验知识。在工业经济中,专业化来自特殊制造品工厂的投资和在任一系统进行有利的投资的技术要求。每一批工人是在他们只有出卖自己的劳动方面实行专业化。

一、商品

147 古典学派经济学家严格区别稀少的货物和生产的货物,前者的价格决定于需求,后者的价格决定于主要是用劳动时间表示的成本。[①] 这个区别大体和需要特殊自然资源的产品与根据需要可以提供人造设备的产品之间的区别是符合一致的。在供给取决于自然资源的场合,卖主所能获得的价格取决于他们的产品的需求;而人造设备则是用来满足需求的,而且它有获利的希望,除非销货

① 参看第1篇第2章第3节第3段。

收入将会带来利润，否则（撇开估计错误不谈）它是不会生产的。我们已经看到，一家厂商的资本所提供的毛利，当体现在一种设备的时候，可以在时间的进展中用来生产某一其他系统的设备或用于有指望获得更多利润的某一其他技术方面。厂商并没有束缚在一个特定生产系统上，而是能够向利润前景所指引的任何场所。

古典学派关于需求决定价格的稀少货物和成本决定价格的生产的货物的区别，概括地说，符合根据自然资源实行专业化和根据设备或劳工训练实行专业化的区别。产生这两种价格范畴的工艺差别是和商品被运到市场的方式相联系的。

二、市场

市场就是买主和卖主的聚会，不论它是在一个农村市集还是在一个集中的商品交易所，而世界范围的交易就在那里一间城市办公室内进行着。市场买卖导致货币的使用。在一个市场上，没有必要把交易限于货物交换，在这种交换中，每一笔交易都要求需要和供给两方面的巧合：你提供乳酪而需要啤酒，恰好我提供啤酒而需要乳酪。一笔商业交易的实质是，卖主要取得他以后（几分钟以后，几小时以后或几年以后）可以随意使用的一般购买力。

人们预料继续是一般需求的任何耐用商品都可以作为一种将购买力转到将来的手段，因而可以成为交换的媒介。同样，一家可靠商行承认的债务（像我们简单模型中的票据）也可以用于第三者之间的交易。像国库券一类官方通货在一个公认政府的管辖范围内对处理债务具有法偿性质的可接受性。凡存在着保证债务偿还的确定法律秩序的一国政治组织，都要使它的纸币成为移转购买力的可靠工具。如果这个国家崩溃的话，它的货币就不再是可以接受的了。在这种情形下，一个市场经济发展出来一种因本身关系而形成的货币，如同希特勒战败后在德国曾经流通过好几个月的香烟通货。一个市场要是没有一种容许三方进行交易的交换媒
148 介和便利计算的计算单位是不能起作用的。货币必定是因专业化和交换而产生的一种社会制度。一种非货币市场经济是一个不自然的概念，它有时在经济理论中出现，但决不曾在现实生活中发生过。

除少数情形（如同一个家庭主妇向农民购买东西）外，市场交易不是在一个原来生产者和一个最后买主之间直接进行的。市场是由一批买卖中间人所组成，他们想从买价和卖价的差额中赚到一笔利润。市场的作用在于从一些分散的货源收购产品而把它们转到一些分散的销路。中间人是在几个场所起作用的，买卖原料或工业部件，或者将产品从制造商送到住户的购买人。从一个卖主的观点来看，商人是把需求集中到他的产品上来；从一个买主的观点来看，他们是将供应品带到他能接触到的范围内来。（在苏联，缺少中间人造成不少困难，但这些困难部分地却由非法而有益的“商贩”活动克服了。）

市场分两大类，在这里对特定商品的供求关系起着不同的作用。虽然在一种复杂的经济中存在着许多两可情形和重叠关系，但是可以将两条原则明白地划分开来。在头一种市场中，生产者向商人提供货物并获得他们将会卖得的价钱；在第二种市场中，生产者规定他的价格并根据市场销路尽量推销。这两种市场是同上面区别的两类商品相联系的。

第三节　初级产品

头一种市场见之于初级产品,即取决于牲畜、蔬菜和矿物资源的产品。所有初级产品交易决非都属这一种,石油和一些金属则是由一些多少根据工业原则经营的有势力的大公司所控制的,但是我们可以找到这种市场的许多例子,在那里,农业和畜牧业是由分散在广阔地区的小规模竞争性生产者经营的。最后购买者也是散处各方,消费中心远离产地。所以商人(往往是在几个阶段)是必不可少的。商人筹集资金办货,在产品上市时进行采购,在人们需要时实行供应。商人们彼此间或多或少进行着激烈的竞争,但作为一个集体,他们一般比生产者处于比较强大的经济地位。当生产者是一个农民时,情形尤其是这样,他既没有商业知识,又没有资金来为自己保持存货,一到收获季节就不得不出售。生产外国产品在本地市场出售的殖民地或前殖民地资本主义种植园主,或有大量资本投在他的羊群的澳洲畜牧场主,不像农民那样无依
无靠,不过他们也要依赖商人,一般地说必须接受市场规定的 149
价格。

一、供给与需求

在上面那种商业中,我们不妨利用随着新古典学派经济学家而流行起来的供求均衡概念一类的东西。马歇尔“一次一个”的局部均衡方法在供给来源同经济社会其余部分严格划分开来的场合

还是适用的。[①] 这样，我们可以考察一个市场的供求关系而不顾(至少在论证的头一个阶段)经济社会其余部分的反响。[②]

在不涉及新古典学派认为那么重要的先验的“效用”概念的情形下，我们不妨同意：设把一宗商品卖给他的那个最后买主的收入、习惯和嗜好以及代替品的可利用性和价格为已知，也就是设需求条件为已知，所购商品的数量是随一般价格而变化的，比较低的价格一般会导致比较大的购买量。

在既定的需求条件下，当比较小量的一特定商品上市时，价格比较高。买主是这样一些人，他们同得不到这种商品的人们比起来有较大量可支配的收入，对这种商品的爱好比较强烈，买到代替品的机会比较少，而在同样需求情形下，较大量的供给会导致比较低的价格和比较贫穷的或不那么热切的买主的购买。

在一个时刻，当可供销售的产品的流量等于购买的流量时，市场是平衡的，因而商人的存货既不会堆积起来，也不会一卖而空。在这种局面下，当市场供给减少时，一开始是存货下降。这会促使价格上升到减少需求以便和较小量供给相等的一点。供给扩大则把价格压低到购买适当增加以免存货堆集的水平。

同样，从一种平衡状态开始，需求情形的变化促使价格上涨还是下跌，这视具体情况而定。价格变动不会对供给数量发生多大的影响，因为这种局面的实质是，供给在任何时候都是受自然条件的支配，这种自然条件对生产规定了一个多少是严格的限制。相

---

① 参看第1篇第3章第2节第2段。

② 这个分析在下面第6节用图形说明。

对买主来说,卖主一般是处于软弱地位的。当价格下跌时,生产者不能扣住他们的供应品不卖。的确,在某种情形下,他们也许那么急于得到金钱,因而在价格比较低的时候,他们实际上力图增加他们要出售的数量。在另一方面,他们都不能利用高价机会很快地扩大供给。

因此,在这种市场上,相对需求来说供给情形的变化和相对供给来说需求情形的变化都造成价格的剧烈波动。但这并不意味着 150
市场有走向均衡即自行保持的平衡位置的一般趋势。首先,市场对任何变动的反应在很大程度上是以随后将会发生什么情形的预期为转移的。在对将来的预期受到今天发生的变动的影响时,供求关系会变成反常的;当价格上涨产生它将会进一步上涨的预期时,那是购买量增加而不是减少的信号,因为商人是在买进货物以便后来按更高的价格卖出;反过来也是一样。

其次,甚至在预期符合实际从而时刻都倾向于建立平衡的场合,市场情况也决不会长期处于静止状态。

初级产品的需求一般要随贸易情况而发生巨大的波动,对一些特定商品的需求,则由于嗜好的变化(如同英国人开始喝咖啡而不喝茶的时候)或制造技术的变革(如同塑料取代黄麻的时候)而发生不规则的变动。这种种事件不可预料地改变了需求条件。供给是通过气候状况、害虫等等而受自然变化支配的,技术的变革、新供给来源的开发或旧资源的耗竭也会带来巨大的波动。即使在任何一个时候供给没有弹性,它也容易时时发生急剧的变化。

当供求条件不断发生变化时,市场决不会在潜在的平衡位置改变以前就能达到这一平衡位置。在这些市场里,不加控制的竞争制度使价格和买卖数量不断发生波动。商人在一定程度上可以缓和这种情形，相对供给来说在需求低的时候，停止出售；在需求高的时候，则将货物抛出。但这取决于商人清楚地看到哪里是将来的平衡位置。一个商人必定是一个投机商。他必须猜测市场如何发展。每个商人都要在需求看来要下降时头一个将他的存货卖掉，而在需求看来要上升时最后一个卖掉存货，于是存货变动往往加强而不是缓和价格的变动。

二、市场与收入

就卖主来说，他们的商品价格对市场供应数量变动的反应是一个非常重要的问题，因为它决定着他们的收入。在这里，新古典学派市场理论提出的一个概念是有帮助的，这就是需求的**价格弹性**概念。这表示购买数量按相反的方向对价格变动起反应，它是用数量的比例变动除以价格的比例变动来衡量的。在发生重大变
151 动的场合，我们从较大的产量和较高的价格进行计算。[①] 用 P 表示价格，Q 表示购买数量，我们看到，弹性是$\frac{\Delta Q/Q}{\Delta P/P}$。这个比率的倒数测度在既定需求条件下价格对供给数量变动的反应。

一特定市场的需求条件有如表 5.1 所示。在 5 美元和 4 美元之间，当价格降低$\frac{1}{5}$时，有关的购买量增加到总购买量的$\frac{1}{3}$。在这个范围内，价格弹性是 $1\frac{2}{3}$。在 4 美元和 3 美元之间，当价格降低

① 关于计算弹性的说明，参看下面第 6 节第 4 段和第 5.8 图。

$\frac{1}{4}$，有关的销售额增加$\frac{1}{4}$。在这里，价格弹性等于一。从 3 美元到 2 美元，价格降低$\frac{1}{3}$，使有关的销售额增加$\frac{1}{5}$。价格弹性是$\frac{3}{5}$。

表　5.1

每吨价格（美元）	购买量（吨）	销售量价值（美元）	弹性
5	1000	5000	5→4：$1\frac{2}{3}$
4	1500	6000	4→3：1
3	2000	6000	3→2：$\frac{3}{5}$
2	2500	5000	

在较高价格范围内，弹性大于一；在这个范围内，较大量的销售额是同较大量的进款相联系的。弹性是一时，更多的吨数只能卖得同一总额的金钱。在弹性小于一时，一个较低的价格，销售更多的吨数，却只能卖得较少的货款。

当一批竞争的卖主遇到他们产品的需求没有弹性时（弹性小于一），他们发觉，他们卖得越多，他们的进款就越少。这是初级产品生产者的正常情况，即使卖给消费者的最后产品的需求有高度弹性，初级产品需求的弹性也未必会大于一，因为最后价格包括各个阶段的商业利润、运输和包装费用以及最后卖主的零售差价。而且，如果商品是原料，它可能在它所体现的制造品的成本中只占极小的一部分。因此，最初生产者的大减价，只不过是使最后买主所付价格减少一个小的百分率，至多只会带来小量的销售增加额而已。

三、尝试中的补救办法

在需求没有弹性时，卖主如能限制他们的供应以使较小的销售额从而获得较大量的收益，这对他们是有利的。但这种市场不大容易组织起来实行限制供应，而在限制搞成功以后也一直有垮台的危险。卖主们之间有着巨大的利益冲突，每个生产者集团都
152 等待别人限制销售额，从而他们可以在较高价格下想卖多少就卖多少。甚至在主要生产者成功地把价格提高的时候，局外人也能够不限制他们自己的生产而获得利益；他们容易破坏这种策略。在收成不好或疾病蔓延造成供给自然减少的场合，这些生产者因庄稼毁掉而遭受损失，其他人却从价格上涨捞到好处。

不论有组织的还是自然的减少销售额的利益都是难以持久的。一方面，高价可能诱致开辟新的供应来源；另一方面，制造商加紧推销代替品或消费者将其嗜好转到代替品也可能减少需求。对一个不幸的卖主来说，竞争性市场是按这一规则活动的：正面你赢，反面我输。

这种局面的重要特征是，它是从生产者实行专业化的事实本身产生的。（他们往往受到诱惑而放弃为自己用的粮食生产，把土地用来耕种专供销售的农作物。）当一个收入来源断绝时，他们就别无出路了。因此，他们的生活要任凭市场摆布。这对农民生产者（譬如说西非种可可豆的农民）或资本主义种植园的雇工（譬如说锡兰茶场的雇工）来说都是不错的，因为，当产品价格下跌时，种植园主势必要削减工资以便继续维持营业。富裕的畜牧场主或大农场主的收入也会随世界活动状况而发生变动，虽然他是处在比

较优越的地位来忍受这种情形。

在这一领域，在纵剖面是将产品划分为一些特殊商品的专门生产，在横剖面又加上阶级的划分。收入在所有各个团体之间的分配要受到它们所依靠的市场情况的影响，在每一个团体内，分配又取决于工人和资本家，佃户和地主或富农和贫农之间的关系。

四、利益的冲突

新古典学派企图把竞争性市场描绘成一个社会和谐的场面，在这里，供求力量起着有利于一切人的作用；但是市场的真正性质则表现为卖主和买主的利益冲突，卖主要高价（他的商品比其他商品具有高的购买力），买主则要他的收入具有高的购买力而不管共来源是什么（低的价格和充足的供应）。

在农业团体是工业经济社会的一部分的时候，它往往有充分的政治力量来防止供求规律的破坏性影响。价格是用各种支持计划、保护措施或限制生产方法来进行调节的。这种价格是靠政治手段而不是由市场决定的。

石油和一些金属的销售受一些大的国际公司的控制，它们或多或少是根据垄断原则来规定价格的。

在竞争条件下生产的商品（主要是为了工业利益开辟供给来 153
源时殖民地开发的遗物），在这方面有过不少实行管理的谈论，但是计划实现的不多，而长期贯彻下来的就更少了。从管理获得最大利益的生产者是软弱的，难以组织的，而买主——商人和制造业——却是强有力的，对改变一种基本上对他们有利的制度没有什么兴趣。

第四节　制造品

在工业中，生产资料是人造的，而不是大自然提供的，旨在用特定技术促进一些特定商品的生产。工业品市场和一般类型自然商品市场起着十分不同的作用。

一、供应情况

制造品价格系由生产者规定。工业厂商不是把产品抛到市场，看看它将卖多少钱，而是宣布他们想要卖的价格。商品决不是标准化的，因为每家商行有它自己的规格、声誉和场所。甚至依靠商人帮助的小商行对它们将会接受的价格也有决定性的发言权。强大的厂商在公众眼前炫耀它们的产品，让零售商按照符合制造商政策的价格经营这些产品变成一种恩惠。

在现代工业经济中，几乎每种商品通常都有开工不足情形，当货物通过生产和销售的各个阶段时，一路上进货会在几个点停留下来，从而供给能对需求变化作出迅速反应。只有在购买发生大量的、突然的和意料不到的增加的场合，产量才受到生产能力的限制。当这种情形发生时，一批厂商可能发觉它们处在对卖方有利的市面，买主准备按照有利卖主的价格购买的数量大于它们所能生产的全部产品。

当人们认为这是一种暂时的、不会持久的而是突然兴隆的景象时，卖主也许情愿推迟交货日期并对顾客实行配给供应，而不是把价格抬高到压低需求使之等于充分开工的产量水平。这就可保证将来的销售量。假如人们预料对卖方有利的市面要持续下去，它是不会这样做的。不论价格提高或保持不变，卖掉充分开工时的产量，就获得高额利润；这将吸引新的投资，扩大生产能力，使对卖方有利的市面告一结束。（如果限制生产能力的瓶颈是技术工人的补给，投资将会采取机械化的形式，以减少将来对技术工人的依赖性。）

因此，一个对卖方有利的市面是一种罕有的、暂时的现象。在短期情形下，所有各类工厂生产都低于充分开工水平，工人没有充 154
分就业，至少在同样工人人数能够生产多得多的产品的意义上是如此。就不可能按照卖主认为合理的价格出售充分开工时的全部产品的意义上讲，略微**对买方有利的市面**到处都是正常现象。这个局面会随着时间的推移而重新出现；生产能力随销售量增加而步调一致地扩大甚至超过销售量的增长。所以我们必须探讨产量低于充分开工水平时价格是怎样决定的。

二、直接成本与总差额

在这一章，我们只从短期观点来考察制造品的价格。（价格形成还有长期的一面，这将在第六章中予以探讨。）一个经济社会决不会处在“长期情况下”。每逢星期二或星期三，当经理上班时，他必须决定在短期情况下维持原价还是改变价格。工会领导人要决定维持原来工资率还是要求提高它。所有发生的事情都是在短期情况下受目前情形和对将来的预期的影响而发生的。今天是不可复追的过去和不可捉摸的将来之间的历史时期中的一个时刻。今天必须作出决定，事情一定要办；不可能等到肯定的时候。

在任何时刻都有许多厂商经营各种类型的工厂，生产形形色色的商品。它们担负着川流不息的直接成本——工资、电力、从其他工业厂商或初级产品市场购买的原料，等等——他们是按照在直接成本之上包括有总差额在内的价格出售货物的。

一单位特定商品的直接成本取决于用那一单位表示的每人产量、工资率以及制造这种商品所消耗的各种要素的价格。这些要素价格依次又取决于工资率、每人产量和用来生产它们的要素的价格。这种种价格都包括有总差额，于是一个生产阶段的总差额构成其他生产阶段的直接成本。在作进一步分析前，我们必须讨论总差额的决定。

三、垄断程度

每家厂商能为它自己产品建立的价格差额水平通常和有关商品总产量的需求情形只有轻微的关系。各种商品的市场结构大不相同。一些商品存在着两三家强大厂商的**寡头垄断**，它们出售不同牌号的同样物品。对其他商品来说，大量厂商出售多少是标准化的产品或出售一特定商品的一系列品种。在每一种情形下，卖主能够索取的价格主要决定于其他卖主对类似产品或在买主看来是很好代用物的商品所索取的价格。

155 卡莱基把总差额对产品价值的比率叫做**垄断程度**。用这个术语来指一个使总差额比率的特定水平得以实现的市场而不是指比率本身要更好些。（在我们谷子部门的情节中，工资是唯一的直接成本，差额对产品价值的比率就是每人利润对每人产量的比率。这或许可以用来表示谷子市场达到的垄断程度的结果。）

在这个意义上,“垄断”带有狭隘的意思;它实际上是价格竞争的对立物。高度垄断意味着用价格表示的微弱竞争状态;在供应同一市场的一批厂商中间价格竞争越激烈,垄断程度就越低。

当供应同一市场而同时使用各种技术的各家厂商生产效率不同时,多少按同样价格出售的一种商品的直接成本可能相差悬殊。高成本生产者必须接受小于低成本生产者的总差额。低成本生产者可以随意选择他们合意的价格政策,而高成本生产者必须接受这种价格政策或者停止营业。一家强大的厂商往往被承认是这一批厂家的价格领导人。于是对这一批厂家来说,差额水平是受价格领导人对那个市场垄断程度的判断所支配的。

竞争并不限于价格。一种牌名的宣传,给买主的信用,交货一类的服务,场所的便利,各种商品的外观或真正用处的差异,全都是吸引买主到一些特定卖主方面来的手段。而这些因素的种种结合,对于各种不同的顾客是有吸引力的。在下述意义上的完全竞争是决不会有的:即价格可能发生的极微小差别将会把需求从一方面转向另一方面。价格差别(连同吸引注意力的广告)一定要显著才发生作用。一般地说,卖主宁愿采取其他形式的竞争而不愿削减价格。减价显然是一家厂商向其对手的挑战,对手们可能同样削价以进行对抗,因而挑战者并无所得,而是大家都要遭受损失。撇开领导方面发生争论时偶尔进行的价格战不谈,一批竞争者保持的差额水平是很稳定的。

在严重衰退时期(一个十分有利于买方的市面),情况就不同了。那时节,少数厂商供应的较有竞争性的市场多少带有初级产品市场性质,往往发生削价情形。不过,这容易导致产生某种防御协定来予以制止。(许多在萧条时期形成的定价集团,在商情好转时也团结一致,并在兴旺时期继续控制价格使之有利于它们的成员。)相反地,强大的厂商可能在需求下降时抬高价格,它们争辩说,在较高产量水平获得合算的报酬水平的差额在产量下降时变得太小了。

四、单独卖主

在普通意义上,垄断的意思是一个单独的卖主控制着一特定
156 商品的全部供应。垄断和不完全竞争的区别在于垄断者必须考虑的是商品本身的市场需求而不是它的竞争者的举动。这个区别并不是界线分明的:一方面,任何商品都有近似的或相差悬殊的代替品;另一方面,一批竞争性厂商的价格领导人必须略微注意价格对整个集团的需求的影响。但有一些事例是由一单独卖主供应的一种很好识别的商品,例如缝纫线,在这里就要依据整个市场上对这种商品的需求来想象价格政策了。[①]

一个垄断者控制着所有能够生产他那种商品的工厂;这些工厂的生产效率一般是不一样的,所以各个厂一单位产品的平均直接成本也不相同。因此有内部的和外部的差额,就像李嘉图的地租论所说的那样。边际成本(用货币表示)是在每一产量水平同一个微小增量相联系的总成本增加额。如果垄断者在用最低成本进行生产方面是够精明的,他将在各个厂之间这样地分配产量以使边际成本处处相等。低成本工厂充分开工,边际工厂的平均直接

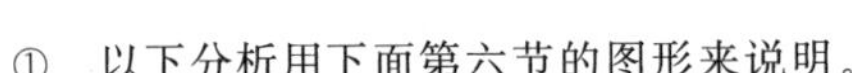

① 以下分析用下面第六节的图形来说明。

成本代表整个产量的边际成本。[①]

但是一个垄断者没有必要用这种办法来使成本减到最低水平。他的地位足够强大，允许他纵容某种效率不高的情形。他可能在分配各厂产量时给每个厂一个“公平份额”或按他所喜欢的任何方式进行分配。

根据传统理论，垄断者要为他的商品选定一个价格，这一价格给他带来收益大于成本的最大超过额。在这里，需求的价格弹性概念就进到论证中了。[②] 如果垄断者按照使毛利达到最大量的规则行事，他决不会挑选需求弹性小于一的价格，因为在这一价格下，比较大的销售量带来比较少的收益（和比较高的成本）；他在更高价格下能够多赚一些。但在一个垄断者供应一宗明确规定的商品的全部需要时，市场多少达到饱和状态，所以价格的需求弹性很低。索取十足最大量利润的价格，会使总差额对进款的比率格外高。一般地说，即使价格比这小得多，尽管它是够高的，也足够给垄断者一个满意的进款大于全部间接成本的超过额了。[③]

为了使最大量利润原则同需求缺少弹性的情形协调一致，人们有时争辩说，长期需求比即刻需求具有大得多的弹性，因为利润如果很高就无法防止对手进入市场；或者，因为代替品将会发明从而夺去垄断商品的需求。这可能是不错的，不过对价格低于最大
量利润水平提出的比较普通的解释多半是，垄断者是在享受一种 157

① 参看第 5.14 图。

② 参看第 5.10 图。

③ 参看第 5.11 图。

舒适的生活，他无须努力从市场榨取最后一滴利润。

以上分析适用于一单独厂商具有供应整个市场的生产能力那一类的垄断（可能有局外人在边缘上一点点地咬，不过垄断者用正当或不正当的手段就能够使他们就范）。另一种垄断是组成一个集团，以前进行竞争的许多厂商同意控制价格。集团可以是上述那种防御性质的。当正常垄断程度因对一批生产者的需求全面下降的影响而消失时，它们团结起来，通过协议达到一个人为的垄断程度。要限制产量、抬高价格，它们必须用某种方法在它们中间分配需求。这可能导致集团内部的利益冲突，一些厂商要求得到比其他厂商愿意答应的更大的总销售份额。这种垄断并不常常把价格定得低于被认为是使利润成为最大量的一点，因为这一点也许是很低的。的确，人们一直认为这些集团错误地判断市场，它们索取的价格高于十足的垄断价格（考虑到代替品的供应），以致发脾气反而害了自己。

另一种集团是侵略性的而不是防御性的。一宗成本低而需求弹性很小的商品（因为它占通常住户开支的一小部分或是某一较大产品的一个小的组成部分）是垄断的诱惑物。火柴就是一个恰当的事例：各个国家的垄断组织是由瑞典金融家克鲁格尔建立的（他的结局很惨，但是他的垄断组织留存下来了）。

另一个著名例子是电灯泡。在这种情形下，控制价格就能赚取高额利润，这种高额利润很值得这个集团花功夫去进行整顿，排除局外人并设计一个机构来处理有关内部利益分配的争议。

许多国家有反对这种垄断性做法的立法。这有时对力图冲进一个集团禁区的精力充沛的局外人有所助益，但是看来没有明显的迹象证明它给公众带来什么好处（撇开法律界不谈）。

五、尽可能要价

一家垄断厂商通常生产一系列商品，这些商品可能有共同的间接成本，不过它们是在不同的市场推销，要受不同的需求条件的支配。在这种情形下，当差额调整得符合各个市场的需求条件时，利润总额要大于为整个产量规定一单独相对差额的场合。[①]

尽管垄断者不一定找到每个市场上使利润成为最大量的价格，工业生产却普遍地考虑需求各部分相对力量的原则。（在广泛竞争的厂商中间，价格领导人是采取这种做法的，或者仅仅因大家认为这显然是正当的，从而自然地予以遵守。）

消费品市场在可能的场合被割裂开来了（往往是被“高档物 158
品”敌对势力的顾客的吸引力所割裂），于是对有钱的顾客可以索取较高价格，而无须牺牲按较低的但依然有利可图的价格出售的大批销货量。在各家厂商之间的往来中，要价还价涉及许多考虑。一家强大的厂商常常对于向不同买主索取的价格渴望保守秘密，从而使支付高价的人们不晓得别人得到优待。

第五节　工资与利润

一、实际工资与劳动成本

在各种不同生产系统中，价格同货币工资率的关系决定雇主

① 参看第5.12图。

的实际劳动成本和工人获得的实际工资率。在我们的简单模型里，谷子是支付工资的货币，谷子劳动成本和实际工资是等同的。现在我们必须把它们区别开来。一特定雇主的实际劳动成本是一单位产量的工资成本除以他出售的商品的价格。（当他的工人队伍生产一系列商品时，一单位产量的综合价格系表示按其在销售额中所占比例而组成的各个项目。）这是一单位劳动产量所“支配的劳动”的反面。设直接成本中的其他要素对工资额的比率为已知，我们发觉，总差额对直接成本的比率越高，实际劳动成本就越低（所支配的劳动就越多）。

举个例子，设长柄小锅的生产雇用一个工人，每周付 20 美元，长柄小锅的每人产量是每周 100。又假设一单位产量的其他投入物成本是 20 美分。于是总差额的变动将会影响雇主的实际劳动成本，有如表 5.2 所示。

表　5.2

每人每周 100 长柄小锅的产量				
工资($)	其他成本($)	加价(%)	产量价值($)	工资/产量价值
20	20	10	44	0.45
20	20	20	48	0.42
20	20	50	60	0.33

这条原理适用于每种商品的卖主，包括把投入物卖给其他厂商进行更进一步生产的卖主。因此，在整个体系里，垄断程度越高，从总体上看雇主的实际劳动成本就越低。

当每人的物质产量随着时间的推移而提高时，如果整个工业
159 垄断程度（从而总差额的相对水平）多少保持不变的话，那么，平均

实际劳动成本也是固定不变的，用一种商品平衡另一种商品。所以，如果总起来讲货币工资率比每人产量增加得慢，一些物价就一定要下跌。如果货币工资比每人产量增加得快，则一般物价水平就要上升。

物价下跌小于每人产量增加额超过工资增加额的部分——或物价上涨大于工资增加额超过每人产量增加额的部分——表明一些市场或所有市场的垄断程度提高（总差额比较大）和雇主的实际劳动成本下降。

从工人观点来看，实际工资率不一定和一般劳动成本符合一致。它取决于货币工资对工人要买进的东西的购买力。（在我们的简单模型里，他们关心的是用谷子表示的工资而不是机器的价格。）

李嘉图认为必要的工资是由最低生活资料决定的。如果谷子的货币价格因准许进口而下降，谷子工资会保持不变；制造业雇主的实际劳动成本会降低，利润会提高。（他不担心需求不足所造成的低工资，因为他想当然地认为更多的利润意味着更多的投资。）

在现代经济社会中，工人购买许多工业的产品（虽然食物价格依然很重要）。实际工资要受到他们是顾客的那些市场的垄断程度的影响。当奢侈品按飞涨的价格出售时，资本家扩大利润，同时也减少食利者收入的购买力。只要工人所购货物的价格没有变化，他们的利益就不会受到影响。

但是，随着实际工资增加，品种越来越多的商品和服务成为一般生活需要并为大规模生产提供有利的销售场所。在这里，我们再次看到现代资本主义的自相矛盾情形。每个雇主不喜欢他本系统的实际劳动成本增加，但他却喜欢一般实际工资提高，从而他可以找到一个日益扩大的销售市场。

二、贸易条件

我们曾经划分的两种市场——供求支配的市场和垄断势力支配的市场——这是和通过初级产品作为工业品原料而进行的购买联系在一起的。

在我们的简单模型里，我们讨论了在价格不变情形下有效需求的变动。现在我们必须注意，工业中就业水平的变动一般伴随有工业品和初级产品的相对价格的剧烈变化。工业活动高涨意味着原料需求增加，在供给缺乏弹性的场合，它们的价格急剧上涨。同样，工业活动下降可能把价格——和生产者的收入——压低到灾难性的水平。这对整个市场波动来说是不错的。用于制造特定
160 工业品的特定产品的价格也可能发生不规则的变化。

价格形成的机制造成产业工人和初级产品生产者之间的利益冲突。当相对需求来说货物缺少时，初级产品价格昂贵。这对它的生产者中有一些货要出售的人是有利的（当然，买价包括商人赚头、运输费用和其他要素）。同时，这种局面倾向压低工业中的实际工资。

当直接成本改变而相对利润差额保持不变时，价格对货币工资的比率因原料价格上涨而提高。用我们的上面例子来说，如果其他成本高一些，则工资对产量价值的比率就要低一些。

表　5.3

工资($)	其他成本($)	加价(%)	产量价值($)	工资/产量价值
20	20	10	44	0.45
20	30	10	55	0.36
20	40	10	66	0.30
20	50	10	77	0.26

在整个工业中，当原料价格上涨时，价格在一个阶段上通过生产的链锁而成倍地增加，在货物成交的每一阶段都要在直接成本上面加上一个差额。相反地，初级产品价格的降低会有助于提高产业工人的工资。

在原料是用于制造一般消费品尤其是用于制造食品的场合，对实际工资的影响最为显著。不论是同生产食品的不发达国家的低收入有关，还是同先进经济社会农业部门的高生产率有关，低价的农产品对一些工业国家的高额实际工资是有重大贡献的。

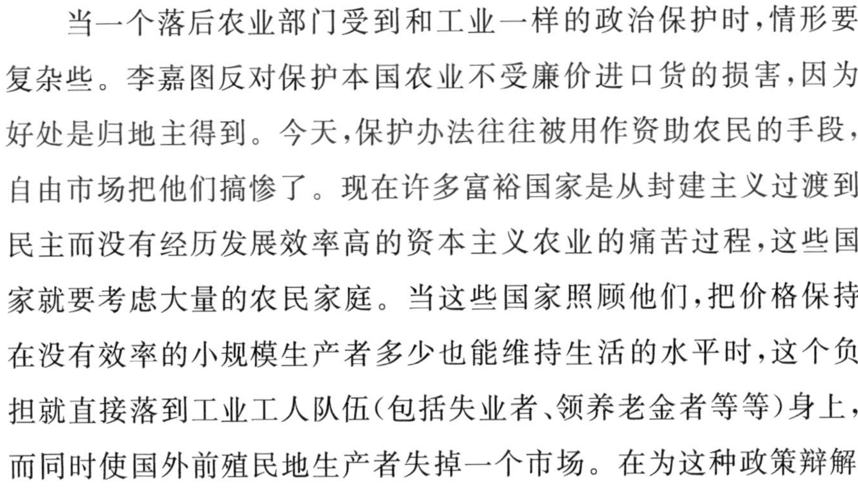

当一个落后农业部门受到和工业一样的政治保护时，情形要复杂些。李嘉图反对保护本国农业不受廉价进口货的损害，因为好处是归地主得到。今天，保护办法往往被用作资助农民的手段，自由市场把他们搞惨了。现在许多富裕国家是从封建主义过渡到民主而没有经历发展效率高的资本主义农业的痛苦过程，这些国家就要考虑大量的农民家庭。当这些国家照顾他们，把价格保持在没有效率的小规模生产者多少也能维持生活的水平时，这个负担就直接落到工业工人队伍(包括失业者、领养老金者等等)身上，而同时使国外前殖民地生产者失掉一个市场。在为这种政策辩解

161 时，人们通常把“公平价格”百般神秘化来掩盖它们对社会上各界人民利益的影响。

三、利润份额

上面只谈到千变万化的工业生产情景中的一些要点，不过我们的简单“谷子”和“机器”生产模型已经将论证的主要方面阐明了。我们看到，在简单模型中，全部住户收入都花掉，任何时期赚得的利润都等于那一时期总投资加利润中的总消费额。对模型仔细推敲，把政府活动和对外贸易加进去，并允许住户收入有一部分储蓄起来，也不会改变这个论点。所有卖主一起得到的毛利总额决定于经济社会的一般活动水平，并随有效需求水平而发生变化。每种商品的卖主获得的份额取决于需求在他们当中如何分配，这决定他们所达到的工厂利用程度和每一卖主所规定的差额水平。

这一切都很好，但是，各家厂商必须用他们的毛利支付他们的间接成本并准备折旧提成来保持他们的资本价值完整无缺。这些长期成本必须参与价格的决定，正如我们在第六章中将要看到的那样。

第六节 图示

为了说明一特定商品的供求关系，马歇尔使用了一个图，不幸的是，它往往被人们滥用了。我们一定要不怕麻烦地给这个图做一个正确的解释。

一、马歇尔的十字形

第一步是描述一特定市场上一特定商品——譬如说花生米——的需求条件。在这个市场上，我们可以假设这些条件在一定的长时间内保持不变。需求条件表现为价格和所购数量的关系（第 5.1 图）。x 轴长度表示数量，譬如说，在这个市场上每月购买花生米的吨数；y 轴长度表示每吨价格。

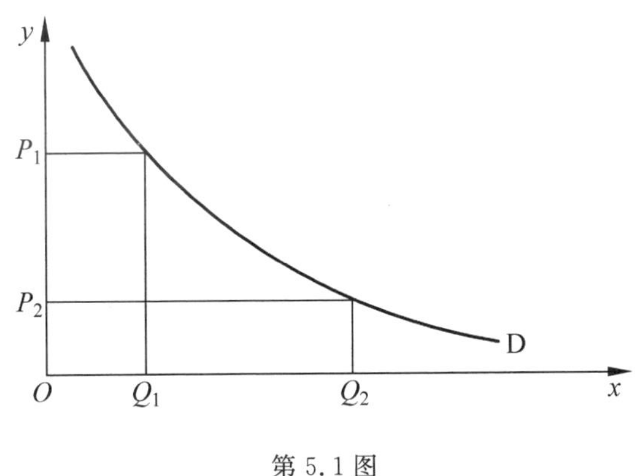

第 5.1 图

需求曲线表明，如果每月卖掉 OQ_1 吨，价格将会是 OP_1，或者，如果价格是 OP_1，每月会购买 OQ_1；如果卖掉 OQ_2，价格将会是 OP_2；余类推。

然后绘一条供给曲线，表明在每一价格下每月供应的商品数量（第 5.2a 图）。因为我们是在谈初级商品，所以把曲线绘成供给数量对价格差别作有限的反应。在 OP_1 价格下，提供销售的数量是 OQ_1，在 OP_2 价格下，供应的数量是 OQ_2。我们已经看到，供给曲线可能有一个范围，在这个范围内，较低的价格导致较大的产

量，有如第 5.2b 图所示。现在这两条
162 线在同样一些轴上相交（第 5.3 图）。这描述了 OP 是这个市场均衡价格的情形。在那一价格下，卖主每月供应 OQ 吨，买主购买 OQ 吨。其他各点是什么意思呢？现假设价格是 OF。在这一价格下，买主会购买 OJ，这大概是在他们指望这个价格继续保持一个时候的场合。同样，如果卖主指望价格是 OF，他们愿意提供 OK 数量。随便哪一方面预期都不会正确，因为 OF 并不是一个可能的均衡价格。那么这个图算是什么意思呢。这一点从来没有得到说明。

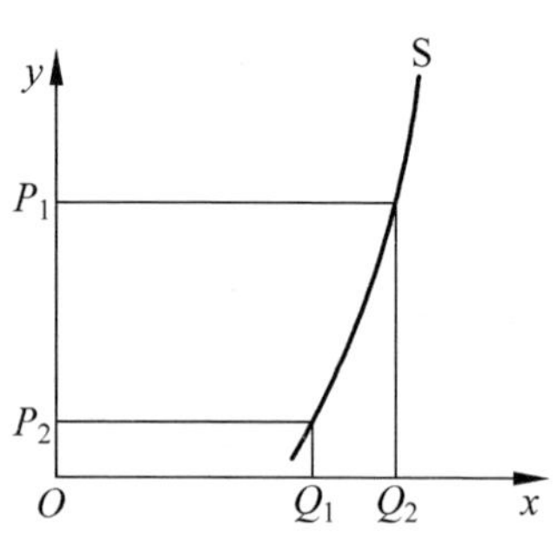

第 5.2a 图

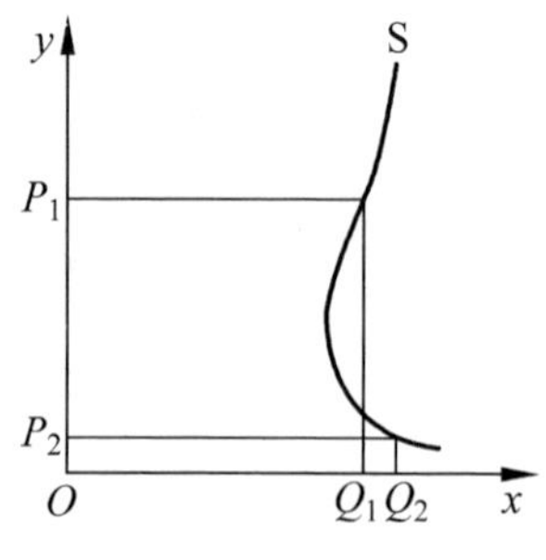

第 5.2b 图

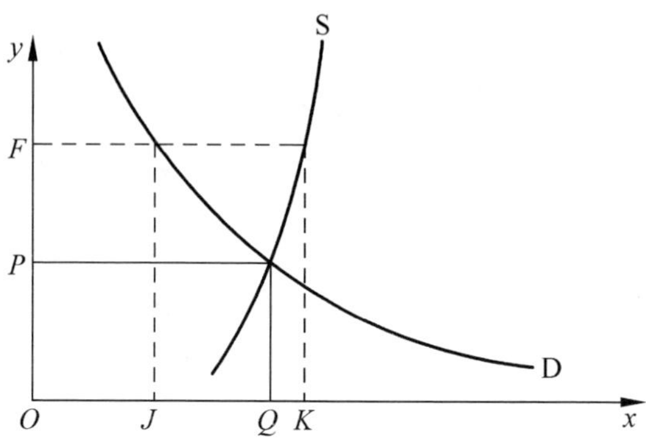

第 5.3 图

二、虚伪的类比

在所谓基本教科书中，像第 5.4 图一类的图往往被人以不能
容许的方式使用。据说，当价格是 OP_1 时，供给超过需求，于是价
格下跌。当价格是 OP_2 时，需求超过供给，于是价格上涨。实际
上价格可能永远不会定于均衡点，但它总是倾向朝它移动。对这
种思想的明显反对意见是，这个图只有两个轴。它只表明一套关 163
系：价格和数量的关系。发生的任何变动一定发生在一特定时刻，
而图中并没有涉及历史。

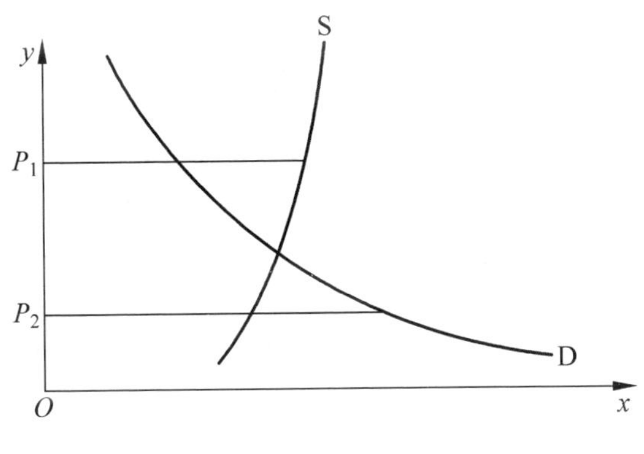

第 5.4 图

在这里不会发生什么情况，要谈论一些情况，我们必须使用第三维。不妨想象时间位于和页成直角的方向，页后是已知的过去，页前是预期的将来。但若把时间弄进论证，这些曲线是什么意思？当今天价格是 OP_1 时，如果买主料想价格要下跌的话，购买数量和在下述情形下他们本来要购买的数量是不一样的，这种情形是，假使他们长期经历的是价格保持不变，或者，假使他们最近经历的

是价格继续上涨。

而且，趋向一个从来没有真正达到的位置的观念不大容易掌握。在市场不稳定时，曲线所描述的条件应该有多么长久的效力？
164 变动本身不致影响它们正在走向的位置吗？方法论上的错误是论证中根深蒂固的混乱情形的表现。

供求均衡原来是依据机械的类比（如同依据天平上的砝码）想象出来的。瓦尔拉从一个工程师接受了一般均衡思想。[①] 马歇尔在探讨通过时间进行的过程时往往采用生物学上的类比法，然而他的供求是用机械术语表示的，如同一副剪刀的两个刀片或在一个盆子里许多球相互依靠时的静止状态那样。

现在，如果我们把砝码从天平的一个盘子移到另一个，秤会略微摇摆一下，然后停在一个新的位置。它不是倾向均衡，而是实际上达到均衡。而且，我们还可以把砝码拿回去，恢复原来位置，如果我们要这样做的话。这和通过时间的变动完全不同。在时间上，我们只能单向行走，从过去到将来，不论一旦发生什么情形，都会影响以后将要发生的事情。

均衡（不管是在花生米市场上或在私营企业经济中的就业水平上）的想法是新古典学派经济学家如意算盘的一部分，从大的方面说，这暴露了他们不能理解大萧条，从小的方面说，他们捏造了供求的论证。

---

① 参看杰非：《瓦尔拉一般均衡模型的先驱，伊斯纳尔德》，《政治经济学史》，1970年1月。

三、作为一张图的图示

相当谨慎地按一不同方式应用马歇尔的图是可能的，即用作三维图的一个平面，表明一个市场上同曲线所表示的条件相符合的一些可能的位置。于是我们必须考虑存货的运动，它使购买量和销售量可以发生出入。

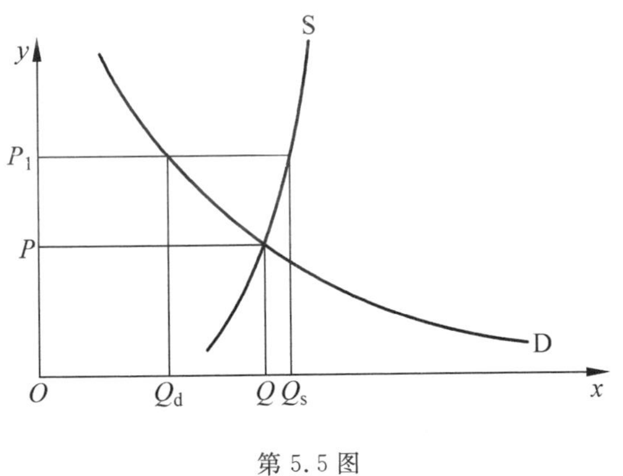

第 5.5 图

现在这个图表示“今天”的片段时间，它后面是过去。我们是 165
在比较可能的位置，而不是表示变动。不可能改变过去的历史而从一点移到另一点。任何运动都必须发生在将来时间的范围内。在第 5.5 图中，当价格是 OP_1 时，每月向最后购买者的销货率是 OQ_d，供给者的购买率是每月 OQ_s。于是存货每月按 Q_dQ_s 的速率增加。或许发生这种情形，因为商人指望将来价格上涨，或者因为他们对需求力量估计错误，于是价格不久下跌。当价格是 OP 时，存货处于流动水平。这就可以指望不久将来的情况保持不变，除非偶然发生某种事情改变了曲线所表示的条件。当价格低于 OP

时，存货减少。

在这样理解时，利用图就可以帮助思考而不致把思想搞乱。马歇尔本人用图来比较需求条件可以看作不变而供给条件不同的一些情况，或相反的情形。

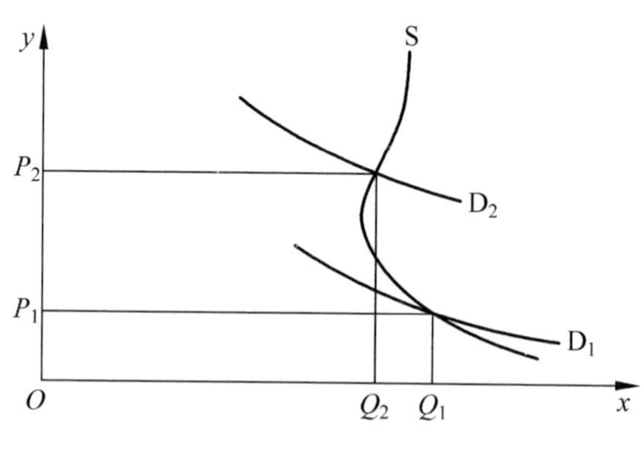

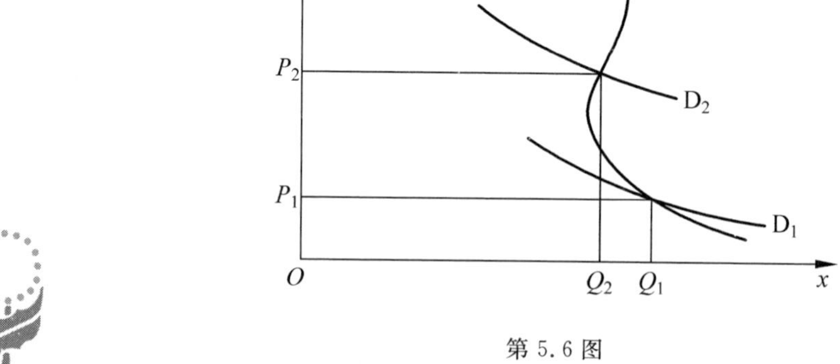

第 5.6 图

因此，我们不妨考察第 5.2b 图所表明的供给条件连同第 5.6 图所表明的两个不同需求水平。在 D_2 所表示的高需求水平下，购买的数量小于 D_1 需求水平下购买的数量，卖主境况好得多了。

这种用图方法只不过说明一个论点。这个图并不打算证明什么东西，而只是要节省一些话。尽管如此，它也必须小心使用。记住两种不同需求情形不能同时存在是重要的。我们必须想象：曲线表明在页的前面玻璃上描绘的较后需求情形，其距离表示相当一段时间，然后它反射到画出较早曲线的那一页上。我们可以这样利用这个图，只要我们有正当理由认为曲线所表明的供给条件系根据某些牢靠的关系，这些关系不容易发生变化，而且不受需求条件改变的影响。

四、需求的价格弹性 166

需求的价格弹性概念是试图用简单数字形式来概括一定需求条件下价格同所购数量的关系。对它下的简单定义只是所购数量的比例差除以价格的比例差。根据人们认为是正常的情形，在一定需求条件下，较高的价格是同较小的购买量相联系的，因而严格地讲，价格弹性是个负数。然而通常它表现为（譬如说）$1\frac{2}{3}$或$\frac{3}{5}$，负号被省略了。我们在上面所举的数字例子中是遵照这一惯例的。①

我们已经看到，一条需求曲线不能表示一个时刻发生的变化，不过，像一条曲线表示产量同劳动的关系的情形一样，②我们可以用它表明一种变动的影响，如果它所表示的条件可以认为保持不变的话。

需求的价格弹性表示在不变的需求条件下，价格变动对所购数量的影响。价格弹性为一是一条重要的分界线。当它是一时，价格的比例上涨恰好为出售数量的比例下降所抵消，因而销售总收入依然和从前一样。如果需求的价格弹性小于一，那么价格上涨的一定比例是同销售量下降的较小比例相联系的，总收入要高些。如果需求的价格弹性大于一，结果销售量下降比例较大，总收入要低些。

一个说明需求的价格弹性大小的简单方法是由马歇尔设计，由勒纳改进的。③

---

① 参看第 2 篇第 5 章第 3 节第 2 段。

② 参看第 2 篇第 1 章第 5 节第 1 段。

③ 《需求弹性图示》，《经济研究评论》，第 1 卷，1933 年 1 月号。

在第 5.7 图中，我们表明价格从 OP_1 上涨到 OP_2 对需要数量的影响，其结果是需要数量为 OQ_2 而不是 OQ_1。把曲线上两点（B 和 C）之间的弦延长而在 y 轴相交于 A，在 x 轴相交于 D。从 B 到 C 这一段需求曲线的需求弹性是用从最后数量算起的销售量的比例减少$(Q_1Q_2)/(OQ_2)$除以价格的比例增加$(P_1P_2)/(OP_1)$来衡量的。

167

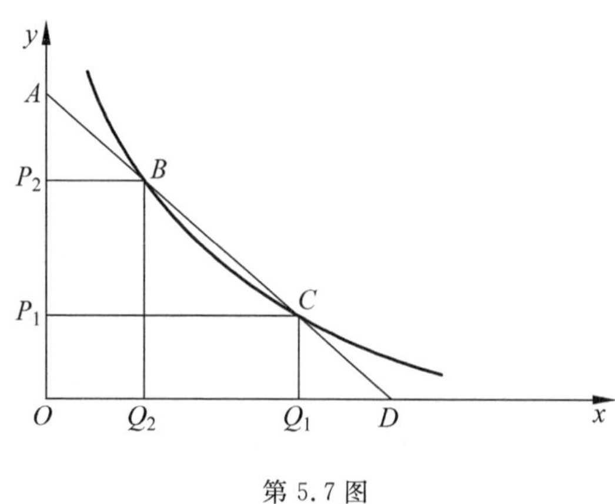

第 5.7 图

产量下降必须用$(Q_1Q_2)/(OQ_2)$而不用$(Q_1Q_2)/(OQ_1)$来计量，因为，虽然比例总归是一样，不管用什么方法来表示，4∶3 和 3∶4 恰恰相等，但百分率却是随计量方向而改变的；(4－3)/4 不等于(4－3)/3。价格变动和销售量变动一定要按同一方向（从低到高，或者相反）计量以免发生模糊不清情形。在这个事例中，我们用较低销售量和较低价格作为计量的基础。

现在　$\dfrac{Q_1Q_2}{OQ_2}=\dfrac{BC}{AB}$　和　$\dfrac{P_1P_2}{OP_1}=\dfrac{BC}{CD}$

所以需求的价格弹性

$$e=\frac{BC}{AB}\div\frac{BC}{CD}=\frac{CD}{AB}$$

作一个简单的几何练习就可表明，当总收入在两种价格下是一样的时候，即

$$OP_2OQ_2 = OP_1OQ_1,\quad CD = AB$$

因此 $e=1$。

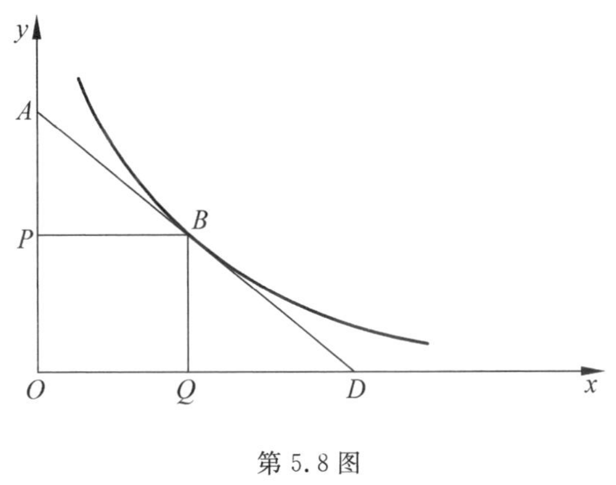

第 5.8 图

在价格发生微小差别时，B 和 C 更加接近，一直到极限，价格差别无限小，弦就成为正切，有如第 5.8 图所示。那时弹性是用 168
BD/AB（或 OP/AP）的比率来表示。这是相当于价格 OP 的弹性。当然，在现实生活中没有价格差别无限小那一回事，所以弧弹性（第 5.7 图）概念要比点弹性（第 5.8 图）概念更有用些。

五、直接成本与总差额

这个分析既涉及短期考虑，也涉及长期。那要在第二篇第六章第二节第四段作进一步的说明。在工业中，必须在出售货物之前决定价格。除非人们满怀信心地预料有一定销售量，它将在相当长的年代里产生足够多的毛利来补偿投资并提供一笔净利，否

则一项投资将不会进行。

我们已经看到，人们指望用来补偿成本并提供一笔净利的总差额（在直接成本上面加价），在需求变动情况下，一般是相当稳定的。需求变化导致产量的变化而不是价格的变化。这意味着加价一定要在某一正常产量水平的基础上进行计算。在第 5.9 图中，总成本是由随产量而改变的直接成本和厂商不论产量大小而要担负的固定成本（包括折旧提成）构成的。平均直接成本 OB 并不随产量水平而改变。平均固定成本同产量水平成反比。

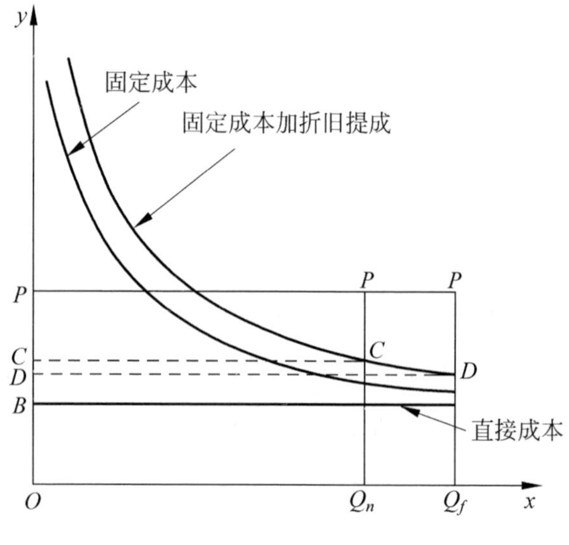

第 5.9 图

当 OQ_n 是“标准”的工厂利用水平时，价格定于 OP，于是提供
169 总差额 BP 和一笔净利 $CP \cdot OQ_n$，它的数量大小决定于有关工业的垄断程度。

在较低需求水平下，产量减到 OQ_n 以下。只要可以避免价格竞争，也就是说，只要垄断程度没有削弱，价格就不会削减。除非卖主在他的净利下降时不得不减少他的总差额，否则他不会这样干。在这种情况下，一些卖主实际上是抬高价格。在上面说明的事例中，价格并不取决于销货水平。

当需求提高时，产量要扩大，一直到 OQ_f 所表示的生产限度。充分开工概念有点模糊不清。假使需求水平相当高，通常可以用这种或那种方法来改组生产以增加产量，譬如说用加班费雇用工人。（人们认为改成轮班工作制是长期扩充生产能力。）

即使在边际成本增加时，一般也不提高价格。无论如何，在接近充分开工的场合，利润是高的。在图中，当产量是 OQ_f 时，每单位产量的净利是 DP，净利总额是 DP_1OQ_f，这要超过"正常"水平 CP_1OQ_n。

六、垄断

当一个垄断者控制某一明确说明的商品的全部供给时，需求条件可以用一条需求曲线来表示，这条曲线被认为在时间进展中是稳定的。对垄断者来说，这是一条**平均收益**曲线，表明每一价格下的销售所得；从这里推导出**边际收益**曲线。

边际成本是同一个微小生产增加量相联系的总成本增加量。当平均成本随产量而上升时，边际成本曲线处在平均曲线之上。（同第二篇第一章第五节第一段第 1.2 图进行比较。）当平均曲线下降时，相应的边际曲线处在它的下面。传统论点是，为了抬高价格，垄断者故意限制它出售的产量。传统理论假定个别厂商的平 170
均成本通常是上升的。他提供边际收益和边际成本相等时的产量来使利润成为最大量。在图中，OQ 产量系按 OP 价格卖掉，净利等于 $CO \cdot OQ$。在一较高价格下，边际收益要大于边际成本；进款的损失要大于节省的成本。在一个较大产量下，边际成本要超过边际收益；较大销售额增加的收益要小于成本的增加额。这不取决于上升的边际成本；不论边际成本上升、不变或下降，这一点总归是不错的。

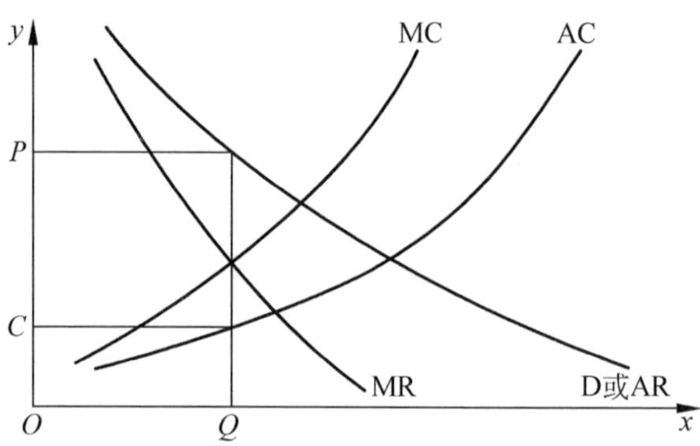

第 5.10 图

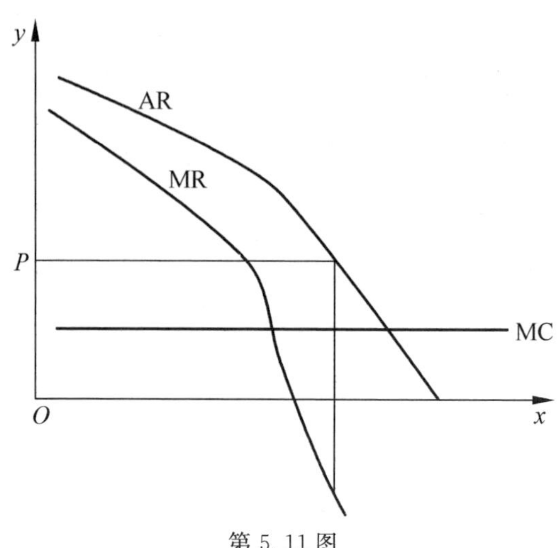

第 5.11 图

在上面第二篇第五章第四节第四段探讨的懒惰的垄断者事例用第 5.11 图来说明。他能推销的产量是受市场情况限制的，在他出售的价格下，需求非常缺乏弹性。边际收益是负数，可是他不敢也不要把价格提高到边际收益会是正数的水平。

七、尽可能要价

第 5.12 图描述差别价格原理——尽可能要价。需求条件用一个有限市场上的 AR_1 和一个销售同样商品的大规模市场上的 AR_2 来表示。当每个市场的边际收益等于边际成本时，利润达到最大量。为了使论证简单起见，我们表明一种固定不变的边际成本，并假定每一部分产量都没有特殊的单独成本。

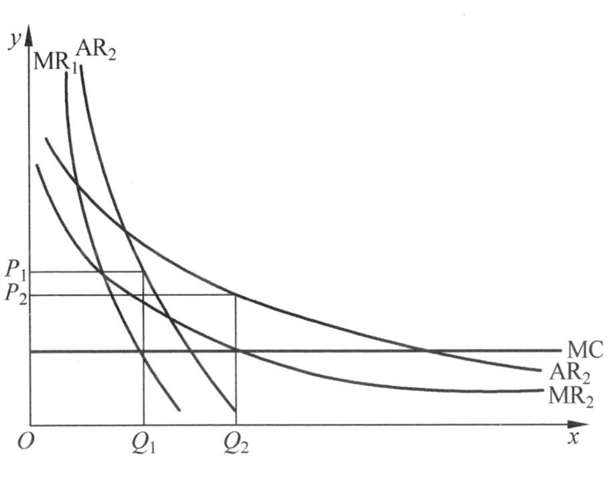

第 5.12 图

在高档市场上，OQ_1 的价格是 OP_1，在大规模市场上，OQ_2 的价格是 OP_2。在任何一律的中间价格下，从两个市场销货所得到的利润都要低些。

第七节　其他公式

新古典学派理论的目的在于证明：人们可以指望没有限制的市场活动达到商品的供求平衡从而实现生产者和消费者的和谐。新古典学派把自由竞争看做恰当的和正常的；任何价格规定都是错误的，不自然的。

对马歇尔来说，价格理论在两个水平上起作用。在形而上学水平上，他断言，商品的货币价格衡量或符合生产这些商品作出“努力与牺牲”的“真实成本”。工人们和经理们作出“努力”；食利者遭受“牺牲”：他们为了获取利息而不消耗财富。

在现实水平上，他注意到家庭商店是怎样活动的（大公司不很符合他的体系）。他的竞争概念是含糊的，一般的；他承认甚至赞成市场的不完全性，这种不完全性使得利润差额在需求下降情形下仍能保持。

庇古把马歇尔对厂商行为的描述整理成一个逻辑体系而不涉及现实。他把完全竞争定义为一种局面，在这一局面下，每家厂商面对着它的产品在市场通行价格下有完全弹性的需求。在那一价格下每家厂商高兴卖多少就能卖多少。所以一家厂商的产量总是受上升的边际成本的限制。（在边际成本小于价格的任何产量下，
172 这家厂商多生产多销售是合算的。）平均成本是假定随产量而递增的，边际成本大于平均成本。这用第 5.13 图来说明。

照这种见解，利润差额取决于边际直接成本和平均直接成本之差。如果一家厂商就是一单独工厂的话，这一点非常容易想象。

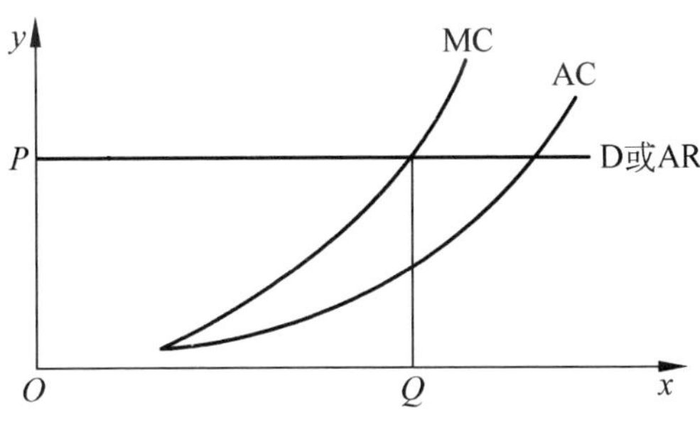

第 5.13 图

当低成本和高成本生产者供应同一市场时，任何数量商品的供给价格都是受最高成本工厂的边际成本支配的，对这家工厂来说，价格要高于平均直接成本。直接成本可以设想为包括准固定费用部分，必须担负这种费用才有可能进行生产，但它不随工厂利用水平而改变。

第 5.14 图表明进行完全竞争的一批厂商中的三家，每家有一个工厂。当价格是 OA 时，三家都在生产。当价格是 OB 时，第三家被打垮了，因为这个价格不够抵偿它的平均直接成本。（他能采取的最好办法也会带来负量毛利。）其他两家继续生产直到边际成本所规定的限度。现在剩余厂商的利润差额要低于价格高到足可使第三家继续经营的场合。（这等于我们所说的使成本减到最小

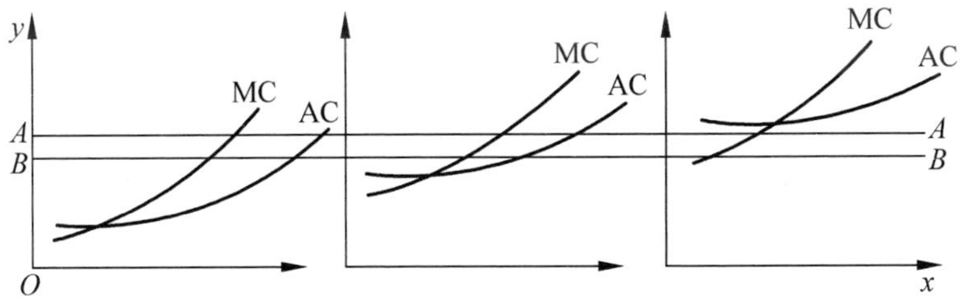

第 5.14 图

量的垄断者在各个厂分配产量的情形。[①])

一个实行完全竞争的世界意味着全部工业产品划分为一些界
173 线分明的商品，每宗商品本身是纯一的，由一个工厂、一种货物的大量小厂商进行生产。因此，就每宗商品个别地讲，产量和价格决定于供求曲线的交点，就像我们用来讨论商品市场那一种图所表明的那样。

在三十年代萧条时期，相当明显的是，并非所有开工的工厂都在充分开工，或对边际生产者来说，价格被压低到同直接成本相等的一点。所有厂商多少都遭受开工不足的损失，然而毛利差额几乎处处都显然是大于零。

人们对这种情形提出两种解释。一种是竞争决不是完全的，这是由彼罗·斯拉法[②]首先提出而由哈罗德[③]、琼·罗宾逊[④]和其他人详加阐述的。每家厂商都对它自己的产品实行垄断，于是每一家有一条倾斜的平均收益曲线(有如第 5.10 图)。将边际收益和边际成本相等时的产量销售出去就可获得最大量利润。在这一点，价格大于平均直接成本，因而总差额不因竞争而消失。

另一种解释是凯恩斯提出来的。[⑤] 开工工厂因损耗等等而产生使用者成本，这是超过普通意义上的直接成本的部分。即使在近乎完全竞争情形下，价格也必须足够抵偿这部分成本，否则不值

① 参看第 4 节第 4 段。

② 《竞争条件下的报酬规律》,《经济学杂志》,1926 年 12 月号。

③ 《递减成本规律》,《经济学杂志》,1931 年 12 月号。

④ 《不完全竞争经济学》,1933 年。

⑤ 《通论》,第 6 章。

得进行生产。使用者成本是因消耗生产设备以致它以后不能使用而蒙受的损失。所以使用者成本的估计取决于对生产设备的将来价值的看法。在悲观情形下,使用者成本低于市场活跃的场合。这有助于说明经济衰退时总差额的减少。

每种意见——不完全竞争和使用者成本——都可能适用于一定的特殊事例,但是两种意见都不能对总差额的动态给予一个似乎合理的一般假说,就像卡莱基的垄断程度所表明的那样。张伯伦的《垄断竞争》比随便哪一种都是更加有趣的意见。厂商并非必然地对它们自己的产品享有垄断;它们是靠广告和各种各样推销术划分它们的产品和操纵产品的需求来不断地努力实行垄断的。这种市场行为的动态概念是同传统理论的决裂并开辟了对竞争意义的新的研究途径,我们这本书就是遵循这一动态概念前进的。张伯伦教授自己却不曾大大发扬人为的产品划分思想,而是把他以后的著作用于辩明这一点:它决不是同市场力量的自由活动对生产者和消费者都产生有利影响的学说不相容的。

所有这一切思想都遵照马歇尔的传统,把作为消费者的住户和作为生产者的厂商区别开来。在瓦尔拉的一般均衡体系里,竞争概念就完全不同了。在那一体系里,经济社会是由许多个人组
成的,他们每个人一方面“赋有”劳动力或一些生产资料形式的财 174
产,另一方面有对特定商品的爱好。于是技术条件、禀赋和爱好决定一种均衡,在均衡中,各种商品的价格和产量,劳务和生产资料的租用价格以及各个人的收入都是互相符合一致的。均衡概念完全是超时间的。这个理论只要求说明针对变动的调节过程,而没有在对将来捉摸不定的情况下作出决定的余地。

凯恩斯革命的实质是把分析放在历史时间当中并强调不确定性的全面影响。在凯恩斯以后正统观念再度流行，教科书好像又回到完全竞争概念，可是这些书往往没有把瓦尔拉的均衡概念同庇古的完全竞争概念相当清楚地区别开来，在瓦尔拉均衡概念中，物质上一定的“生产要素”可以按不同比例结合起来生产物质上详细规定的商品；而在庇古完全竞争概念中，每家厂商是根据货币的生产成本相对它所生产的商品的货币价格进行计算的。

在传统教导里，垄断是一种特殊情形。关于一个面对一条稳定的和已知的需求曲线的垄断者使利润成为最大量的位置的分析是古尔诺提出来的。他还打算推敲双垄断情形——两家厂商生产同样商品，每一家考虑到他自己的活动对另一家活动的影响。这个论证顺着不完全竞争理论扩展到寡头垄断情形——一个市场有几家厂商，每家在考虑其他各家将对它的活动如何作出反应时力图使利润达到最大量。这导致数学的一个新分支在经济分析中的应用——博弈论[1]，它使整个学科面貌一新，尽管根据已知的、公认的规则开展的游戏和私营企业经济在复杂的、变动的条件下进行生存和发展的斗争有着根本的区别。

① 诺伊曼和莫尔根施特恩：《博弈论与经济活动》，1944 年。

第六章　利润率 175

迄今为止，我们考察了市场活动的短期方面和厂商的价格政策。我们讨论了毛利在产量价值中所占的份额。现在我们必须从长期观点来研究成本、净利的决定和净利对资本价值的比率——资本的利润率。事前的、向前看的利润率表示预期从资金投在企业所得到的报酬；事后的利润率则是计算实际得到的报酬。

第一节　长期与短期

马歇尔的短期和长期概念是同时间长短观念相联系的，这个时间是在情况变化后恢复“正常”将会花费的时间。在某一时刻对一特定商品的需求的增长立即引起产量的增加、现有工厂利用水平的提高和利润水平的暂时上升。高于“正常”水平的利润吸引新的投资，因而在一定时期内扩大生产能力以满足业已增长的需求。马歇尔假定，这种扩充仅仅进行到利润水平回到“正常”的地步。

这些概念是从资本主义工业的性质产生的。不论什么时候，生产能力都受到建筑、设备和现有技术知识的限制。一家工业厂商把资金投在多少是经久耐用的装置上面，它指望在若干年经营中从这些装置获得一笔净利。它还通过不能轻易终止的契约雇用

一批专职工作人员。但是普通工人可以一周一周甚至一天天地雇用，电力、原料等等流动费用则随一周产量而不断变化。各家厂商
176 几乎可以马上改变设备利用水平，如果他们认为这样做有利的话，不过改变现有生产能力是需要时间的。

我们不妨区别长期和短期概念而不接受马歇尔关于“在长期内”确定“正常”利润的信条。的确，谈到“在长期内”或“达到长期”就好像它是历史上某一年代一样，那是荒谬可笑的。把“短期”和“长期”的说法用作形容词而不是实体词要妥当些。“短期”不是指时间长短而是指一种状态——即生产能力以及伴随而来的一切都是过去历史所产生的一特定时刻的情况。发生的每一事件都是在短期情况下发生的，它有着短期和长期的影响。

短期决定涉及现有工厂的利用。这些决定是依据对最近将来的预期（譬如说依据销货率）作出的，而且对预期抱有充分信心（虽然结果不一定完全实现）。长期决定则是在一段长得多的将来时间里产生影响的决定，特别是导致生产能力变动的决定。当我们讨论技术变革时，我们是在探讨长期问题，不过我们是在我们的简单模型的掩护下这样做的。现在我们必须开始分析复杂生产的长期方面。

第二节　投资决定

一家资本主义企业通常是要扩大经营的。这是事物的本性。一家企业一旦创办起来，就不希望损失掉它的资本，如果它静止不动，它就有倒退的危险。（个别家庭可以展望将来，在某一个时候

卖掉它的资产和退出企业而变为食利者，但是他们更有理由要有一些东西可以出售。）当一家企业在一个变幻无常的世界里经营顺利时，它显然会在分配全部净利（更不用说资本的一部分）作为家属收入而进行消费方面持慎重态度。一家成功的企业要把它的一部分净利连同它的折旧提成储蓄起来。一个稳重的懒惰的垄断者，像我们上面讨论过的，可能积累大量闲散资金，然而一般地说利润部分的储蓄要用于旨在将来提供更多利润的投资方面。我们已经看到，不一定要立即支出，而要等待有利的时机。[①] 因此，成功的厂商是要扩大它们的经营（要么一点一点地，要么偶尔一阵大规模地扩充），在连续若干年时期内进行超过使资本保持完整的总投资。[②] 我们不妨提一个问题：这样干合理吗？凯恩斯坚持说：

> 假使做一件事情之后果，须过许多日子之后方才明白，则要不要做这件事，大概不是先把可得利益之多寡，乘以得此利益之或然性，搞出一加权平均数，然后再决定。大多数决定做 177
> 此事者，大概只是受一时血气之冲动——一种油然自发的驱策，想动不想静。不管企业发起缘起做得如何坦白诚恳，假使说企业之发起，真是因为缘起上所举理由，则只是自欺欺人而已。企业之依赖精确较量未来利益之得失者，仅较南极探险之依赖精确较量未来利益之得失者，略胜一筹。[③]

但是，不论合理与否，资本主义企业确实存在着扩大经营的冲

① 参看第 2 篇第 2 章第 3 节第 2 段。

② 参看第 2 篇第 4 章第 1 节第 4 段。

③ 《通论》，第 137 页。

动；的确，这是资本主义的一个基本特征。促使整个经济进行积累的正是竞争的厂商不断进行生存和扩展的斗争。

在我们的简单模型里，厂商全都一样，我们是从整体来考察它们的活动的。现在，我们必须从个别厂商观点来考虑投资，看看对它采取的特定计划起作用的是些什么力量。

一、毛利与净利

一家打算扩大它的生产能力并增加它的销售量的厂商，必须对一些可能的投资计划作出抉择。要合格，一项投资方案必须有希望提供一个毛利流量，以便不仅足够在它最初体现为工厂的预期获利年份摊还投资，而且足以保证提供一笔净利，因为，正是由于净利才有可能付款给食利者并积累储蓄作进一步的扩充。在抱有相当信心的预期的条件下，一项投资方案的合格性可以算做投资费用（酌量到在它赢利期间的折旧提成）的净利率。（这有时叫做预期的内部报酬率或资本边际效率。）

由于前景一般是不确定的，所以不可能对报酬率作精确的估计。不妨采用一种挑选计划的粗糙标准，如同还清期，即用毛利补偿最初全部投资费用所需要的时间。在对投资方案进行比较时，宁愿选择比较短的预计还清期。一家厂商可以采取的另一种政策是制定一项规则，不考虑任何超过（譬如说）三年还清期的方案。当然，这并不意味着它打算在三年以后就将工厂拆毁。一项仅够抵补投资费用的方案是根本不会提供净利的。厂商希望在还清期过后再将工厂经营多年，这时利润就全部都是净收益了。还清规则是厂商试图避免采用那些可能使它遭受实际损失的方案的一种办法。挑选短的还清期可能意味着高度的不确定性或非常小心和讨厌风险的情形。

无论如何,利润总是在将来。看出迹象的方法在很大程度上取决于凯恩斯所说的“血气之冲动”。一家厂商在不同时期或不同厂商在一个时期对同样情况可能作乐观或悲观的解释。 178

这一切关系到今天投下一笔资金的预期报酬率。随后就有可能回头看看并估量一下结果如何。当投下的资金是用一笔金钱形式存在着的时候,利润只不过是一种估计。在利润以金钱数额形式得到时,资金已经投到工厂(或成为研究和发展费用或用于招揽顾客的广告方面),把实际利润表现为一个比率所依据的投资价值大部分是会计习惯问题。例如,机器价值可以依据它们的原来成本,今天替换它们的成本或依据种种企图精确计量折旧的复杂公式来计算。因此,一项投资所指望的预期利润率和实际获得的利润率很少彼此符合一致。

经验告诉我们,一切照旧。在一个前进的工业经济中,除非是在大动乱时期,否则,视将来犹如过去一样地进行活动的惯例不会错到哪里去。多半会有足够的情报来断定各种不同投资所带来的风险,事前和事后利润率多半有广泛的普遍的一致性。

二、投资风险

投资的危险性包含两个因素。一个是投机的因素。一些投资提供一种估计的获得高额利润的机会,但附带有遭受损失的可能性;而其他投资则显示能相当保险地获取中等收益的前景。另一危险性因素取决于投资承担的义务的固定性,也就是取决于投资结果失望时收回资金的困难。为了探讨这个风险因素，我们必须将我们的简单模型划分开的两种投资——流动资本（我们的“谷子”资财）和工厂（“机器”）——集拢在一起。[①]

要雇用工人，一家厂商必须掌握一笔工资基金，以便度过从开始支付工资到出售产品之间的生产时期。因此，如果工资是每周周末支付而有关产品的生产时期（譬如说）是15周的话，雇主一定要掌握等于他的14周工资额的资金，而工人则“借”给他一周劳动。同样，他或他的供应者一定要在生产时期内资助原料和其他直接成本项目。一旦流动资本设置完成，则每周账单用每周进款支付。相当一固定出产率的流动资本基金在没有进一步投资时就保持原来数额。

179 现在，如果市场衰退或更优越的生产系统在望，那么流动资本只能靠解雇工人来进行负投资，在或许有点失望的一周进款到手时不再支付下一周的费用，于是资金可以用货币形式来保存，等待良机或将它转向看来比较有希望的另一项投资。在这里，承担资金是有一定风险的，但它比经久耐用装备所涉及的风险要小得多。

投到工厂的资金必须在相当长的经营时期内从毛利收回来。如果预期不能实现的话，使用有关技术进行有效经营所必需的最低设备规模越大，一单位设备的投资费用越多，则资金损失的风险越大。除非一项投资有希望在足够长的时期内提供一个高概率的相当高水平的毛利来证明承担资金是有道理的，否则不会进行这种投资。两个危险因素往往纠缠在一起。带有赌博意义上的风险

① 参看第2篇第2章附录。

那一类的新商品或新技术，往往需要投入大量不可挽回的资金。

在这里，我们找到总差额和长期成本——间接成本和折旧提成——的关系的线索。在新竞争者容易参加从而垄断程度低时，一单位设备需要大量费用的危险投资是不会有人干的。但大量费用限制竞争。因此垄断程度有一个趋势，至少要将它调节到每一系统有可能补偿间接成本和挣得利润的水平，这就是说，垄断程度是随投机风险和一单位设备的投资费用而提高的。所以，在一些特定商品的价格中，总差额水平取决于它们的销售市场的垄断程度和总差额要受到生产这些商品的工业的长期成本的影响，这个说法没有矛盾。

熊彼特指出，尽管教科书中的道德观赞成竞争而把垄断看成一种罪恶，但一切工业国家都支持专利制度。[①] 专利造成一种若干年期限的人为垄断，它是以旨在鼓励新型投资为理由来证明其正当性的。这是承认用来克服风险的一个垄断因素的必要性。

一种私营企业经济需要专利、保密和大厂商扼杀所谓小竞争者的权力来把投资吸引到危险的部门，然而这个制度并没有保证参加竞争的障碍不会大于刚好抵消风险和投资费用的必要程度。相反地，人们有这样一个假定，即短期意义上的垄断程度高（它有可能提供高额毛利）是同长期意义上的垄断利润，也就是同有关厂商资本的事后高净利润率或（像在我们的懒惰垄断者的事例中）放松成本控制相联系的。

---

① 参看《资本主义社会主义和民主主义》，第 125 页。

180　三、寡头垄断

由于利润促进增长，增长又促进利润，成功的厂商产量的增加快于整个工业的总产量，于是它们吃掉或打倒失败的竞争者。只有强大厂商才能进行重大的投资，它们掌握巨额资金并给许多投机事业保险，因而一两家经营失败是不会致命的。

今天许多市场只有两三家这一类厂商在经营着——一种寡头垄断[①]——这些厂商对削减价格来破坏彼此的毛利是不感兴趣的。而且，广告宣传网，同零售商的排他性交易等等使一个局外人极难冲进它们的禁区。

一个寡头垄断者对其他人的价格是不会绝对采取容忍态度的。当一个寡头垄断者规定的价格水平在另一个看来会产生过于巨大的差额时，第二个将会进行打击，靠削减价格或销售压力来夺取它的生意。但是，它们一般不得不彼此准许在它们敌对的市场上得到一个多少是固定的份额，于是每一个寡头垄断者都准许其他人得到一个它会认为对它自己来说是适当的差额。因此，在进行重大投资的行业里都有相当程度的垄断，不仅使成本能够得到补偿，而且为资本获得一个比竞争的厂商能从小规模开办的生产系统榨取到的更高的报酬率。

人们有时说，重大的投资特别是体现革命性的技术或完全新式产品的投资享有较高净利润率是冒险的报酬。现在，这种投资风险比小厂商所能进行的投资大，这一点是不错的，但在投机意义

---

① 参看第 2 篇第 5 章第 4 节第 3 段。

上的风险不能说明事后的高额利润。危险性意味着事前重大收益和重大损失两方面的巨大可能性。如果风险是唯一的因素，事后利润会成为平均数。危险性提高赢利的方法是限制投资，从而保持适当高度的垄断来为那些能保证它们相当安稳地从事这种投机事业的厂商提供事后的高报酬率。

四、全部成本的价格

在一种意义上，价格政策关系到生产的短期方面，但从厂商观点来看，它有准长期的一面。一家厂商产品的价格是根据成本规定的。一批产品的直接成本多少是已经知道的；平均总成本取决于从工厂可以指望得到的产量，也就是取决于工厂在其生命期间一月月和一年年的平均利用水平。价格要事先决定。价格决定者要估计他认为是正常的或相当满意的平均利用水平，或这家厂商根据过去经验可以指望达到的平均水平。他计算平均成本的扣除 181
额，因而想象中的利用水平要是当真实现的话，这个扣除额会补偿间接成本和折旧提成。于是他再加上另一个扣除额，如果想象中的利用程度实现的话，它会提供一个看来是慎重追求的最高净利水平。这个水平取决于厂商推销其产品的市场的垄断程度，因为这决定它的竞争者（直接的和遥远的，现实的和潜在的）在多大程度上愿意让它把赚得的钱带跑。因此，这种种计算决定着加价，即厂商在直接成本上面加价来规定它的产品价格。[①]

生意人把这说成是依据全部成本的定价。这个术语有点令人

① 参看第 2 篇第 5 章第 6 节第 5.9 图。

误解，因为成本是想象的而不是现实的——现实平均成本只能在现实利用水平实现以后才会知道；净利扣除额和成本（在这个字眼的正常意义上）并不是一回事。而且存在着相当大的尽可能要价因素。每个寡头垄断者都在生产各种各样货物并在许多市场销售：也许有人垄断一种特产，或者他们一致同意都对某一商品规定一个高价，这种商品的需求在有关价格范围内是没有弹性的。（这个做法可以同“全部成本”原则协调一致，这就是在全部间接成本中对不同商品确定不同份额，而把最大份额给予在最坚挺的市场出售的产品。）

“全部成本”的说法颇有点委婉的语气。把这样得到的价格叫做主观-正常价格似乎更好些。[①] 因此，当现实利用程度高于想象水平时，这家厂商获得的利润就大于主观-正常利润；当利用程度低时则情形相反。在接连若干年内，厂商经历的平均利用水平决定该企业所能提供的现实的事后净利。

在一种工业经济中，我们任何时候都应料想到一种实现的报酬率的等级制——即大的寡头垄断厂商高、竞争市场上的小厂商低的报酬率。但在等级制内，各家厂商的情况大不相同，这是因为他们的运气或生意经不一样的缘故。就整个工业来说，我们料想会看到全面净利水平在一定时期发展过程中的波动是和有效需求的波动一起发生的。

---

① 参看乔安·罗宾逊：《经济分析练习》，第 4 篇，第 87 页。

第三节　正常利润

迄今为止，我们讨论了现代工业经济中的价格和利润率。现在我们必须研究利润在经济理论中的作用。古典价值理论提出来的头一个问题是如何求得同生产所用全部资本的一律利润率相符合的价格模式。李嘉图要找一个价值单位用来衡量总产品以便探讨它的分配情形；马克思试图说明劳动价值同“生产价格”的关系， 182
这种“生产价格”是在资本家之间的竞争使利润率平均化时形成的；马歇尔则要把正常利润率说成是一些特定商品的生产成本的一部分。

整个工业一律利润率的概念有不少困难和费解的地方。首先是我们已经碰到过的一个问题，即事前同事后利润的关系。我们能够设想这样一个世界，在这个世界中厂商可以在不太大的规模上自由参加一切市场，从而广义地讲竞争条件是普遍存在的，于是一个生产系统不可能长久保持高于另一个系统的利润水平。但竞争倾向使利润率平均化的机制是预期利润对投资的影响，这是马歇尔十分清楚了解的。只有在预期完全实现的场合，事后利润率才能恰和事前的计算符合一致。当我们探讨决策和动机时，我们是在谈论对将来的预期；当我们探讨产品分配时，我们是在谈论过去经验。一律利润率概念在预期和经验彼此脱节时就根本不确切了。所以一定要在虚构的某种稳定状态的格局中进行论证，就如同我们在上面用来分析技术发展的中性一样。[①]

一、土地与设备

其次一个困难在于划分“自然的免费赠品”意义上的土地和人造资本。正常价格同正常利润率相一致的见解显然排除了初级产品。一家茶园或一个锡矿的资本价值同开发它们的各自投资费用没有什么关系。它系来自它们的收益，这种收益又取决于它们供应的商品的需求。[②]

在一个农业成为资本主义经济一部分的工业国家里，要将投资的结果同“自然的免费赠品”划分开来是不可能的；在城市发展情形下，这一点就更加明显了。

马歇尔曾试图划分土地地租和食利者所获得的利息，他把利息看做“等待的报酬”，因为“等待”是一种“真实成本”，而地租是纯粹剩余，[③]然而事实上不需要什么“等待”的地产却是食利者财富的最重要的形式之一。[④]

不论作为生产资料还是收入来源，土地是不可分解地同人造生产资料的全部资财混合在一起的。

183 二、折旧提成与设备更新

把这些问题撇在一边，仅仅考察一批人造设备的资财，我们就

---

① 参看第 2 篇第 4 章第 3 节第 1 段。

② 参看第 2 篇第 5 章第 3 节第 1 段。

③ 参看第 1 篇第 3 章第 2 节第 4 段。

④ 参看第 2 篇第 7 章第 1 节第 1 段。

碰到第二个问题。平均化的利润率是在扣除生产过程所消耗的一切要素后的净利润率。这条原理如何应用到经久耐用的工厂？在一个技术与消费模式都在不断变化的世界里，什么是替换废弃不用的设备的扣除额的适当等价物？净利的会计计算能使利润具有经济学家的哲学所要求的确切意义吗？这些问题从来不曾有过明白的答案，或许就事情的性质来说，它们是决不会有明确答案的。

三、投入-产出

现在把所有这些费解的地方撇开不谈，让我们分析这些难题不会发生的一种情况。试想一个生产周期恰恰年复一年地重复进行，因而生产资料的物质资财保持原样。在这种情况下，如果我们对生产过程掌握有绝对全面的情报，我们就能辨别用物质表示的净产量。

将一定数量具体的人-时劳动用于详细说明的物质投入量——用吨、品脱或码计算——并在一年中提供一系列用同样单位衡量的物质产量。从出产物（包括所有转入下年度的部分损耗设备）减去年初留存的一切东西的物质等价物；于是我们得出净产量，它是用详细说明的各种产品的数量清单表示的。

在某种形式国民清算账目中使用的投入-产出表是根据实际工业产量统计编制的。这种表对理解生产结构具有重大贡献，而且在许多场合是有用的，然而它们不能帮助我们找到净产量的物质方面的意思。工业生产分类很细。譬如说，钢产量不能恰当地说成若干吨。一张投入-产出表的统计首先是根据美元搜集的：构成一种投入物消耗部分的一切项目，如同钢，都是根据某一基期流行的美元价格列入表内。于是算进投入物价格的毛利部分都是一些数字。统计并不表示纯粹物质数量;不妨说,它们都表现为价值,而价值系取决于货物销售市场上的总差额水平的。

四、“用商品生产商品”

在我们研究现实经济中的利润问题时,必须把这一切困难记在心里。但是考察一个摆脱种种困难的抽象体系以便理解经济哲学的中心问题——利润性质,这却是值得做的。彼罗·斯拉法甚
184 至在他开始编纂《李嘉图全集》以前,就在二十年代为这个目的而设计了一个模型,虽然它一直到 1960 年才发表。①

在这个模型里(用它的最简单形式),一个时期中(譬如说七个月)每种商品的生产需要一特定数量的劳动时间(所有工人都一样)和一些特定的其他商品投入量。在每一时期开始时存在着一特定出产率所必需的投入物资财。这些资财在生产过程中全部消耗掉(没有“机器”)。当这个体系能够存在并能继续生产时,资财就在生产过程中重新创造出来。产品超过必要投入物更新的部分就是这一时期的净产量。因此,设我们具备下述技术条件:

12 个工人用 1 吨钢生产 4 吨铁

32 个工人用 4 吨铁生产 4 吨钢

10 个工人用 3 吨钢生产 100 吨面包

这意味着 44 个工人用最初资财 4 吨铁和 1 吨钢能在七个月内更新资财并生产 3 吨钢的净产品。增加 10 个工人就能用 3 吨钢在七个月内生产 100 吨面包。

---

① 参看斯拉法:《用商品生产商品》,商务印书馆 1979 年版。

需要钢来生产钢，因为需要钢来生产铁，又需要铁来生产钢，但是面包纯粹是消费品，它并不直接地或间接地通过钢铁来生产它自己，当然，它是维持生活所必需的。

当经济处于静止状态，一期一期地自行再生产时，没有净投资，全部净利和全部工资都消费掉。于是 54 个工人用 4 吨铁和 4 吨钢每七个月生产 100 吨面包的净产品；同时，他们将生产中所消耗的钢铁再生产出来，从而整个过程能够一期一期地重复进行。

钢铁资财属于资本家所有，他们用工资雇用工人并把一部分面包作为净利。（工资是从产品支付的，资本家不预付工资基金。这是一个简单的假定，假定工资基金对论证来说是不必要的。）

物质论据并没有告诉我们净产品怎样分为工资和利润。我们不妨假设利润率是一律的，因而每种产品所必需的生产资料数量（钢铁数量）的价值都得到同样百分率的报酬，不过那时候我们所知道的不过是，商品价格必须是提供同样利润率的价格。

斯拉法论证的要点是要表明：一般地说，“一定数量资本的价值”离开净产品在工资和利润间的分配就没有意义了；所以利润率决定于“资本的边际产品”的观念没有什么意思。[①]

在既定的利润率下，我们可以推敲它所带来的价格模式。价 185
格是这样的，它使每种商品的产量在相应价格下为生产这一商品所必需的投入物资财的价值提供一定的利润率。当我们知道价格模式时，我们可以用一单位商品或用劳动时间对净产量和最初资财进行估价。（斯拉法自己使用了一个复合单位，标准的商品；这

① 道布：《亚当·斯密以后的价值论和分配论》，第 9 章。

是为学说争论的特殊目的而设计的，在这里不一定对我们有什么关系。）

规定价格最简单的方法是用花费的劳动时间来表示。于是我们可以运用一单位劳动时间的货币工资率，因而用每种商品表示的劳动成本取决于那一商品的货币价格。现假设一个工人雇用七个月的工资是＄10。铁、钢和面包都有符合既定利润率的相应美元价格。设利润率是每期百分之五十，那么铁的价格就是这样的：

$$12\text{ 个工人}\times \$10+(1\text{ 吨钢}\times\text{钢的价格})\left(1+\frac{50}{100}\right)$$
$$=4\text{ 吨铁}\times 1\text{ 吨铁的价格}$$

四吨铁的价格等于为生产铁所支付的工资，加钢投入量的价值，加在钢的价值上面百分之五十的利润加价。同样，钢的价格是这样的：

$$32\text{ 个工人}\times \$10+(4\text{ 吨铁}\times\text{铁的价格})\left(1+\frac{50}{100}\right)$$
$$=4\text{ 吨钢}\times 1\text{ 吨钢的价格}$$

面包的价格是这样的：

$$10\text{ 个工人}\times \$10+(3\text{ 吨钢}\times\text{钢的价格})\left(1+\frac{50}{100}\right)$$
$$=100\text{ 吨面包}\times 1\text{ 吨面包的价格}$$

斯拉法用实例证明，我们只能找到一套价格可以同时满足这一切的比例关系。算出这些比例关系所涉及的代数可能十分复杂。[①] 在这里，我们只将我们的例子的结果写出来。和各种不同

① 参看附录。

利润率相一致的各套价格见表 6.1(每个工人的货币工资是 $10)。当利润率是零时,全部面包都给予 54 个工人。因为工人们每人赚 $10,他们将钱都花掉,而可以得到的面包是 100 吨,每吨面包价格一定是 5.40 美元。

表 6.1

利润率(每期%)	一吨钢($)	一吨铁的价格($)	一吨面包($)	186
75	565.3	277.3	30.68	
50	285.7	137.1	13.86	
25	192.8	90.3	8.23	
0	146.7	66.7	5.40	

现在我们可以计算在不同利润率下进入生产过程的投入物(4 吨铁和 4 吨钢)的价值与净产量(100 吨面包)的价值(有如表 6.2 所示)以及工资在净产量价值中所占的份额,这个生产时期的货币工资率定为每个工人 $10。投下的资本的价值(生产的投入物的价值)和产品的价值都是利润率的函数,离开利润率就没有意义了。

表 6.2

利润率(每期%)	生产的投入物的价值($)	净产量的价值($)	工资在净产量中所占的份额(工资总额 $540)
75	3370.4	3068	0.18
50	1691.2	1386	0.39
25	1132.4	823	0.66
0	853.6	540	1.00

我们的例子还说明作为资本家真实劳动成本的工资同要买面包的工人眼光中的实际工资的区别。当利润率是 50%时,炼钢部门资本家必须每期付给工人 0.035 吨钢的等价物 $(10/285.7),

工人可以用来购买大约四分之三吨面包＄(10/13.86)。

恰和一特定流量的投入物和出产物有同一定利润率相一致的价格模式以及净产量中的利润与工资份额模式一样，一定的利润份额与工资份额也有相应的利润率。除技术资料外，我们有必要知道三种关系——利润率、利润在净产量中所占的份额或用一宗商品或一捆商品表示的实际工资——当中的一种。给出其中任何一种关系的数值就得出其他两种关系的数值并决定价格的模式。

在利润对工资的比率对每种商品来说都相同的特例中，劳动价值决定的价格是普遍流行的。于是有一价格模式，它是由不以
187 利润率为转移的技术上的投入-产出关系来决定的。[①] 在所有其他情形下，价格模式和生产资料资财的价值系随利润率而变化，就像上面的例子所表明的那样。

在一切情形下，较高的利润率意味着净产品价值中的较高利润份额和在劳动成本意义上的工资的较低份额，因为在既定货币工资下，一个较高的利润率导致较高的货币价格。一般地说(某些特殊情况除外)，劳动成本低，实际工资率也低，虽然它们不一定是按同一比例表现它。

第四节　分配论

斯拉法的论证方式非常抽象。它是作为对公认的思想——如同“资本的边际生产率”概念——的挑战而提出来的；就这个目的

① 参看第1篇第2章附录。

来讲，他那狭隘的、严格的假定是适当的。如果传播上述思想的教科书作者不能根据这些假定来回答他的话，他们也不能用比较复杂和比较松散的假定来辩解得更好些。对于讨论一种现实工业经济中的现实价格来说，上面谈到的困难——关于一律利润率的概念——一定要加以考虑。尽管如此，斯拉法关于一定技术条件下工业产品在工资和利润间的分配的分析，对于理解私营企业经济的分配问题提供了必不可少的结构。

一、工资份额与利润率

我们试看相当接近自给自足的工业经济就会知道，依据当前价格计算的产品流量和用货币表示的工资额都是一些总计数字，这些总计数字反映组成经济社会的个人、厂商和住户间进行的现实交易。厂商控制的资本总值和净利总额并不符合确切的财务关系。它们受到主观估计和厂商采取的会计惯例的影响。但在既定的综合的通行利润率下，这些数值是非常粗糙而一般地反映了基本现实的。举一个从表面价值来看的普通数字，我们发觉，工资额加（譬如说）一年净利表示净收入的货币价值：

$$Y = W + P$$

生产资料资财的价值 K 是用来表示所有厂商一共投下和保持的资本总额的。

因此，一般地说，工资在净收入中所占的份额 W/Y，工资对利润的比率 W/P，资本对收入的比率 K/Y，以及资本的综合利润率 P/K 是同经济社会中基本的物质和社会关系符合一致的，尽管单纯从综合货币价值统计看到的这些量值只能是对实际发生情况的 188

约略估计。

二、古典理论

我们从这些说法可以看到分配论是怎样随着资本主义经济发展而一步一步展开的。大体上，古典学派认为实际工资是由用实物作标准的生活需要决定的。马克思指出，最低实际工资水平有历史的和道德的因素，视前资本主义时期农民和工匠过惯的生活程度而定。在《资本论》第一卷里，他预见到实际工资率环绕一个在将来期间多少是固定不变的水平而上下波动。

当实际工资为已知，净产量中的利润份额，正如李嘉图所看到的，决定于工资品生产的技术条件。“谷子”净产量超过“谷子”生产中谷子工资额的剩余部分支付所有其他工业的工资。在“谷子”只由工人消费的场合，净利的物质对应部分是其他工业所雇工人提供的用于投资和食利者消费的货物净产量。

当英国还是不发达经济时，对问题的这种看法是有关系的；它对今天所谓发展中国家依然是重要的。投资与奢侈品消费的限度决定于一个农民的生产及其家庭的消费之间的差额，这个冷酷事实乃是这些国家的问题的根本所在。

三、工资份额

在《资本论》第三卷中，马克思好像是从剥削率多少固定不变的发展过程进行思考；用我们的记号来表示，P/W 随着时间进展不会发生重大变化，从而净产量价值中的工资份额多少也保持不变。

如果工资份额在技术发展和资本积累从而提高了总产量的时

期仍保持不变，那么实际工资率一定要上升。不妨说，《资本论》第一卷系反映《共产党宣言》向世界挑战时十八世纪四十年代的残酷情形；第三卷则反映十八世纪五十年代末的缓和局面，这时实际工资率已开始提高。恩格斯说："英国无产阶级实际上日益资产阶级化了，因而这一所有民族中最资产阶级化的民族，看来想把事情最终导致这样的地步，即**除了**资产阶级，**还要有**资产阶级化的贵族和资产阶级化的无产阶级。"①

第三卷不是在马克思手里完成的。抱怨一部不是说明作者最 189
后考虑成熟的见解的著作缺乏连贯性，是不公平的；但把一些矛盾的说法都看做一样正确，也是错误的。马克思不曾推敲第一卷和第三卷的关系，在第一卷中，预料剥削率要提高（技术进步伴随着多少是固定不变的实际工资），在第三卷中，剥削率可能保持不变。他也不曾明白地具体说明实际工资并非固定不变时究竟什么东西决定剥削率。然而他所作的分析的精神暗示剥削率是"阶级战"的斗争结果。

看来这个见解肯定是有说服力的。工资份额在产量价值中所占的份额因国而异，因时而异，它是随工会的力量和战斗性以及它们从失业保险一类社会安排所得到的帮助而改变的。值得注意的是，在现代资本主义厂商在大规模失业夺去工人要价还价力量的国家设立分公司的地方，工资份额很低（资本的利润率很高）；而就发达的经济社会来说，工资份额在像澳大利亚和瑞典一类国家（在这里立法和舆论对工人有利）中是最高的。

---

① 《马克思恩格斯全集》，人民出版社，第 29 卷，第 344—345 页。

四、后凯恩斯理论

第三种分配论是经济社会的活动决定综合的利润率而不是工资水平。因此工资份额变成一种剩余，它取决于技术条件。这个理论可以用想象中的稳定增长路线来说明，我们曾经顺着这条路线使利润率具有毫不含糊的意义。在利润率随时间进展而保持不变的情形下，技术进步是中性的，货币工资率随每人产量而提高，因而每人产量的货币价值按同一速率增加，资本价值 K 的增长同物质生产能力的扩充相一致。假定工厂开工水平不变。我们已经看到，当利润率 P/K 决定时，Y/K 也就决定了。[①] 于是：

$$\frac{P}{K}\cdot\frac{K}{Y}=\frac{P}{Y}\quad 和\quad \frac{Y-P}{Y}=\frac{W}{Y}$$

因此，在利润率不变的稳定状态条件下，产量价值中的工资份额是固定不变的。

现假设工资没有储蓄起来并总结所有厂商的经验，我们知道一年净利总额等于净投资支出的价值加食利者的消费。这可以归结为一个公式：

$$P=\frac{1}{1-c_p}\cdot I$$

190 P 是（譬如说）一年的净利；净投资（I）是一年中资本价值的增加额；c_p 是利润用于消费的比例，所以 $1-c_p$ 是净储蓄在净利中所占的比例（s_p）。[②]

---

① 参看表 6.2。

② 参看第 2 篇第 2 章第 2 节第 3 段。

现在我们可以提出卡莱基格言的长期说法：工人花费他们所得到的，资本家得到他们所花费的。从斯拉法论证（可以使它适合稳定增长的路线）来看，设生产技术为已知，就有相当于 P 的利润率，它决定一套正常价格和资本资财的价值（K）。[①] 因此，如果技术是这样发展，使资本价值对产量价值的比率随时间进展而保持不变，一律的利润率也保持不变，I/K 是经济社会的增长率（g），P/K 是利润率（π）；长期公式可以写作：

$$\pi = \frac{g}{s_p}$$

于是挣得的收入不进行储蓄时，利润率决定于积累率和资本家的储蓄倾向。

我们已经看到这个理论在起作用。每一厂商集团的工资份额和主观的正常利润率同时决定于在直接成本上面加价的价格形成。算进超过长期成本的总差额的净利扣除额不妨说是厂商向公众征收的"赋税"，作为储蓄以便用于净投资和分配给食利者的利润。给出它那一特定市场的条件，每家厂商都按照它认为最适当的税率征"税"，"赋税"给所有厂商带来的收益取决于所有厂商实现的投资和食利者消费。

稳定增长模型不过是用简单形式说明论点的一个便当方法。在现实中，增长决不是稳定的，利润率也不是一律的，总收入同净收入的关系决不是明确的。但是，作为一种长期分配理论的初步近似情形，这好像是一个有用的出发点。

① 参看第 2 篇第 6 章第 3 节第 4 段。

五、通货膨胀障碍

工资和利润的相对份额决定于要价还价力量的理论同这些份额为综合利润率所支配的理论并不矛盾。厂商所享有的利润率取决于工人愿意接受的工资份额。在一个工会强大的现代经济社会中，厂商要提高利润率以压低综合工资份额(特别是它如果导致实际工资率下降的话)的企图受到坚决抵制。于是厂商提高货币工资率以免工人罢工；这样一来，如果货币价格相应提高从而实际工资水平没有恢复，这个局面就会重演——物价和工资互相追逐而
191 无限上升。这被认为是提高利润的**通货膨胀障碍**。

同时，要保持利润率就有必要提高有效需求，也就是有必要让积累进行下去。当“血气之冲动”不论由于什么原因趋于消失和资本主义经济陷于停滞状态时，它就不能靠极力压低实际工资水平以提高利润来摆脱这种局面了。①

六、利润与剥削

马克思的新古典学派批评家误解了劳动价值论。他们认为它的意思是，只有劳动创造价值，所以工人有得到全部产品的权利；如果利润系来自剥削，那么利润就是不正当的。他们的大部分争论是针对这个见解的。但这不是马克思所提出的理论。不错，剥削是个可耻的字眼；马克思的语言充满道义上的愤慨，然而他的分析逻辑表明，利润是投资的来源——只要积累是可取的，剥削就是

① 参看第 2 篇第 3 章第 1 节第 5 段。

必要的。要直到资本主义完成了把劳动生产率提到尽可能最高水平的历史使命，革命才能发生，于是工人接管时，他们能够享受过去几代遭受的剥削的果实。

熊彼特非常了解这一点；他遵照马克思的分析，改动了形容词，从而为资本主义提出远比新古典学派更有力的辩解。①

利润的作用在于提供积累。但是净利中作为马歇尔所谓食利者的“等待报酬”部分可以恰当地认为是工人的负担。假如全部利润都储蓄起来并用于投资（$s_p=1$），一年净投资（I）和一年利润（P）会是一回事；于是利润率会等于增长率，$P/K=I/K$，或 $\pi=g$。

凯恩斯指出，在萧条时期，节俭是造成失业的原因，这使正统派感到震动。在凯恩斯理论的长期说法中，储蓄再次成为美德。它是一种美德，因为，给出积累率，利润用于消费的数额越小，实际工资水平就越高。尽管上面的论证具有非常简单、抽象的性质，看来这个结论包含有重要的真理。

想象中稳定增长路线的设计，对揭示积累和利润用于消费部分在收入分配中所起的作用是有帮助的，但在其他方面，它容易令人误解。人们可能认为它意味着经济社会只有一条路线和一种方法来组织生产。从工人观点来看，资本家对他的生活方式所掌握的权力比他们在消费中所占有的份额更为重要；而从整个社会的观点来看，在积累过程中，土地、空气和水所遭受的破坏是为了扩
大一些商品的生产能力的一项重要成本，这些商品是资本家认为 192
有利可图而生产的。稳定增长只是一种分析的设计，而不是一种理想状态的详细说明。

① 参看第1篇第3章第5节第3段。

第五节　新古典理论

新古典学派体系里的利润理论是不大容易理解的。它好像是从新古典思想两个组成部分的结合中引申出来的。即从:奥地利关于"较长生产时期"更加"迂回方法"的较高生产率的见解(维克塞尔详细阐述的)[①]和马歇尔关于利息是储蓄的必要成本的见解的结合中引申出来的。[②]

我们已经看到,把利润率等同"资本的边际产品",需要多么牵强的假定。[③] 然而新古典思想还有一个更深刻的概念,即私营企业经济是一个和谐社会的见解。

试想一个合作社,如同一个以色列集体农庄——一个由一些个人所组成的集团,他们共同占有一块土地以及迄今为止积累起来的生产资料,他们能做而且愿意做一特定数量的劳动。他们必须(通过一个领导人的意志或某种民主程序)决定他们的资源多少用于生产当前的消费品,多少用于扩大将来的生产能力(譬如说对他们的沼泽地带进行排水)。他们还得决定多少时间用在教育方面,不论是作为对人的投资而训练这个集团的青年成员从事技术工作,还是作为一种宝贵的消费品。在决定如何分配资源时,不妨设想他们考虑到从扩大资源(譬如说新的可耕地)而指望在将来得

① 参看第2篇第4章第4节。

② 参看第1篇第3章第2节第4段。

③ 参看第2篇第3章第5节。

到的额外产品并用来同进行投资所损失的闲暇时间和消费相对比。新古典学派论证是用“对将来贴现”来描述这一选择的——什么样的将来报酬超过现在成本率决定一项计划是适当的？在某些情形下，这种计算可以说成一个比率。譬如，如果当前消费和将来可以指望的额外产品是由相同两“篮”货物构成的，那么用将来消费永久提高来表示的报酬可以表述为现在损失的消费数量的一个百分数。

即使在选择不能表述为一个报酬率的场合，它还是有真正的意思，尽管是模糊不清的。正是为将来收益而现在牺牲的真实意义构成新古典学派“节欲”成本概念的基础。当农民家庭用老一代人所运用的同样每人生产资料来装备青年一代时，我们就碰到了“节欲”成本。这是经济生活中的一个实在的、重要的因素。在这里，对社会来说投资的费用和好处是具有一定意义的，这就是增加生产资料的数量。

但它同私营企业经济中现有资本资财的利润率毫不相干。在 193
以色列集体农庄里，作为整体来看的集团有着当前的实际消费和将来的实际财富。工资和利润没有划分开来，所以利润率对于他们没有什么意义。

的确，在具有一定工艺的资本主义经济中，比较高的积累率涉及比较低的消费。但“节制”消费是通过较低实际工资率而落到工人的身上。一个比较高投资率的结果是资本家得到更多的消费，因为他们得到比较高的利润率。而且，各家厂商是从它们各自获利的前景的角度选择投资计划的。从整个社会的观点来看，投资生产率同这种情形没有什么关系。

附录：工资-利润线

整个体系一律的工资率，利润率和适当的价格之间的关系可以用代数来表明。

论证的头一步是依据投入系数对工艺所作的详细说明。一个投入系数系衡量靠所采用的技术生产一单位产品直接需要的一种投入物的数量，投入物在每一时期内消耗掉。

我们例子中铁生产部门的工艺是：

12 个工人用 1 吨钢生产 4 吨铁

因此，在生产 1 吨铁时，钢的投入系数等于 0.25 吨钢，劳动的投入系数是 3 个工人。

我们将投入系数记作 a_{ij}，它说明生产一单位商品 j 所需要的商品 i 数量。因此，如果 i 是钢，j 是铁，$a_{ij}=0.25$。为生产商品 j 而投入的劳动用系数 a_{oj} 来说明，在生产铁的情形下，它等于 3。

投入系数 a_{ii} 系衡量生产一单位商品 i 所直接需要的这种商品的数量（如炼铁时使用的铁）。系数大小显然一定要小于 1。的确，在商品 i 的生产中这种商品直接和间接需要量的总数一定小于 1，如果这种工艺要能存在下去的话。

一特定利润率的相应商品价格等于生产这宗商品所必需的投入物的总值（按相应价格计算），加在那一总值上按现行利润率计算的利润，加工资率乘劳动投入系数。因此就商品 i 来说

$$(a_{1i}P_1 + a_{2i}P_2 + a_{3i}P_3 + \cdots\cdots)(1+\pi) + a_{0i}w = P_i$$

整个经济所生产的一切商品的价格方程形成一组联立方程，

可以解这一组联立方程求未知数:工资率、利润率和价格。

要知道这是怎么计算的,我们要回到我们的例子并把铁称为商品一,钢为商品二,面包为商品三。我们从工艺说明书知道 a_{11} 194
和 a_{22} 等于零,面包根本没有被用作投入物。

于是价格体系用下列方程来说明:

$$(a_{21}P_2)(1+\pi)+a_{01}w=P_1$$

$$(a_{12}P_1)(1+\pi)+a_{02}w=P_2$$

$$(a_{23}P_2)(1+\pi)+a_{03}w=P_3$$

我们有三个方程用来求五个未知数:π,w,P_1,P_2 和 P_3。

我们首先要注意,虽然铁和钢的价格方程有相互关系(铁价取决于钢价,还有相反情形),但不论钢价或铁价都不取决于面包价格。斯拉法把我们例子中带有面包特点的商品(它既不直接也不间接参与其他商品的生产)叫做**非基本物**,同直接或间接参与整个产品生产的**基本物**相对立。从工资率同利润率的关系的决定中将非基本物排除了。

商品一是用作计算单位,$P_1=1$,工资率和钢的价格用它们同铁的交换率来表示。现在方程组是:

$$(a_{21}P_2)(1+\pi)+a_{01}w=1$$

$$(a_{12})(1+\pi)+a_{02}w=P_2$$

两个方程和三个未知数的一组。解答 π 和 w 的关系可以消掉 P_2 而得出:

$$\frac{1-a_{21}a_{12}(1+\pi)^2}{a_{01}+a_{21}a_{02}(1+\pi)}=w$$

一个二次方程。

现在我们可以将我们例子中的系数值写进去

$$a_{21}=0.25\quad a_{01}=3$$

$$a_{12}=1\qquad a_{02}=8$$

$$\frac{1-0.25(1+\pi)^2}{3+2(1+\pi)}=w$$

可以看到工资率和利润率的关系具有两个特点：

一、较高的利润率带来较低的工资率。

二、当 $w=0$ 时就有一个最高利润率（在这种情形下，它等于100％），$\pi=0$ 时有一个用计算单位铁表示的最高工资率。

195 可以将利润率和工资率的不同组合推算出来而形成工资-利润线，我们可以沿着这条线，比较这种工艺的可能的工资率-利润率组合。

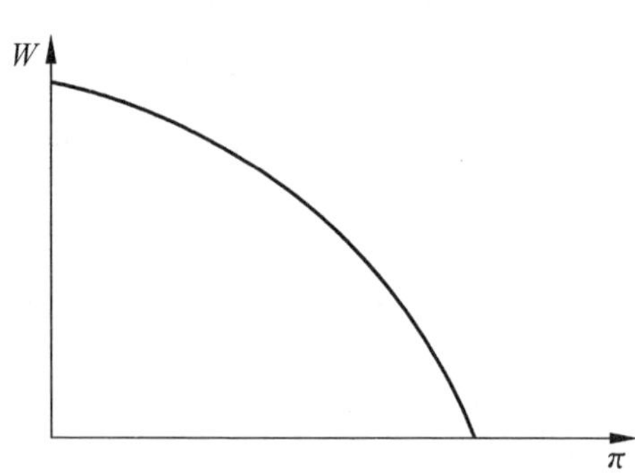

第 6.1 图

工资-利润线可以对原点呈凹形或凸形，或交替地呈凹形和凸形，视生产条件而定。上图形状是我们例子中的图形。

就像我们的上述例子一样，现在作为计算单位使 $w=1$，于是

$$P_1=\frac{a_{01}+a_{21}a_{02}(1+\pi)}{1-a_{21}a_{12}(1+\pi)^2}$$

和

$$P_2 = \frac{a_{02} + a_{12} a_{01} (1 + \pi)}{1 - a_{21} a_{12} (1 + \pi)^2}$$

一旦 P_2 是已知数，面包价格 P_3 就可直接从第三个价格方程推算出来。

196 第七章　收入与需求

到现在为止，我们是从生产方面考察工业经济的收入与价格的。住户被认为是完全靠厂商来获取他们的收入的。他们只分两种：工人住户和食利者住户（负责技术改进的工程师划归食利者）。我们把消费者的花费看成是创造市场——也不妨说是准备牧场的，牟利的厂商可以在那里得到满足，他们为了本身利益而进行施肥。现在我们必须从住户观点来观察经济，从消费者观点来观察对商品的支出。要这样做，我们必须在我们的图景中描绘许多复杂情况。我们首先要讨论从市场获得的各种各样的收入以及购买力在现代工业经济的人民当中分配不均的原因和影响。然后我们提出政府支出与赋税问题，从它对收入的影响来说，其重要性不亚于市场（我们还没有谈到对外贸易）。最后，我们要探讨货币收入同物价水平的关系。

第一节　勤劳所得与不劳而获

英国赋税制度的哲学是以勤劳所得与不劳而获、也就是以劳动收入与财产收入的区别作为根据的。我们将会看到一些两可之间的情形，而且用法律术语所下的定义往往不能严格地适合于各个经济范畴。尽管如此，这个区别对于讨论各种收入，还是提供了一个有益的起点。

一、来自财产的收入 197

一些食利者住户符合我们的简单模型的规格：他们是个别生意人的家属，他们的花费是直接从利润支付的补助费。但是，一般食利者家属有对财产的独立要求权，这些财产是靠继承权、现在一代的储蓄、投机与运气，或像马歇尔所说的，“靠任何其他道德的或不道德的、合法的或不合法的手段”①获得的。许多巨额私人财富最早要追溯到地产，如从封建时代遗传下来的财富或发现石油的结果。另一部分财产是从工业、商业或提供资金的行业积累起来，这是我们要在第八章进行讨论的。在这里，我们是从购买力在消费者中间进行分配的观点来分析财富。

在有统计材料的一切国家，财富都是分配不均的。财富概念很难从统计方面下定义——人们如何用一部车床来估价古代名画家的作品？不过，大部分资产都有某种形式的传统估价，虽然从细节上讲，在不同时间和对不同国家进行的比较是不可靠的，但是整个情景是这么一目了然，因而不可能发生误解。在这里，我们使用官方统计。表 7.1 说明占英国二十五岁以上人口中的 1%、5%和 10%的人，所拥有的财富的比例，和一些属于最高百分率的人，从财产获得的全部个人收入的份额。或许最突出的数字是表明这一情况的数字：在 1960 年，个人财产的 75%属于占人口 5%的最富有的人们，这个集团获得来自财产的全部个人收入的 92%。

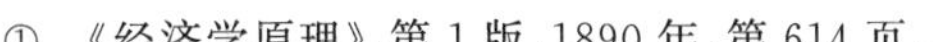

① 《经济学原理》，第 1 版，1890 年，第 614 页。

表　7.1

英国* 个人财富的分配				
占二十五岁以上人口的百分率	全部个人财富的百分率			来自财产的个人收入的百分率
	1911—1913	1936—1938	1960	1958—1959
1	69	56	42	60
5	87	79	75	92
10	92	88	83	99

* 参看雷维尔:《二十世纪英国社会财产分配的变化》,应用经济学院,剑桥,重版第 295 号,1969 年。

198 ## 二、混合的收入

就事情性质来说,少数巨富家庭并不是食品和制造品市场的重要部分。他们的花费主要用于个人服务,定制产品和住房面积方面。在下一档里,收入的一部分是不劳而获,一部分是勤劳所得。中产阶级和专业人员的家庭一般都有一些财产,他们的收入水平部分地是在长期教育中对人的资本的投资的报酬。(娱乐性行业少数人的高收入最好看成奖券的奖金。)所有行业高级经理人员的薪金是一种特殊情形。他们算作间接成本的一个因素,但也部分地具有一份净利的性质。公司越大、越成功,经理人员的薪金和红利就越多,他们享受的待遇就越优厚。

三、家庭储蓄

现在必须修正我们的简单模型里关于食利者的全部收入都用于消费的假定。从各个家庭观点来看,储蓄是重要的。他主要是购买力在时间上的一种分配手段,例如在挣得收入的年份不将全部收入花掉以便退休以后比较宽裕一些。在研究不同社会储蓄习惯时，提出一种脱离特定社会条件的先验的普遍适用的合理行为理论并没有多大用处。对人们实际上怎样活动的博物学调查反而会更中肯些。

住户储蓄同工业资金的关系将在后面讨论。在这期间，我们必须简单考察一下它同有效需求波动的关系。凯恩斯表述了他依据**消费倾向**说明短期就业变动如何取决于投资变动的理论。他相信一条基本心理规律，这条规律是："一般而论，当所得增加时，人们将增加其消费，但消费之增加，不若其所得增加之甚。"[①]这种带有一般收入的一般"人们"而不管其来源和数额的处理方法，同卡莱基关于工资和利润的严格区别（我们的简单模型是仿效他的），以及我们关于全部住户收入都消费掉因而储蓄只是来自未分配利润的假定，都是极端不同的。

当我们把住户储蓄弄到情节中时，我们必须对凯恩斯观点作一些让步。伴随就业增长而来的住户收入的普遍提高，确实使住户消费和住户储蓄两者都有所增加。把总就业增加量同投资增加量相联系的增长倍数比之我们的简单模型所显示的要复杂些。在我们的简单模型里，住户增加的收入全都消费掉，所以消费水平只取决于厂商作为工资和食利者收入而支付的金额。事实上还有其他收入来源，住户要多方斟酌花费的。从简单模型可以看出有效 199
需求原理，但在实际情形下就要考虑许多复杂情况。

凯恩斯是在深刻、持续的萧条时期写作的，他展望从投资恢复可以指望的结果。他的假设是，当收入增加时，总储蓄增加的比率

① 《通论》，第 84—85 页。

要比储蓄对收入的综合比率大得多。因此，一开始储蓄可能是净收入总额的10％，消费支出是90％；而繁荣时期由于经济高涨而形成的收入的突然增加，会使消费的增长只有净收入增加额的四分之三，就像我们例子中的即期和长期倍数值一样。[①]

我们有必要区别两种收入增加的不同情形：一是有效需求提高的结果，一是长期增长的结果。看来没有明显的证据证明，住户储蓄对净收入总额的比率，会随着时间的推移随同一般实际收入水平而上升。

中产阶级混合收入的存在和所得用于储蓄的可能性破坏了我们模型的简洁情形，也损害了卡莱基警句的巧妙说法，他的警句是：工人花费他们所得到的，资本家得到他们所花费的。不过基本论证只需作微小的修改。

稳定增长中的利润率公式，$\pi = g/s_p$，是依据勤劳所得与不劳而获截然划分的概念引申出来的，储蓄只是来自不劳而获的收入。把中产阶级的混合收入包括进去，公式需要加以修改，尽管这种分析的基本原理仍旧没有受到影响。

重要的是根据简单模型抓住主要论点；同样重要的是记住这一点：在把它的一些结论用到实际情况以前，还有很多要学习的东西。

四、勤劳所得

亚当·斯密争辩说，各种不同职业的所得应使它们的净得利

① 参看第2篇第3章第2节第3段。

益相等，从而一切职业显得对潜在的新手都是同样适宜的。但是实际情形恰恰相反——厌烦的不愉快的工作的工资最低，而最高薪金却可带来舒适环境和社会荣誉。对这种疑难情形的解释在于参加各种工作的条件。

职业同天生能力有多大关系？显然，各个人能力高低不等是有遗传因素的。这促使一些调查研究者用某种生理标准如同性别或肤色将人口分类，并根据智力测验分数来概括各部分人的相对能力。撇开智力测验的得分能力不谈，人们对智力测验究竟衡量 200
什么也有一些争论，要将培养方面的因素——如同饮食和父母对教育的态度——同天生的固有才能划分开来有着巨大的困难。而且，尽管调查研究者自称是纯科学的，他们的观察也注定带有个人偏见。美国的安格鲁-撒克逊男人显然情愿仔细研究黑人和妇女的“低劣情形”，也不情愿仔细研究日本血统家庭子女的优良成绩。

但是生物学充其量也不能对研究经济不平等有很大的帮助。人们已经发觉，在表明任何人类特性的记录中，统计数字倾向在每一组内部采取一种**正常分布**，这就是说，极大多数人是一般成绩，而在两旁对称地分布开来。当人们发觉在人数相同的两组人中，日本血统家庭一些人的平均成绩略高于安格鲁-撒克逊家庭时，这只意味着，略少于后一组半数的人们比前一组半数的人们干得好一些，略多于前一组半数的人们相应地比后一组半数的人们干得好些。

这种统计平均数的比较对于所谓民族团体的相对经济地位并没有多大启发，而对于社会阶级一类模糊不清的集团就更加帮助不大了。

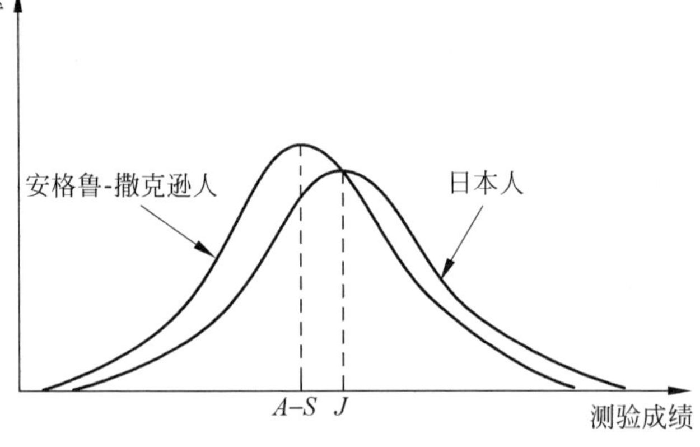

第 7.1 图

安格鲁-撒克逊民族出身的儿童和日本民族出身的儿童测验成绩的分布。获得特定成绩的人数对称地分布在每组平均成绩的两旁。由于分布是对称的，平均成绩也就是每组最大多数儿童所达到的成绩（$A-S$＝安格鲁-撒克逊人平均成绩，J＝日本人平均成绩）。

过去，关于各种职业的适当地位长期形成的传统看法，在很大
程度上是因为成见的缘故，这种地位的必然结果是适当的相对收
入水平。但是决定不同收入的主要因素是，竞争最好工作的机会
201 需要财产或贫穷家庭担负不了的昂贵教育。财富和收入的分配不
均倾向使这种情形永久继续下去。一些职业利用它们所需要的教
育条件来限制新生力量，从而它们总可享受相对需求来说供给稀
少的利益，并对这种服务索取相当的报酬。在一贫如洗的工人阶
级内部，保持特殊待遇是靠技能、工会老会员资格、性别、肤色、语
言或任何用来划分集团的东西。要价还价力量最差的人们不得不
接受他们所能找到的工作，于是实际情况往往是把工作的相对净
得利益进一步压低到相对报酬所表明的水平以下。

低工资工人为小规模经营的效率不高或设备简陋的资本家准备一块园地。于是工人们落入圈套，因为，如果他们当真索取较高报酬的话，他们的雇主就要遭到毁灭，他们的处境就要比以往任何时候都更糟糕。

近年来，在经营顺利的工业经济中，工业对各种不同工作的要求发生了重大变化。随着机械化的发展，体力需要少，而领会书面说明的能力要求高。这曾导致教育面的扩大，从而减少享受教育的特权。今天，自动化降低单纯办公室工作的要求而提高更优越资格的要求。这种变化不难消除公认的报酬率等级的固有思想。

各种不同工作的相对价值是什么？一旦将问题摊开，每一集团都觉得它所值得的大于它的成员所得到的。没有一般公认的社会哲学为解决这个问题提供一个标准，于是要价还价力量变得更加重要了。（“边际生产率”理论[①]并没有弄清这个问题，因为除相对工资率本身之外没有一个单独衡量相对“边际生产率”的尺度。）

第二节　对商品的需求

新古典学派作家热情地采纳了亚当·斯密关于自由市场有种种好处的主张。真的，这是他们体系的中心任务。亚当·斯密所举的例子——靠屠户、酿酒商和面包师傅吃到一餐饭——表明，他想的是一个手工艺者和小商人供应的市场。[②] 新古典学派在试图

① 参看第1篇第3章第3节第2段。

② 参看第1篇第2章第1节第1段。

把现代工业放进同一结构时把他的论证讲过头了。

而且，他们将亚当·斯密的常识观察用一种结果没有益处的方式予以公式化。**效用**概念被用来说明消费者的行为。中心思想是在一个家庭主妇的图景中描绘出来的，这个家庭主妇购买一星期的用品，她选购每样东西放在她的篮子里的数量是要使它们的
202 相对边际效用同它们的价格成比例的一些数量，以便从她的花费获得最大量效用。一个先验分析的庞大结构就在这个基础建立起来，仔细推敲代替、互相补充、联合需求等等概念。[①] 这是最纯粹的“纯粹理论”。只有索尔斯坦·凡勃伦在《有闲阶级论》里对惹人注目的消费作了一番冷嘲热讽的描述才把现实性引进争论中去。

在新古典时代，人们认识到效用不是一个可以适用的概念，就用**显示的偏好**来取代它，企图为消费需求理论找到一种经验根据。有人争辩说，各个人的偏好是靠他们在不同价格下的购买显示出来的。但是这个概念只不过说明这一想法，即可以看到消费者要购买人们可以看到他们要买的一些东西。

一、消费者的选择

不错，让各个人按特定价格随意把他们的钱花在向他们供应的种种货物上面，这样一个体系是有很大优点的。买主有自由意志；每个人都能使他的购置符合他个人的要求。对许多人来说，买东西是一种消遣，它本身就给人以乐趣。当食物、衣着等等品种繁多，它们可在不同价格下供人选择时，同一收入水平的消费者可以

---

① 参看第 1 篇第 3 章第 2 节第 2 段。

挑选不同的组合来满足他们的爱好。最重要的是，市场自行调节而无需一个管理机构。除少数高度理想的试验外（这些试验决不曾以纯粹形式持续下去），用货币将购买力分配给人民群众，让他们自己决定怎样花钱，再也找不到比这更好的分配货物的办法了。（在第二次世界大战期间，英国为了克服用货币表示的购买力分配不均情形，在基本食品实行特定配给办法之外，还发行一种购买稀少货物的特殊通货。将值若干定量供应“点”的配给票发给各个家庭，各种货物既有货币价格，又有用定量供应“点”表示的价格。这种制度将一个受包围的经济社会中的配给原则同消费者自由选购的好处结合在一起了。）

但是，不论一个零售市场有什么真正益处，作为一种理论说明，说住户购买货物在消费它们时享受效用比说住户购买货物并没有增添什么内容。集中注意孤独的个人趣味的所谓需求理论使得人们忽略了社会对消费的影响。显然，个人有其独特的癖性，但习惯多半要受一个家庭生活在其中的团体以及它所受到的宣传的影响。

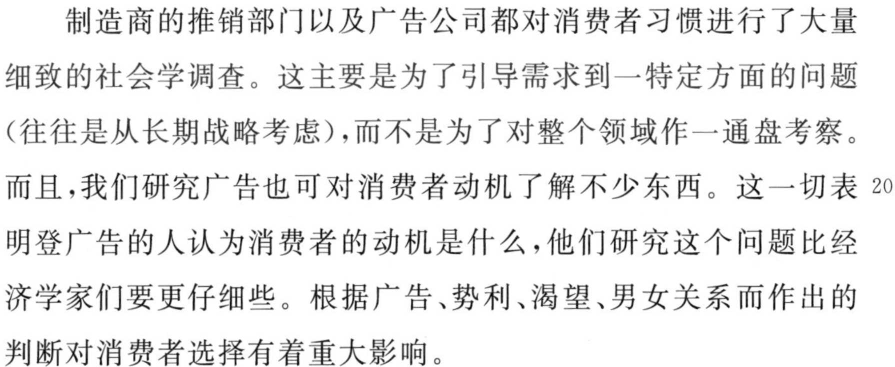

制造商的推销部门以及广告公司都对消费者习惯进行了大量细致的社会学调查。这主要是为了引导需求到一特定方面的问题（往往是从长期战略考虑），而不是为了对整个领域作一通盘考察。
而且，我们研究广告也可对消费者动机了解不少东西。这一切表 203
明登广告的人认为消费者的动机是什么，他们研究这个问题比经济学家们要更仔细些。根据广告、势利、渴望、男女关系而作出的判断对消费者选择有着重大影响。

二、按金钱配给

在一个有收入等级的国家里，也有一个消费等级的模式。在底层，人们对贫困作了不少调查并计算出生活在人类最低需要水准以下的人在一定人口当中占多大比例。官方对收入和支出作过典型调查，学术界也有过调查研究，主要是关于工人阶级家庭的消费习惯，附带少数中产阶级的。

一般观察资料表明，当我们顺着收入水平的等级上升时，一个代表性家庭在较高的收入水平下对某些商品要多买一些。这一类事例符合需求的正当行为条件的想法——不论在相对收入来说较低的价格下，还是在相对价格来说较高的收入下都要多买一些商品。[①]

也有大量东西在较高收入下反而买得少些。这些都是劣等货色或供应一般需要（如同食物或娱乐）的低级方式。这方面的一个特例是早就有名的吉芬矛盾，因为吉芬指出，面包价格上涨（相对一定货币收入来说）使得工人阶级家庭吃不起肉类，因而他们必须多吃而不是少吃面包。价格上涨对降低实际收入的影响抵消它把支出转向代替品的影响而有余。马歇尔把劣等货色看成一般规律的例外情形，他坚持说，“这种情况是罕见的”。[②] 但这好像是奇特的辩解。一般地说，在同一广泛的文化范围内，不同收入水平的消费比较将会显示一些商品在收入较多时反而购买得少的例子。大

① 参看第 2 篇第 5 章第 3 节第 1 段。

② 《经济学原理》，上卷，第 151 页。

体上，较高消费水平意味着更多的品种和更加注重质量，而不是较大数量同样花色品种的东西。

虽然新古典学派非常强调需求，他们却不喜欢探讨购买力在各个家庭间实行分配的有关问题；讨论趣味而忽视分配等于只见树木，不见森林。

三、供给创造需求

消费者在供应的商品当中进行挑选（不管出于什么动机）。他们有否决权——他们无须购买他们所不喜欢的东西——然而没有
主动性。在一个社会里，一些特定商品的需求模式受到现有供给 204
的巨大影响。人人都需要吃、穿和娱乐，而满足这种种需要的特定方式是以生产出来的东西为转移的。在产米国家里对吃米就有明显的爱好；英国人吃羊肉的习惯大概要追溯到中世纪的羊毛贸易。工业生产不断受到技术发展的改造，当人们看到某种新产品在使用时，这种“炫耀作用”立即迅速地将占有它的愿望在全体居民中间散布开来。因此供给创造需求。汽车在人们的态度和行为方面所产生的深刻革命（不论是好是坏）就是一个重要例子。

现代工业的巨大生产能力对资本主义厂商造成一个问题。在技术上几年内按公认标准满足各个工业国家全体居民对现在所知道的制造品的需要是可能的，但是以后这个体系怎么继续发挥作用呢？迄今为止，这是靠**创造需要**来解决问题的。

消费品生产者在影响他的产品需求方面是有力量的。在中间货物、原料、设备等市场上，买主和卖主同样是行家。卖主除了靠巧妙的设计、殷勤的服务以及真实的情况介绍以外劝诱买主的机

会是有限的。在消费品市场上，买主是业余爱好者。他在其谋生的行业中可能是专家，但是他——更经常的是她——必须广泛购买各色各样货物。于是买主势必在她可能做到的情形下了解情况来帮助她挑选这方面或那方面的货物供应。这种情况介绍主要由有关方面通过广告或卖主设计的其他推销办法来提供的。广告甚至变本加厉地不再装作介绍情况；一整套劝诱艺术业发展起来了。

市场研究的目的一部分是了解有钱要花的公众多半想要或需要些什么东西，但主要是找到最有效的方法来创造生产者能够抛到市场上的货物的需求。而且，为一般消费品保证一个不断扩大的市场，报纸和群众宣传工具（在这方面广告是主要收入来源）就被用来为新购置的热情和占有物的荣誉保持一种普遍的热烈气氛。供应有利可图的货物是收入等级中较高级人物或中等人物将要购买的一些货物；低收入并没有形成一个良好市场。随着一般消费的提高、迎合最贫困人们的需要的动机越来越小了。

相对贫困同样是耻辱的，因为绝对消费水平已经上升；每个人都竞相保持同样的相对地位。正是由于这一点，厂商才能始终找到工人和职员作为他们的服务对象和消费者按照有利的价格购买他们的产品。

在这里，我们只能对需要研究的主要问题提供一些线索，因为一百年来关于“最大量效用”的先验论证对这些问题是没有多大帮助的。

205

第三节　公共部门

通过市场供应货物、劳务和分配收入的方法只在一部分国民经济中发生作用。另一部分经济是政府当局的活动场所，它靠赋税筹集金钱，然后根据政治考虑而非单纯商业考虑决定的种种目的来分配支出额。在现代，所有工业国家的公共部门都大大扩充了它们的活动范围。

一、公共支出与私人支出

公共支出在国民总产品(GNP)中所占的比例是说明公共部门的影响和重要性的一个主要指标。一年国民总产品是对一国货物和劳务生产量在国内和国外所引起的全部生产活动的统计计量。因此，它表示一国国内按当前价格计算的总产值，减去对进口货的支付而包括从国外获得的收入。

国民总产品的价值可用三种不同方法来表示：(一)扣除折旧和排除存货升值前导源于每种工业的全部生产成本(等于那种工业所增加的净产量或价值)加国外财产净收入。生产成本表示来自受人雇用的收入、自行雇用的收入、利润收入和地租的总额。(二)货物和劳务生产者申报的总产值(不计算价格中所包括的赋税和津贴)，减去计入货物价值中的生产所消耗的中间货物的价值。这种计量包括折旧扣除额但不包括存货升值。(三)国内市场货物和劳务按市价计算的销售总值(包括存货增加额)减中间货物的支出，加出口货物和劳务的付款和国外获得的收入，减进口货物和劳务的付款和国外支付的财产收入，减对花费征收的赋税，但要包括津贴。一个无所不知的统计学家将会发觉用这三种观点中三种或任何一种观点计算的国民总产品的价值恰恰是一样的。支出额等于全部生产的价值，这又等于收入的流量。

国民总产品的计算往往用来表明一国的经济成就或繁荣情况。这种计量是不可靠的，首先因为货币收入不是衡量取得这种收入的每一个人的活动对社会提供的价值的一个完善的尺度，其次因为估计数中没有把一切不付酬的劳务和自由财货（包括新鲜空气）都包括在内。

公共支出（国家、地方当局和政府机构的支出）在国民总产品中所占的比例表示国民收入来自政府的比例。表 7.2 追溯英国自 1860 年以来公共支出的增长情形。在布尔战争前，国家支出大约
206 只占国民总产品的 10%，每一战争时期都急剧上升。内战时期的紧张状态加强了国家的作用。自第二次世界大战结束以来，国家活动继续扩大，直到 1970 年，英国全部国民收入的 50%以上系来自政府机关的支出。

表　7.2

全部政府支出在国民总产品中所占的比例
1860—1970 年，选择的年份（百分率）

1860	1880	1900	1920	1938	1950	1955	1960	1965	1970
11	10	15	26.1	30.1	39.5	37.3	41.5	45.3	50.3

政府总支出通常分为消耗性支出和移转支付，前者包括为政府当局需要而购置的各色各样货物和劳务，后者则涉及金钱由国库转给个别公民而不作为现在活动的报酬，如因政府借债而支付的利息和政府对失业津贴的捐助。有一些两可之间的情形，如同文官制度中最高级人员的薪金。

二、国家的活动

在现代工业国家里，公共部门和市场部门大部分是重叠的。

许多像邮政一类的劳务，系按照旨在补偿成本的价格提供的，而过去从私人资本家接管的国有化工业，则大致和其他工业一样，它们雇用工人和出售产品。

公共支出不同于市场，有两个主要因素。头一种是关于政府机构、执行法律和采取所谓防御措施方面的。第二种公共活动是因民主要求同历史和市场造成的购买力在各个家庭间的分配发生矛盾而产生的。在一个富裕家庭里，消费者选择对教育和医疗给以最优先的考虑；这些是免费或按照补贴价格至少是最低价格提供给一般居民的。它对富裕人家也有利，因为不能按商业价格支付教育和医疗费用的家庭能够享受这种利益，这就制止住传染病的蔓延并保存一部分有文化的工人队伍。此外还有一些关于救济极端贫困的人民的规定。

在政府和福利两方面，国家资源是经由政治程序在各种目标 207
之间实行分配的，这需要一种不同于仅仅适用于市场的分析。

三、赋税

在历史上，国家对经济事务主要关心的是赋税。正如亚当·斯密所说的：

> 被看作政治家或立法家的一个科学的政治经济学，提出两个不同的目标：第一，为人民提供充足的收入或生计；第二，给国家或社会提供充足的收入使公务得于进行。[①]

不同税制的影响产生一些我们在这里将不进行探讨的微妙问

① 《国民财富的性质和原因的研究》，下册，第 1 页。

题：从国库和纳税人观点来看，根据收入或财产征收的直接税和对生产或销货征收的间接税的相对优点；以及名义上的纳税义务同实际上的缴纳税款的整个关系问题。我们只能提出一些一般的意见。

赋税涉及重大的社会政策问题。普遍接受的原则是，赋税应是累进的，对较高收入征收的比例较大，对人们认为是奢侈品的东西征税而不对必需品征税。但是，在像英国这样一些国家实行了几十年的税制，从字面上看好像非常累进，但它对财产所有权的不平等只发生了微小的影响，而财产所有权的不平等则直接或间接地是收入不均的主要根源。[①]

在英国，自从上次战争爆发前以来，赋税的负担好像从最高收入移到中上阶层了，但最低收入的半数居民在全部税收中所占的比例并没有提高（参看表7.3）。

表　7.3

英国个人收入的分配（纳税后）
1938—1939年和1966—1967年

获得收入的个人的百分率	全部个人收入的百分率	
	1938—1939年	1966—1967年
最低的10	5	4.2
最低的50	30	31
最高的50	70	69
最高的25	54	40
最高的10	33	20
最高的5	25	13

资料来源：《一年统计摘要》，1955年和1969年。

① 参看表7.1。

社会政策同国库发生许多小的矛盾，这引起一些反常情形。例如像烟草一类的习惯用品是征税的适当对象，因为上瘾人们的需求非常缺乏弹性。恰像一个垄断者在需求没有弹性的场合可以抬高价格来获取更多收益一样，财政大臣总能指望对香烟增税来获得更多的岁入。当人们发现抽烟对健康有害时，政府就难以全心全意支持一个消灭抽烟运动了。但是，如果政府打算从某种新的罪恶行为获取岁入的话，舆论是会大吃一惊的。

一切财政制度都必然是权宜措施同原则的妥协。许多赋税产
生意料不到的副作用；尤其对企业利润和高额收入的课税，使得帮 208
助纳税人尽量减轻纳税义务的会计师和法律顾问们的整个行业都兴隆起来了。

一切种类赋税都被认为是一项负担，并被人们憎恨为不公平的，不过，一旦一种赋税制度建立起来，思想和习惯是会适应它的。因此有一个说法：旧有的赋税是良好的赋税。

任何政府财政政策都是一方面受公认的传统观念的影响，一方面受它争取支持的各个阶级的利益的影响。政府政策没有“纯经济”的方面，能使它摆脱更广泛的社会和政治问题而严格地单单根据经济考虑来进行探讨。

四、政府借款

国家支出可以靠征税或借债来弥补。当税收不敷支出时，政府必须借款。当岁入大于支出时，它可以利用机会清偿过去积欠的债务。

传统经济学说反对借款。从亚当·斯密时代一直到十九世纪

三十年代中期，正统派赋税理论所赞成的政府财政政策是成功的住户财政政策的直接发展：支出不应超过收入。在特定一笔款项因政治需要而决定支出的场合，问题就是想方设法来筹措平衡预算所必需的税收额。

在某些情况下——譬如说准备战争——岁入超过支出也许是
209 可取的，以便国家从事储蓄以备将来使用。但在正常情形下，这种政策被认为是将不必要的负担强加在人民身上。总之，支出不应超过岁入，因为这像住户一样是走向毁灭的道路。政府借款产生债务形式的"不健全财政"不仅会干扰金融货币体系，而且借款会将偿还的负担转嫁给不曾得到支出好处的后代子孙。一个不平衡预算不只是不健全，而且是不道德的。

这些思想在大萧条时期依然占支配地位。凯恩斯极力想树立这样一种见解(现在看来这好像是显而易见的)：当一个经济社会正在遭受失业和利润低的痛苦时，靠借款资助的政府支出将通过倍数作用[①]增加实际收入，即使花费对象本身没有益处；而当花费对象有用时，为后代子孙建造比他们本来会有的更多的房屋、生产设备或交通工具，那就不会成为他们的负担。

在战争时期取得充分就业经验以后，这些思想一般地讲压倒了旧有的学说。今天，公认的政府财政观点是，预算主要是调节有效需求水平的工具。当有人失业时，现在人们认为政府应当增加开支并实行减税来刺激经济活动的高涨。(这个论点总是用就业量来阐述的，但它也受到商业界的欢迎，因为就业增加带来利润的

① 参看第2篇第3章第2节第1段。

增长。[1]）当经济是这么高度繁荣以致造成全面的劳动需求过多，这被认为是通货膨胀性的，需要增税来制止。（预算的就业政策是同一国国际支付差额的问题联系在一起并受到它的牵制的，这一问题我们将在后面讨论。）

现在我们看到，赋税目的不在于筹款来应付开支，而在于把需求从私人目标转向公共目标。因此，政客们喊叫："我们经不起！"这对有益社会的支出要求来说并不是合理的答复。使用闲置资源不要花钱。当资源得到充分利用时，这种答辩有点像是说："政府经不起再多建造一些医院，因为这牵涉到从建造豪华的公寓和汽车道夺取稀少的建筑材料。"

一国政府要关心工人队伍的就业水平，这种思想将自由放任的正统观念打开一个巨大缺口，并将公共政策带进经济生活的一切领域。

五、国债的负担

以往赤字（减去一切还款）积累的结果依然是政府对其人民的未清偿债务；这就是国债。（在这里，我们只考虑内债。外债将在
后面讨论。）国债是社会负担的想法由于接受凯恩斯的财政观点而 210
不行时了。很明显，国债的存在并不直接降低国家的实际生产能力。政府借款时要支付利息；这笔钱是取自纳税人而转给政府债券持有者的。一国人民作为一个整体来看，利息等于他们在自己偿付自己。这不同于一个家庭不得不对他的债权人支付利息的情

[1] 参看第2篇第3章第2节第2段。

形(或一个国家偿还外债的情形)。

尽管如此,庞大国债的存在是很讨厌的事情。一切赋税都产生反常情形和不满情绪,大部分赋税会发生有害的副作用。要筹措的岁入总值越大,上述情况就越糟。当一国政府单纯为了支付利息而大量征税时,它就更难为了值得想望的目的而征税了。而且,不论在字面上税制是多么累进,支付国债利息一定在某种程度上涉及向穷人征税而付给富人,向积极分子征税而付给懒散的人们。

六、预算与有效需求

我们已经注意到,把像国民收入流量或充分就业水平一类的复杂数量,看成好像可用某种简单的单位数字来表示的那样,这是不合理的。但是,假使我们自己不要误认为公式有着比它所能具有的更大的意义,那么,用公式来阐明凯恩斯论点还是有所助益的。我们把公式限制在一个封闭的体系也就是限制在一个没有对外贸易的经济里。

一年国民净收入表示一年货物和劳务的产值,也就是国民总产品减从利润扣除的折旧提成。我们要使国民收入成为减去折旧后的净额,因为我们关心的是可支配收入的流量。在这里,我们无须担心我们在上面探讨过的净利概念的模糊不清的情形。[①] 而且,我们假定折旧提成可以确切代表投资总额中用于补偿资本资财的折旧部分。因此,当 Y 是一年国民净收入和 I 是一年净投资

① 参看第 2 篇第 6 章第 2 节第 1 段。

时，Y就相当于所有住户勤劳所得和不劳而获的收入流量以及各家厂商的未分配利润。

现在从净收入(Y)如何挣得的观点对它进行分析，它可以彻底划分为从消费品和劳务生产(C)得到的收入，从净投资(I)得到的收入和从政府支出(G)得到的收入。从净收入如何使用的观点来观察时，它是用于消费，储蓄(S)或用于缴纳赋税(T)，

$$Y = C + I + G$$

$$Y = C + S + T$$

所以

$$S = I + G - T$$

这就是说，公众的净储蓄总额大于抑或小于净投资，要看预算有赤 211
字还是有盈余而定。当预算有赤字时，那意味着政府进行负储蓄，所以私人储蓄大于投资的数值。

现在设s是私人储蓄在总收入中所占的总比例，t是按一特定税率模式缴税的总比例。于是

$$(s + t)Y = I + G$$

在投资不变情形下，政府扩大支出会增加收入并增加储蓄总额和赋税收入。由于它提供额外税收，所以一次政府开支所引起的国债的增长要小于支出的数额。这是萧条时期用公共投资对付失业的一个重要部分。

现设税率提高，t要大些。于是包括I和G在内的其他一切要是保持不变的话，Y必定要低些。这种情形的产生是因为较高税率限制消费的缘故。在t较大意味着s较少(缴纳高额赋税减少储蓄)的范围内，Y也要减少那么多。

这个论证得出一个引人注目的结论。试想一国政府在保持它的年度预算平衡情形下采取一项保证足以维持近乎充分就业的支出政策。在一定情况下，这国政府势必要比它靠赤字来保持同一就业水平时支出更多的钱，因为它必须有足够多的支出来弥补高额赋税对消费的限制。所以政府必须再考虑一些花钱的项目。除非这些钱全都花在军备和月球上，那必定意味着公共部门要更多地涉及社会政策方面。而且，在这种政策下进行投资的果实会由整个国家来享受，而不致带来任何需要将来支付利息的债务。

因此，当近乎充分就业情形得到保证时，维持预算平衡政策就比所谓凯恩斯原理更激进得多；凯恩斯的原理是，每当有效需求有必要提高时就允许预算出现赤字。

第四节　物价水平

到现在为止，我们一直是根据相对货币工资率来说的价格以进行一切讨论的。现在我们必须转到用货币表示的工资和价格问题。

一、货币工资

凯恩斯革命的最重要因素之一是这样一种认识：在工业经济中，一般物价水平的主要决定因素是相对每人产量的货币工资率的劳动成本水平，以及任何时候货币工资率水平多少是历史上的一个偶然事件，它取决于最近和遥远的过去的经历。

212 在凯恩斯以前流行的教导中，有关商品生产和收入分配的理论是根据“实物”进行探讨的。货币被想象为一个面罩，经济学家必须通过它来观测一些基本关系。一般物价水平被看成一门独立的学科，它是依据休谟的天真货币数量说[①]的种种详细阐述来说明的。凯恩斯推翻了这种两分法并把货币体系作为复杂的现实中的一个因素。

我们已经注意到，一种非货币的市场经济在措词方面是个矛盾。[②] 即使独立的专业化生产者之间的最简单交换，也需要某种一般购买力的单位。对一个以工资劳动为基础的生产体系来说，货币更是一个必不可少的先决条件。对马克思来说，资本主义是劳动本身变成商品——一种交换对象—的制度。工资一定要取得一致意见并用货币来支付。于是货币工资率成为每个生产者成本的主要决定因素。我们已经看到，不同类型工人的相对工资率要受到工艺和从事各种职业的条件的长期影响。在任何特定情况下，相对收入都是异常稳定的；在通常情形下，任何一国工业的工资率都十分步调一致地发生变动。一般货币工资率水平决定所有制造品直接生产成本的一般水平，一般地说，相对直接成本的比例差额是十分固定的。因此，一般物价水平要受货币工资率水平的支配。

在就业和利润高时提高货币工资率要比就业和利润低时降低货币工资率容易得多。所以在历史发展过程中，货币工资率有上升的一般趋势。就制造业来讲，这一趋势部分地为每人产量因技

① 参看第 1 篇第 3 章第 4 节。

② 参看第 2 篇第 5 章第 2 节第 2 段。

术进步而提高所抵消，然而像理发一类的个人服务的生产率是无法大大提高的，所以和货物相对来说，它们变得越来越昂贵了。

这是一切工业国家的一般现象。（在不同国家里，工资上升和生产率提高的相对速率对国际贸易是有影响的，我们将在后面进行探讨。）

二、通货膨胀

在长期萧条以后，当实现近乎充分就业的时候，相对工资率在以前因失业格外严重而压得很低的行业就有提高的必要。例如英国，在工业有空缺的场合有必要提高农业工资，否则农场主势必要失去他们的工人队伍。当这种情形发生时，购买力增加，这进一步扩大有效需求，接着高报酬工人往往产生恢复他们的传统差别工
213 资率的压力。因此从工资率方面可能掀起一个通货膨胀的变动。

通货膨胀也可能从物价方面开始。有效需求突然急剧的扩大会抬高包括粮食在内的初级产品的价格。从经济活动增加也捞到好处的工业雇主无法拒绝提高货币工资率来补偿生活费用上涨的要求。于是直接成本因原料涨价而上升，又因工资提高而进一步增加。要保持利润差额不变又引起制造品价格的上涨。这样一来，实际工资就再次低于初级产品开始涨价前的水平，于是又产生提高货币工资的压力。

此外，当有效需求的扩大导致制造品产量提高而价格不上涨时，利润还是增加——由于工厂利用率提高，单位产量的间接成本降低了。所以工会认为提高货币工资率来保持产量价值中的工资份额是它们的权利与义务。雇主没有多大反抗，因为他们要能利

用有利的市场情况。但在工资率上升情形下，直接成本增加；价格上涨后重新回到原来要价还价地位；撇开对国外贸易的影响不谈，我们没有理由认为货币收入和物价的螺旋形上涨不致漫无止境地进行下去。

这一切都纯粹是短期反应。我们还必须考虑积累和技术变革的影响。不论什么时候，一些厂商要比另一些更快得多地降低成本和扩大产量。所雇每个工人产量增加的厂商在使它们能多少保持价格稳定的范围内对于提高货币工资并没有特别的反对意见。的确，它们也许乐意提高，因为同一市场上不那么先进的竞争者也必须支付同样的工资率，这可能迫使它们停止营业。

几部分工人增加货币工资就把其他工人的工资也抬高了。比较落后的工业和服务性行业被迫实行生产机械化来把每人产量提高到一个水平，以便在较高工资率下仍能继续经营，但是它们不能足够快地做到这一点，以制止它们的成本的增加。因此不同生产系统技术变革的不平衡造成整个物价水平的不断上升。

当通货膨胀持续一个时候，以货币价值稳定为依据的协议就开始遭到破坏。一旦价格上涨的预期扎下根，它本身就变成通货膨胀的原因。人们开始对古代名画和建筑用地进行投机，于是大量金钱落到商人的腰包。因此，尽管这种变动是有效需求扩大所掀起的，一次衰退也不足以将它制止住。

工联主义者被告知说，通货膨胀的一切过失都在于工资率上涨，他们感到十分愤怒。生意人也不喜欢被斥责为抬高物价。不能责怪哪一方。每一方都是按照它自己的眼光采取正确的行动的。投机家是在遵守自由市场制度的适当规则。困难不在于哪一 214

个人的恶劣行为，而在于私营企业市场经济的机制。[①]

凯恩斯《通论》的论证表明，均衡物价水平观念没有什么意思，这比私营企业经济没有保持充分就业的自然趋势这一意见使正统派思想受到更大的冲击。在凯恩斯以前新古典学派重建理论时好像遗漏了这一点，因而现在经历的通货膨胀使现代正统派感到惊慌失措，就好像大规模失业使三十年代正统派感到惊慌失措一样。

第五节　另一回事："消费者主权"

一、一个和谐的社会

要理解消费者选择在新古典学派理论中的作用，让我们回到前面谈到过的经营良好的以色列集体农庄。某些物质资源——劳动时间和生产资料——可以用于供应当前消费，还有一系列指定的消费品。问题是用最合意的方法将资源在各种商品之间进行分配。主管委员会制定**生产可能性面**，它表明一特定资源能够生产的每一商品组合的最大数量。

在只有两种商品的简单情形下，这可以用两维图来说明。两轴代表二种商品（A 和 B）的数量。曲线表示每种商品可以生产出来的最大量（连同一定量的另一种商品）。这说明了对计划问题可
215 能有重大关系的两个概念。[②] 头一个是**高效率**生产的概念。在生

① 参看杰克逊、特纳和威金逊合著：《是工会造成通货膨胀吗？》。

② 参看第 2 篇第 11 章第 2 节第 1 段。

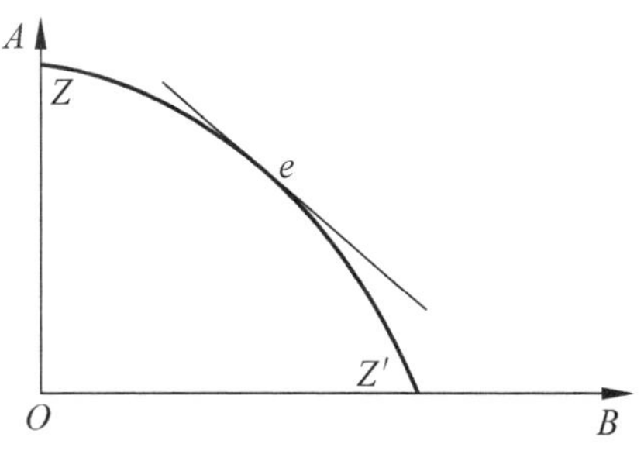

第 7.2 图

用实物表示的商品 A 和 B 的数量是用两轴测度的。所有两轴之间的各点代表组合 A 与组合 B。所有在 ZZ' 线上和线内的一些点都是可以生产出来的。线外的组合不能生产。所有 ZZ' 线上的各点从下述意义讲是效率高的:不少生产 B 就不可能多生产 A,反过来也是一样。在 e 点相切的斜率代表用商品 A 表示的商品 B 的价格。

产可能性界限内一点所代表的商品数量表示低效率的生产,因为用一定资源可以使一种或两种商品都多生产一些。

第二个概念是机会成本。就界限上的任何一点来说,不少生产 B 就不可能多生产 A。在任何一点上,同界限上那一点相切的斜率表示用另一种商品计算的每种商品的机会成本。

委员会打算按照相当于合作社成员爱好的比例生产各种商品。购买力在他们中间要怎样进行分配呢?新古典学派理论概括地谈到这个问题。我们假设发给每个成员若干和他的消费的“公平份额”相当的票证。然后喊出界限上某一点的相应价格比率并问每个成员他将如何在各种商品中间分配他的票证。如果用在 A 上面的全部票证对用在 B 上面的票证的比率大于界限上那一点所表明的生产比率,那就挑选商品 A 价格(用 B 表示)较高的一点,余类推。靠错了再试方法可以找到一点,在这一点上,两种商品的生产比率符合票证分配的比率。于是按这些比例生产商品并发给成员来换取票证。(当然,在不止两种商品的情形下,整个过程会变得极为复杂。)需求比率是各个人需求的平均数(用配给每个人的票证加权),但不一定符合任何个人的偏好。不过,在这一点上,没有一个人能多得到一些他更喜欢的商品而不从别人剥夺他更喜欢的东西。这叫做"帕累托最适度",因为帕累托的名字同下述命题联系在一起,这个命题是,瓦尔拉市场的自由竞争必定导致生产可能性面上的一点。[①]

二、一些困难

这个论证旨在表明竞争性市场会实现稀少资源在各种可供选择的用途中的有效分配,但它甚至根本不打算谈谈在进行积累和技术进步过程中可供投资的资源在各项规划之间的分配。[②]

即使从它本身的静态基础来说,这个论证也只限于所谓福利经济学的狭窄范围——住户在零售店购买时的货物分配情形。它撇开了公共部门的活动。它显然没有谈到在军事方面的"资源分配",看来它也不能应付有益的公共支出。同大部分货物通过商店进行分配比较起来,一般人能够享受教育和切实的卫生服务肯定对福利——在这个字眼的普通意义上——是一种更重大的
216 贡献。

最后,这个论证没有考虑财富和收入在各个家庭之间的分配。

---

① 参看第 1 篇第 3 章第 2 节第 1 段。

② 参看杰诺斯·科尔奈:《反均衡》,第 2 篇,第 11 章。

帕累托最适度概念是纯粹从物质方面下定义而不顾及它所涉及的人类。当购买力分配不均时，也许会达到生产可能性面上的一个位置，在这个位置上，一些消费者吃得过饱，另一些消费者则在挨饿。这会充分满足帕累托条件，因为吃得过饱的人们当中至少有一个要少拿一些，挨饿的人们才能多得到一些。

附录：会计恒等式与因果关系

要使理论方面的真知灼见影响统计资料往往发生一些困难。为了理论上论证的目的，我们感兴趣的是因果关系，这些因果关系取决以预期为依据的行为，它是事前的；而统计必然是记载已经发生的事情，它是事后的。而且，数字必须列入有可能获得统计情报的范畴而不是列入从分析观点来看具有重大意义的范畴。尤其在总投资 I 和净投资 I 之间以及在净储蓄 S 和包括折旧提成 A 在内的总储蓄之间的划分方面存在着困难。一年国民总产品统计必定包括总投资价值，而不试图扣除一年中原有设备资财、建筑物等等的折旧部分。相应的收入流量包括有折旧提成。我们可以从总投资减去折旧提成 A 得出国民净收入 Y 和净投资 I 的数字。但是折旧提成同实际折旧的关系是不确切的。我们只有靠会计惯例才能把 I 定义为 $I-A$。因此，在我们这样写时：国民净收入是由净投资的价值和消费所构成，其形式为 $Y\equiv I+C$，我们必须用表示会计恒等式的符号≡而不用表示因果关系的符号＝，在会计恒等式中，一些元素是根据定义才相等的。

在早期讲解凯恩斯《通论》时，人们通常证明如下：

$$Y = C + I$$

$$Y = C + S$$

所以

$$I = S$$

但是，由于净投资和净储蓄是会计恒等式，这不是合理的论证；它使得敌对的批评家造成混乱。① 事后会计恒等式系记载(譬如说)过去一年发生的事情，它不能说明因果关系；相反地，它是表示需要说明的事情。凯恩斯理论并不曾证明储蓄率等于投资率，而只
217 是说明通过什么机制才使两者相等。

在前一章第三节第五段论证中，把 I 和 S 作为净投资和净储蓄是合理的，因为我们注意的是 G 和 T 发生变动的结果，而 I、I 和 A 可以认为不受它们的影响。

在我们的简单模型里(第二篇第二章第二节)不曾发生区别毛利和净利的问题；那里没有折旧提成，因为机器没有物质上的有形损耗或无形损耗。

① 参看乔安·罗宾逊:《就业理论引论》，1969 年第 2 版，第 xiii - xiv 页。

第八章　金融 218

一切生产过程(摘野生果实除外)都需要一些事前存在的原料和设备,生产是需要时间的,所以有关的人们必须想办法维持生活一直到产品出现的时候。在重农主义者描绘的经济中,农民占有充分资财来准备一年的生产性消费;李嘉图的资本主义农场主于收割后在他的谷仓里保持有下年度的工资基金。在现代经济中,生产一直在川流不息地进行着。一个有购买力的人才能购置生产所必需的投入物,并用货币支付工资,使工人在他们自己的产品可以出售以前就能购买现有货物来维持他们的家庭。

而且,整个经济中生产管道的各个点上都有各色各样的产品库存,因而推动生产(直到难得达到的一个限度)的一般支出的增加可以马上见效;供给对需求作出反应是富有弹性的。一笔工资基金不是采取一堆现成货物的形式而是作为一种潜在的生产流量存在着。因工资支付和花费增加而引起有效需求的增长,要求扩大工人所购货物的生产流量。同样,建筑和制造设备所需要的投入物,譬如说钢或水泥,也有一个生产流量,它是随投资水平而扩大或缩小的。

资金是在获得报酬以前可以用来花费的购买力——一笔金额,从而使投资变成可能的。

第一节　货币与金融

一、周转金

我们已经看到，厂商超过当前收入的支出或政府超过岁入的
219 支出——净投资和预算赤字——通过倍数过程产生一相应的储蓄额。[①] 然而显而易见的是，一项投资计划不能靠它本身所提供的储蓄来融通资金。必须预先支出来使倍数发生作用。当存在着一稳定投资率时，就有一相应的稳定储蓄率，但每一连续进行的投资回合都需要预先融通资金。

在预算保持平衡和工商业逐月按一个稳定的速率进行投资的情况下，我们不妨想象我们可以看到一个特定投资计划所引起的支出流量。打个比喻说，我们将货币染上桃红色，于是注视它从一个人手里转到另一个人手里。一家厂商借款或动用它自己的资金来支付工资和购买原料。工人在商店购买货物，食利者花费已分配的利润。商店定购货物来补充它们的存货。当货币从一个人手里转到另一个人手里时，我们看到川流不息的付款处处都有漏到未分配利润和住户储蓄的情形。到头来，全部原来花费都在这个体系某处停止下来，成为一部分积累的财富，因为，直到它漏到储蓄以前，它是在不断地流通并提供更多的收入和支出。

在按一个稳定的速率进行投资时，储蓄也按同样的速率进行

① 参看第 2 篇第 3 章第 2 节第 2 段。

积累。由于储蓄，它就补充了厂商基金或增加了住户财富，从而可以为进一步投资提供资金，如果储蓄所有主愿意这样做的话。于是投资不断动用供应的资金，储蓄也不断将资金重新创造出来。

一固定投资流量所必需的资金系表示一种周转金。投资率或赤字花费一月一月地增长要求扩大财政基金，而且一般地要求增加流通中的货币数量。现在我们必须了解这是怎样实现的。

二、银行货币

在现代经济社会中，银行体系对于供应富有伸缩性的财政基金起着特殊作用。在公众中有一个人把钱丢开一个时候而在他需要时再要回来的场合，人们惯于对银行究竟是“创造货币”还是单纯是“衣帽间”发生争论。在某种意义上，这两种见解都是正确的。对任何个别储户来说不过是暂时存储，也许不久就要提取的东西，被银行体系变成了资金的来源了。

我们不妨考察银行货币的起源来理解它的根本性质。我们已经看到，货币是任何可以作为货币而为人所接受的物品。[①] 在信用组织草创时期，金铸币是主要可以接受的交易媒介。因为在家里保存黄金是危险的，所以富有的人将他们所有黄金都交给金首饰商保存在保险库里。于是代表一个人所拥有的黄金的收据能够 220
用于支付款项。各个人之间用一些纸张来了结债务，金首饰商则注视着他的保险库里黄金的所有主的变动。随后印出票据来，代表对黄金的要求权，这就提供了一种方便的通货。从此以后**银行**

① 参看第 2 篇第 5 章第 2 节第 2 段。

原理跟着产生了。票据可以印刷并借出去为商业融通资金。借款人用票据支付他的供给者，接受人依次使用，于是这些票据继续流通，难得回到银行兑换黄金。因此，同一批黄金的要求权可以达到十倍或十二倍以上未清偿的数额，可是银行还是有偿付能力的。

现在银行是在“创造货币”。产生一种交易媒介，它是人们可以接受的，因为对每一个人来说它代表黄金，尽管他们如果全都立刻要兑换黄金时他们可能得不到。只要银行维持信用，原来黄金所有主的情况并没有变坏，而经济社会却因借款人能够进行的实际生产而富裕起来。但是，如果为了任何原因（真的或假的），人们怀疑一家银行不能偿付时，就会发生挤兑情形，每个人都要抢在别人前面兑换他自己的票据。银行就会倒闭，于是票据成为废纸。

今天，大多数国家将钞票交由政府发行，纸币是官方货币，赋予法偿性质，这意味着用纸币偿还债务是不能拒绝接受的，于是纸币就具有了一般可接受性。这种纸币的黄金保证思想逐渐消失。它是货币，就因为它是货币。（只要国家掌握着它的法律和政治权力，它是可以接受的。如果这种权力不存在的话，就像我们所知道的，国家货币制度将会崩溃。）①

现在各家银行系用官方货币而不是用黄金作准备金，然而上述银行原理还是适用的。存款可以随意提取（开支票）或经过短期预先通知就可提取，这些存款是一种方便的交易媒介，银行（像金首饰商一样）可以利用它们作为资金的来源。

一个挣薪金的人每隔一段长时间才拿到钱而一天天地花掉；

①　参看第2篇第5章第2节第2段。

一家商店或公共汽车公司一天天地拿进现款而要隔一定时间才支付出去。谁都不认为在进款和付款之间持有的现金是储蓄，但对每一个人来说只不过是支付以前暂时停留的东西，对银行来说却是一笔永久的资金；某些个人是在存进别人正在支取的款项。这种代表大部分交易媒介的资金部分地被银行用来对各种行业和住户进行贷款。当一个借款人提取银行贷款来支付货物或劳务时，他所花费的金额又存进接受人的银行账户，他们可以用来进行支付。银行贷款就是这样“创造货币”的。

三、消费信用

银行既向商业又向住户贷款。凡信用卓著或有办法提出附属担保品的人，通常在支付超过他的收入的场合都可以向银行商量透支或借款。221

分期付款购买是贷款给没有信用的住户的一种方法，因为根据这种制度出售的物品本身就是贷款抵押品。在不履行契约时就将东西收回。用过一时的洗衣机或一套睡房并没有多大价值，但失掉它的威胁却是按期付款的一种强大刺激。

能按这种办法购买耐用消费品的一个突出例子是房屋。一大部分住房是向住户实行抵押贷款即用房屋作担保以融通资金，另一部分是由地方或其他机关借款建筑起来的，这些机关对满足那些没有办法自己筹款的家庭的需要感到关切；还有一部分是在建筑业投机当中因投资牟利而兴建的。全部房屋建筑最好是看做一种特殊投资，它具有不同于工业投资的特点。

四、其他借款人

除地方政府以外，许多像大专学校和慈善基金一类的机构，都有机会借款来开展它们的活动。它们从捐款和认捐获得的收入，使它们能够支付利息和树立信用。为这种高尚目的筹措投资款项的费用是由赢利性投资所能支付的利率决定的。

五、融通资金

对分期付款购买、住房、地方政府投资等等方面融通的资金一部分由银行直接提供，一部分是靠银行信用进行活动的专业组织提供的。这是贷款人和借款人之间存在着金融中介机构（除银行本身外）的一个例子。金融机构是随同工业而一起发展的，它用多种多样方式为贷款提供便利。而且，一个庞大的机构和许多兴旺的职业环绕着把借贷双方拉拢在一起的行业建立起来，大量资金用于融通资金。

六、偿付能力

除对各种行业和住户直接贷款外，银行还持有证券——代表政府或其他组织和行业的第二手借款的债务。这样，在提供偿付能力的意义上，它们是在“创造货币”（即多少接近现金代替物的带有购买力的工具）。一家信誉卓著的银行的存款比持有一堆钞票更可靠得多，而且偿付能力并不差。因此，银行持有票据和其他偿付能力较差的资产并为财富所有主提供存款，就使他们有可能用流动形式来保持他们的财富。

在严格的意义上，一项金融资产的流动性系反映将资产随意 222
变为一笔金钱的能力。凯恩斯把流动性概念同对将来价值预期的不确定性概念混在一起。因此对他来说，流动性说明个人或机构对保持财富的一种手段可能怀有的偏好，这种保持财富的手段在将来任何时候都能按照预见的价格换成货币。银行存款利息是低的或者是负的（由于服务费关系）。所以，用货币形式持有财富而不投在提供较高报酬的生财方面所损失的利息被认为是衡量**流动偏好**的尺度。

七、信用基础

货币实质上是个信用问题。这个体系取决于银行作为可靠的债权人的声誉。当一家银行放款过于轻率，它的债务人不能偿还，它就把客户存款损失了。当经济从繁荣突然转入衰退时，亏损是普遍情形，在以往的时候，整个银行体系也许有崩溃的危险。为了这个缘故，一切现代国家都设立合法机构和权力机关（储备银行和财政部）负责保持货币体系的偿付能力。各家银行则有责任用在中央银行或某一相当权力机关存款的形式来保持一部分储备，当局通过控制储备总额就可对现有银行货币总量实行一定的控制。

根据英国传统银行制度，除保持纸币和铸币准备应付存户需要以外，银行还以存款形式在英格兰银行保存它们的储备，这部分储备算作现金。它们有责任保持现金对全部存款的一定比率。以前，这是一个惯例问题；现在它被系统地制成一套法规，不时加以修改。

银行从它的贷款和它所持有的证券获得利息收入，但现金得不到利息。所以银行不想保持不必要的大量现金。同时，它们必须不让它们的现金比率下降到法规要求以下。这就使英格兰银行有改变银行货币总量的能力。银行现金储备通称**信用基础**。英格兰银行可以调节它的数量。

让我们举一个现金比率 1∶9 时代的简单例子。譬如说，英格兰银行用一张向它兑款的支票从公众中的一个人买进价值 100 英镑的证券。证券前所有主把这 100 英镑存入他的银行账户。他那家银行发觉存款总额增加 100 英镑，它的资产因现金增加 100 英镑而增多。为了防止现金比率不必要地提高，它将 100 英镑中的 90 英镑用于购买证券或预付款，从而将现金对其他资产的比率恢复到必要的数字 1∶9。但是现在它这样花费的 90 英镑又变成其他银行账上的追加存款和追加现金（一部分可能回到原来银行），结果其他银行购买 81 英镑证券。余类推，直到现金基础最初扩大
223 部分导致存款总额增加 1000 英镑为止，针对这 1000 英镑存款增加额，各家银行现金增加 100 英镑，赚钱的资产增加 900 英镑。

现在实行的法规更加复杂，不过普遍应用的原理还是一样。银行体系成为提供交易媒介和供应资金作积极使用来“满足商业需要”的桥梁，这些资金在必要时是可以扩充的。这并不意味着各家银行合在一起只能在它们储备要求的限度内进行贷款。正当的银行习惯做法要求短期政府债券一类的保险证券对其他资产占有一个较高的比率。实际上，这种“流动性比率”在限制银行活动方面总是比传统的现金比率更为重要。在这一比率的支配下，一家著名银行能够发放的贷款数额取决于前来洽商的殷实可靠借款人的人数以及他们为可能发生不还款情形而提出的附属担保品。因

此,贷款时银行资产中证券的比例主要决定于一般商业状况和获利前景。

八、货币供给

任何时候现有货币数量都可用精确的数量来表示。货币的最狭隘定义是法偿,但在一个现代经济中,支付手段供给的最重要部分是银行存款,这些存款有各种不同的类型,如活期存款账户(开支票提取)和定期存款,这种存款要在提取前预先通知并可得到利息。而且,对任何个人或企业来讲,没有提取的透支额或多或少等于存款。许多像储蓄银行一类的机构贷出款项并接受存款,这对其所有主来说几乎等于现款。所以当局控制银行的权力并没有使它们严密控制住从企业和住户来看是货币供给的数量。

说实在的,对现有货币数量发生主要影响的是公众的货币需求。正是贷款和供给通货之间的联系使得货币体系对企业需要作出反应。银行是在它们能够找到殷实借款人的场合贷出款项的。在前景光明时,银行扩大放款,在不景气发生时则收缩放款。因此,随着经济活动增加,货币供给扩大。同样,随着物价上涨和工资额提高,银行贷款也相应增多。在长时期内,由于财富积累起来(即使物价不上涨),经济社会需要一个比较大量的通货来达成交易并用流动形式来保持余额:这是自动地由不断增长的银行货币数量来提供的。因为银行存款的每个储户都有权随意要纸币和铸币,所以官方货币也相应扩大供给量。国债也是在留心银行体系需要的情形下加以管理的。

(根据任何合理的定义,任何一国的现有货币数量多少是步调 224

一致地随其人民的收入和财富的货币价值而一同扩大，这个事实导致货币数量控制国民收入的理论。这个理论的困难在于：一直没有人能够对货币数量增加怎么会提高国民收入这一点给以一个全面的说明，而国民收入提高如何引起货币数量增加这一点却是十分容易理解的。这个问题要在下面进行讨论。[①])

我们已经看到，当局对交易媒介的总供给有一定的控制力量，然而让其增加比让其减少要容易得多。在当局企图限制伴随经济活动高涨而来的货币数量增长时，金融界可以在它们中间采取信用形式，这种信用是合法货币的代替品，如同卖主给以买主以商业信用。在当局直接控制以外的机构可能用较高利率从银行夺取存款，而按更高利率对建筑业、分期付款购买和其他形式投资进行贷款。在限制信用方面有不少这一类的漏洞，它们变成逃避控制的手段，这种控制是为隔离情愿借款人和情愿贷款人而实行的。

而且，权力机关必定是国家的，以后我们将会看到，建立一个适当的可靠的国际货币制度问题存在着巨大困难。此外，处理国内金融事务也难以同它的国际方面分割开来。

第二节　生财市场

除银行贷款以外，厂商筹措资金的主要方法是出售债券——代表将来进行某种支付的一种债务。我们已经看到，国债也表示因政府借款而产生的债务。证券(像我们简单模型中的票据)可以

① 参看第 2 篇第 8 章第 4 节。

作第二手交易；任何时候都存在着大量相当于过去所筹资金的债券。

一、债券与股票

商业债券分两大类，每一类又细分为：债券和股票，前者表示承认债务并应允每年支付某一数额的货币；后者则授予人们对企业利润的要求权。〔这个术语是英美两国惯用法的混合物，因为它清楚明了才选用的。在英国，债务票据叫做“债券”或“政府公债”，在美国，股份证书叫做“股票”。〕

除主要由银行和其他金融机构持有的短期票据以外，国债系
采取公债形式。一个受人尊重的政府的公债叫做金边的，因为它 225
没有不还款的危险。其他机构和行业靠发行债券来借款的能力决定于它们的信誉。

对企业来说，债券和股票在法律上是十分不同的；一张债券表示一种债务，因而支付利息是一种法律义务；而一张股票系表示对企业的部分所有权。在法律上，股票持有人集体拥有企业的资本并有权任命董事会，董事会雇用经理来经营企业；但股票持有人在他们对企业债务负责的充分意义上并不是所有主。假使企业破产，不能偿付它的债权人，它的股票变成废纸，然而股票持有人并不承担进一步的义务。

这种有限责任原则的结果是，股票仅仅成为食利者一种便当的生财，因为一百多年来，尤其在这种法律制度下，典型的有限公司已发展成为一种特殊机构，它由自行指派的委员会控制，由拿薪金的工作人员管理。经理人员的目的在于赚取利润，因为一家厂

商没有利润就不能兴旺发达，但是他们并不是当真为股票持有人而是为公司赚取利润，他们自己的利益同公司的利益是一致的。发红利——净利的一部分——的必要性同支付债券利息的必要性没有很大区别。尽管债券和股票的法律地位不同，在通常情形下，它们最好这样看待：从厂商来看是筹措资金的替代办法，从食利者来看是生财的替代形式。

二、证券交易所

一家证券交易所是债券可以进行第二手交易的市场。它们所代表的资金是老早就被政府花掉或体现在厂商的赚钱设备上面。一家厂商从事某一特殊方面的活动。债券可以每天从一个所有主转到另一所有主，而对它们所代表的企业却没有任何影响。所以债券是比实际投资更灵活得多的一种财富形式。

证券交易所主要是为食利者提供一种便利，在买卖第二手债券的营业方面发展起来大量高报酬的职业。新发行债券一开始由专业机构经办。但证券交易所是间接为工业服务的，它增加债券流动性使其具有吸引力，从而减少筹措资金的费用（用利息和红利表示）。但对有名的老公司来说，新投资资金的主要来源就像我们的简单模型那样是保留利润。同大量第二手买卖比较起来，经过证券交易所的新资金数额是很小的。

实行有限责任制的结果，留存的利润产生一特殊财产体系。厂商经理人员不断将折旧资金重新投资于新设备，他们还保留一大部分净利来资助他们的生产能力的扩充。这样产生的全部新资
226 本在法律上都属于股票持有人。在投资顺利进行的条件下，和一

般股票相对应的所得流量在不断增加；证券交易所的股票价值也相应上涨。因此，厂商雇用的工人、经理人员和设计师所创造的财富就装进食利者的腰包，而他们对生产却没有作出任何贡献。正如加尔布雷思教授所指出的："就不劳而获来说，授予封建特权决不能同祖先购买一千股通用汽车公司或通用电气公司股票并留给他的子孙相比。"[①]证券交易所的主要经济作用是保护和膨胀食利者的财富，而不是为工业或政府融通资金。

三、不稳定性

生财是作为一种财富形式而持有的，没有像不动产或古代名画所附带的一些考虑。生财持有人总是期待赚钱、避免亏损。多头买进股票，指望价格上涨；空头则保持货币，因为他们等待股票价格下跌。价格变动的预期有自行实现的趋势；人们预料价格要上涨的股票就争相购买，于是这些股票价格确实上涨，反过来也是一样。

预期对证券市场价格的影响，以及因此产生的也许没有什么客观根据的乐观情绪或悲观情绪的重要性造成证券市场的不稳定，自行实现的预期将会掀起购买或出售的浪潮，使价格发生剧烈的波动。

生财市场的不稳定性加剧工业的不稳定性。在过去不久厂商利润水平上升的场合，每股股票的预期收入提高。在原来股票价格基础上，收益增加，即收入对证券交易所价格的比率提高。但是

① 《新工业国》，第 394 页。

原来价格也上涨了，这种涨价多半抵消实际收入增加而有余，于是收益减少。现在借款容易些，这有助于扩大投资。同时，食利者更加富有，因而他们的支出增加。投资扩大和食利者支出增加的总和影响越发要提高实际利润从而提高利润的预期。这种螺旋形上升要一直继续到发生某种事物将它制止住；然后预期倒转过来，股票价格开始累积下降过程。生财市场不稳定对工业投资起着破坏的作用。“设一国之资本发展变成游戏赌博之副产品，这件事情大概不会做得好。”[①]

提供消费资金的机构也有加剧有效需求波动的趋势。当收入增加时，住户为耐用品支出而进行的借款也增加。当收入不再提
227 高时，偿还已借款项的沉重负担就压在他们身上；他们得不到新的贷款，于是耐用品需求突然下降。

证券交易所的不稳定性可能发展到一种极端病态情形，就像1929年崩溃的庞大的华尔街多头市场一样。[②] 所以它可能成为工业活动起伏不定以外的一个独立的不稳定性的根源。当股票价格仅仅因为人们预料它要上涨而上涨时，市场是在走向灾难。迟早将会发生某种事情使预期削弱，这种预期是除它本身之外没有任何根据的；一旦股票价格停止上涨，它们就粉碎了。于是信心动摇对投资发生反作用，纸面价值的暴跌加速真正的衰退。1929年大灾难强调说明现代私营企业制度下金融与工业的关系的性质。

① 凯恩斯：《通论》，第135页。

② 参看加尔布雷思：《大崩溃》。

第三节　利率

一、长期利率

生财市场所达到的价格水平，对筹措新资金所依据的利率水平有着主要影响。债券价格高意味着新借款项的利率低。现假设一张不偿还的债券在那一类债券利率为5%时发行。票面价值100美元，保证永远每年付给5美元——债券没有偿还日期。当相应利率为4%时，债券值125美元，因为5是125的百分之四。一张新的同样债券可以按100美元发行，担负的义务是每年只付4美元。

在这种情形下，债券价格和利率之间存在着一种简单的反关系。一般地说，这种关系要受到偿还日期以及原来借款条件中其他因素不同的影响。

股票收入是一个更模糊得多的概念。这涉及特定厂商经营成绩的预期。对选择生财来说，特定股票将来价值的预期要比当前红利的影响更大。不过通常这一原理也适用于债券。股票价格一般水平的提高减少收益——即用股票市价的百分数表示的收入，不论对收入是怎样下定义的。这相当于利率下跌并为新发行创造有利条件。

二、存量与流量

工业潜在的可以利用的全部资金，在任何时候都不妨看做代表所有可以流通的私人财富的一个大蓄水池。川流不息的寻求生财的新储蓄一天天流进这个蓄水池，厂商则时常把新证券抛到里边来筹措资金或偿还银行贷款。

228 住户储蓄大部分采取抚恤基金捐款和各种各样保险的形式。掌管这些基金的行业是用提供收入的债券来保持的。只要这种形式的储蓄总额在增加，基金的收入就大于支出，因而这些基金所代表的生财的总需求随着时间进展而不断扩大。富裕的住户也有一些储蓄直接投放到证券交易所。

每年流量——生财的需求和表示供给增加的新发行两方面——同任何时候现有金融资产总额比较起来必定是小量的，现有金融资产总额系表示一百年来或更长时间的流量的累积结果。更不消说，供求流量关系的变化会改变生财总库的水平，而它相对总库主体来说多半是很微小的。因此，市场价格水平只在较小程度上受新借款和新贷款的供求流量的影响；主要影响在于市场的预期情况。（在我们的简单模型里，现有票据数量相对新贷款流量来说并不多。为了这个缘故，受预期利润率支配的借款需要对于利率水平比它在现代证券交易所里有着大得多的影响。①）

各种不同债券的相对利率模式是随市场状况而变化的。在利润高和股票价格上涨时，债券利率也必定高。老债券的价格一定要足够低，以使它们的报酬高到足以同股票竞争的地步。股票收益可能是低的，因为最近它们的价格上涨超过了它们的收入增加的比例，但价格上涨使股票持有人获得资本增殖，这要加到红利上

① 参看第2篇第3章第3节第2段。

面来计算股票的报酬。新债券只有在他们保证得到相应高报酬时才能推销出去。这一点由于银行活动而加强了。当利润前景良好时，银行贷出更多的款项而持有比较少的票据和债券。因此，银行放款的增加倾向于减少债券需求，从而提高利率。所以银行助长了利率在繁荣时期上升在萧条时期下降的运动。

三、货币政策

当局对利率水平掌握有巨大的力量。首先有一官方利率（在英国制度下，几个世纪来这都叫做“银行利率”），在这一利率下，中央当局以指定抵押品为担保提供短期贷款。各种不同银行贷款利率是相对官方利率规定的。这对整个债券市场都有影响。例如，降低短期利率，就使借款用来购买支付较高利率的债券成为有利可图的事情。这种购买略微提高债券价格，降低债券利率，这又增

加股票的吸收力，抬高它们的价格，减少它们的收益。在短期利率 229
上升的场合则发生相反情形。

其次，我们已经看到，当局可以向公众买卖债券来操纵银行货币的数量，从而影响银行存款总额。因此，为了从公众收购债券，银行体系必须把它们的价格抬高到某一点，在这一点，公众愿意放弃债券转而保持货币。于是在既定的一般流动偏好情况下，货币数量相对当前交易所需数额的增加要导致利率下跌。

第三，生财总额大部分表现为国债。它的结构可以靠发行更多短期票据来购买长期债券进行控制，反过来也是一样。这对银行体系的偿付能力从而对利率的整个复合体有着重大影响。

四、经济学家的梦想

当局影响利率的力量产生了一种想法，即一国政府可以靠这个工具来调节它的经济。降低利率会刺激投资并压低储蓄以增加消费品的购买来抵消有效需求的下降。当经济高涨引起通货膨胀时，提高利率就会将它制止住。这样就能保证稳定价格下的充分就业。

不幸的是，这种想法遇到一些严重困难。首先，虽然利率对投资有一定影响，它却是一个过于软弱的工具，并不足以控制有效需求。其次，有效需求的稳定不能保证货币工资的上涨恰好抵消生产率的提高从而保持物价不变。第三，没有一个国家对于它自己的利率水平拥有自主权，因为它是通过国际货币制度而同其他地方的利率水平相联系的，我们在下面将会看到这一点。①

第四节 “货币理论”

从新古典学派遗留下来的学说在大萧条时期依然占着支配地位，在这些学说中，影响市场经济活动的“真实”力量和“货币”力量有着明显的区别。“真实”力量决定了商品的相对价格和“生产要素”的商品所得，“货币”力量则决定了一般物价水平。“真实”力量有建立均衡（包括充分就业在内）的强大趋势，而“货币理论”系分析像商业循环、通货膨胀和“偏离充分就业”一类的现象。

① 参看第2篇第10章第3节第1段和第3篇第1章第3节第1段。

货币理论的中心教义是用下列公式表示的

$$MV \equiv PT$$

T 表示用某种物质单位计量的一年交易数量，用货币作为交易媒 230
介；P 是物质单位的平均价格，因此，PT 表示一年交易的货币价值。M 表示现有货币数量，V 表示一年中一单位货币用于交易的平均次数。因此，MV 也表示一年交易的货币价值。这个公式是一个恒等式，而不是一个方程式。[①]

用物质表示的交易额是一个相当模糊的概念。关于 MV 的含意也存在着一些困难。一方面，如果把 M 狭隘地定义为法偿数量，那么 V 就主要决定于可以用来进行交易的银行余额和其他交易媒介的数量。要使这个恒等式站得住，V 一定要定义为 PT/M。另一方面，如果 M 包括一切可以用于交易的支付手段，那么任何一年都可能有大部分支付手段闲置不用，流通速度等于零。于是 V 是闲置余额和活动余额的流通速度的加权平均数。

这个理论有许多不同说法，但一般要旨全都一样。T 被认为是由“真实力量”决定的，V 取决于一些习惯，如同工资是按周支付还是按月支付；由此推断 M 和 P 必定有直接的关系，从而得出一个结论，即货币数量决定物价水平。

凯恩斯从“货币经济学家”开始他的生涯，但在他的《通论》一书中，他打破了经济学两个部门的界限，证明所谓货币干扰是怎样扎根在私营企业经济的“真实”行为里面。用公式语言来说，他证明 T 是怎样随将来利润预期的变化而发生变动的（通过产量和就

① 关于记号≡的用法，参看第 2 篇第 7 章附录。

业的变动),他指出,对 P 的主要影响在于货币工资率水平。[①]

因经济活动或货币工资率水平上升而引起 PT 的增长通常由于银行余额扩大而导致货币数量的增加。但若当局试图制止货币增加的话,它们就要提高利率,促使一些闲置余额转入积极流通,于是 V 加快。

人们有时争辩说,V 加快的可能性不大,所以到头来当局终能不让 M 增加来制止 PT 的扩大。但在事实上,它们做不到这一点。由于储户有权在他们愿意的时候提取纸币和铸币,所以流通中的官方货币总额决定于公众的需要。如果银行货币总额受到限制,商界和金融界会提供其他种类的信用。只有当局适当利用货币体系,它们才能保持对它的影响。

在另一方面,M(不论怎样下定义)的增加可能在促进经济活动方面有一定影响。当预期阴郁时,M 的增加将会降低 V 因而不起作用。(货币数量理论家把这叫做“流动性陷阱”。)但是,一般地
231 说,降低利率水平要提高证券交易所的债券价值从而可以刺激投资并使食利者感到更加富裕从而刺激消费。因此,凯恩斯是赞成为了正当目的运用货币数量的,同时他也否认它是万能的政策工具,就像数量说似乎暗示的那样。

虽然凯恩斯理论(正如他说过的)是“适当保守”的,它却带有反对自由放任学说的含义。米尔顿·弗里德曼教授企图在“货币理论”的幌子下使纯粹的自由放任复活。[②] 他恢复了“真实”力量

---

① 参看第 1 篇第 3 章第 6 节第 3 段。

② 例如参看《最适度货币数量和其他论文》。

和“货币”力量的两分法并认为“真实”力量倾向均衡是理所当然的。他下结论说，只有不正确的货币政策才会妨害一国保持它的充分就业和稳定增长。

这一点论证得到历史观察资料的支持：在连续若干年内，一国流通中的货币数量同其国民收入的货币价值之间一般存在着相当密切的相互关系。可是，虽然不难看到国民收入的变动如何引起货币数量的变化，但却好像没有一个人能够说明货币数量的变化如何引起国民收入的变动，除非强调凯恩斯论点的重要性，即在有利情况下，利率下降也许暂时带来投资和消费的突然增长。

232 # 第九章　增长：厂商、工业和国家

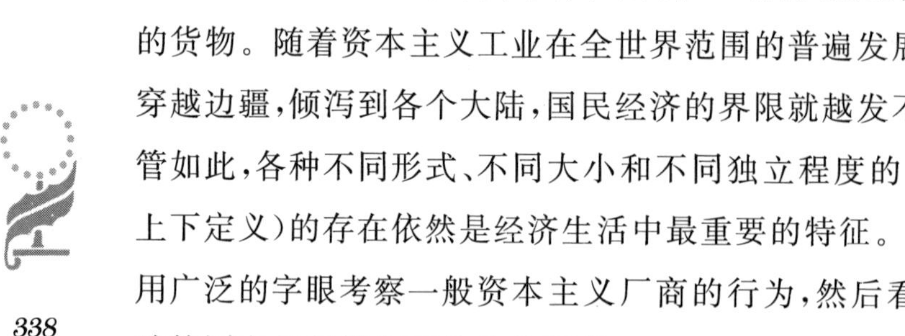

现代经济学的研究是从探讨国民财富的性质和原因开始的。但即使在亚当·斯密时代，英国“财富”一部分也是来自海外生产的货物。随着资本主义工业在全世界范围的普遍发展和金融支流穿越边疆，倾泻到各个大陆，国民经济的界限就越发不清楚了。尽管如此，各种不同形式、不同大小和不同独立程度的国家（从政治上下定义）的存在依然是经济生活中最重要的特征。在这里，我们用广泛的字眼考察一般资本主义厂商的行为，然后看看一国政府政策同它是怎样相互发生作用的。

第一节　厂商行为

我们简单模型里的厂商赋有工业企业的主要特点：它们经营工厂和雇用工人生产产品，它们提供食利者的收入，它们进行积累并利用不断变化的生产技术，不过这一切都是最简单的可能有的表面现象。

当然，现实情形要复杂得多。现代经济有大量各种各样的企业在工商业和金融业的活动中追求利润。在过去二百年中，企业形式获得迅速的发展和演变；今天，变化比以往任何时候都更加快

了。在每一个阶段，新形式出现，旧形式继续存在。要研究一切种类厂商的内部结构和行为，我们需要的是博物学家在丛林里观察动物的方法，而不是玩弄公式的纯理论家的方法。

但是，资本主义企业的基本特征依然和过去一样，尽管组织形式改变了。一些观察家认为现代公司是和旧式家庭商行完全不同 233
的动物。但每一家都雇用工人并从出售货物赚取利润的事实意味着它们有着同样的问题，同样的成功标准和同样将它们的主要个性从属它们在其中能够兴旺发达的制度。

一、食利者

不妨说，今天食利者的地位和实行有限责任以前的地位完全不同。从法律观点来看这一点肯定是不错的，然而我们的论点是，一般地说，在一个现代公司里，经理人员同股票持有人的关系和旧式生意人同他的妻子的关系没有很大的差别。

妻子说："现在你是这么富裕，你应当给我买一件皮外衣。""不！"他说："企业需要钱。""但是，"她回答："琼斯夫人有一件新的皮外衣。你不会喜欢人们认为你干得没有琼斯公司那么好吧。"正因为是这样，所以一家有限公司的管理部门必须忍住不将它的一部分利润用于投资而用于发放红利来巩固它在证券交易所的信誉。为了这个缘故，我们觉得，在我们的简单模型里，把食利者单纯看成从厂商利润领取施舍的人是有道理的。

二、增长过程

我们曾经指出，任何企业一旦建立起来，它的一个特征就是它必须赚取利润，以求生存和发展。像任何概括一样，这点也有一些例外的情形。总有许多混日子的人，他们猛地跳进市场赶快捞一把钱，然后又跳出来；还有一些生意人满足于小规模经营而没有更大的野心。但是，如果他们当中随便哪一种人是普通类型的话，那么资本主义就不会取得它已经获得的发展。一般地说，一家成功的厂商是享有比个别生意人更长寿命的厂商，它世世代代增加资本，扩大经营规模。那些不发达的厂商，往往大部分要收缩，消灭或被成功的对手吃掉。

我们的模型展示若干已经存在并已拥有生产设备的厂商。起初它们创办时，一定要先掌握资金来进行最初的投资。获取资金的机会是根据这样一条原则：有钱的人，要给他钱。信用是信任的意思。一个借款人一定要促使贷款人对他产生能够偿还贷款的信心，而使他产生这种信心的最好办法是有财产作为保证。做生意是不民主的，在任何时候，只有少数个人处于创办新企业的地位，
234 即使是小规模的。在一家企业设立以后，要创办一家新企业或长期维持下去就变得越发困难了，因为原有企业获得发展并将它的触角伸到更多的行业。于是产生这种情形：在一个活跃的繁荣的私营企业经济中，独立厂商的数目在下降，典型公司的规模在扩大，虽然巨商们征服越来越多的市场，它们在服务性行业或汽车一类复杂产品高度专业化部件的生产方面也为“小人物”创造一些机会。

马歇尔拒不接受工业生产趋向寡头垄断的思想。他强调大规模生产经济（每单位产量的成本因厂商规模扩大和取得经验而下降）的普遍性；但在同时，他还要认为，供应任何市场的厂商数目总

是多到足以保持竞争的地步。（这通称为“马歇尔的两难处境”。[①]）他试图依据家庭商行的论证将这些矛盾思想结合在一起。创办一家企业的伟大老人是由他的后嗣继承的，他们在舒适环境中成长起来而没有使他获得成功的那种能力和抱负。因此这些厂商在第三代后就停止发展。用马歇尔的有名比喻来说，一个工业就像一个森林，在那里，每一棵树只生长到某一高度，然后凋谢。

不错，大量家庭厂商是符合这一历史情节的，但在每个工业国家还有另一些企业，它们在许多世代中继续欣欣向荣。一个成功的家庭商行可以变成股份公司，将它的获利性资产卖给股票持有人，将收益投在进一步扩充生产设备上面，从而继续向前发展。马歇尔意识到，这是他的理论的一个重要反对意见，于是他用一种回答来对付，结果这个回答变成非常错误的：他说股份公司倾向停滞。这一点也许是对的，即庞大的公司倾向于患工艺动脉硬化症，因而一些最杰出的新思想是由一些个人搞出来的，而公司随即把它们全部收买下来。恰是有限责任原则使股份公司能够支配大量资金，并靠它继续发展。在池塘里，大鱼吃小鱼，所以池塘里的鱼比森林里的树会是一个更恰当的比喻。

三、技术专家体制

马克思预见到资本集中在越来越少的人们手里的过程以及垄断权力的增长。不过他错误地认为：这会使工人在时机成熟时比较容易“剥夺剥夺者”并接收经济的管理权。一个大公司不能由个

① 参看沙克尔：《高等理论的年代》，第 3—5 章。

别资本家来控制。它是由一个行政统治集团经营的；它需要一个官僚机构并雇用一大批专家——设计师、工程师、推销员、会计师、
235 律师和一些产销研究人员。个人专业化和企业复杂化使他们失去独立性。所有这些人的薪金和前途都涉及厂商的成就；他们依附于它并产生忠诚于它的感情。在马克思眼光中工人和资本家利益的尖锐对立由于这些中间利益阶层而缓和下来了。

加尔布雷思教授创造了“技术专家体制”这个名词来描述大公司的管理机构。[①] 关于技术专家体制掌管公司的见解是否意味着公司不致力于追求利润这一点有过一些争论。这仿佛是一个不切实际的论点。组成“技术专家体制”的各个人恰像旧式资本家一样依靠他们在那里担任工作的企业的成就。他们受过昂贵的教育，因此一般同意给他们一种权利，取得优越的位置和比其余工人队伍较高水平的收入。除非企业赚钱，否则他们是享受不到这种权利的。他们也许重视安全，因为，如果他们在那里担任工作的厂商陷入困境，他们自己也要遭殃。但是家庭商行管理部门恰恰也是这种情形，或者说更加是这样。

由于技术专家体制成员在一定程度上必须是知识分子，所以他们成为一个同教育制度和宣传工具联系起来的环节，这有助于形成一种适合他们赖以飞黄腾达的制度的舆论。靠这种方法就可以使政治民主形式同经济权力极不民主的分配情形协调一致起来。

① 参看《新工业国》，第 6 章。

四、“最大量利润”

传统理论可以归结为一个主题:厂商企图使利润成为最大量。这个短语有时被随便理解为企业的目的在于赚钱。大体上,下面这一点还是相当明确的:这个制度,正如亚当·斯密所说的,是靠诉诸自私心而起作用;增加财富是为了任何拥有财富的人们的利益。但它所包含的东西决不止此。如果利润是唯一动机,为什么谁都要冒险进行工业投资呢?如果除赚钱以外没有其他动机,那么,购买成功的公司的股票要比把资本投到某一特殊种类生产设备上面更容易些,更安稳些。

还要考虑一点。如果判断行为的唯一标准是利润,那么老实人和骗子就没有区别了。现在,在私营企业经济中,骗子兴隆,这是不错的,许多相当有名企业用不道德的方法来牟利,也是不错的;不时发生丑闻,往往要通过改变立法来制止它们。尽管如此,在企业行政人员的心目中,正当和不正当行为还是有区别的,这种区别不单纯是以合法性作为依据。利润不可能是人世间独一无二的目标。

说得明确些,私营企业制度好像开辟一个广阔的天地,在这 236
里,野心、迷恋权力和成功的虚荣都可通过赚钱或参加一个获利最多时最为兴旺发达的组织而得到满足。

在这个意义上,利润确实必定是企业的目标。不论什么时候,幸存的厂商就是追求利润获得成功的那些厂商,而追求利润最残酷无情的厂商为其他各家定下了步调。

五、利润尺度

在更精确的意义上，最大量利润意味着在任何情况下厂商行为都是受挑选心目中最有利可图的替代办法所支配的。然而企业是在不断变化的情况下经营。事先绝不会知道最有利可图的方针结果将会变成什么样子。最大量是在规定的限制下用规定数量进行的数学运算。它可用于描述抽象模型里的均衡条件，而不能用于对企业决策发生作用的各种各样影响。

制造业管理部门随时都要考虑筹建什么生产设备，生产什么新产品和停止哪些旧产品，要搞什么广告宣传和作出哪些推销努力，要索取多大价钱，要雇用什么样的职工，要支付多少报酬。在这种种决定中它对某一些决定有着广泛的选择自由；对另一些决定来说，它要受到它的处境的狭隘限制。在任何情形下都没有一个明显的标志，指明哪一套政策将是最有利可图的；情况不会保持长久稳定可以用错了再试的办法探索一特定政策将会产生什么样的后果。

在管理权掌握在一个人手里的场合，他靠他不能确切说明的过程在他的头脑里衡量各种替代办法。分科制的大公司必须制定一套官僚主义的规章，整个组织往往纠缠在它自己的文牍主义上面。

所以，最大量利润概念不能用在精确的、数学的意义上，不过这一点依然是不错的，即一切企业都是在保持利润和避免亏损的必要性的压力下作出决策。

六、资金的权力

品格高尚的工业发言人坚持说，管理部门负有三方面的责任：对提供资金的股票持有人负责，对被雇用的工人和对购买产品的顾客负责。在这些责任对比中，资金有决定性发言权。一家强大厂商的管理部门可能迷恋一种买好工人的幻想或民主管理方法的试验；在企业内部各种力量的冲突中，工程师可能压倒推销员，因
而技术优越性本身变成了目的。但若以赢利为牺牲来追求这些目 237
标的话，扩充企业的资金来源就会枯竭甚至有真正破产的危险。

资金维护它对工业的权力的一种特殊方法是采取为接管企业而付出高价的手段。在证券交易所里，一家厂商股票的价值取决于它的赚取利润能力的市场估计。从一般类型股票持有人的观点来看，公司本身并不重要；他们关心的只是他们的生财的货币价值。所以拥有资金用于投资的厂商有可能向股票持有人提出高于股票当前市场价值的价格来接管一家企业，虽然这个价格要低于“接管人”认为这家企业对它自己所具有的潜在价值。这样，它可进而吸收或抛弃旧管理部门的人员，而把它对原来企业设备、工人队伍和市场联系的需要纳入它自己展开的活动当中。

一个潜在受害者有时可以将娓娓动听的将来发展故事讲给它的股票持有人来保卫自己；它也可发放更多的红利从而立即提高它的股票价格，尽管这使它越发难以发展到一个使它摆脱险境的规模。

资金处于支配地位。当工人或顾客想迫切要求考虑他们的利益时，他们必须在尽可能广泛的企业范围内靠工会联合行动或鼓

吹立法来这样做，以免一些特定厂商处于竞争的不利地位，变成顽强的竞争对手的牺牲品。

今天，每一家现有厂商必定创办于这个或哪个国家。一种爱国精神或从它们本国政府获得支持的希望可能在一定程度上影响管理部门的政策，但若它临到紧要关头的话，赚取利润的必要性一定压倒所有其他的一切考虑。

第二节　工业

一、分界线

教科书中的完全竞争概念要求单一的同质商品有大量独立的卖主。生产同样商品的一批厂商叫做一种工业，它们被认为受到一种强制，要按一律价格竞相出售它们的产品。① 这是一个不自然的概念。一些工业是根据它们供应的市场来描绘的，如农业机器或医药用品，然而它们生产广大范围的不同商品。它们更经常地是根据进行加工的主要原料——譬如说钢、石油化学产品或所需要的那种技术——来描绘的。因此，它们在许多市场出售产品。同时，一单独市场可能得到一些商品的供应，它们是彼此近似的代替品而由十分不同的工业生产出来。

但是一种工业并不单纯是一个对经济进行统计描述的适当范
238 畴。一种工业是由一批厂商构成的，他们有一些共同的技术特点

---

① 参看第2篇第5章第7节。

并雇用一批具有必要技术知识和技能的工人。甚至在他们自己认为是激烈的竞争者的场合,这一类厂商也愿意用各种方式联合起来以维护他们的集体利益。

不过,今天大公司往往经营属于许多不同工业的工厂。一般地说,一家企业在它获得发展的行业实行扩充比较容易些,但是,当它要比它已经生产的商品的市场更快地进行扩充和它在那些市场的相对份额受到强大竞争者的限制时,它可能扩展到一些十分不同的行业。而且,多种经营也许是一项分散风险的谨慎政策。这种扩充往往采取上面所说的那种接管形式,于是正在发展中的厂商在它的新行业里获得进入市场的通路和一批现成的工人。

二、供给

制造实质上是加工。西欧(和现在的日本)工业的大规模集中一定要仰赖海外原料的供应;北美虽是许多初级产品的主要供给来源,也是初级产品的一个重要进口商。一些所谓白种人居住的国家发展了它们自己的资本主义(起初是借助欧洲资金);在世界其他地方,原料和外来食品主要是靠工业国家的资金和管理将生产组织起来的。

在一种意义上,马克思关于资本输出的主要动机在于找到可以进行剥削的工人的见解显然是正确的,不过投资方向主要决定于对矿物和其他自然资源的探索;在当地人民不会提供劳动力的场合,就把奴隶或订了服务契约的工人运来取代他们。因此工业资本主义蔓延开来并组织世界经济以适应它的需要。今天,它的统制受到社会主义国家脱离资本主义体系和前殖民地国家试图控制它们自己的资源两方面的挑战，但它在世界大部分地方依然继续存在。

在单独一家公司或一个垄断企业联合组织夺取和开发了一个地区的自然资源时，这个地区经济生活所依靠的有关商品的生产和推销就要受外界的控制（即使表面上它有一个独立的民族政府），它的政治生活也是如此。中美“香蕉国”已经成为尽人皆知的话柄了。

只要有关商品的世界需求不低落，从这类企业赚取的利润一般要比高工资制造业所能提供的大得多。在需求下降时，它们就企图减少供给以防止价格崩溃。

在自称发展中的前殖民地国家能够影响它的出口商品生产的
239 场合，它急于扩大销售额来赚取外汇。在这种情形下，几个国家生产同一商品时，它们容易生产过剩而在一个萧条的市场上自相残杀。由于它们的利益冲突，很难制定一项限制生产的计划来维持价格，而向它们购买原料的一些工业至少在短期内是没有兴趣协助它们这样做的。[①]

三、市场

一种工业是由一特定地点许多工厂构成的，生产特定一系列的商品，它必须在临近地带以外地方出售它的产品。在应用同样语言和法律的地区也就是在同一国家内往往容易将货物推销出去。当一国政府管辖下的面积和财富很大时，在其领域内生产的

---

① 参看第 2 篇第 5 章第 3 节第 3 段。

商品大部分要在那里出售,但设在一些小国的工业就必须出口了。

制造品一部分输出到有关工业还不曾获得发展的地区,一部分是在各个工业中心之间销售,在这些工业中心,工业内部发生越来越精密的分工和专业化,而技术的发展和消费水平的不断提高又为生产新产品创造了机会。

由于一家成功的厂商获得发展并计划扩大它的生产能力,所以它到处寻找市场。我们已经看到,控制大量工厂的庞大寡头垄断公司不一定局限于一种工业或一系列产品,然而同时在企业的技术专家体制取得经验的行业方面是比较容易扩充的。因此,今天企业大部分是在各个国家特别是在试图用关税来保护本国市场的国家设立子公司来实行扩展。在这些国家里,它们尽可能收购当地企业或建立新的工厂,供应同原来国家生产的同样一系列的商品。它们雇用当地工人而把最高管理权委托给本国侨民。它们对技术知识的诀窍实行保密,往往从基地设在本国的工厂输出部件而由子公司装配出售。工业中心向外部世界的这种投资正在急剧增长,它是在寻找市场而不是在扩大供给。这绝不限于对人们称之为第三世界的投资。一度控制它们自己帝国的高傲的国家现在注意到它们的大部分工人队伍和技术专家体制人员是从外国公司的附属机构挣得收入,这些外国公司是由总部决定就业和投资政策并在东道国之间进行挑拨离间从中谋取它们自己的利益的。

第三节　国家政策 240

独立国家政府的存在可以通过许多方式影响世界经济的发

展。发达的工业国家之间的关系有点类似一种工业中各家独立厂商之间的关系。它们彼此进行竞争，不过它们也有着共同的利益，在面对社会主义国家和前殖民地世界时相互支持，力图保持尽可能广大的地区对追求利润的企业开放。这就产生一些重大的问题，在这些问题中，军事和政治方面支配了纯经济方面。在这里，我们必须把论证限在比较狭小的范围。

一、自由贸易理论与保护主义实践

在英国产业革命一开始时，李嘉图就断定了资本主义工业和地产之间的利益冲突。他用反对盛行的保护制度的一般理由来补充他反对谷物法的论点。他分析了英国和葡萄牙贸易的一个假想例子，在这个例子中，两国都生产酒和布。为了使情节尽可能生动，他假定葡萄牙生产两种商品的每人产量都高于英国，从而排除了保护高成本工业的事例。论证的要点是，在葡萄牙，相对布来讲，酒的生产率要比英国更高些。贸易使每一国家能将劳动从较差的用途（英国的酒和葡萄牙的布）移到较好的用途。

在李嘉图的例子中，英国一单位布需要 100 个工人的一年劳动；一单位酒需要 120 个工人的一年劳动。在葡萄牙，90 个工人生产同样数量的布，80 个工人生产同样数量的酒。每个国家的价格是和劳动成本成比例的。在英国，布和酒的交换比率是 $1:\frac{5}{6}$，在葡萄牙，交换比率是 $1:1\frac{1}{8}$。所以英国将布运到葡萄牙去换酒是有利的，葡萄牙将酒运到英国去换布是有利的。于是英国出口布而按照低于本国生产的成本获得酒，葡萄牙出口酒而按比较低的成本得到布。

自由贸易观点被采纳了，它成为英国政治的一个信条。这不是由于经济学家的理论，而是因为英国制造商统治着世界市场，他们是不需要保护的。输入原料同国内产品没有竞争，而人口和财富的迅速增长，则为英国农业提供了一个日益扩大的市场，尽管粮食可以自由进口。

把自由贸易强加于英帝国，毁灭了古老的手工业，阻碍了与大城市相媲美的工业的发展。独立国家——尤其德国和美国——认识到，保护国内工业不受比较便宜的、精美的进口货的损害就会发展工业，积累资本，培养一批工人队伍并获得技术知识，直到它们依次取得优势为止。这是人所共知的保护“新兴工业”的理由，不
过它被认为是自由贸易理论的一种罕有的例外情形，而不是正常 241
情形。

在强大的竞争对手崛起以后，自由贸易政策的传统在英国依然是强烈的，因为这个帝国仍旧是一个掩护着的市场。甚至到今天，这个传统还是强有力的，虽然现在许多“虚弱的工业”直接或间接得到保护，使它们不受工业竞争对手和前殖民地国家低工资劳动产品的侵犯。

二、以邻为壑

除促进工业化和保卫特定一批厂商不受外界竞争外，采取国家保护政策的第三个主要动机是抵制有效需求的全面下降，这将降低利润和增加失业。一个国家处在这种局面下就要受到公众和

企业界的一般压力，要求禁止外国货而为本国产品保留市场。

在大萧条时期，所有从事贸易的国家（苏联除外）都发觉它们的投资下降，企业亏损，失业很多。每个国家都极力要在世界经济活动水平下降中为本国获得尽可能大的份额。禁止进口货的关税和其他限制，对出口货的贴补，维持初级产品价格的限制措施，降低货币工资的压力（特别是在出口工业中）以及外汇贬值（我们将在后面考察这个问题）都在一片竞争性抢夺声中被采用了。一国采取的每一步骤使得局势对其他国家更加不利。这通称为“输出失业”。一国采取的每一步骤驱使其他国家将失业输出到其他地方。世界贸易形成螺旋形下降。这一类方法是不能增加世界总就业量的；如果抢夺的结果使一些国家的处境变得比不抢夺时本来会遭遇的处境更好一些，这只能是它使其他国家的处境变得越发糟糕的结果。

三、游戏规则

竞争性的限制对从事贸易的整个世界造成极大的损害（当然，指望从取消它的出口障碍获得最大好处的国家尤其是这样）。所以各国政府可能达成协议来取消限制。降低关税必须经过细致的谈判过程才能实现，用一个行业更加自由的竞争可望得到的利益来抵消预料中的另一个行业加强竞争的损失。（前殖民地国家在这个过程中替它们自己捞到好处时一般是处于软弱地位。）

各国政府在减少保护的同时可能同意接受某种游戏规则，如同不对出口实行贴补。

对一个从事贸易的国家来说，别国减少保护是一种明显的、直接的利益。当它处在扩大出口的强大地位时，取消它本国市场的保护也有好处，因为这样一来，它的最赚钱的工业可以发展并从本国效率低的工业吸取劳动和资金，这些工业没有保护是不能继续 242
经营的，于是它们的位置就为进口货所取代。各色各样消费品的进口使住户感到高兴，投资品的进口则促进专业化。因此，一个出口额正在增加的国家可以从亚当·斯密和李嘉图所赞扬的“国际分工”中得到越来越大的利益。

一个国家的工业在竞争中处于软弱地位，工厂陈旧，商人自满，对它来说，普遍自由贸易的好处就更加没有把握了。在短期内，这个国家从削弱本国工业保护所遭受的损失要大于从国外减少对其出口货设置的障碍所得到的利益。同时，靠保护来维持本国工业将会使它随着世界其他地方技术不断进步和资本不断积累而失去越来越大的竞争能力。除非这个国家的工业准备实行现代化以便后来参加游戏，否则拒不接受竞争游戏规则也许是一项绝望的政策。

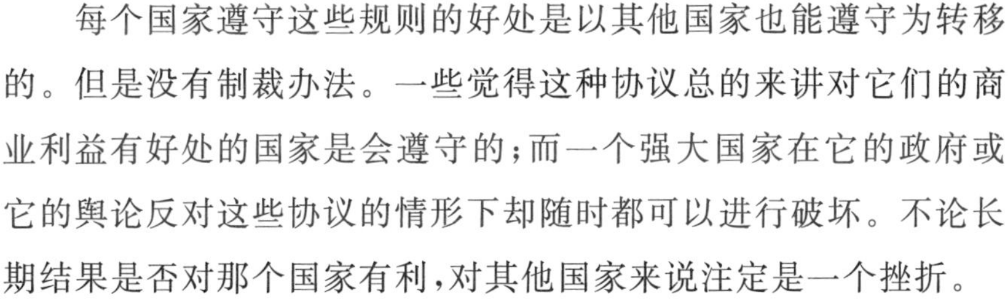

每个国家遵守这些规则的好处是以其他国家也能遵守为转移的。但是没有制裁办法。一些觉得这种协议总的来讲对它们的商业利益有好处的国家是会遵守的；而一个强大国家在它的政府或它的舆论反对这些协议的情形下却随时都可以进行破坏。不论长期结果是否对那个国家有利，对其他国家来说注定是一个挫折。

四、计划贸易

社会主义国家贸易是根据不同原则发展的。一种计划经济应能保证它本国的工人队伍的充分就业并开发它本国的资源而不必关心有效需求问题。它的工业生产的是计划制订者认为人们需要的一些商品。它们输出商品获得购买力用于买进口货。对它们来说，出口货是成本，是本来可在本国使用的资源的牺牲；进口货则是一种利益，值得为这种利益作出牺牲。它们并不是由于喜欢出口而出口，但这却是资本主义经济的自相矛盾情形。

由于在历史形成的国界以内建立起来各自的计划机构，社会主义国家在它们中间组织贸易时寻求一种合意的分享利益办法方面遇到一些困难，但是它们无须仅仅为了保持有效需求而彼此玩弄以邻为壑的手法。

第四节　新古典学派模型

所谓国际贸易理论是建立在李嘉图的反对保护的论证上面的，随着理论的发展，它越来越脱离实际问题。它是根据静态均衡
243 中有一定资源并得到充分利用的一个国家进行论证的。各种商品的产量和相对价格就像瓦尔拉的市场一样是由供求决定的。

现有处在同样情况而代表世界其他地方的另一个国家。这个国家有一不同模式的资源，但却生产和消费同样一系列的商品。（假使这两个国家生产不同的商品，随便哪一国都不会有保护它本国商品不受外界竞争的动机；那就没有必要争辩自由贸易的道理了。）

然后这个论证就跳到进行贸易的均衡位置。每个国家进口货的价值等于它的出口货价值。每个国家要出口的商品相对需求来说根据它的资源计算的机会成本是最低的，要进口的商品则是机会成本最高的。因此，对每一国来说，每单位资源的产量的平均价值要比从前高。两国一起用同一总量的资源可以生产和消费比它们隔绝时更为大量的商品。

这个模型排除了实行保护的一切目的。工人充分就业，贸易不知怎么总是平衡的。损失或对变动的痛苦调整是不存在的，仅仅讨论均衡情形。“一定资源”排除了积累和技术的变化。不错，正统派的论证考虑到对“新兴工业”的保护，但这只是因为常识突出来的缘故。其实静态模型并不能真正对付这个问题。

即使这样，人们也无法证明一国不能靠限制贸易损害世界其他地方来谋求利益。在瓦尔拉市场里，如果一宗商品的卖主能联合起来减少销售量，那么他们的商品用其他货物计算的单价就要高些。他们可以用分赃办法得到一笔垄断利润。同样，一批买主一致同意少买一特定商品时，他们也会用比较便宜的价格买到。从事贸易的一国将进口和出口都减少到某一程度而将资源转向国内生产，就能使贸易条件有利于它并增加它的收入总额。有人反对说，这样做也许会刺激世界其他地方进行报复。因此，甚至在这个异想天开的模型里，自由贸易的道理也取决于游戏规则的遵守情形，这些规则基本上是对一切国家都有利的，虽然它们也许对一些国家比对其他国家更有利些。

新古典学派理论还使用了一个更加抽象的模型。各个国家在所有自然、人类和工艺特征方面恰恰都一样，唯一区别是，它们享有不同比例的“生产要素”。[①]

① 参看萨缪尔森：《国际贸易和要素价格均等》，《经济学杂志》，1948年6月号。

当“要素”是土地和劳动时，我们至少能够看出这些假定算是什么意思。一个国家人口稀疏，因而相对工资来说地租是低的；在另一个国家，土地稀少而地租高。在“要素”是劳动和“资本”时又
244 怎么说呢？一定数量的同质资本是什么意思？如果不同国家所雇用的每个工人的装备可以约略用（譬如说）美元或马力或多少吨钢进行比较的话，我们预料会发现一国装备最多（譬如说美国），它的利润率最低吗？

经过现代这一切细致的改进，李嘉图原来的深刻见解就被改掉了。

第十章　国际收支差额 245

国家主权对世界贸易具有重大影响的一个因素就是存在着独立的通货。每一个多少是发达的国家都有它本国官方的合法货币单位，还有像财政部或中央银行一类的权力机构来保持它的货币制度有条不紊地运行。要知道这有什么关系，我们首先必须解答从前的一个试题：为什么英国有国际收支差额问题而牛津夏郡却没有？

第一节　地区贸易

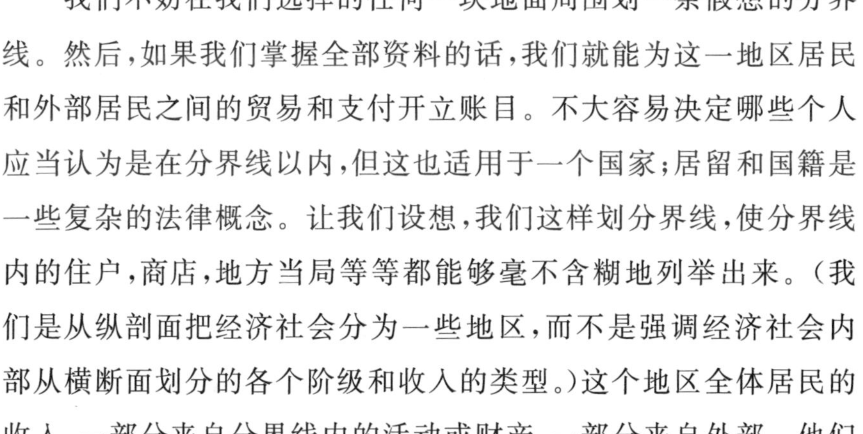

我们不妨在我们选择的任何一块地面周围划一条假想的分界线。然后，如果我们掌握全部资料的话，我们就能为这一地区居民和外部居民之间的贸易和支付开立账目。不大容易决定哪些个人应当认为是在分界线以内，但这也适用于一个国家；居留和国籍是一些复杂的法律概念。让我们设想，我们这样划分界线，使分界线内的住户，商店，地方当局等等都能够毫不含糊地列举出来。（我们是从纵剖面把经济社会分为一些地区，而不是强调经济社会内部从横断面划分的各个阶级和收入的类型。）这个地区全体居民的收入，一部分来自分界线内的活动或财产，一部分来自外部。他们的支出，一部分用在分界线内的货物和劳务或地方赋税上面，一部分用在外部。圈子里面企业的雇工被认为是内部的人，而各种企业则是从内部和外部销售货物赚到利润的。

246 ## 一、对外差额

我们不妨观察一下厂商和住户在一年期间从分界线外销售货物和劳务所获得的进款；这些进款就是这一地区的出口所得。

在一国账目中，货物的进出口构成**有形**贸易，而对劳务的支付，如同运输和形形色色的手续费，则是**无形**项目。

此外还有表示外地财产收入的利息和红利一类的进款。当地区属于更大范围的财政制度时，也许国库要拨款给它，用于政府官员、社会保险金等方面。这一切形成该地区的**外地收入**。

同样，对外人支付的货物和劳务价款则是这一地区的进口账单；利息和红利汇款，地方分公司上缴外地总公司的利润以及缴纳中央的税款，是用来偿付它的**对外债务**的。

我们从这些收支得出地区**收入**账目的差额，它表明进款大于付款的超过额或付款大于进款的超过额，视具体情况而定。

二、国内经济活动

收入账目的盈余(进款大于付款的超过额)表示这一地区本年度的**外地投资**。它同本地活动水平有关，就像同本地投资水平的关系一样。推销出口货的进款和投资支出相类似，因为这些进款表示收入，这种收入引起金钱花费，却没有提供可以将收入花掉的相应流量的货物或劳务。[①] 这就提高了本地的需求。同时，对进

① 参看第 2 篇第 3 章第 1 节第 3 段。

口货的付款表示本地收入和支出循环流通中的漏损，就像储蓄一样。对进口货的付款在分界线外产生收入，这是作为世界其他地方从出口所得到的进款。本地区内的有效需求水平是靠本地投资和出口所得（包括居民的外地收入）来支持的，而对进口货（和偿付外地债务）的付款则压低了本地的有效需求。

同时，本地活动的变化对于对外差额是起作用的。本地活动的任何加强都很可能增加进口，其中一部分成为本地产品的原材料，一部分成为本地收入增加后花费的对象。因此，**进口倾向**的增长额，即本地活动加强所导致的进口货增加额，一部分取决于技术关系，一部分取决于伴随本地收入增加而来的消费增加额的组成情况，一部分取决于本地产品和外地产品的竞争关系。进口倾向愈大，出口值变动对该地区对外差额的净影响就倾向于小。同样，进口倾向较大时，则本地投资的变动将使本地收入水平发生较小 247
的变动。[①]

三、积累

收入账目的净盈余也和投资相类似，因为它有助于积累财富。它表示分界线内住户和厂商本年度所获得的资产，这些资产表现为对外地人们的要求权。

这一地区所积累的净储蓄加折旧提成（把政府活动抽象掉）便等于它的总投资加国外收入账目的盈余或减国外收入账目的赤字。如果我们能够计算折旧扣除额并用来估计总投资和净投资的

---

① 参看附录。

差额，我们就能写作：

$$S \equiv I + B$$

这里 S 是净储蓄，I 是净投资，B 是收入账目的差额，它可以是正数，也可以是负数。

我们已经看到，本地投资的增加可以是差额减少的原因。在这里，我们表明本年度发生事件的净结果。本年度这一地区的净储蓄等于净投资加或减对外收入账目的差额：

$$\begin{aligned} Y &\equiv C + S \\ &\equiv C + I + B \end{aligned}$$

这里 Y 是这一地区的净收入，C 是本地所产货物和劳务在当地消费的部分。

这些公式是事后会计恒等式，而不是因果关系。净值是簿记核算的结果，而事前决定必然是依据总支出作出的。这些恒等式在记录而不说明个人行为的全部后果方面是有用处的。[①]

四、资本账目

除收入账目的进款和支出外，还有穿越分界线的交易，它涉及借贷和财产的买卖。收入账目同资本账目的区别不一定是明白无误的。一个英国富贵人家卖给一个美国收藏家的古代名画应当认为是出口还是资本的消耗？把偿还债务同往往与之结合在一起的现行利息值得划分开来吗？不过，就目前论证来说，只要穿越分界线的
248 线的每一笔交易都记到这一项目或那一项目下，定义方面的细节

① 参看第 2 篇第 7 章附录。

就无关紧要了。

在本文中，“资本”就是资金或财产权而不是机器资财。资本输出或对外贷款包括放款、购买外地债券（不论是新发行的还是第二手的）、总公司转移到外地分公司的资金，等等；资本输入或向外借款是一些方向相反的相应交易。资本账目是关于多少属于长期性质的资金活动。

五、平衡的因素

在这些项目下登录这一年穿越分界线的种种交易（削平由于一年年终交错的时间落后而出现的粗糙棱角），我们就能把收入账目的差额和借贷差额相对照。为了简化这种累赘的术语，让我们将外地收入和外债偿付同货物和劳务的买卖合并起来，以便我们把收入账目的正差额叫做经常项目盈余，把负差额叫做经常项目赤字，或者简单地叫做盈余和赤字。

现在，当境内全体居民对外贷款的净输出额小于他们的经常项目盈余，或向外借款的净输入额大于他们的经常项目赤字时，外地就要净付他们一笔款项。同样，当他们的贷款大于他们的盈余或借款小于他们的赤字时，他们就要净付外地一笔款项。怎样支付这些款项呢？

在这里，我们是环绕一个大国里一小块地区划分界线还是环绕一个独立国家连同它自己的通货和货币制度划分界线，就大不相同了。这种差别是同存在着各国货币区域相联系的。在一国之内，人们无疑是接受它的国家法定货币的，而在名义上可以兑换法定货币的著名银行里的存款则提供了进行交易所使用的大部分通货。但是，归根结底，一国通货的可接受性取决于民族国家的权力，它是同国家法律的作用相并存的。我们将会看到，各个国家通货之间的交易要复杂得多。

当境内和境外居民共同有一种通货和银行制度时，他们之间的支付差额就被忽略了。（的确，靠通常可以得到的统计按照我们想象的方法来记载他们的交易实在是不可能的。）这个地区的一些进口货也许来自海外，或者它出口劳务的一部分也许是向住在它的旅馆里的其他国家公民提供的，但是它的全部交易都是用当地通货进行的，这种通货的可接受性不成问题。

六、支付差额

在一年期间，这个地区的支付差额是从该年度穿越分界线
249 同这一地区来往的一切交易显示出来的，它表明收入账目和借贷方面的总结果。当它是**顺差**时，也就是当资本账目的净输出额小于经常项目盈余或净输入额大于赤字时，境内一些住户和企业就净得一笔用单独一国通货交付的现金（纸币与铸币）和银行存款。

下一年度这个地区也许需要较大量的货币。如果境内的货币收入和交易数值比过去大，如果货币流通速度比过去低（譬如说，按季度支付的款项相对按一周支付的款项增加了），或者，如果一些住户把新近增加的财富用来增加现金窖藏，就会发生这种情形。一部分盈余也许造成货币量的增加。其余部分，本地储蓄超过对外贷款的部分则成为当地银行的存款，这些存款为它们的总行提供了在该地区以外进行放款和购买债券的手段。

同样，支付差额的赤字大于地区内货币数量减少的部分，就要由银行贷款和透支款项的增加或在分界线外出售债券的增加来抵消。

从货币流通角度来看这桩事情，相当于经常项目盈余的那部分储蓄可以用来扩大这个地区所保持的货币余额，其余部分则由对外贷款来抵消；一部分经常项目赤字是可以由减少货币余额而不是由增加债务来弥补的。

同家庭负债和商业亏损相联系的经常项目赤字显然要连续若干年由减少进口能力来解决，但用经常项目盈余过多地购买外地债券却能够无限进行下去，因为债券为银行贷款提供了支持。

就一国以内的一个地区来讲，全部差额（包括货币流通）是在人们不知不觉的情形下逐年自动平衡的。当这个地区是具有它本国通货的一个国家时，情况就不同了。在国内是法偿的法定货币在国外却不是法偿。因此，国际贸易方面产生了对各国可以接受的交易媒介的需要。

七、国际货币

贸易引起了各国货币的交换。一个出口商要求用他本国通货付款以便用来支付他在国内的种种费用，而一个进口商却只有他本国的通货来偿付货款。贸易和涉及不同通货的金融交易需要有一种货币能换成另一种货币的市场。像在任何市场一样，人们一致同意采用某种交易媒介，作为便于计算的计算单位、三角交易的手段和储存购买力的工具。长期以来，黄金充当了国际货币，而由

250 当时最合意的一国货币计算的银行存款作为补充。国际收支的顺差或逆差，就一国作为整体来说，意味着它的国际货币持有量的增减。这种国际货币持有量的消长是在密切注视中的，我们将会看到，它对国家政策的许多方面发生影响。英国支付差额同牛津夏郡支付差额的区别就在这里。

八、其他区别

一个地区同一个国家的另一点重要区别在于一个地区（甚至美国的一个州）无法控制它的进口倾向，而一国政府却可采取保护措施来降低进口同国内消费的比率。

撇开这一点不谈，地区贸易和国际贸易之间的差别只不过是程度问题。一块地面越大，越多样化，则其居民依靠外来收入就越小，他们彼此间进行的全部交易所占的比例就越大。但是一些专业化的小国同一个大国的某些地区相比，自给自足程度还要低些。

一个地区和一个国家一样会因失去竞争优势而遭受损失。的确，一个工业国家某一特定地区的失业水平可能以远远大于各个发达国家平均数间的差额而超过全国的平均数。同样，一国投资水平通常是先在某一特定地区发生变动，它对邻近地方的影响要大于对这个国家其他部分的影响。

一个繁荣的地区将会把其他地方的工人吸引来，一个舒适的地方将会把一些富裕的家庭吸引来，但这对各个国家来说也是不错的。

不过，在工资方面则有所不同。一国各地货币工资率的差别一般要比各国货币工资水平的差别小得多。工会是全国性的组织，在每一个国家里，同情货币工资率运动的倾向是强大的，而这种倾向并不跨越国界。

当我们讨论一些国民经济的时候，很重要的一点是，区别它们在哪些方面（撇开爱国情绪不谈）实在是或并非是不同的经济。

九、国家账目

一国收入账目是记在传统项目下的。和有形贸易一样，一国收入账目中的其他项目就是我们曾经对任何地区划分开来的那些项目。对许多国家来说，航运服务、旅游支出、在国外工作的家属的汇款等无形收益要比货物出口更为重要；对一些国家来说，相反的项目则是对进口货付款的重大补充。

在不劳而获的收入方面，还有大量流入的款项：本国公民所有
的国外生财带来利息和红利，海外附属机构向它们的母公司汇寄 251
利润。一国收入账目中的这些要素要受到有关国家赋税制度的影响。为了避免两国都对同一收入实行征税，各国已经作出了共同的安排。

对于少数国家，海外军事支出和补助盟国或保护国的费用是一个重大项目。（也有一些为慈善目的而给以的援助。）这可列为特殊种类的进口或外债，但在收入账目中将它另列一项要好些。在出现赤字的一年里一国经常项目的例子见表 10.1。

表　10.1

经常项目(百万英镑)			
1.有形贸易			
进口		5044	
出口		4779	
有形差额			−265
2.无形贸易〔净额,贷方(+),借方(−)〕			
政府支出:民事	−179		
军事	−200		
		−379	
海运		− 19	
民航		+ 24	
旅行		− 44	
其他服务		+243	
利息,利润,等等		+342	
私人调款		− 8	
无形差额			+159
3.经常项目支付差额			−106

第二节　经常项目差额

在任何一年,各国收入账目的盈余和赤字模式取决于地理和历史、人口、财富和爱好,以及工艺发展等偶然事件。它还受到各
252 国之间侵略关系和军事关系的影响,我们已经看到,它也因商业政策而进行调整。[①]

① 参看第2篇第9章第3节第1段。

经济活动的变化也影响到差额的模式。一国先于其他国家加强它的国内经济活动，相对它的出口来说，它通常将会增加进口。当经济出现普遍高涨时，贸易到处都在增长，一些国家得到的好处大于另一些国家。因此，盈余和赤字的模式由于长期的和短期的原因而不断发生变化。传统国际贸易理论多半忽略了这一点，因为它一般是根据“出口偿付进口”和各个国家的贸易通常都是平衡的假定进行分析的。

一、黄金流通

李嘉图关于综合收支平衡的论述是很马虎的。他只根据商品进出口来分析收入账目，然后断言进出口必定平衡，因为他排除了对外贷款。李嘉图坚持说，在一国这一地区或那一地区可以获得的利润的差别很快就为投资活动所消除：

> 不过经验表明，有种种因素阻碍着资本移出：比方说，资本不在所有者的直接监督下时将会使他发生想象的或实际的不安全感；并且每一个人自然都不愿意离乡背井，带着已成的习惯而置身于异国政府和新法律下。这种种感情使大多数有产者都不愿到外国去为自己的财富寻找更为有利的用途，而宁愿满足于本国的较低利润率；我个人是不希望看到这些感情淡薄下去的。[①]

经常项目盈余意味着国际收支顺差和国际货币（这在李嘉图

① 李嘉图：《政治经济学及赋税原理》，商务印书馆 1976 年版，第 115 页。

时代主要是黄金)从世界其他地方流入本国。依据数量说[①],他设想这必定促使国内物价上涨和世界物价下跌。由于国内和国外都生产同样的商品(现实地或潜在地),竞争使出口减少,进口增加,一直到它们的价值相等,于是黄金不再流动。

当这桩事情是从盈余国家的立场来叙述时,它听起来是够令人兴奋的。由于把赤字引起物价下跌同盈余引起物价上涨看成完全对称,这个理论暗示,调节国际收支的货币机构是自动的,没有痛苦的。然而我们从惨痛的经验中理解到,压低物价来纠正国际收支赤字要造成失业和损失。

当一个赤字国家的出口货是高度专业化的,譬如说,一种需求
253 没有弹性的初级商品,物价下跌则造成出口收入减少的恶性循环;
重新调整的全部负担一定落在减少进口方面,但不彻底崩溃,要减少进口也许是不可能的。

总之,即使黄金是国际交换的手段又是国内通货的基础,一国黄金量同其物价水平之间的关系,也远比李嘉图论述中的要求要复杂得多。

二、一个替代模型

在工业国家中间,一国物价水平的变动和相对价格的模式主要决定于各行各业一般货币工资率水平相对每人产量的变动。(这一点要受到相对利润赚头的差别的限制,不过这些差别变动不大,而货币工资率的差别却是无限的。)借助货币工资率的相对变

① 参看第1篇第3章第4节。

动，我们就能够建立一个模型，按照李嘉图理论，它的运转情形如下：

没有长期资本流动。每个国家的通货都可以兑换黄金，因而固定汇率是理所当然的。在竞争性的世界市场上，可以交换的货物只有一个物价水平，它要受运输费用的调整。国家很多，每个国家生产和消费许多种可以交换的工业品，其中一些是普通货物，另一些则是特产。在任何一个国家里，劳动需求大时，货币工资率的水平就提高；在有失业时，货币工资率的水平就保持不变或者下降。

当每个国家的贸易达到平衡时，它的工人队伍接近于充分就业。在平衡状态，每个国家出口一些货物，其国内每人产量的价值大于国内的平均值（我们对利润赚头的差别略而不计）；进口的是这样一些货物，其国内每人产量的价值要低些。对每个国家来说，在基期，一年进口值和出口值是相等的。

现假设一国提高生产率，这导致出超。排除对外借贷。于是它的国际收支是顺差，国际货币流入国内。然而要点是，现在这个国家发生超级充分就业（这个模型的基本假定是贸易平衡时达到充分就业）。因此，盈余国家的货币工资率上升，而世界其他地方的货币工资率保持不变，甚至下降。

在盈余国家里，所有那些生产率不曾提高的货物的成本现在都增加了。就需求没有弹性的特产（如同苏格兰威士忌酒）来说，成本的相对提高增加了出口货价值，但就绝大部分商品来说，这个国家是要经受别国竞争的。在外销市场上，它失去竞争的有利条件。它的进口增加，因为现在一些国产货物要比外国代替品昂贵，由于用来买外国货的国内一小时劳动的购买力提高了，它还增加国内并不生产的消费品的进口。

254 世界其他地方的影响相反，那里的出口增加，进口减少。

在不同贸易模式下出现一种新的平衡状态，每个国家再次达到平衡。提高生产率的国家的利益依然表现在用可以交换的货物计算的较高实际工资水平。这种利益的一部分可能转移到其他国家，这些国家在向新的平衡状态过渡中获得了经常项目盈余，而其他国家的赤字扩大，因为重新调整的负担不会平均落在世界其他各个地方。

三、不完全的调节

广泛地说，在漫长的岁月中，这一类机制在发达的工业国之间确实是起作用的。肯定有着一种趋势，使竞争的有利条件因相对货币工资率的变动而消失，从而使经常项目盈余保持在一定限度以内。放眼世界，我们看到各国用它们可以交换的货物的生产来计算的每人产量的巨大差别，不过这些差别大部分被货币工资率水平的差别抵消掉了。在生产率高的国家里多少也相应地倾向提高劳动成本（用商品计算）和平均周工资的购买力（用于可以交换的货物）。但作为一个纠正贸易差额的机制来说，它是不可靠的，而且太过缓慢了；调节过程也许要拖延几十年。一个国家在生产可以交换的货物的工业中，提高生产率快于世界其他地方，将会得到竞争的有利条件，这也许要小于被那个国家的货币工资率水平的相对上升所抵消的部分。资本家格外活跃与工会格外谦让的国家获得胜过其他国家的竞争的有利条件，而资本家骄傲自满与工会朝气蓬勃的国家正在失去这种有利条件。一国赤字最大，通货膨胀率也最高，这决不是闻所未闻的事情。而且，国际关系有时遭受政治事件的严重破坏。由于历史变幻无穷，相对利益的变化也许过于猛烈，过于突然，因而不能由货币成本变动的机制来克服。经常项目的盈余和赤字会持续很长一段时间。

第三节　支付差额

在一国综合支付差额中，资本账目和经常项目不能分开来谈。

当我们讨论一个地区的支付差额时，我们严格区别长期借贷活动和银行体系内进行的短期借贷活动。甚至对一个地区来说，这也不够十分确切，因为今天除银行外还有其他接受存款和进行贷款的机构。至于一个国家，资金流通就越发难以严格区分了。255
但在定义不精确的情形下，我们也能够探讨这种种流通所依据的原理。

一、对外贷款

一国资金外流可以采取有价证券流通——购买新发行的或第二手的证券(债券和股票)——和**直接投资**的形式。当一家厂商为了控制目的而购买一家外国企业或用国内获得的利润向国外经营的分公司或子公司供应资金时，就会发生直接投资。(在一家国外子公司靠在当地出售债券来获取资金的场合，母公司增加了它所控制的资本和取得利润的权利，而特定的国家本国却没有相应地输出资金。）

这种资金流通是对各个国家预期利润的差别作出反应；它也受到现行利率和在各个金融中心从事交易的便利的影响。

使本国利率同其他金融中心的利率协调一致的必要性为每一国政府推行独立的货币政策的权力规定了狭小的界限。①

短期资金流通是因生意人、国际公司、金融商人和外汇商人所持有的余额而产生的。各行各业都控制了可以暂时存放在一个金融中心或另一个金融中心的大量金钱。这部分金钱由于适应短期利率的不同和预期外汇率发生的变动而调来调去。

最后，中央金融当局还有种种储备。综合国际收支顺差（包括短期融通资金）意味着有关通货求过于供，倾向于抬高它在外汇市场上的价值。当政府政策是要把汇价上涨保持在预定的最高限度以内时，中央当局就出售本国通货而让它的国际货币储备增加。这是轻而易举的，令人愉快的。当出现综合赤字时，要防止汇率下跌，它必须出售外国通货并让它的储备减少。货币政策中的一个基本因素是当局必须保持它认为足够满足这方面需要的储备额。

二、支付差额

综合差额（其中经常项目已见上表）见表 10.2。

---

① 参看第 2 篇第 8 章第 3 节第 4 段。

表 10.2 256

国际收支综合差额(百万英镑)		
3.经常项目支付差额	−106	
4.长期资本账目		
〔购买海外资产(−)		
出售资产(+)〕		
政府投资(净额)	− 81	
私人投资(净额)	−137	
5.经常和长期资本交易差额		−324
6.平衡项目*		+105
7.货币流通		
短期资本流通(净额)	−104	
在国际货币基金所开账户的变动	+499	
黄金和可兑换货币储备的变动	−176	
8.货币流通差额		+219

*平衡项目是对错误和遗漏的“概括”。由于综合国际收支必定是平衡的,数字不符一定是由于漏记某些交易。平衡项目只是记载这种漏记大小的数额(−324+105+219=0)。

三、和谐的流通

一国收入和资本差额之间的某种关系,就这种关系不致对其货币制度造成紧张状态来说,可以认为是协调的。

(一)经常项目盈余容许对外给以一笔净额长期贷款而不致产生国际收支赤字。食利者能随意在海外拥有财产,厂商能随意在海外投资,显然对他们是有利的;假如他们获得成功的话,他们就在将来为这个国家增加国外净收入。(对本国全体人民的福利来说,国内投资或对社会有益的消费多一些,经常项目盈余和对外贷款少一些,也许更为有利。)

(二)在某一些情形下,靠借款来弥补经常项目赤字也是可以接受的。突出的例子是潜在的天然资源丰富的国家，它既没有能力储蓄，也没有能力建立金融组织，而这些却是开发这些天然资源所必需的。

257 事情也许是这样的，即靠在国外出售对外国食利者或金融组织有吸引力的债券来筹措资金。这表示资金流入国内。发展所需要的一部分材料是进口的（譬如说用于建造铁路的钢轨）。国内投资的主要部分是工人在现场进行的劳动。这项投资所产生的工资和其他收入大部分花在进口货方面，因为国内生产消费品的能力是有限的，所以经常项目出现大量赤字。这意味着国外负投资。外部世界的一部分储蓄被利用来弥补国内储蓄的不足；这个国家的财富净增加额等于它的国内投资减经常项目赤字。

一部分投资是由国内储蓄（包括一时不需要用于更新设备的折旧提成）抵消的，而为投资所筹措的全部资金则是借自国外。在投资景气持续期间，资本净输入额大于经常项目赤字。国际收支是顺差，这个国家的国际货币储备增加了。

在后一阶段，开发出来的天然资源流向国外，这些出口偿还原来借款本息的外债而有余，于是欠款可以还清。

当国内资源是经由外国厂商直接投资而不是靠在国外出售债券来开发时，则产权属于外国人；汇寄利润的义务是永久性的。这种情况进行一些时候，本国一般商人和公众就开始认识到正在发生的事情，而一直满足于国际收支顺差的政府和金融当局发觉他们对本国经济已经失去了控制。①

---

① 参看卡里·勒维特：《静悄悄的投降》。

四、不协调

(一)当一个国家由于国运不佳或管理不善而失去它以前的竞争优势或遭受国外净收入的大量下降,因而它的经常项目连年出现赤字时,它对外国贷款人就没有吸引力了(而且它能够得到的任何借款都将使它的未来境况变得更糟)。它在国际收支方面产生不断出现赤字的趋势,这就需要采取纠正措施。政府感到不得不限制投资并容忍失业,以便减少进口。但这不会消除基本困难,除非它引起货币工资率足够程度的相对下降,而生产设备开工不足和利润低下的情形却在妨害革新并使这个国家的竞争地位更加恶化。

(二)一国经常项目赤字是靠引进投资的资金来弥补,这种投资不是为了增加将来出口,而只是为了供应内销,那么这个国家就 258
是在借一种倾向扩大经常项目赤字的外债。它将使国家走向破产的境地。

(三)一国经常项目连年都有大量盈余而没有贷款相抵消,它是在把国际收支赤字强加于世界上其他国家。迟早其他国家是要试图进行自卫的。

金融协调最重要的规则是,获得经常项目盈余的国家要么必须用之于贷款,要么必须增加进口来花掉它。但是,因为一个盈余国家处在强大的地位,所以这个制度就只有制裁弱小国家了。

(四)一国通货被广泛地用作国际货币,这个国家就能在世界其他国家增加它所持有的那一通货数量的范围内使其国际收支出现综合赤字。这个制度要求提供国际货币的国家应占有政治优势并应在世界贸易中处于强大地位。当1914年后英国贸易地位大为削弱时，英镑就不能很好地起世界通货的作用，随着大英帝国的瓦解，它逐渐丧失了它的位置。

两个或更多国家金融中心争夺霸权就造成长期动荡不安的局势并使世界金融体系要偶尔爆发危机。特别糟糕的情况是，各国最广泛地使用一国通货，而它却产生大大超过必要的世界通货量的国际收支赤字。于是其他国家中央银行就处在进退两难的境地。它们要么必须容许它的通货流进它们的储备，从而接受国际收支顺差，这种顺差只能用来借给赤字国家；要么它们拒绝接受它的通货，促使它们的货币相对这种通货来说实行升值，从而使它们本国的商人在竞争中处于不利地位。

自1918年以后，经济学家们和银行家们回顾了1914年前在英镑霸权下仿佛出现过的国际收支协调情形，好像那是一种"正常现象"，然而从那以后，不协调就成了正常状态。

第四节　外汇

当主要贸易国家国际收支模式存在着所谓协调时，它们有可能使它们的通货保持稳定的汇率制，于是紧缩信用的严格纪律就会强加于其他国家。但是，当第一次世界大战后金融力量强大的国家发生大规模不协调情形时，这个制度就无法维持了，经验表明汇率变成了一种政策工具。

一、金本位

在金本位制下，黄金金属的作用在于它在历史上所享有的崇高威信（可追溯到古代），这使它成为可以接受的国际货币。这个制度的实质同黄金金属的特性没有关系，它起了作用，是因为所有主要通货都有公开宣布的用黄金表示的价值。各国金融当局负有保持各种通货之间的汇率同它们用黄金表示的相对价值密切地符 259
合一致的责任。一国通货贬值，譬如说英镑，那么购买黄金出口并按官价买进（譬如说）美元，然后用美元购买英镑是有利可图的，这样兜个圈子就赚到一笔钱。如果黄金不断外流，那就意味着储备减少，这是各国政府不能容许的。但是，只要经常项目和资本账目的基本状况是协调的，因而对随便哪一个主要国家来说，国际收支都没有单方面的趋向，这样一种制度就能够维持下去。短期资金流通消除了轻微的脱节情形，因为，对维持汇率坚信不疑时，人们就会这样进行投机：国际收支逆差一天一天地导致外汇市场上有关通货的价格下跌（用其他通货表示）；于是购买这种通货可以赚钱，因为人们满怀信心地预料它的价格将再次上涨。同样，价格上涨的通货要卖掉。所以跌价或涨价决不会是大幅度的。像一个统一的银行体系内的流通一样，余额从一个中心移到另一个中心，促使短期贷款倒流来弥补经常项目和资本账目之间的差距，并使综合国际收支保持平衡。

一旦金融界了解到，负责这种或那种主要通货的政府时常感到不能够或不愿意阻止它的汇率下跌，信心就丧失了，投机活动就会变成邪恶的事情。在某种意义上，金本位是一种精神状态，一旦

精神失常，它决不会得到恢复。

二、贬值

一国通货贬值意味着它用其他通货表示的该货币价格下跌。它对综合国际收支和收入账目差额两方面发生作用。其直接影响是制止投机性短期贷款的外流或引起这种贷款的流入，从而扭转国际收支逆差。(这里附带有一个条件，即贬值幅度不小于金融界意料中的幅度。如果它造成市场预料要进一步贬值的话，那么后一种情况比头一种情况更糟。)

它对经常项目赤字的直接影响多半是使情况恶化，因为根据旧汇率订立的买卖契约必须根据新汇率来履行，而物价变动引起贸易量变动则需要很长的时间。但是，过一个时候就可指望贬值对收入账目产生有利的影响。

人们往往说，贬值使本国货对外国人变得更便宜些，而外国货在国内变得更昂贵些，因而在整个世界市场上本国货有取代别国货的趋势。这是一种粗枝大叶的说法，我们必须仔细地研究它。首先，如果国内成本(譬如说用英镑计算)和世界物价(譬如说用美
260 元计算)保持不变，那么出口商所获得的用英镑表示的利润差额就大为增加。这推动他们多买一些货，把产品从内销转为外销，加紧输出以前好像不值得出口的商品。在这样做时，他们可能略微降低他们的美元价格来做更多的生意，他们多半要发觉进口原料的英镑成本有所增加，因而利润差额没有完全按照美元的英镑价格上涨的比例相应扩大。不过，只要相对货币工资率不变，就可以指望利润差额提高到足够的程度来刺激出口货实物量的增加，而美

元价格却下降得不太多，以使美元计算的出口总值有明显的增长。

我们必须考察贬值对两类进口货的影响：国内生产所必需的进口材料和国产商品的进口代替品。第一类大部分是那一类的初级产品，它们的价格是随需要增加而上涨的。[①] 因此，如果贬值成功地提高国内生产的话，这些商品的美元价格可能上涨。那么，当进口数量和美元价格二者都增加时，进口货的美元账单的价款要相应大些，进口货的英镑账单要按大于贬值的比例增加。

第二类进口货是国产货物的代替品。现在这些代替品用英镑计算要贵一些，也许要贵到这种程度，以致其中有些进口要减少，结果进口货的美元账单价款要小些。但是资本主义世界的工业总归有点是对买主有利的市面，生产设备的产量比能够销售的商品数量大。正如出口商可以降低美元价格来做更多的生意一样，外国出口商也可能使英镑价格提高不多，以免丢掉生意。这就限制了国产货物在竞争优势中所得到的利益，但那意味着用美元计算的进口货成本要按小于英镑贬值的比例提高。

将两类货物合并起来谈：用美元计算的出口值预料要增加（如果不是这种情形，那么贬值就不会是经常项目赤字的一种适当补救办法）；进口货的美元价值要么上涨，要么下跌。当美元价值上升时，用英镑计算的出口收入要按大于贬值的比例增加。进口货的英镑账单是按大于或小于贬值的比例增加，要看美元账单的价款增多还是减少而定。

① 参看第 2 篇第 5 章第 3 节第 1 段。

三、货币工资

上面谈到一个极端重要的条件。假使国内和国外货币工资率水平的关系保持不变，就可以指望贬值提高出口额的美元价值。

汇率同经常项目差额的关系理论是在三十年代到处都有严重
261 失业时开始探讨的。自然要假定：货币工资率多少是不变的，工业品和原料的供应都富有弹性。但在接近充分就业时，这些假定就不妥当了。而且，今天甚至在有失业的时候，生活费用上涨同利润增加相结合，也会推动货币工资的增长，这是难以抗拒的。

国内货币工资率相对各个竞争国家工资水平的增长，对经常项目差额发生同本国货币升值一样的影响。因此，如果贬值引起货币工资相对增长的趋势，它很快就会消除掉预料要从贬值获得的种种利益。

四、世界通货

当国际收支继续是顺差时，一国货币就会升值。不过升值很少是自愿接受的。各国政府从金融观点出发一般都喜欢国际收支顺差，它们喜欢获得经常项目盈余来支持有效需求。而且，从出口赚取利润的工业厂商的利益比消费者对低廉进口货的利益有着大得多的影响。我们在上面已经看到，各国中央银行不愿停止吸收多余的储备，就是由于厌恶强加于它们的升值的缘故。①

一国货币贬值（就相对工资率来说）在一定程度上也就是其他

① 参看第 2 篇第 10 章第 3 节第 4 段。

国家货币升值。今天，各国政府对彼此间的汇率都非常敏感，时常打算搞一套游戏规则，并经过同意重新排列各国通货，强迫一些货币升值，而准许其他货币贬值。但到目前为止，这套游戏规则只不过是：每个国家都同意它决不将它的货币贬值除非是在它确实这样做的场合。

世界各国差额的不协调情形可以暂时部分地由改变汇率模式来纠正，但永远要预料到，不协调的根本原因不久还是要发生作用的。人们所能抱有的最好希望是一部“胡乱对付”的历史。

第五节　正常状态的神话

关于汇率，不仅在经济学家中而且在政府事务中一般都是依据应当建立的均衡状态进行讨论。这种思想写进了设立国际货币基金的布雷顿森林协议：“一个会员国除纠正根本不平衡外不应要求改变它的货币平价。”但是没有人宣布过均衡状态是什么意思。

人们往往依据汇率定价过高和定价过低进行探讨。当货币价
高好像是阻碍出口刺激进口因而国际收支只有通过失业才能保持 262
平衡时，人们就说汇率定价过高。当一国所产货物证明对其他国家造成令人烦恼的竞争时，人们就说它的汇率定价过低。于是人们求助于神话般的“正确”汇率，这种汇率应当建立起来。

就个别国家来说，均衡状态也许意味着它接近于充分就业，经常项目出现它的政府认为是适当的大量盈余（考虑到它的海外军事支出数额）。但是，所有主要国家都要获得经常项目盈余，而除了极少例外，获得盈余的国家都希望获得更多的盈余。怎么能够

一切国家都有盈余而没有一国发生赤字呢？

金本位起过它曾经起过的作用，因为没有哪一个国家关心失业。一个丧失黄金的国家应当紧缩信用，限制投资和减少就业，这被认为是完全正确的、自然的。今天当各国政府关心就业水平的时候，它们在有国际收支逆差需要由诱发的萧条来应付的场合就无法接受固定汇率的规则了。没有一种汇率模式是谁都能立刻随意接受的。政治压力和双方互相让步的交易决定它将是什么样子。

正常状态的神话在于主张“自由市场”汇率的论证的基础。这个思想是，市场的供求力量将以某种方式确定各种货币之间的正确汇率，并将像“根本经济力量”所要求的那样调节这些汇率。即使撇开波动汇率所产生的不确定性的影响不谈，任何国家都没有像“正确”汇率一类的东西，这个汇率将能调和社会上各部分人的互相冲突的目的——反映在特定商品的交易或国际间资本的流通上面，以及各国政府保持充分就业或限制通货膨胀率的愿望上面。一个将会立即调和一切国家各个集团的利益的“正确”汇率模式就更加谈不到了。

附录：倍数和进口倾向

在开放的经济社会中，国内收入应用的倍数公式可以表述如下。

符号系用于一个时期不变价格下的价值，在这一时期内，变动的最初影响已经发生。（这一时期可以略少于一年，也可以多至二年或更长的时间。）

$\overline{Y}$ = 国民总产品

$\overline{I}$ = 总投资

E = 出口值

C = 国内消费

Z = 储蓄在国民总产品增加量中所占的比例 263

M_i = 进口在总投资增加量中所占的比例

M_e = 进口在出口值增加量中所占的比例

M_c = 进口在国内消费增加量中所占的比例

储蓄在国民总产品增加量中所占的比例 Z 包括私人储蓄的变动和税收大于政府支出的超过额（正数或负数）的变动。（Z 是 $\Delta S/\Delta Y$，而在第二篇第二章第二节第四段中，是 S/Y。）

现在，$\Delta C=(1-Z)\Delta\overline{Y}$。$\Delta C$ 在国内生产的比例是$(1-m_c)$。因此，伴随国民总产品增长而增加的国产货物的国内消费量是$(1-m_c)(1-Z)\Delta\overline{Y}$。

直接因出口增长而增加的国内生产是$(1-m_e)\Delta E$，直接因投资增长而增加的国内生产是$(1-m_i)\Delta I$。

对一个封闭的制度来说，收入倍数值是 1/Z，所以 $\Delta\overline{Y}=(1/Z)\Delta\overline{I}$。（这相当于第二篇第三章第二节第二段例子中的就业倍数四。）在一个开放的制度中，公式为：

$$\Delta\overline{Y}=\frac{1}{Z+m_c(1-Z)}[(1-m_i)\Delta I+(1-m_e)\Delta E]$$

这一公式中的要素取决于技术关系和特定商品的需求情况；它扼要说明容易逐期发生变化的复杂关系。不过这个公式只能作为预期活动变化所产生的结果的约略指针。

264 # 第十一章　社会主义计划

在前面一章里，我们已经看到，新古典学派关于市场经济均衡与和谐的理论对现代资本主义是不适用的。但是，有人认为它对社会主义经济产生的问题却提供一种有用的研究方法。

当一场革命取消了资本主义厂商的时候，必须建立其他机制来担负这些厂商以前所起的作用。现在，收入在各个家庭之间进行分配的主要方针、投资的方向、技术的选择、价格的模式，以及工农业间的贸易条件，这些，必须经由政治程序来直接决定，而不是通过财产、权力和知识在各个人、各个集团和各个组织之间的分配来间接地决定。

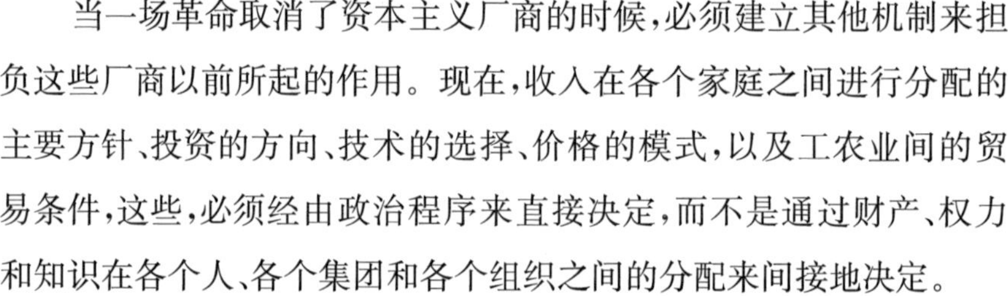

打着马克思主义旗号进行的革命，接受了马克思在经济分析方面的主要范畴。不过，劳动价值论旨在断定资本主义制度下剥削的性质。它不能直接用来解决设计一套更有效更公平的游戏规则问题。另一方面，新古典学派体系试图描述一种事实上从来不曾有过的理想经济，它也许包含一些有价值的意见。我们在下面要研究这两种理论所提出的计划概念。

第一节　价格与收入

根据苏联占统治地位的哲学，靠用货币表示的价值对生产和分配进行的调节是走向共产主义过程中逐渐消失的资本主义残余。因此，在原则上，“各尽所能，按需分配”将会普遍实行，不需要用货币来计算。在这期间，一个用货币表示的收入和价格体系在 265
社会主义过渡时期还是必需的。但是，照这种见解，这个体系在运用中所依据的原则没有多大关系。另一方面，在新古典学派哲学中，价格体系是个关键，一个人货币收入的购买力是他的福利的主要标志。①

新古典学派在讨论福利时主要是关心向公众零售的各种货物。它对住房、教育、医疗和一切文娱活动都没有给人们以多大的启发，甚至当代最自由放任的经济对于其中一定的数量也是部分地或全部地在价格体系以外供应的。② 但是，除极其单纯的非专业化的经济外，购买商品用于消费却是生活水平的一个重要因素。只要以货币形式将收入付给各个人或各个家庭，那么用货币表示的消费品价格的水平和模式就是经济制度一个极端重要的特征。

一、成本与剩余

在消灭生产资料私有制的计划经济中，从社会主义成分获得的货币收入量（农业合作社和非雇用的专业人员除外）取决于工人队伍（包括所有用任何资格从事工作的人们）的大小和各种活动的报酬率，连同补助金、奖学金等等。住户所购货物的货币需求的流量决定于货币收入总额减私人净储蓄额。（这里没有食利者财富。

① 参看第2篇第7章第5节第1段。

② 参看第2篇第7章第3节第2段。

储蓄几乎全部是贮存起来作为以后花费之用的；任何时候的支出流量都因当前储蓄而缩小，因过去收入所存金钱的负储蓄而膨胀。净储蓄的流量是全部实际储蓄大于负储蓄的超过额。）

政府必须从这种支出补偿所售货物的生产费用，加一部分足够用作其他开销的剩余。（住户收入的净储蓄额使得国家可以靠储蓄银行借款或增发相当于私人窖藏增加额的纸币来抵付一部分支出。因此，净储蓄额使从商品售价要抽取的剩余就更小了，于是物价水平可以相应降低。）

在这里，我们略而不谈直接税，那是社会主义经济的一种反常现象，在这种经济中，一切所得都是来自国家。我们假定包括投资在内的政府支出所需要的全部剩余基金是靠卖给公众的商品的价格加价来筹措的（就像市场经济中的利润差额一样）。（在苏联制度下有少量所得税，这一部分是过去的残余，一部分是对付非雇用
266 的专业人员，在这里我们将不进行讨论。）在计划经济中规定价格的首要原则是相对货币收入水平来确定卖给住户的货物的一般物价水平，使销售货物的价格将会提供超过生产费用的必要剩余额。

在规定价格之前必须决定生产那种消费品，生产多少。计划制定者的选择的自由（撇开对外贸易不谈）一方面要受可以获得的初级产品（食物和原料）以及专业化的生产设备的限制，另一方面要受他打算供应的人民的需要和习惯的限制。价格可能对将来生产的决定有反应，但在任何时候，一切种类货物的出产量都是已经计划好了的。

要出售的货物量是由一部分工人队伍生产而由全部工人队伍购买来消费的。消费品的价格必须是补偿生产它们所需工资额而

有余的价格；这部分剩余一定要等于从事其他行业（国家的一般管理、投资、武装部队、科学研究等等）的所有工作人员的工资用在这方面的花费，和非工资收入（如同补助金）的支出，以及从提供所有像教育、医药和大歌剧一类的货物和劳务所得到的收入的支出，这些货物和劳务是免费或按补贴价格向公众供应的。这决定销货的货币总值中的必要剩余总额。

可以靠流通税、企业出厂价格中所包括的计划利润或部分地靠上述每一种规定来获取这种剩余。（超过每单位产品售价成本的剩余大体相当于资本主义工业的净利差额加价格中所包括的任何间接税。）有待研究的是，全部剩余如何在总消费额的各个组成部分进行分配，也就是加价如何形成商品的价格模式。

二、古典派价格

要执行一项依据劳动价值规定价格的政策要求按照生产总产品每一要素直接或间接所需劳动时间的同一比率来分摊剩余。这就产生各种不同劳动和技术水平的问题。每个人在一小时劳动中都创造同样“价值”吗？马克思的“抽象劳动”概念从来不曾成为可以应用的术语。[①] 实际上，酌量到技术的不同，只不过依据刚好付给他们的相应工资率来推算不同劳动时间的价值，这使全部计算变成任意的。

一个“生产价格”体系对所投资本提供一律的利润率，就像我

① 参看第 1 篇第 2 章附录。

们根据斯拉法模型[①]所表明的那样，这在社会主义经济中就更加
267 不适用了。它将要求对全部现有生产资料资财确定一个用货币表示的价值，然后这样来规定价格，使销售的每宗商品为生产它对所直接或间接涉及的生产资料资财的价值提供一律的报酬。这种计算有什么意思呢？

但是，没有理由指望劳动价值或一律的利润率会产生一套切实可行的价格。根据长期成本规定的价格由于两方面原因而不合乎要求：首先，我们即将看到，价格涉及种种社会考虑；其次，价格必须符合相对需求来说的稀少性。在价格只受成本支配的情形下，出产率受到限制的一些商品会过于便宜，不论它是受现有原料和生产设备的限制，还是受专业化工人的限制。这种商品会从市场消失而转到黑市按照和其需求相一致的价格转卖出去。另一些供给比较丰富的商品会过于昂贵，因而有一部分卖不掉。

依据劳动价值规定的价格以及符合资本的一律利润率的价格，这两个概念都忽略使需求适应现有供给的问题。它是从竞争性的资本主义工业模型推论出来的，在这种工业中，生产资料的供给已经调节使之符合牟利的厂商愿意提供的产品流量。这同适用于社会主义工业的价格政策没有关系。

事实上，在苏联经济用语中，通过改变“价值规律”的意义并用来表示一种像市场供求平衡的情形，就使得价格应和马克思的价值相一致的信念同他们必须调节需求使之符合供给的事实协调起来了。

① 参看第 2 篇第 6 章第 3 节第 4 段。

三、新古典派价格

新古典学派的办法是要找到使每宗商品的需求同现有供给相等的价格水平和模式。这会自动提供必要的剩余，因为消费品的售价大于它们的生产成本的超过额一定会等于来自生产消费品以外其他方面挣得的收入的支出部分。但对这个处方有一些反对意见。

新古典派价格意味着根据钱包实行配给。这在没有不劳而获的收入的经济中不像资本主义世界那么任意。社会主义制度下的报酬率差别是有意识的（不论这些差别根据什么原则决定），旨在造成实际收入的不同。但还有不平等，在平均实际收入低时，不平等意味着一批最低收入者是贫困的，可能产生人口多的家庭的子女营养不良情形。在不平等消失以前，压低基本必需品价格并实行定量供应是比较可取的。在收入等级的另一端，当耐用消费品

只有小量生产，而所有高于平均收入的家庭都急于抢先购买时，需 268
求比在公众对这种货物掌握有一定数量的场合要大得多。在这里，一种在售货日期实行有组织的排队制度胜似现在定价很高将来再降低的办法。

而且，现定价格往往涉及一些更广泛的考虑。社会政策力图促进许多种形式的消费，如同政府赞许的娱乐，这一类消费必须廉价供应。还有一些政府力图限制的消费，如同烈酒，有限的供给一定要和高价配合起来。

对这一切例外情形作出决定之后，一定范围的产品可以实行消费者自由选择的原则。对这些产品索取使需求符合计划供应的

价格是适当的，这样市场就自行调节而无须定量供应或行政管理了。[①] 但这并不意味着模仿新古典学派教科书所描述的弹性价格是明智的。

四、变动中的价格

在大部分商品价格的需求弹性很大的场合，一种对消费者爱好富有感应的价格制度能够顺利地运行。所以在原则上注视成品存货变动就能对相对价格进行适当的调整。根据教科书的办法，当一宗商品存货下降时，它的价格上涨。这会减少销售额并将购买力用在其他物品上面。当存货堆积时，价格削减，销售额增加，于是购买力从其他方面转到这宗商品。这就不断引导消费从相对需求来说最稀少的商品转向最丰富的商品。但当需求对价格没有弹性时，[②]这个制度就行不通了。到那时，稀少商品价格的上涨导致它的销售额的小量下降和其他物品销售额的大量减少，购买力从这些物品转移了。

在满足同样需要的各类商品（譬如说各种不同的纺织品）中间，也许有足够的代替性，使需求对相对价格的差别作出适当反应，虽然也要考虑到习惯和势利（甚至在社会主义制度下也是一样）。我们没有理由指望在各类商品之间发生代替情形。降低纺织品价格可能减少花在纺织品上面的金钱并提高（譬如说）皮鞋或木器的需求量。需求缺乏弹性的现象在习惯性消费方面是特别难

---

① 参看第2篇第7章第2节第1段。

② 参看第2篇第5章第3节第1段。

办的。伏特加酒价格上涨可能降低对其他一切物品的需求。

新古典学派体系的另一点困难是时机问题。瓦尔拉的市场是 269
靠开始交易前叫喊供给和需求的过程达到均衡的。这是离奇的想法。靠错了再试的现实过程形成价格模式时，在最后模式建立以前，一些货物必定按某一价格或其他价格卖掉（用瓦尔拉的话来说，在“错误价格”下进行交易）。对于需要和爱好不同的人们来说，收入的真实购买力受他们必须支付的价格的影响是各不相同的，于是想象中的均衡位置（如果最后价格一旦形成，它就会建立起来）已经不存在了。

在计划经济中，价格政策问题不是这样发生的。任何时候都有一个价格模式，概括地说，它调节需求使之符合供给。人们已经习以为常，认为它是正常情形。撇开社会政策决定的变动不谈，最好是保持价格稳定，让需求变化尽可能影响产品的组成。某一行业存货堆积起来时，计划制订者应当削减那一特定项目的产量，而不降低价格，并供应另一不同的质量或设计，也可能将资源转移到某一其他生产系统。正确的原则是：贯彻这一点的方式取决于行政制度，在这方面，一种社会主义经济制度同另一种是大不相同的。（中国国家批发制度好像是采取这一方针。[①]）

五、购买力与购物力

我们可以从经验而不是从理论得到一个教训。这就是（在基本需要获得满足的条件下），靠钱包配给比靠排队配给更好。这意

① 参看第3篇第2章第3节第2段。

味着基本必需品应当维持低价,如果需求超过供给就按货物种类实行定量供应,非必需品则规定相当高的价格(相对货币收入来说),建立一个适度的对买主有利的市面。于是价格是防止每一行业需求大于供给的价格。存货绝不会卖光,每个人都可以随心所欲地花费他的金钱。当价格定得过低时(这一向是苏联圈子里的传统模式),一切物品的需求一般都有过多情形,于是经常缺货,需要很多时间和耐心去寻找要买的货物。最忙的工作人员的购物力最小,因而社会上游手好闲的家伙占到便宜。而且在那种情况下,除非像中国那样发扬他们"为人民服务"的精神,否则店员容易粗暴,制造业不注意质量。

在最初制定计划时应当重视这种种考虑。一旦有利卖主的市面变成惯常情形,它就极难改变过来。当然,卖主觉得这样便当些,而不喜欢更加讨好他们的顾客的想法。顾客也已对某一价格
392 水平(即对某种货币购买力)习以为常,他们是非常厌恶提高价格的,大大节约购物力的保证似乎补偿不了货币购买力的直接损失。

270

第二节　效率

市场制度是经济管理退化的制度。在每一家企业里,将用货币表示的成本降到最低限度的必要性倾向在用货币估价资源的范围内有效地利用资源。但对整个经济社会来说,新古典学派断定市场会导致稀少生产资料在各种替代用途中的有效分配,它遭受的主要反对意见是,货币价格是一种不完全的估计生产资料的各种可能用途对社会的利益的方法。在计划经济中,当生产的大概

轮廓决定时，效率观点就发生作用了。一个效率高的计划是这样一个计划，即在一定劳动时间和一定物质资源的条件下，其他东西不少生产些，一种物品就不可能多生产些。[1]

一、生产可能性

在原则上，计划制订者掌握全部详细情况就能绘出一定资源的相应生产可能性面，连同要生产的货物和劳务的特定明细表。于是他们能够选择他们认为最可取的产品组合并下达进行相应生产的指示。当然，这在现实中是不可能的。没有必要的详细情况，如果有的话也要花费太长的时间因而无法进行分析。生产可能性要比制订一项计划变化得快。这就势必要采用粗糙和便当得多的方法。

不过，效率概念对小部分的计划还是有用的。苏联数理经济学派首领之一康托罗维奇曾经提出线性规则理论，以便探索如何用既定的一套各种类型机器来提供一指定产品的最大流量。[2] 这种论证的实质和我们在李嘉图地租论中所碰到的相同，那就是在可耕地面积上这样安排劳动以使劳动的边际生产率处处相等，那么肥沃程度不同的一定面积土地就可提供一种农作物（“谷子”）的最大产量。[3]

这种分析可以扩大应用到几宗商品的情况（每宗商品本身是

① 参看附录一。

② 参看康托罗维奇：《组织和计划生产的数学方法》，英译文，《管理科学》，1960年7月号。

③ 参看第2篇第1章第4节第3段。

同质的)，如果想望中的产量是按固定比例明确规定的话。此外，在原则上有可能求得产量各个组成部分相互表示的机会成本，对这一点不妨进行某种粗略的估计；于是一批货中的商品比例可以改变，如果这样做似乎是可取的话。例如，在用户看来两宗商品是代替品的场合，那么扩大估计中机会成本比较低的商品的产量就会提供比较大的使用价值总量。

271　使用这种分配资源方法的范围是有限的。它只能用于下述情况：即可利用的资源和所需要的产品要严格从物质方面详加说明。它不能用于制订整个工业计划，甚至不能用于制订消费品部门的计划。这种方法不能告诉计划制订者那些需要应当得到满足。它也不能指出资源在(譬如说)教育和游戏或在足球和曲棍球棒之间的正确分配。[①]

西方所谓数理经济学家提出对整个社会来说使“效用”成为最大量的原理，甚至在苏联，一些数理经济学家也曾经试图对他们的理论结构做出夸大的论断。[②] 最大量是一个数学概念，它只能用于严格一律的和可以计量的单位的数量。把它应用到社会关系或精神价值方面只不过是欺人之谈罢了。

二、原料分配

在一个领域里，也就是在把原料在最后产品之间进行分配的领域里，具有交替用途的稀少资料问题对社会主义计划制订者来

---

① 参看附录一。

② 参看迈克尔·侯尔曼：《今天的苏联计划》，第 26 页。

说是极端重要的。采掘工业的生产能力有限，国外对进口的投入物的购买力总归是一个贫乏的财源。

撇开需要长期训练的特殊技能不谈，工人队伍是多才多艺的。它对总生产而不是对特殊商品的生产规定一个限度。每一广大生产系统的限制因素是可以获得的原料。

每种原料都有一系列用途。几种原料可以或多或少满意地投在每一种用途上。要使综合生产率达到最高水平，每种原料就应当分配在它比一些代替品具有最大优越性的用途上面。铜和铝两者都可用于电线和制造水壶与平底锅。铜也许在两种用途中都是绝对优越的，而同制造水壶比较起来，它在电线方面比铝更为精良；而且电器产品比水壶产品对经济发展来说也更为重要。

对市场制度可以提出的最大优点是，它是通过价格机制对稀少原料在各种用途中进行分配的。需要增加时则抬高供给缺乏弹性的原料的价格，促使牟利的厂商寻求便宜的代替品。于是这种供应就归代替品最不适用的厂商得到。

市场机制把原料供应导向它们最有利的用途，这可能同它们在计划经济中的最重要用途不相符合，不过原理还是一样的。计划制订者需要尽可能经济地利用原料，他们也考虑到用这些原料制造的产品在计划中所占的重要地位。

找出满足这一要求的方法，不论中央实行分配还是某种决策 272
权力下放，都是组织计划体系的主要条件之一。毫无疑问，在这里，关于问题的性质可以从新古典学派学到一些东西，不过他们的理论并没有提出现成的答案。

三、地租

在新古典学派理论中还有一个概念对计划经济是有用的，这就是马歇尔所谓采掘工业的“边际成本”。①

在农业、矿业、渔业和林业中，资源决定于自然，一般地说，这一点是不错的，即某一物资来源要比其他资源容易开辟些，所雇每个工人的产量要高些。这就是我们在李嘉图模型中所考察的土地肥沃程度不同的情形。②

在这种生产中，当管理部门奉命用最低成本进行生产，或使每人生产达到最大量时，那就只能利用质量最好、收获最高的资源，一直到这些资源耗竭为止。在劳动必须转向比较贫乏的资源的场合，实际生产成本可能急剧上升。这种生产方法由于不曾酌量到它的全面稀少性而一开始就低估了产品的真实成本并鼓励人们在这方面过于浪费。而且，全部产品的劳动成本也因生产效率不高而增加。这个问题可能要对不同资源征收像李嘉图级差地租一类的费用来解决，指示各个企业把包括地租在内的成本减到最低限度。采用这个办法接近李嘉图的见解，即劳动投在不同质量的资源上面的边际生产率相等。

然而实际上，要区别因特定资源的纯粹自然利益而可以征收的真正经济地租同这样一种地租区别开来并不容易，这种地租是因设备投资、劳动技能和辛勤劳动或富有成效的管理组织等优越

---

① 参看第1篇第3章第3节第3段。

② 参看第2篇第1章第4节第1段。

条件而得到的。在这里，一种巧妙的理论再次只能粗略地应用于实际。

第三节　积累率

到现在为止，我们一直是在讨论短期问题——关于现有资源的利用及其产品的处理问题。现在我们必须考虑旨在扩大将来可用资源的投资的水平和内容的决定问题。

一、再生产图式

根据马克思对于社会主义的想象，当资本主义完成它的积累
和技术发展的历史使命时，工人就剥夺剥夺者。一些投资依然是 273
必要的，但它不会具有很大的重要性。然而结果是，在资本主义仍然强大的时候，革命却在比较落后的经济社会中爆发。计划经济的一切目标中最最紧迫的是积累和提高生产率。

马克思根据“扩大再生产”图式对资本主义工业积累的分析为探讨投资政策提供了一个起点。[①] 第一部类等同设备的生产，第二部类等同必要消费品的生产。投资是由第一部类的净产量和第二部类的资财增加量所构成。一个不断的积累过程要求它们之间保持适当的平衡。第一部类分成两部分：为扩充本部类（广义地说就是基本工业）而生产设备的部分和为第二部类（广义地说就是轻工业）提供设备的部分。

---

① 参看《资本论》，第 2 卷，第 20 章。

综合积累率随着时间进展可以是加速、减速或稳定的。① 从我们只有一种机器的简单模型里可以看到这一点，在这个模型里，机器部门在它生产机器来装备谷子部门工人的同时也增加它自己的机器数量。② 在加速积累时，第一部类（我们的机器部门）在扩充时进行投资的比例一定要大于谷子部门投资的比例。

举个例子，假设一开始相对于谷子部门的每 80 部机器，机器部门就有 20 部机器，一年生产 10 部新机器，又假设 6 部新机器拨归机器部门。第二年，26 部机器生产 13 部新机器（把一年作为一部机器的妊娠期）。机器产量增加 30%，而谷子产量只增加 $\frac{4}{80}$ 或 5%。

只要机器部门机器对全部机器的比率是在提高，积累就是加速的，也就是一年一年地全部资财的相对增长都是每年大于前一年。谷子产量（消费品）在增加，不过它在总产量（用劳动价值计算）中所占的份额是一年一年在减少。

当分配给机器部门的新机器数量的相对增长一年一年下降时，增长率就是减速的。只要分配的数量同机器部门现有资财的比例在增加，那么投资对收入的比率就依然一年一年在上升，不过现在是减速度。

当达到稳定增长的平稳状态时，每年分配给每一部门的新机器同每一部门的机器数量成比例，于是投资是产量的一个固定比

① 参看附录二。

② 参看第 2 篇第 2 章第 5 节第 3 段。

率。那时候，用于消费的谷子产量是按和总产量相同的稳定速度一年一年在增长。在上面的例子中，把八部机器增加到谷子部门并把两部增加到机器部门时，全部资财是按每年10%的比例在扩大。 274

我们的谷子和机器模型使人们容易掌握马克思的图式，尽管它当然是过于简单，对计划制订者没有多大用处。[①]

有一个时期，苏联官方意见认为加速度是“社会主义积累的第一条规律”。这样一种宏伟的纲领造成社会极度紧张，从商品售价提取比例越来越大的剩余则产生日益加剧的通货膨胀压力。在重工业打下充分基础以后，苏联的学说就转向这一合情合理的观点，即加速度只不过是早期工业化的一个必要阶段罢了。

二、新古典学派见解

新古典学派理论的严密体系是根据静止状态的比较建立起来的；对积累的论述是片断的和模糊的。新古典学派重建的前凯恩斯模型公认是在只有一种商品以及依据劳动和那一商品数量“应用良好的生产函数”的世界里才能适当地发生作用。但这并不影响新古典学派的下述基本概念：积累是通过住户的储蓄决定进行的，储蓄意味着为将来更多的消费而牺牲现在的消费。一个家庭将其一部分收入作为储蓄以积累财富并将其财富投在生息的债券上面，这种家庭经验被用来说明整个经济的动态。

① 参看费尔德曼(1928年)：《国民收入增长率理论》，载斯帕伯编：《苏联经济增长的战略基础》，1964年。

现在，我们知道，除了战时和特别兴旺时期以外，私营企业经济一般都是发展相当缓慢，虽然投资增加并伴随着消费的增长。在这里，作为一种牺牲的储蓄并没有什么意思。

尽管如此，如果无论如何要保持近乎充分就业情形的话，那么，在一定技术条件下，比较快的积累率一定是同比较低的消费水平联系在一起，这一点依然是不错的。在市场经济中，这是靠利润在产品价值中占一较大份额来实现的，于是进行储蓄和增加财富的人们通常比利润要是比较少时本来会消费的要多消费一些。节制消费不是对储蓄者的要求而是对实际工资较低的工人们的要求。他们必须节欲，不仅要足够进行更多的投资，而且还要额外节欲一点，让储蓄者获得更多的消费。①

275 三、社会主义积累

对社会主义经济来说，积累肯定要求为将来而牺牲现在的消费，但它是以比马克思再生产图式更为复杂的方式进行的。

首先，图式所依据的概念只适用于工业的发展。消费品供应的最重要部分（食物）和轻工业的大部分原料（如同棉花）都是来自农业的。投资与发展的关系是按照它在农业中的节奏进行调整，而不能指望同工业保持步调一致。

第二，消费增长取决于投资所采取的形式。一旦实现充分就业，就要先在设备、建筑和人员训练方面进行投资，才能增加要购买的货物、住房、文娱节目或社会服务的供应。这不是在消费和投

---

①　参看第2篇第6章第4节第6段。

资之间进行选择,而是在收益快的投资和长远的投资之间进行选择。

第三,积累时机大半取决于计划制订者能够要求公众作出什么样的牺牲。把大部分投资拨归轻工业和农业的政策起先会很快提高消费,不过以后要按减速度增长,而高比例的基本工业投资(撇开军备和人造地球卫星不谈)起先是限制消费的增长,而当投资能力扩大时它就可更快地提高消费。不过,限制消费和把享受投资的利益推迟过久可能损害士气,结果增长毕竟要更慢些。

第四节　技术的选择

现成"蓝图册"的观念对于探讨主要工业国家的投资没有多大用处,在这些国家里,革新是体现在每一代新工厂上面。[①] 但是在主要是农业经济实行工业化的审慎政策下,综合投资计划是一直在进展的。这样,对于资本主义发展过程中曾经采用过的一切技术全都了解,所以后来者可以利用像蓝图册一类的东西。这就产生依据可以具体化为各种形式投资的目标和成本进行技术选择的问题。

一、目标

投资的目的在于增加要生产的货物项目。当武装部队、教育、
房屋建筑等等已经确定它们的份额时,还有一定数量投资可以用 276

---

① 参看第 2 篇第 4 章第 4 节。

于扩大消费品的生产。我们已经看到，不论多少数学都不能告诉计划制订者说他们应该要什么东西。增产量的构成必须事前决定。它可以随着生产的进行加以修改；在某些货物的生产可比预计数量更大的场合，一部分劳动力就可以转向另一些物品的生产；在太少的场合，最有可能节省劳动的生产必须削减。

由于计划目标是一堆五花八门的货物和劳务，没有办法将它归结为同质的项目。一家住户购买消费品所支付的钱是衡量这些消费品所带来的益处的很不可靠的尺度。即使在新古典学派理论里，相对价格也只测度相对的**边际效用**。没有一种理论研究分离独立的消费增加量的益处。此外，售价还要受社会政策的影响。如果我们依靠价格的话，那么伏特加酒供应的增加会比其他任何物品都更有价值。计划必须依据一些特定商品的将来产量而不是依据价值的流量来确定目标。

将来产量的时间形态也是一个重要问题。流向各家住户的货物一定要互相配合。（在供应家庭用电之前，出售电熨斗没有什么好处。）容许各色各样货物消费增长的速度一定要根据一般原则在计划中决定下来。要依据一般“投资生产率”来对计划进行分析是做不到的。尽管如此，我们将会看到，在论证中投资费用依然起着重大作用。

二、作为成本的劳动

在资本主义制度下，技术的选择被认为受追求最大量利润的欲望的支配。劳动成本是作为将来的工资额而成为主题，这一部分工资额是为了操纵要装配的设备而必须支付的。在社会主义制度下，工资不是一种成本。社会要负责为其一切成员提供生计；无论什么人失业，都是社会的责任。

劳动不是一种成本而是一种要利用的潜在资源。全部工人队伍（现在和将来的）都要组织起来生产这种或那种东西，发生失业情形只是管理不善（包括不能在农业清淡季节为农村人口提供有益的工作在内）的结果。然而劳动时间在它是根本的稀少资源的意义上却是一种成本。投资的目的在于增加每人产量来减少一些特定商品的劳动成本。因此各种规划必须依据每一单位当前投资所节约的将来劳动作出抉择。

在进行积累和取得经验的过程中，每人-时劳动的产量不断提高。消费品部门因提高产量而获得的一部分利益可以用增加货币工资或降低物价的办法进行分配。于是实际工资率上升。这肯定不是意味着雇用工人的费用在增长。在各种不同用途实行分配的
稀少商品是劳动时间而不是工人消费的货物。 277

但是，假如我们认识到这一点，那么，仅仅为了方便起见，依据一定工资率来计算今天和将来的劳动时间成本就是合理的，条件是，我们能充分考虑到各种不同技能稀少程度的差别。

三、物质资源

投资所需要的资源系采取特定的具体形式，譬如说生产钢、煤和电力的设备。劳动是一切生产的根本性的瓶颈口，但一些特殊产品还有个别的瓶颈口。为了探讨投资费用，依据略微增加每种产品所必需的劳动时间（正常工时）来估计各种不同原料的相对成本就可以在一定程度上克服上述困难情形。最稀少的原料是“边

际成本"最高的原料，从而需要最大量的劳动来提高当前出产率。因此，我们可以用一种约略的简便的方法把全部可供投资的资源归结为投资工业的劳动时间。

四、分配可供投资的资源

在货物单决定之后，技术选择就成为主题。就一特定商品生产的将来流量来说，也许有几种可能采用的技术；一种需要较大量的投资费用来装备将来雇用的一个工人，它必须提高将来每人产量的水平。

当投入物和出产物的时间形态相同时，各种技术就可以简单地依据从今天一单位可供投资的资源（用劳动时间计算）和将来可以获得一特定商品的每人产量来进行比较，也就是依据将来劳动时间的节约来表示的每单位投资的收获进行比较。（这和我们在讨论技术变革时所遇到的**机械化程度**是一样的概念。[①]）

现在，正因为任何行业选择技术的标准都是依据投在那一行业每单位可供投资的资源节约的将来劳动时间来说明，所以在整个计划中，就应当按照每单位投资使每一行业可能节约的将来劳动时间来在各个行业之间分配可供投资的资源。

贯彻这个原则的机制也许是这样的：给以可供投资资源的劳动成本以每单位若干百分率的补贴；然后制订计划以使每种出产物的流量达到最低成本（依据将来劳动时间——在当前工资率
278 下——连同补贴费用计算）。（这种费用纯粹是观念上的。我们已

---

① 参看第 2 篇第 4 章第 3 节第 4 段。

经看到，卖给住户的货物的价格是按不同原则规定的。）这样，当正确地算出成本和决定正确的工厂设计时，每单位投资费用节约的将来劳动时间在边际上对每一生产系统来说都将是一样的，因而将更多一点投资从一个系统转到另一个系统不会有什么好处。（在这里，我们再次借助新古典学派理论所提出的效率原则。）

补贴系测度相对将来劳动时间来说可供投资资源的稀少性。它旨在把投资引导到实现计划投资所能取得的将来劳动时间最大量节约的行业和形式方面。确定补贴的水平取决于相对投资工业可以雇用的劳动人数来说为消费品工业提供装备的那一部分投资工业中的劳动人数。如果补贴定得太低，规划投资时就会使每人装备过多，因而没有足够多的工厂为所有可以使用的工人提供就业。如果它定得太高，许多行业的投资就会使每人产量提高太少，因而会产生劳动不足情形。

在每一投资阶段将补贴定得十分确当时，工人就一直保持充分就业，将来劳动时间达到技术上可能取得的最大量节约，换个讲法，对一定量劳动时间来说，计划打算供应的商品的总产量达到最高增长率。

必须强调指出，这个分析限于对一切技术都一样的简单的生产时间形态。事实上，技术的选择同其时间形态的选择是分不开的。机械化程度高的技术往往在开始投资和开始投产之间需要比较长的耽搁时间。（水力发电厂比同样发电量的火力发电厂要求每人更大量的投资和更长久的妊娠期。）

显然，为将来节约少量劳动而今天需要大量投资费用的技术总是**劣等**的，①不应采用。同样，一项投资在开始提供产品以前需要比较长的耽搁时间（一个比较长的妊娠期），而在完成以后却没有比较高的出产率，它就不如一项更快提供产品的投资。一种需要比较长的耽搁时间来使将来产量充分增加的技术可能是合格的，不过它的好处不能简单地用将来劳动时间一般的节约来说明。它是要在特定的日期提供特定的产量。不同时间路线的种种技术的选择理论总是极为错综复杂，不可能付诸实践。在尽可能精打细算以后，计划制订者就一定要以某种方式作出决定并作最好的打算。老实说，最适当的技术选择概念是无法精确应用的。尽管如此，它指出对现实来讲很重要的一个方向。

279 **五、“两条腿走路”**

当工业化过程开始时，希望制造的设备量大如山，而在一个计划时期内能够装配的数量却很有限。这就必须在希望生产的各种商品之间作出抉择，弄明白投资应当首先分配给那种商品。对设备的投资所造成的每人产量的差别，从一个生产系统到另一个生产系统是大不相同的，而各个不同生产系统在进一步发展方面的重要性也不一样。因此，正确的政策是检查一下货物单，找出哪一种生产安装新设备后可使每人产量发生最大的差别。于是一小部分工人队伍使用最现代最优越的设备，每人需要极大量的投资，而其他人的装备仅仅使他们能用消耗劳动的老式方法进行生产，尽他们自己最大的努力来改进他们的设备。高度机械化装置的数量

① 参看第2篇第4章第3节第4段。

一年一年增加，一直到遥远的将来每个工人都得到最好的装备为止。

要根据这项原则精确地规定应当采取哪一些设计还需要详细的资料，包括对将来可能出现的技术改进的估计在内。这是不能用衡量可供投资资源的稀少性的补贴办法来表示的。我们不能当真假装靠数学就能制定出最适当的规划。不管怎样，中国的经验提供一些明显的例子。为长距离庞大运输量建造铁路，而驴子甚至人则为短距离运输拖着车子；大钢铁联合企业供应主要的建筑业和机器制造业，而乡间小铁匠店则制造农具。这些例子说明有选择地利用可供投资的资源原则，同时保持充分就业，或像中国人所说的，两条腿走路。

第五节　另一回事："报酬率"

在新古典学派理论中，"资本"生产率概念起着重要的作用。人们往往将它同整个社会投资生产率或储蓄"报酬率"[①]（也可以说是积累对社会主义经济的利益）的概念混为一谈。

新古典思想的各个学派曾试图用种种方法使"资本生产率"等于资本家将资金投在企业所获得的利润率或食利者从他们的生财所获得的利率。这首先混淆了所有厂商合在一起的资本总值同任何时候因投资而增加的资本数量；其次还混淆了提高生产率的生产资料同使所有主对产品的货币价值获得一份要求权的财产。

---

① 参看第2篇第4章第4节。

280 我们已经看到，资本的利润率水平概括地说取决于工艺情况和实际工资率水平，而利率水平主要决定于生财市场——证券交易所——上的看法和货币政策的运用。“资本生产率”同两者中随便哪一方面究竟有什么关系？

还有从整个社会来看的投资生产率概念。积累更多体现优越技术的生产资料，在它增加一定工人队伍的产量即减少生产一定产量所需要的劳动时间的意义上肯定对社会是有利的。但是，正如我们讨论计划经济问题所表明的，这种利益不是某种可以归结为“报酬率”的东西。在全部活动中投资所占的比例，投资在各个主要部门间的分配，甚至消费部门内产品的构成，都必须经由政治程序来决定。各种不同的投资目标对社会产生的利益没有办法归结为统一的尺度。

我们觉得，新古典学派体系里对探讨计划投资有用的一个因素是为可供投资的资源收取补贴的概念，把这项补贴作为投资率和投资目标决定以后要采取的技术方面的机械化程度的一个决定因素。即使在这一狭小范围内，这个概念的用处也只是作为正确政策的一项模糊的一般指标，因为制定这项政策所涉及的计算总是需要比可能得到的更为精确的数据，而制订计划却一定要用粗糙得多的方法。

附录一：苏联经济计划对效率的追求

在经济计划中只能靠一般政治和经济决策来决定长期投资的基本性质和方向。

同时，在制订计划（从〔党的〕总路线产生的）过程中，效率的计算应当起很重要的作用，特别是在考虑比较局部的然而也很重要的问题的时候，如同选用哪种原料和工艺程序，企业类型，集中和专业化程度，等等。当然，在考虑总体计划时这些问题也一定解决了。

康托罗维奇①

在紧接1917年俄国革命以后的年代里，关于经济问题发生过不少活跃的和富有创造性的争论，但在1929年到1956年间，在苏联流行的正统意见是，经济学家的任务是为政府经济政策的合理性提出事后的说明。不论在经济计划的技术方面还是在经济制度的组织方面，经济学家都是不起作用的。从1956年以后，改进制订计划方法的明显需要，促进了对经济学家潜在贡献的重新评价，结果环绕许多新思想展开了争论，这些新思想在一定程度上得到 281
了补充。

第一节　传统方法

一、投入标准

在传统上，试图实现高效率的社会主义计划所采用的主要方法是**投入标准**的方法。投入标准是一个假定的数字，用来描述投入物转变为出产物的高效率的工序。举个例子，假设生产一吨钢使用煤的标准是 x 吨。那就假定高效率地生产 z 吨钢需要 zx

① 《经济资源的最适当利用》，第184页。

吨煤。

苏联在制订计划时广泛地采用标准方法并极力使之现代化。然而这种方法并不能保证效率。在计划计算中所采取的标准只不过是投入需要量的平均数，根据稍许有利于高效率生产者的情形加权。现实工艺却表现出投入-产出关系的广泛弥散现象。而且，既定标准不考虑生产过程中投入物相互替代的可能性，报酬随生产规模扩大而改变以及技术改进的结果。因此，一般讲来，标准方法不可能计算高效率的投入需要量，这样制订的计划总归是效率低的。

二、一致性

比效率较为朴实的要求是一致性。试想一个农场能用三种不同技术来生产谷子和山芋。可利用的投入物就像构成第 11.1 图所表明的生产可能性面一类的东西。任何根据 *PQRS* 制订的产品计划都是高效率的。[①] 在阴暗面积中的任何产品组合都不符合

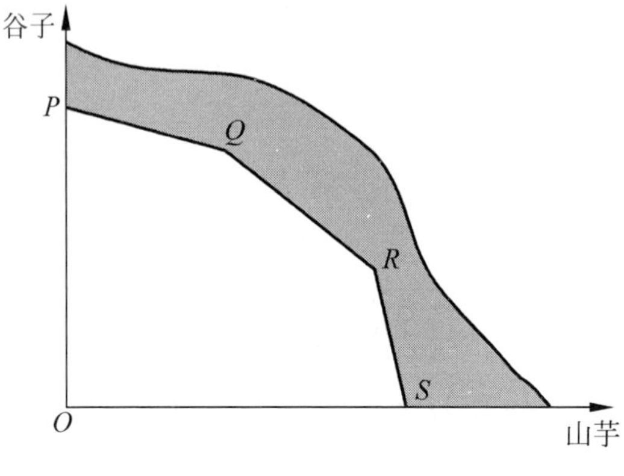

第 11.1 图

① 参看第 2 篇第 7 章第 5 节（第 7.2 图）。

投入计划，因而不能生产。在 *OPQRS* 以内的任何产品虽然效率 282
低，但至少是和可利用的投入物符合一致的。

三、计划与反计划

保证每家企业计划至少一致（即不在阴暗面积中）的方法是计划与反计划。如果计划的制订仅仅是根据计划制订者对国家经济需要的看法，而忽视每一企业的实际可能性，就简单地从上而下达到企业，那么，这种计划显然会是不一致的。相反，如果计划仅仅是由每家企业制订的话，它们也许不能根据国家经济需要来利用各种资源。计划与反计划过程涉及相互提出和讨论计划建议，旨在采取一项计划，对企业行得通并保证根据国家需要利用每一企业的资源。

不幸的是，这种程序由于官僚主义的复杂情形而将效率和一致性二者都破坏了。

四、物资平衡

用来保证每宗商品计划符合一致的方法是**物资平衡**方法。这涉及为每宗商品编制平衡表，一方面表明经济资源和潜在产量，另一方面表明经济社会对一特定产品的需要。

通常在计划程序开始时，预计可以得到的一宗商品不够满足预料中的需要。要使供需平衡，计划制订者要探索节约稀少的产品和代替稀少原料的可能性；他们调查研究增加生产或进口原料或设备的可能性，作为最后一着，他们决定稀少商品要满足的一些优先需要。

但是，即使尽极大努力，也难以达到平衡。在一个经济社会里，各种各样商品用不同制法来生产，它们全都要受工艺不断变化的支配，这种经济社会过于复杂，只能实现大体的一致性。

不论什么时候，计划制订者对经济强行规定相对微小的变动，这就限制了计划不相符合的恶果。说得明确些，他们倾向对现有生产结构不断作微小的变革。错误难得大到无法纠正的程度。尽管如此，传统计划制度显得有点是实用主义地试图胡乱对付的样子。

283 第二节　计划方面的革新

在五十年代中期，显而易见的是，传统的计划方法是不能令人满意的，从经济越来越多样化和试图发展消费品部门来看，情况尤其是如此。

一、补偿期

经济学家提出的头一个经济核算的新方法，是关于技术的选择问题。补偿期是用来对生产一特定产品的不同技术进行比较的一种方法。他们是依据因较高的最初投资费用而降低的将来流动成本来进行比较的。同另一种需要较少投资的技术比较起来，一种需要较大量投资费用的技术，只有在等于或短于官方为那一部门规定的补偿期的时期内、流动成本的节约可以抵补额外投资费用的场合才会被采用。

一个比较长的补偿期容许较大量的每人最初投资，也就是比较高的机械化程度，[①]反过来也是一样。这个方法是试图寻求适

① 参看第 2 篇第 4 章第 3 节第 4 段。

当的机械化程度来使可以利用的可供投资资源符合可以利用的劳动，但由于计算系根据多少是注意的价格而非根据用劳动时间表示的成本，它不可能十分令人满意。而且，在比较投资和产量的时间形态的问题上处理得是非常草率的。

此外，这个方法只是在分别决定每个部门的机械化程度方面才是有用的。可供投资的资源是按照上述特别程序在各个部门之间进行分配。没有像中国“两条腿走路”的方法那一回事，中国方法把投资在各部门间的分配同整个计划中生产率的提高联系在一起了。

补偿期、投入标准和物资平衡依然是在欧洲各国制订计划所使用的主要方法。但在六十年代它们用新方法进行了试验，如同投入-产出分析和线性规划。

二、投入-产出

在二十年代，苏联中央统计局曾编制头一套国家账目，提供各种工业之间生产关系的资料。这种方法大部分是里昂惕夫教授在美国搞出来的。在这里采用任意的价格再次损害按照价值进行的任何计算的精确性，[①]不过苏联计划制订者还用物资单位和劳动单位编制了投入-产出表。这个方法在把注意力转移到各个部门之间的关系(特别是用生产一特定产品所需要的直接和间接投入物来表示)方面是有帮助的。

苏联联系1966—1970年五年计划关于最后产品的构成对综

① 参看第2篇第6章第3节第3段。

284 合生产结构的影响进行了第一次大规模的研究。这一点已经弄清楚，即国民收入中投资比重的增加会提高国民产品的增长率，但一时对消费增长率没有什么作用。这是根据费尔德曼模型①的思路，不过投入-产出方法把它改进了，因为它需要研究的是在工业水平上不同战略的影响，而不是单纯用总量表示的不同战略的影响。

三、线性规划

或许在制订计划方法方面最重要的改进是应用了线性规划。这个方法涉及一个线性函数的极大值或极小值（如各个不同工厂水泥产量的总和或卡车向各个不同地点运货所花费的时间），这要受资源限制和线性方程形式所表明的生产方法的支配（如可得到的石灰等等同水泥潜在产量的关系）。对许多经济计划问题可以提出这种数学公式并有方法求得精确的数值解。线性规划问题的解决为物质变量（每个工厂的水泥产量）得出最适当的量值，还为计量投入和产出的不同组合的机会成本提供一个尺度。

康托罗维奇在他的经典研究《经济资源的最适当利用》中举了一个简单例子来应用线性规划。需要两种投入物 α 和 β。对它们的需要是没有限制的，但 α 的生产必须是 β 的两倍，不论总产量是多么大，这个比例是固定不变的。这些货物中的每一种都可以由 A、B、C、D、E 型工厂来生产，而每一类型工厂的出产量不同。每一类型工厂的数目和 α 与 β 的每日生产能力见表 11.1。

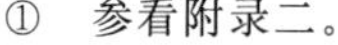

①　参看附录二。

表　11.1

工厂类型	工厂数目	生产能力，如果全部设备用于		α的机会成本（用β来表示）	β的机会成本（用α来表示）
		α	β		
A	5	100000	15000	0.15	6.7
B	3	400000	200000	0.5	2
C	40	20000	2500	0.125	8
D	9	200000	50000	0.25	4
E	2	600000	250000	0.42	2.4

这里假定在生产每种产品报酬不变的条件下，任何一个工厂都 285
可能提供的各种产品的组合。因此，从 *A* 厂多获得 1 单位 α 总是要放弃 1 单位 β 的 0.15。用 β 表示的 α 的机会成本是一单位的 0.15。

不妨用图来说明生产可能性。我们从 *A* 型厂可以获得 500000 单位 α 或 75000 单位 β 或任何比例（线性）的两者的组合。在第 11.2 图中，这是由 AA' 线来表示的。其他厂也有类似的一些线。

如果单单生产 α，总产量等于 5500000 单位 α。现假设我们希望生产 1 单位 β。于是 β 的机会成本（用 α 表示）最低的那部分工厂设备将会用来生产 1 单位 β。在我们的例子中，这是一个 *B* 型工厂。更大产量的 β 都将由 *B* 型工厂生产，一直到 *B* 型厂达到最高产量即 600000 单位 β 为止。假如需要更多的 β，那么 *E* 型厂的 286
设备将会用来生产它，余类推。

在产品 α 对产品 β 每一特定比率下的最大潜在产量形成生产可能性边界，如第 11.3 图中 *PQRSTU* 所示。产品 α 对产品 β 的必要比率是 2∶1，有如 OO' 线所表明的。因此在 2∶1 比率下，最适当的计划提供最大数量的 α 和 β 是在 a 处。用每一类型工厂的产量来表示，a 意味着什么，见表 11.2。

α的产量
(单位：1000)

β的产量(单位：1000)

第 11.2 图

表　11.2

工厂类型	商品 α		商品 β	
	工厂数目	总产量	工厂数目	总产量
A	5	500000	—	—
B	—	—	3	600000
C	40	800000	—	—
D	6	1200000	3	150000
E	—	—	2	500000
		2500000		1250000

D 型工厂生产 α 和 β 两者。因为对 D 型工厂来说，用 α 表示的 β 的机会成本是 4，从第 11.3 图中 RS 的斜度可以看到这一点。

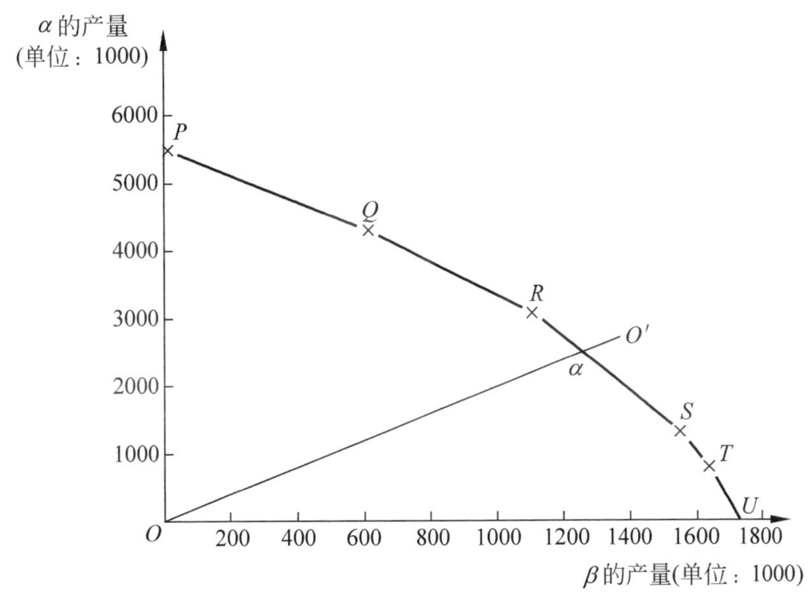

第 11.3 图

四、线性规划的应用

虽然线性规划是一位苏联数学家搞出来的，但它的第一次大规模应用是在美国，那里是在几年后独立发现这个方法的。美国曾经将它应用到钢铁生产的计划表，造纸和石油工业以及运输方面（使运货成本降到最低水平）。

据估计，在苏联钢管生产采用线性规划方法后使 1970 年钢管
产量增加了 108000 吨。在电力生产方面使用配合燃料尤其在新 287
建发电站选择燃料方面取得了进一步的重大改进。在后一事例中，机会成本计算的结果不同于原来根据传统价格出售燃料所取

得的结果。

大部分注意力是集中在投资计划中应用线性规划方法上。六十年代后期，水泥工业的计划发展就是以规划结果为依据的。问题在于它使苏联一些特定地区生产一定量水泥的总成本减到最低限度。问题中的变量是现有企业、新企业的生产能力和位置以及运输体制。计算结果是一系列企业应当停办，一系列企业应当保持现有生产能力，在许多地方应当创办具有特定生产能力的新企业。线性规划计算的结果表明，把水泥生产集中到少数大工厂而不把水泥看作一种“地方”商品是可取的；考虑到运输费用，它的生产应当散在全国各处。这和水泥工业有影响的意见正好相反，还可能同许多地方利益发生冲突。

这些例子说明如何用数学方法（线性规划只是其中的一个）来解决明确提出的经济计划问题。这种方法不能决定生产什么或社会政策可能是什么的问题（例如“没有效率”的工厂可以继续经营一个时候，以免工人丢掉工作），但它对有效地利用资源也许会有所助益。

288 附录二：社会主义积累的第一条规律

我们描述用机器和劳动生产谷子和机器的简单模型可以用来说明费尔德曼把马克思再生产图式改成一种积累理论的情形。[①]从这种理论推导出“社会主义积累的第一条规律”，它对苏联和东

① 参看第2篇第11章第3节第1段。

欧国家经济政策的形成起了重大作用。

在我们的模型中，机器部门为自己并为谷子部门生产机器。一旦将机器调拨给一种用途，它们就不能转到另一种用途。为了使问题简化起见，我们将不再假定机器有一个时间较长的妊娠期。我们假定机器和消费品是靠机器和劳动在一个时期（譬如说1年或18个月）内生产出来的。总有足够的工人来操纵全部机器资财。机器没有损耗，技术也没有发展。

经济社会是以包括两个“部类”为其特征的，其中头一个是机器部门，它本身又分成两个：

第一部类

a 在机器运转时间作业，为第一部类生产机器

b 在机器运转时间作业，为第二部类生产机器

第二部类

在机器运转时间作业，生产谷子（消费品）

一、稳定增长

现假设在我们的论述一开始时，1*a* 部类有10000部机器资财，1*b* 部类有同一数量，第二部类有同样多的机器，即20000部。在第一部类，五部机器连同适当编制的工人在一个时期内生产一部机器。第二部类每一部机器在每一个时期内生产一单位谷子。因此：

第1*a* 部类用10000部机器进行作业，为第一部类生产2000部机器

第1*b* 部类用10000部机器进行作业，为第二部类生产2000部机器

第二部类用 20000 部机器进行作业，生产 20000 单位谷子

发展情况取决于第 $1a$ 部类的产品在 $1a$ 和 $1b$ 间的分配。如果将这些新机器大部分拨给 $1b$，那么谷子部门机器的生产（从而最后谷子的生产）将会迅速增长。但机器生产能力的扩大将会减慢，到头来，经济社会一切部门的生产能力的相对增长也将减缩。

将较大部分拨给 $1a$ 时，经济社会一切部门生产能力的扩大终于要加快，虽然谷子生产可能暂时被放慢了。

289 所以第 $1a$ 部类产量按比例的分配是经济社会所采取的积累模式的主要因素。我们把第 $1a$ 部类所保持的比例叫做 α。现假设在上面的例子中 $\alpha=0.5$。那么第 $1a$ 部类的产量是在 $1a$ 和 $1b$ 部类间平均分配，这两个部类一开始就是相等的。在下一个时期：

第 $1a$ 部类用 11000 部机器进行作业，为第一部类生产 2200 部机器

第 $1b$ 部类用 11000 部机器进行作业，为第二部类生产 2200 部机器

第二部类用 22000 部机器进行作业，生产 22000 单位谷子

经济社会一切部门的产量都增加了 10%。如果在以后各期 α 仍然是 0.5，那么一切部门的产量就会在下一期增加 10%，依此类推，以至无穷。只要投资对机器数量的比率保持不变和 α 继续是 0.5，则经济社会就将永远按照每期 10%的稳定增长路线走下去。

这个结果是因系数 α 和我们开始论述时两个部类资财的比率相等而产生的。

二、加速增长

要使谷子产量达到比稳定增长率所能达到的更高的水平，第

二部类的生产能力必须加速扩充。这依次表明第 1b 部类的生产能力要更快地扩大。可以将 α 降低到 0 而将第 1a 部类大部分产量分配给第 1b 部类来迅速扩大它的生产能力，或者增加 α 从而提高第 1a 部类的产量，最终加速第 1b 部类生产的增长率来比较缓慢地扩大它的生产能力。头一种战略将使第 1b 部类的生产能力立刻得到扩充，不过这样一来整个经济的增长率将会逐步降低。第二种战略终将使整个经济转向永远比较迅速增长的轨道。

现假设第三期终了时 α 增加到 0.75，于是在第 1a 部类 2420 部机器产量中，1815 部机器留归本部类，只有 605 部机器用于扩充第 1b 部类的生产能力。这种投资政策在以后三十年中一直坚持下来。对谷子增长率的影响有如表 11.3 所表明的。

表　11.3

时期	α	谷子产量按照加速增长路线的增长率(%)
1	0.5	
2	0.5	10
3	0.5	10
4	0.75	10
5	0.75	9.6
6	0.75	9.2
:		
10	0.75	8.5
11	0.75	8.46
12	0.75	8.47
13	0.75	8.52
:		
20	0.75	9.6

续表

时期	α	谷子产量按照加速增长路线的增长率(%)
21	0.75	9.9
22	0.75	10.1
23	0.75	10.4
:		
32	0.75	12.6
33	0.75	12.8
34	0.75	13.0
35	0.5	13.2
36	0.5	15.0
37	0.5	16.3
:		
39	0.5	17.5
40	0.5	17.6
41	0.5	17.5
:		
49	0.5	14.2
50	0.5	14.4

把生产设备转向第 1a 部类一开始是降低谷子产量的增长率。但在 12 期以后，生产设备迅速扩大的综合影响反映在谷子产量的加速增长率上面。稳定增长路线的 10%增长率到 22 期就被超过，在 α 改变后的 30 个时期内，谷子产量每期增加 13%，而且增长率依然是加速的。

对谷子绝对生产水平的影响见第 11.4 图。尽管谷子产量加速增长，但一直到 33 期还没有超过稳定增长路线下的谷子绝对生产水平。

290 如果将 α 保持在 0.75，谷子产量的增长率会继续是加速的，一直到固定在 15%新的稳定增长路线为止。于是只有进一步增加 α 才能实现进一步的加速度。

291

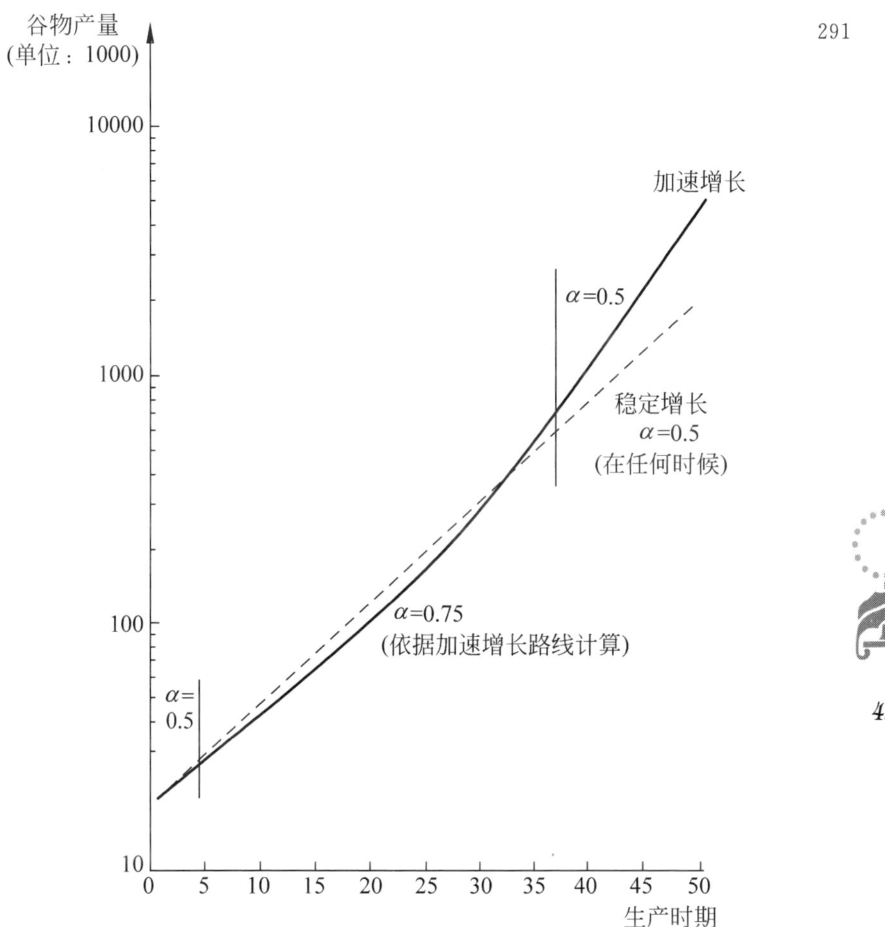

第 11.4 图　谷子产量：稳定增长和加速增长

三、减速增长

一旦高水平的生产设备装置起来，那就可以决定高速度对目前消费的限制不再需要了。降低 α 将会迅速促进谷子产量的增长，因为较大部分的生产设备拨给第 1b 部类。最后，随着第一部类生产设备扩充的减慢，谷子产量的增长率将会是减速的，于是整个经济将再次趋向10%的稳定增长路线。不过这条10%的新路线意味着谷子产量比一直保持稳定增长时本来会发生的情形可以达到更高得多的绝对水平。

292 减速过程的例解见表11.3和第11.4图，在这些图表中，α的值在35期减到0.5。

四、概括

不妨将费尔德曼的部类加以概括以便适合复杂经济中的广大部门。这个模型包含有工业增长性质的一些重要线索。这一模型的经验结论只能认为表示变动的方向而不是它的量值，因为在经济发展中有很多重要因素被省略了。尽管如此，费尔德曼模型所含有的思想，特别是在制造机器设备方面进行投资所起的作用，对三十年代苏联编制计划工作曾发生很大的影响。

第三篇

现代问题

序　论

在 1914 年以前，甚至到三十年代，人们惯于满怀信心地宣扬各种经济学说。政府的责任在于保持预算平衡，维护金本位，避免保护措施，对待工业要遵守自由放任的规则。今天，一些经济学家满足于寻找假定，根据这些假定，旧学说本来会是正确的；但是，关心世界发生的情况的经济学家们不能像早先几代人那样怡然自得了。不论他们是用抱歉还是用愤怒的语气讨论当代生活问题，他们不得不承认，对许多问题的解答并不是很清楚的。

在下面的评论中，我们强调的是问题和困难以及在试图解决它们时利益的冲突。在经济学中没有什么问题可以找到一个解决办法，能够使它"至少对一个人有好处，而不损害任何其他人"。一旦撕破了自由放任学说的外衣，就可看到一切经济问题都有政治的一面，而自由放任本身就曾经是一项政治纲领。

单单经济论证不能对任何经济问题提出答案，因为所有经济问题都涉及政治的、社会的和人类的考虑，那是不能归结为"巧妙地计算多少"的学问的。分析入门的目的不应是提出解答，而应是对读者提出建议：在他们试图对他所生存的时代向他提出的种种问题，下定自己的决心的时候建议他必须考虑些什么事情。

295 # 第一章　资本主义国家

自1945年以后，人们觉得自由放任时代已经告一结束。所有资本主义工业化国家的政府都暗含地或公开地承担了管理它们的经济的责任。现在政府除照例关心军事和国际收支差额外，还要关切第三项事务——保持高水平的稳定就业。但是，我们已经看到，要保持接近充分就业的成效，就要引起通货膨胀的趋势，于是发生第四项紧急事情，即把上涨的物价限制在一定范围内。国家经济政策的目标集中于“增长”概念。这就使统计学家发挥重要的作用，他们计算国民总产品(GNP)，[①]每人平均收入和实际工资率水平。

管理现代经济的种种问题都是互相联系的。当我们依次探讨每一问题时，我们将从几个不同角度来考察种种关系的复合体。

第一节　军备

在这里提出为保卫资本主义世界自由而进行的扑灭共产主义运动的必要性或成就问题是不适当的，但是，不简单谈谈军事开支

---

① 参看第2篇第7章第3节第1段。

的作用就不可能讨论现代经济的问题。

一、美国

在美国战后局势中的有效需求不曾有任何减弱以前，就已经坚决推行冷战政策了。没有理由认为它主要是作为防止衰退而采 296
取的一项措施。不过，一旦充实国家军事力量的必要性获得承认并展开战后军备竞赛，军事支出就为根深蒂固的充分就业政策提供了便当的、无可非议的手段。艾森豪威尔总统所描述的军事-工业复合体对资金有着无穷无尽的需要。自封的凯恩斯派经济学家暗中破坏了“健全财政”对预算赤字的反对意见。军事支出是对付企业活动下降和失业增加趋势的急救方案，这种趋势在政治上对当权的政府是会造成损害的。当然，这并不是说政府就业政策需要军事开支。假使过去不能从事军事方面找出路，那么在美国经济衰退时苏联显然实现持续充分就业的情形本来会要求采取某种其他救治方法。然而，一旦军事支出行得通，利用这种支出就成为政治阻力最小的方针。

军事工业的发展对国民经济其他部分是不利的。（如果它是国家生存所必需，那就一定要作出这种牺牲，但是谁来判断这种必要性呢?）

头一点不利之处是显而易见的，如果把花在军备上面的钱拨归民用，这笔钱会有助于提高生产率和增进人民福利。凯恩斯争辩说，作为一种救治失业的方法，花钱雇人在地上挖窟窿，然后再把它填起来，也比无所事事好得多，因为工资将会花在否则不会生产的货物和劳务上面；不过他还指出，做一些有益的事情来提供就业就更加合理了。他断言，在其他时代，建造金字塔、教堂或大厦都曾保持有效需求：

> 故利用储蓄，“在地上挖窟窿”，不仅可以增加就业量，还可以增加有用之物以及有用之劳役，换句话说，增加真实国民所得。不过，假使我们已经知道决定有效需求之各种因素，则在一合理社会中，便不应当再固步自封，继续依赖这种偶然的常常很浪费的补救办法。①

宫殿和坟墓至少为后代子孙瞻仰留下一些灿烂辉煌的纪念物，而制造在未使用前就变得陈旧过时（我们但愿如此）的武器就不能这样讲了。

第二个缺点或许对国民经济更加有害。为设计永久新式杀人武器而在秘密情形下进行的研究工作（撇开它对知识分子杰出人物道德方面的影响完全不谈）使有利人类生活的工业和发展被剥夺了大部分科学力量的服务和教育的果实。

战后美国在世界经济中占有那么大的优势，所以又花了十年
297 时间才使艾森豪威尔总统警告的力量得到普遍的承认。在这期间，美国的影响不仅使假想的国家敌人而且使全世界的盟国和保护国都扩大了军事力量和军备投资。

人们往往认为，军事发展或者像人在月球登陆之类为国家虚荣而进行的规划，推动了具有科学重要性的发现和否则决不会实现的非常宝贵的工艺革新。这无疑是正确的。不过这个论点是政治性的，而不是工艺性的。要点是，有益的或合乎人道的研究工作

① 《通论》，第 185 页。

从来得不到这样一种推动力量和这么大量的资金。假使可以得到的话，我们应能指望，朝着特定目标进行的研究工作会比从某种其他东西无意得到的副产品更富有成效些。

二、英国和法国

不论英国或法国都不需要“在地上挖窟窿”来保持经济活动。它们在重建和扩充工业并使之现代化方面有很多事情要做，而对社会有益的政府支出的阻力要比美国小得多。但是，这两个国家都因帝国解体和梦想过去的荣誉而背上了包袱，使它们不能将其全部资源用于民间重建工作。

尽管发生两次灾难性的战争和单独搞一颗原子弹，法国人显示出，他们的经济所遭受的损失比英国人小。在 1939 年以前，英国较大部分海外军事支出是用于印度预算。在上一次战争后，它是英国支付差额的一项沉重负担，是造成大部分困难的原因，我们将在那一标题下对这种困难进行讨论。

三、西德和日本

起初，战败国不准重新武装。它们能将它们的一切投资和全部爱国心用于促进经济发展。两国都得到美国的贷款和援助，直到它们能够取得出超为止。当终于要求西德重新武装为保卫自由作出一份贡献时，它大部分是靠进口武器来进行的。这有双重好处:满足总是渴望出口的盟国;保留它自己的重工业随意作为民用。

日本经济有着严格的纪律并容易接受中央的指导。西德经济在自由放任口号的掩盖下比起采用凯恩斯政策口号的英国来却受到更大得多的控制(通过银行系统)。

西德和日本还有一点共同特征:两国在农业中都有大量潜在产业工人的后备力量(西德也从德意志民主共和国招收难民,后来又从不发达国家招收移居的工人),而且两国(部分地由于上述原
298 因)都有一支略微顺从的和没有要求的工人队伍。过了一些时候,它们两国才开始受到持续的近乎充分就业的膨胀影响,所以每一国都在国际贸易中处于强大的竞争地位。精力旺盛的生意人和温顺的工人使战败国有可能充分利用战胜国发给它们的奖赏。现在一般人承认军备对美国经济的负担和它在制造业方面两个最大的竞争者没有这种担负对1971年爆发的危机起了重大的作用。

第二节　就业政策

就业政策的目标一点也不简单。增加失业的衰退被认为是一种祸害,然而很低水平的失业也不是单纯的幸福。对企业来说,有一个可利用的劳动蓄水池是方便的。当失掉工作构成每一个工人的严重威胁时,工业纪律比较容易维持。(在长期内人道的管理方法可能有效,然而粗暴方法却迅速而易行。)当利润高时,通货膨胀的压力加强。经济景气倾向鼓励鲁莽从事的投机,只有在经济景气继续要加快速度时,这种投机才会成功;在它减慢的时候经济就要崩溃并发生亏损和破产情形,这对将来的信心是沉痛的打击。政策在有的时候对经济活动起压制作用,而另一些时候则又促进经济活动。

就业政策同政府对国际收支的关心是分不开的。这在美国不像在其他国家那么确实可靠。国际贸易在美国总收入中的作用比任何其他资本主义国家都小得多，因为它的幅员广阔，资源丰富。而且，战后二十五年来，它在世界金融和货币事务中取得的毫无疑问的支配地位，使它对有关支付差额的问题显得无关紧要了。对世界其他地方来说，美国经济政策是一个要严重关切的问题；而在美国，它却仿佛是一个国内问题。

在这里，我们首先探讨为影响国内就业而可利用的工具，然后讨论这个问题的国际方面。

一、信心

一国政府在保持有效需求方面可能做出的一个重要贡献，实际上或许是最重要的贡献，就是不容许经济发生衰退以鼓舞工业 433
领导人的信心。这提高了对盈利的预期，从而刺激大规模的投资和革新，而这在不断波动的市场上本来会是过于冒险的。于是，积累和技术发展继续进行，因为人们指望它们继续进行下去。而且，在衰退确实发生时，复苏注定到来的信念也使经济容易得到恢复。

二、财政政策 299

一切政府活动都涉及支出，它不是靠赋税就是靠借款来弥补，但都对企业状况发生影响。一国政府影响经济活动最强有力的工具就是改变支出，不过支出不能完全由有效需求的要求来决定，因为它同政策的其他方面联系在一起并涉及对政府有影响的强大集团的利益冲突。我们已经看到，就业政策如何促进了美国军事-工业复合体的发展，但是，一旦它取得了权力，它比就业要求走得更远，现在人们指责它用冷战和热战来破坏经济了。

同时，就业政策的要求可能妨害其他一些目标，如同意外的“国家危机”需要削减社会福利服务方面的支出一样。

不管它是多么不灵活，不完全，调节政府支出对就业政策还是有着重大作用的。的确，在一切资本主义国家里，政府活动范围的大大扩充，正是把控制就业作为一项公共政策目标的概念的一个先决条件。

财政政策的第二个方面——赋税——也是影响有效需求的一个工具。减税是刺激住户支出的一个方法，由于增加当前销售额，这也有助于鼓励投资。要施加最强大的影响是削减最低收入的赋税。按比例的削减使最高收入的人们获得最大的利益，于是减税一般是部分地消耗在增加储蓄上面。[①]（正如旨在抑制景气的增税部分地消耗在减少储蓄一样。）所以人们或许要这样想：旨在扩大就业的预算政策，要是同减少贫富不均现象相结合，会是最有效的政策，但是一般地说，按比例减税要比这样一种减税好，这种减税使纳税人中赋税对之最为有利的集团得到最多的减免。

三、利率与投资

就业政策第二个主要工具——控制信用——的力量要小得多。各种不同的投资容易在不同程度上受到货币的影响。大公司一般都具有流动准备金，包括一部分是银行存款，一部分是可以很

① 参看第2篇第7章第3节第6段。

快卖掉的债券。而且它们对金融机构有着充分的力量和影响，在它们需要的时候就能够借到款项。一般地说，它们不受金融控制，可以随意制订投资计划。不错，不论债券还是股票，新发行的条件取决于生财市场的情况，但就大厂商来说，投资时机并不受借款可能性的束缚。看来市场似乎有利时就办理新发行；于是投资所消耗的准备金得到补充，银行的贷款能够清偿。要实现宏伟的投资规划，无须等待有利的市场情况，除非有利的市场情况是盈利的灿 300
烂前景的征兆，否则它也不会促进投资。

总之，利率水平在计算工业投资的获利前景时只起微小的作用。当一项冒险事业是在三年清偿基础上估计风险时，它必须保证头三年毛利年率为投资的百分之 $33\frac{1}{3}$。同这一点进行比较，即使利率出入很大，譬如说在每年 5% 和 10% 之间，也没有多大关系。因此，对冒险的规划来说，借款的费用（或未动用的准备金将要获得的报酬）对于投资决定并不发生重大影响。

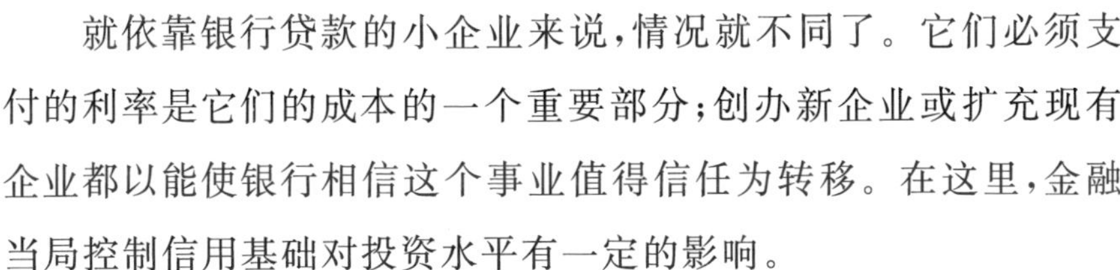

就依靠银行贷款的小企业来说，情况就不同了。它们必须支付的利率是它们的成本的一个重要部分；创办新企业或扩充现有企业都以能使银行相信这个事业值得信任为转移。在这里，金融当局控制信用基础对投资水平有一定的影响。

但是影响是有限的。当获利前景不佳时，松动的信用对企业也不起很大的推动作用，当利润前景光明时，限制银行贷款将被其他机构所抵消，它们把供应资金的业务接过来，运用它们的准备基金来放款，而不把它储存在银行里。[①]

货币政策对国内最重要的影响是在建造房屋方面。消费者对住房的需要多半和商情无关，有一定收入的家庭能够担负的，在很大程度上取决于他们对借款必须支付的利率。作为一项投资的建筑也要受利率的影响。住房需求相当可靠，特别是在一个人口日益增加和财富日益增长的国家里。用将来租金表示的清偿欠款情形可能在十年或十五年的基础上作出估计。同每年 10％总收获相比较，在利率方面甚至一点之差（譬如说在 5％和 6％之间）也会使投资的适当性大不相同。

四、金融刺激与金融抑制

信用基础的扩大促进银行贷款并倾向压低利率。作为对付衰退的一种救治方法，这会产生一些有利的影响，假如信心没有受到严重损害的话。它容许银行向它们以前拒绝过的小企业进行贷款；促进房屋建筑；抬高证券交易所的债券价值，这又增加食利者的支出并降低分期付款购买的条件。它还可能刺激大企业的投资，它们把这项措施作为当局将不容许衰退发展到很严重程度的一个迹象。

301 作为制止当局所认为的过度景气的办法，紧缩信用是不会有很大效果的，除非是在下述场合：即应用在景气刚好要崩溃的时刻，或同旨在限制经济活动的其他措施结合在一起。因为，只要大有获利的希望，投资就将继续进行，就能从这个或那个来源获得贷款，证券交易所价格就将继续上涨，尽管利率是比较高的。在限制

① 参看第 2 篇第 3 章第 1 节第 8 段。

信用确实有效的范围内，它是对房屋建筑、消费信用和小企业发生作用的。

充分限制支出，不论怎样实行，都要使获利前景变得暗淡，从而对大投资者发生反应。因此，当局打算稍许抑制兴旺景象的事情可能变成严重的衰退。经验表明，货币政策不能成为经济社会的一个良好的调节器，它不搞过头就不能起显著的作用。

五、停停走走

每种反周期政策的严重缺陷是采取行动要花费的时间。首先，当局要下决心认为某种行动是必须的。当他们在考虑局势时，要么景气正在出现，要么失业增加到惊人的程度。于是决定采取的救治办法需要一定时间才能生效。一旦生效后，再迟一些时候就接着产生第二期的后果：投资率变动对消费支出的影响和消费支出的变动对投资的影响（通过当前利润从而预期利润），因此，有时当局不得不制止他们开始要激起的兴旺景象，或倾注支出费用来制止他们自己在扼杀一次兴旺景象获得成功后接着发生的经济衰退。

尽管如此，虽然同高水平稳定就业的诺言相对照，成就比起大萧条的破坏性经验来还不是尽美尽善的，但是战后资本主义的活动发生了非常显著的变化，这是值得称赞的。

第三节　开放的经济

到现在为止，我们只单纯从国内观点讨论了就业政策，但是，即使在美国也不能完全避免外部的影响，对所有其他资本主义国家来说，国际问题乃是政府政策要全神贯注的事情。

一、支付差额

每个国家的金融当局都关心综合的支付差额。在固定汇率制度下，当局承担将其国家通货保持在一定平价的义务。收支逆差意味着对外国通货的需求过多，因而只能准许他们持有的各国接
302 受的货币储备（譬如说黄金和美元）外流来维持汇率。当局不得不努力扭转这种外流情形，否则他们就得承认失败并准许汇率下跌。

综合的收支顺差使储备流向国内，获得顺差的一国金融当局通常认为这是可喜的事情，但是我们将会看到，令人烦恼的情况是会发生的。

在上面我们区别了一国支付差额的三个因素：收入账目的盈余或赤字，长期资本的净流动量，短期借贷的流入和流出。[①] 传统的银行政策是从控制短期资金流动发展起来的。一旦金本位制稳固地建立起来，为人们所重视的通货的汇率就变成毫无疑问的了。于是靠利率变动就能调节支付差额。短期资金因对它能赚得的微小的利率差别作出反应而从一个金融中心流向另一个金融中心（在那个时代，流动量比现在小得多）。中央银行利率的提高影响到一般利率，使英镑成为保持余额更富有吸引力的通货，这就制止了黄金从伦敦的外流。资金流入就能扩大信用基础，从而压低利率。

① 参看第 2 篇第 10 章第 3 节第 1 段。

相对利率对短期贷款的影响依然是国际货币制度的一个因素，虽然不再是最重要的因素。

在对汇率变动没有特殊预期的时期，资金是根据可以获得的利率的相对吸引力从一个金融中心流向另一个金融中心的。一国必须同其他地方规定的利率水平保持平衡。支付差额软弱国家的政府当局不敢降低它的利率水平，不论这样做对国内就业是多么有利；而支付差额坚挺国家的政府当局往往感觉不到要被迫将它们的利率降低。

任何一个国家都发觉它的利率是根据其他金融中心发生的情况而提高或降低的，没有考虑它本国国内政策的要求。（这使经济学家靠利率来调节有效需求的梦想破灭了。[①]）

今天，对短期资金流动最重要的影响系来自汇率变动的预期。每当人们产生一特定汇率将要贬值的信念时（不论是正确的还是没有根据的），短期资金就会外流；当预期它要升值时，短期资金就会流入。伤心的政客们抱怨人们投机，可是这种现象是由于商人、金融机构和财富所有主深谋远虑地按照私营企业制度的正当规则力图避免损失和赚取利润的行为而产生的；在其他场合，正是这些政客们把这种制度捧上了天。

金融当局如果在人们普遍而有充分根据地认为他们做不到的 303
情形下还力图维持其通货的汇率，则他们注定要失败，因为金融世界有无限多的资金可以用来下一笔好像近乎安全的赌注。为了对付这种局面，有时使用通货“浮动”的办法。在当局准许汇率在供

① 参看第 2 篇第 8 章第 3 节第 4 段。

求压力下升高或降低时，一种软弱的汇率可能跌落过多，然后再上升；或一种强硬的汇率上涨过多，然后再下跌。对最近将来的汇率的打赌不再是安全的；单方面的资金流动被制止住了。

国际金融制度类似惠斯特纸牌戏（solo whist），在这种游戏中，最强的叫牌是"苦难"（misère）——每一墩牌都要输的事情。掌管疲软通货的当局常常可以让它贬值从而捞到好处。

自从1971年以后，美元被规定为国际间大部分可以接受的通货，它喊"苦难"，这就令人为难了。美国当局觉得，收支逆差对他们没有害处，因为盈余国当局只要他们要避免他们自己的通货升值就得购买美元，而在他们不再这样干的场合，在实际上（如果不是在名义上）美元将会贬值，这将有助于推动美国经济。在这种局面下，中央银行家的传统知识起不了指导作用，他们不得不寻求对付它的新方案。

二、竞争的成就

每一国就业政策的范围取决于它在世界贸易中所占的地位。一个处在强大竞争地位的国家，可以一贯采取一条"出口导致的增长"路线；而一个处于软弱贸易地位的国家，就被迫采取短期的权宜办法，这往往使它的基本情况更加恶化。

对出口数值不断增加的国家来说，当局可以容许并刺激进口、国内投资和国内消费按同一速度增长，而无须对"前进"政策定期"刹车"。不断用于工业发展的国内投资涉及技术进步并保持原有对其他贸易国家的竞争优势。

出口导致的增长肯定比进口导致的停滞要好些，但是，即使处在这种局面下的国家，也会产生一些问题和困难。

首先，它不免发生通货膨胀。长期近乎充分就业情形引起利润、工资和物价的螺旋形上升。通货膨胀率比整个世界市场要低些，一部分是由于每人产量增加得比其他贸易国家快。出口还没有受到通货膨胀的重大损害，但它依然是国内一大祸患。（这要在下面作进一步的讨论。）

其次，持续的出口盈余从整个国民经济的观点来看可能是浪费资源。当前一笔盈余可能造成相应的资本外流而无须当局试图加以制止。这对希望进行国外投资的厂商或对要获取国外生财的 304
食利者来说是方便的。但当出口导致的长期景气继续发展时，厂商和食利者可能情愿将钱留在国内。没有被对外贷款所抵消的当前盈余促使储备流入国内。因此，就整个国内经济来说，除不必要的外汇储备外，投到出口盈余方面的所有劳动、技术创造性和推销术都是毫无所得。更大量的进口或更大量的对社会比较有益的国内投资也许可以认为是更加可取的。

然而金融当局当真反对收支顺差是罕有的事情，出口工业中的工人和资本家对这些工业的盈利有着重大的既得利益。进口在增加，但是保护措施对于普遍繁荣的经济中的落后部分还是必须的。资源能比出口盈余得到更好利用的论点是不会找到有力的支持者的。

压力来自外部。一国的当前盈余和另一些国家的赤字相对应。可是每一个工业国家的政府都认为争取当前盈余是恰当的，正常的。赤字则要求作出紧张的努力来纠正它。资本主义工业总是有点对买主有利的市面，它的设备生产的东西比能够有利地推销出去的数量大，于是各个国家总归有卷入以邻为壑的争夺的危险，每一国都要保卫它自己在有限的世界市场上所占有的份额。(这种局面不是由于三十年代那样的一般萧条而是由于增长率高低不等造成紧张的竞争状态而产生的。)美国运用政治手段来限制盈余国家的出口并迫使它们的通货升值。它干得不很成功。

十七世纪重商主义政策主要关系到现在变成第三世界一些地方的贸易战(和掠夺)。新重商主义更加关心的是各个工业国家彼此间的贸易，所以竞争努力采取比较迂回曲折的方法。同时，一部分所谓不发达世界也产生了日益增长的威胁，在那里，一支东方工资水平的工人队伍用西方技术装备起来了。迄今为止，富国成功地限制了从这些国家的进口，却发表一些冠冕堂皇的继续援助它们发展的声明。

三、竞争的弱点

处在软弱竞争地位的国家(其中英国是近年来的一个突出的例子)遭受出现收支逆差趋势的损害，这种趋势是必须纠正的。消除有害的当前赤字可以采取的政策是：有选择地或者全面地对进口货价值征收附加税以实行保护政策；通货贬值(一次贬值或向下“浮动”)；以及抑制有效需求，造成失业。(为英国加入共同市场辩护的人们鼓吹的第四种政策是减少保护，希望竞争的寒流将会改进国内工业的性能。)

305 保护要招致别国的报复。贬值则使预期汇率将要下跌而引起的资金流动倒转过来，它是对付收支逆差的一种立竿见影的补救办法。它对贸易差额的影响在很大程度上取决于世界市场的一般情况。它可能迅速获得成功,它可能缓慢地或部分地缓和局势,它也可能失败,原因是世界经济活动高涨而不起作用。

要注意,浮动汇率是对付投机性短期余额流动的一项有效措施;但不能指望它保持收入账目余额的正常状态。首先,汇率系对综合支付差额起反应而不是仅仅对贸易差额起反应的。处在软弱地位的一国当局,要汇率下浮来刺激出口;但是与此同时,如果他们提高利率来限制国内经济活动,那么短期贷款的流入就可能使汇率上浮。其次,实行贬值时,也不能指望它迅速消灭贸易差额的赤字,甚至它要在一二年内才能做到这一点。最后,国内进口货价格马上就会上涨(尤其这些进口货要是包括粮食的话),这可能引起提高货币工资率的压力,以致贬值在它赢得时间发生作用以前就被抵消了。认为浮动汇率能成为贸易差额(相对支付差额来说)的尽美尽善的调节器是经济学家的另一个梦想。

从事后显然可以清楚地看到,要推迟结果终归无法避免的贬值,而用紧缩和失业来对付它,是愚蠢的事情;然而在事前,究竟应该采取什么措施,并不总是很明显的。

货币和财政压缩器造成失业的直接影响是减少原料的进口和投资的一些组成部分。(在存货减少时,进口一时下降特别多。以后,它就恢复到同国内经济活动下降相适应的较低水平。)国内收入减少也限制进口的消费品的销售额。厂商发现国内市场萎缩后可能更加渴望出口。因此,一国人为的经济衰退会产生改进其贸易差额的趋势。

人们惯常认为失业是一种更基本的救治方法。如果它降低货币工资率的增长率,而其他国家工资上涨依然很快,弱国就可改善它在竞争方面的根本不利地位。（结果同贬值相同。）在比较低的相对成本下，它应能恢复较高的就业水平而不致重新产生赤字。

今天看来情形有时好像是，宣扬失业是对付通货膨胀的一种救治方法，这对于工会的不妥协态度来说有如火上加油，只会使工资上涨得更快。

纠正不平衡的传统机制是生产率提高最快的国家中货币工资率上升。[①] 这种情形确实发生（在劳动“后备军”被吸收到工厂就业以后）；不过增长慢的国家的工资也要上升。最近英国和美国的
306 经验表明，也许在连续若干年的长时期内，弱国工业每单位产量的劳动成本依然高于它们的比较强大的竞争者。

成本变动不同的一个重要结果是引起各个贸易国家利润份额的变化。我们已经看到，在为内销而进行的国内生产方面，总差额一般是保持稳定状态。价格随直接成本而紧密地一同发生变动，因而货币工资率变动对产品价值中综合工资份额的影响是微不足道的；但是国际竞争并不因分割一个日益扩大的市场的寡头垄断集团的相互克制而有所缓和。同外国对手竞争的厂商不能在国内成本增加时自动提高价格。因此，在不那么成功的国家里，利润差额受到压榨。由此产生的本国实际工资的上涨要增加消费，但其中大部分是花在进口货上面。

利润的减少要消耗为投资提供资金的厂商的流动储备，同时损害为投资提供动力的盈利前景。投资率下降又加重了基本困难——一个相对低的技术发展速度。

---

①　参看第 2 篇第 10 章第 2 节第 2 段。

这种局面充满着矛盾。弱国的厂商也许渴望在国外进行投资，这要加剧国内工业的出血症，同时削弱支付差额。外汇贬值只有靠提高国内生活费用才能暂时缓和一下，这样一来，又使增加货币工资的要求更难拒绝了。在保持投资动机的尝试中，政府可能成功地将赋税负担从利润转嫁到工资。有人主张把“收入政策”作为一种制止货币工资率上涨的方法，或一劳永逸地下令“冻结”，以便刹住通货膨胀的势头。资本家对工人队伍发动了阶级战，工人已经达到这种地步，指望实际工资率水平不断提高，而资本家却不能再承担了。

在世界市场上处于软弱地位而在政治力量方面却是强大的国家对非常成功的竞争者施加压力，这些竞争者包括发展比较快的工业国家和一些争取摆脱“不发达状态”的国家。它把自己作为自由贸易和固定汇率规则的例外，而这些规则是它自己的竞争地位不曾受到挑战时强加于世界各国的。这对世界贸易以及经济学家们的教导造成极大的混乱，对这些经济学家来说，市场力量自由活动的普遍利益学说乃是他们的一个信条。

第四节 增长

一、经济奇迹

在第二次世界大战后的二十五年中，在控制有效需求方面一
些国家的成就没有其他国家大，但就整个世界经济来说，这是一个 307
漫长的景气时期，这一发展只被一些微小的波折所打断。体现技

术革新的积累保持在空前未有的水平。科学人员力量的巨大增长在很大程度上是由大国对抗所促进的，它以令人目眩头晕的速度提供新的知识，加速着技术发展的步伐。大量新知识变成了浪费或可怕的形式，然而群众消费突飞猛进，这使大部分人民可以享有过去中产阶级的奢侈品，如同私人汽车、洗衣机和国外旅行。这种成功的经验本身正在产生一些副作用，随着七十年代这十年时间的进展，这些副作用变为令人焦虑不安的原因了。

二、通货膨胀

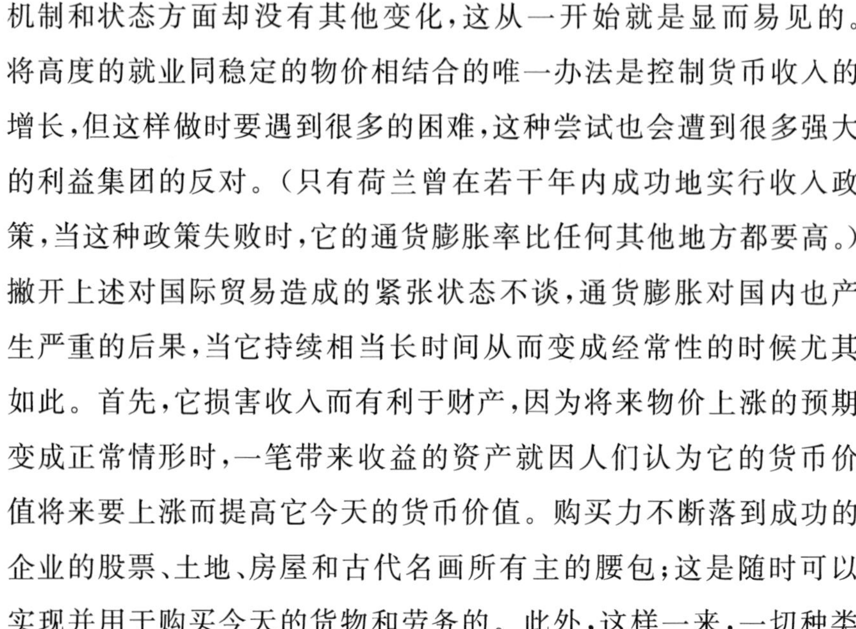

持续的近乎充分就业情形会导致物价水平的不断上升，而在机制和状态方面却没有其他变化，这从一开始就是显而易见的。将高度的就业同稳定的物价相结合的唯一办法是控制货币收入的增长，但这样做时要遇到很多的困难，这种尝试也会遭到很多强大的利益集团的反对。（只有荷兰曾在若干年内成功地实行收入政策，当这种政策失败时，它的通货膨胀率比任何其他地方都要高。）撇开上述对国际贸易造成的紧张状态不谈，通货膨胀对国内也产生严重的后果，当它持续相当长时间从而变成经常性的时候尤其如此。首先，它损害收入而有利于财产，因为将来物价上涨的预期变成正常情形时，一笔带来收益的资产就因人们认为它的货币价值将来要上涨而提高它今天的货币价值。购买力不断落到成功的企业的股票、土地、房屋和古代名画所有主的腰包；这是随时可以实现并用于购买今天的货物和劳务的。此外，这样一来，一切种类财产都成为投机的工具；资金从生产性的投资转到为再卖而购买先前存在的财产方面。

其次，在收入、养老金和救济穷人的拨款中，通货膨胀不断从最弱小的集团作有利于要价还价地位最强大的集团的重新分配收入。在任何时候，大部分住户发觉上次他们的货币收入增加以后物价又上涨了，而一小部分住户最近刚刚增加货币收入，因而暂时超过物价的上涨。这是在一种凄惨的和互相责难的气氛中玩一种能抓到什么就抓什么的游戏，在这种游戏中，老人、穷人和有年青子女的家庭总归是要输掉的。

一旦通货膨胀过程扎下了根，就不能用人为的衰退来制止住。在七十年代早期有效需求受到压抑的一些国家发觉它们是两个世界中最糟糕的国家。失业增加，实际收入停止增长，然而物价照样继续上涨。

在英国，当局恳求工会对它们的货币工资要求实行克制并求助于爱国主义，它指出，国家贸易因成本提高而削弱了。此外，据 308
说利润如果不能恢复的话，英国厂商将在国外而不在国内进行投资；高级行政人员的薪金必须维持，否则“最优秀的人才”将会离开这个国家。总之，工人应当爱国，而资本家却不必。在工资谈判的双方没有彻底改变态度的情形下，限制工资和物价上涨的自愿的协议或由政府下令“冻结”这是否行得通还有待分晓。

三、富裕中的贫困

使统计的国民总产品成为经济成就的主要标准由于下述论点而证明是有道理的：全体人民货物总消费（或者更确切地说购买）水平的提高将会消灭贫困。二十五年之久空前的“增长”仍然把消灭贫困留待将来。每一个资本主义国家（或许斯堪的纳维亚除外）

都有许多个人和家庭在他们不能为食物、住所、温暖和体面准备基本物质必需品的意义上生活在最低水平以下。

看来比我们曾经有过的更快的增长也没有多大希望成为对付这种局势的灵丹妙药。在一个竞争制度下，注定有人失败，有人胜利。只要没有真正的充分就业，在工业和各种职业中就注定有“不能被雇用的人”，因为最不聪明或最不顺从的人得不到工作，于是在当前工资水平下他们好像是不值得雇用的。

在大多数国家中赤贫的人、失业的人、老年人等等最低的收入是靠社会保险付款来维持的；人们往往争辩说，只要国民总产品增长得快些，这种支付就能增加。但在这里也有矛盾：对每个国家来说，增长取决于它在国际竞争中的地位；每一国在试图消灭贫困时都必须小心从事，不使它的工业负担过重，怕的是妨害人们认为消灭贫困所依靠的“增长”。

对低收入或没有收入的人来说，他们所有金钱的购买力由于一般人变得富裕的事实而降低了，因为提供销售的货物的式样、包装、广告和价格都是为吸引大规模市场而设计的。随着经济的发展，越来越多朴素的便宜的产品停止生产，因为供应最贫穷的人显然获利最少。[①]

迄今为止，在最富有的国家里，“增长”还不曾消灭绝对贫困。很明显，也不能指望它会消灭相对贫困。每个人关于适当生活程度的思想是由比自己处境略好一点的人们决定的。一般消费水平的提高可以增进物资享受，但它必然地不能增加满足。

---

① 参看第 2 篇第 7 章第 2 节第 3 段。

“富裕中的贫困”是大萧条时的一个口号。当时，它是指潜在 309
产量浪费在失业上面。对今天一个家庭来说，它有着不同的意思，即瞪眼看着一直是新产品的电视广告，而他们是买不起这些东西的。

四、移民

资本主义工业实际工资的相对高水平从南欧比较不发达的边缘地区和第三世界吸引了一些工人。一些人来了几年并将他们的大部分收入带回家。另一些人携带家属定居下来。当地居民把他们看成下等人并憎恨他们的到来。当涉及种族肤色时，这种态度就特别明显了。但是，正如在瑞士的意大利人和在北爱尔兰的天主教徒所表明的，肤色决不是仇视的唯一根源。

从移居者的观点来看这个问题，如果他们能在本国过一种舒适生活，无疑要更好些；然而现实情形是，能在国外挣钱显然对他们有利，尽管社会环境是使人不愉快的。

从接受移居者国家的工人的观点来看，情况比较复杂些。一方面，廉价工人的流入使资本主义厂商可能越发增长得快些并付给当地工人队伍以较高的工资。移居者担负繁重的和讨厌的工作并降低待遇高的工人以及食利者所能享受的劳务的成本。另一方面，如果找不到廉价工人的话，生产和劳务势必要这样改组，使它们能按当地水平支付工资。值得注意的是，澳大利亚一些城市不借助低工资的移居者而用某种方式提供必要的劳务，近年来，工资在产品价值中所占份额的统计计量在澳大利亚比任何其他资本主义国家都要高。[①]

从政治观点来看，移居工人的存在一般地说对工人运动是有害的；当地工人让他们对失业、住房缺乏等方面的抗议变为对移居者的抗议。工会的开明的利己主义要求他们将移居者组织起来，帮助他们提高他们的工资和改善他们的条件，但是这种政策难以用来制止当地老百姓对外国人的畏惧和憎恨。经过必要的修正，这一切对美国土生土长的非白人居民来说也是适用的。

五、污染

在本世纪开始时，庇古曾经指出，生产者仅仅担负他们支付的种种费用，这是自由放任制度的一个严重缺点。[②] 商品生产把费用推给社会，没有偿付，也没有计入价格。他举了一个温和的烟害
310 例子。最近一个时期，空气和水的污染、舒适环境的破坏，以及无法补偿的自然资源的消耗已经达到这种程度，甚至自由放任最得意的鼓吹者也不得不注意了。

一旦人们认识到这个问题，对付它的技术困难是能够克服的，创建现代工业的科学发现和工艺创造性可以用来消灭污染。当采用一些工序不可避免地要发生污染时，可以找到另一种工序来取代它；假使找不到，不妨取消这种产品。困难是来自政治和经济方面，而不是来自技术方面的。

主要的困难来自竞争。生产者实行革新以节约成本并使他们

---

① 《工业增长模式》，联合国经济和社会事务部 1938—1958 年，1960 年版。

② 参看第 1 篇第 3 章第 6 节第 1 段。

的商品在花色品种和包装方面具有吸引力来互相竞争。要制定一些规划限制不仅已经存在而且将来在竞争压力下或许要进行的有害生产,决不是轻而易举的事情。人们提出来的一切规则都遭到顽强的抵制。公众对某些严重的弊病可以提出强烈抗议,如同在儿童玩耍的地方倒氰化物,或毁灭钓鱼者要垂钓的河里的鱼。但是一般居民,作为驾驶汽车的人或购买东西的人,却因为污染能制造兴旺气象而支持它,即使作为公民,他们并不赞成污染。工人也对向雇用他们的厂商提出的呼吁表示疑虑,害怕这些厂商要是被制止赚取利润的话,就业和提高工资将会受到威胁。

污染者能打出的最强有力的一张牌总是国际间的竞争。任何妨害其工业活动的国家都将有丧失出口的危险。

从生产和娱乐两方面来说,污染和无法弥补的资源损失,对下述原则提出最明显最著名的反对意见,这条原则是,在自由放任制度下,市场力量的自由活动对整个社会产生有益的结果。一些经济学家试图主张对污染造成的损害索取一笔代价而强迫工业支付来收复失地。这意味着,那些觉得毒害我们大大有利可图的厂商能够买到这样做的权利。

全部论证被“增长”概念弄糊涂了。近年来用国民总产品的增长率来衡量一国经济成就的做法颇为流行。国民总产品是按照某一基期的通行价格对货物和劳务的售价的统计计量。[①] 这个指数必然无从估计没有用货币表示的一切价值。它必定是一个衡量人们惯常叫做“一国精神和物质进步”的不完善的尺度。它充其量是

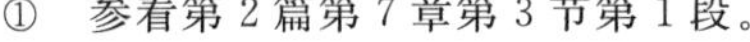

① 参看第2篇第7章第3节第1段。

测度世界市场上经济实力增长的一个计量单位。英国人有自卑感，因为战后年代他们的“增长”率比较慢。现在人们叫喊增长造成破坏，应当停止下来。对反污染主义者来说一个比较好的论点大概是，如果在计算国民总产品时将真正生产成本包括进去，那么
311 增长很可能是负数，所以，赞成确实增长的人实在是他们。

不过，即使这个论点也意味着接受国民总产品或每人平均收入作为衡量经济成就的尺度。新古典学派经济学家，由于他们自己论证的逻辑而被迫承认这一点：从一定流量的货物和劳务所获得的总效用，取决于它在消费者中间的分配情形。收入边际效用递减原理表明，理想是彻底的平均分配。新古典学派设法降低这个结论的语调，他们争辩说，一些人比其他人对快乐有较大的感受性，因而要使总福利成为最大量，就应给以他们以相对高的收入。[①] 然而他们根本不能讲每人对营养不良和疾病的感受并不是大体一样的。今天，对于货物和劳务消费水平最低的家庭来说算不清的污染费用是最高的（在城市贫民区）；收入分配不均情形从人类方面比从国民总产品的份额方面来衡量要严重得多。

各种政策建议必然会遇到利益的冲突和判断的分歧。每一个参加辩论的人都有他自己的成见。但有一种成见是相当普遍的，这就是赞成培养健康的儿童。反污染主义者的最大希望是利用这种感情作为他们这一边的论辩理由。

---

① 参看第1篇第3章第2节第1段。

六、现在怎么样？

长期经济预测是决不会实现的。马克思是最勇敢的预言家，他所预见的大部分事情得到证实，但是他肯定没有料到，在《共产党宣言》发表125年以后，资本主义从来没有像今天这样繁荣，他也不曾料到社会主义革命会在最不发达的国家获得最大的成功。

展望七十年代，一个乐观主义者或许预言：大公司（至少是在西欧）将会采取开明的利己主义政策并发展一种瑞典式的福利资本主义，它将是足够令人满意的，也许是足够麻醉人的，使其人民不再有另外的要求；在美国，民主与和平的理想将会消除犬儒主义和残暴行为。

一个马克思主义者可能仍然盼望产业工人阶级爆发一场革命，并争辩说，它将建立一种比苏联所能实现的更为进步的社会主义。

一个悲观主义者可能预料将来的危机要导致一些不会成功的反抗，这种反抗将遭到严厉的镇压，使得后一种局面比头一种更糟。

这三个剧本的组成部分大概在长久不稳定的混乱时期中要搅和在一起。

我们可以满怀信心地作出的一个预言是，在资本主义范围内， 312
生物学家对这个行星维持富国中间“增长”生活的能力的影响提出了警告，而政府和公司在倾听这一警告时的表现是迟缓的、勉强的，因此，世界情况在开始好转以前肯定还要恶化下去。

313 # 第二章　社会主义国家

今天世界上存在着社会主义经济所提出的最有趣和最重要的问题是政治和道德问题。在这里，我们只能谈到经济分析有希望启发的一些要点。自称社会主义的国家（和两个一半国家）是大不相同的，每一国都有其过去历史和现代经验的显著特征；它们的共同点是它们的经济不受私营企业支配从而需要集中管理的事实。在由单独一个权力机关计划生产时发生两个问题：一个是对应当生产的东西如何制订计划，另一个是如何保证计划完成。这就产生资本主义经济所没有的需要加以解决的许多问题。

第一节　另一堆问题

我们已经看到，在现代世界中，资本主义国家政府关心的是就业水平，支付差额、贸易差额和物价水平，而它没有充分的手段来控制这一切。在计划经济中，这些问题表现为很不相同的形式。

一、就业

计划经济不会发生有效需求的波动。投资对消费的综合比率是由计划规定的。工业企业是社会主义国家的机构，它们吸收工人来完成它们的计划任务并按照计划要求在各个部门分配工人队伍。从农业招募工人的速度主要取决于为他们创造工作机会的工业因投资而进行扩充的速度。

工人队伍的地理分布和具有不同资格的新招募的工人的训练 314
旨在适应计划中的发展而不是任凭牟利的厂商的决定。这种适应决不会准确。只要迅速推进工业化，对每种技能都有过度的需要，于是教育扩大规模来满足要求，当发展的步伐减慢时，训练的合格人员则出现太多或不对口径的现象。但在全面计划制度下，这些问题没有在停停走走制度下[①]表现得那么严重，而且也比较容易得到纠正。

苏联工业有大量资本主义雇主会认为是浪费的劳动。一家社会主义企业不容许宣布它的任何工人是多余的。一旦他们列入工资名单，管理部门就得为他们找一些事情做。而且，一家企业可能被迫接受附近偶尔合用的工人而不管它是否需要更多的人手。革命是用工人名义进行的；他们从革命获得的主要利益就是不会失业的保证。

二、国际贸易

计划经济对贸易的态度和新重商主义不同。他们所以要出口只是为了能够偿付进口（撇开给以盟国与支持者的一些贷款和援助不谈）。

对任何一个国家（即使是一个大国）来说，外汇都比国内资源

① 参看第3篇第1章第2节第5段。

更为重要，因为它用外汇就能购买世界上各种各样的资源。这对高度发展的工业经济中的后来者尤其重要。所以出口是十分可取的，但同时它也带有一种牺牲，即国内资源和劳动时间的牺牲，不过做出这种牺牲来换取比它所获得的更有助于国内发展的一些东西是值得的。

作为一般观点，这比重商主义要合理些，只是贸易一定要由某种官僚机构来管理，因而在细节上它往往可能是没理性的。而且，在苏联圈子里（虽然在中国不是这样），商业专门知识被蔑视为社会主义不应有的事情，于是常常失掉赚钱生意的机会。

大部分社会主义贸易是双边安排。每个国家的目的在于使从另一国的进口同对它的出口保持平衡。

东欧各个社会主义国家尽管作了很大的努力，甚至在它们中间也不曾深入发展一种贸易制度，使它们能够享受专业化和国际分工的利益。

在这方面，社会主义经济比资本主义经济更加是国家主义的，或许因为每一国的贸易都由它自己的官僚控制，而资本主义厂商的工作人员则系效忠于企业而不是效忠于国家的。

社会主义各国间是根据世界价格进行交易的，它们的官员花
315 了很大力气探索什么是适当的价格。这样做的理由不在于它们要按照资本主义标准来衡量他们自己的成本，而在于找到某一外面的尺度来确定它们中间的成交条件，这对它们是方便的。这种贸易制度限制了从国际专业化得到的好处；同时，它也使计划经济基本上不受国际市场的干扰和国际金融的影响。

三、通货膨胀

在社会主义工业中，工资和薪金等级是用货币来表示的，卖给公众的货物的价格是由中央规定的。货币需求的流量大于为满足需求而供应的货物，由此产生的货币价值的超过额所产生缺货情形则按照前述办法分配购物力。[①] 只能在许可的或非法的第二手销售货物中实行有限的涨价。这种局面可以说是压制住的通货膨胀。一个劳动力不足的企业有时可能将工人级别提高，因而他们能够多得一些报酬并成功地获准领取较大量的工资基金。这就出现一种温和的敞开的通货膨胀。但不会发生现代资本主义经济中人所熟知的那种普遍的持续的货币工资、利润和物价上涨的情形。

社会主义工业对私营企业一个明显的和无可争辩的优点是，它能不断保持一个“高度的稳定的就业水平”而不遭受通货膨胀的痛苦。

四、政府财政

在苏联和东欧，个人赋税只提供一小部分国家岁入，在中国则不提供。包括几乎全部投资在内的政府支出所需要的大量资金是靠周转税，计入制造品售价[②]的工业企业利润和出售农产品的利润来筹措的。

在通常买东西过程中支付间接税没有对收税人必须缴纳同一

---

① 参看第 2 篇第 11 章第 1 节第 5 段。

② 参看第 2 篇第 11 章第 1 节第 1 段。

数量购买力那么令人恼火。而且，这个制度还消除赋税带来的大部分讨厌的副作用。[1] 它一方面在征税工作中和另一方面在合法免税工作中不必使用大批花很多钱教育出来的人员。此外，在这个制度下也没有直截了当进行非法活动的余地。

在资本主义世界中，赋税制度好像至少纠正了一些家庭购买力分配不均的情形，这种情形是要伤害民主情感的。在当代社会
316 主义社会中，共产主义理想——按需分配——仍然是遥远的事情。(中国人指责苏联人从这种理想倒退而不是朝着它前进。)收入和特权很不平等，但由于没有生产资料私有制，所以没有私人财产和投机赚钱的合法手段。如果不是这种情形，那么通过加价向所有的人一样地获取岁入的简单方法就是不能容忍的了。

社会主义和资本主义制度的另一点重要区别是，在社会主义制度下，代表生产超过消费的全部剩余的资金都集中在一单独权力机关。在私营企业制度下，用于工业投资的大部分资金是以未分配利润的形式归个别厂商所有，另一部分来自家庭储蓄。在社会主义下，投资资金像国家岁入其他部分一样系由同一权力机关掌管的。这当然是中央规划投资的一个必要条件。它还有消灭在教育、医疗补助和其他社会服务方面私人支出和公共支出的差别的作用。

在私营企业经济中，为支付这些服务费而征收的赋税被认为是一种负担，特别是那些相当富裕可以自行购买这些服务的家庭。计划经济却没有这种对社会政策所决定的任何有益开支的反抗。

① 参看第 2 篇第 7 章第 3 节第 3 段。

坦白地说，一国为一切必要工作而训练的健康人民是国民经济最重要的财产。

同时，文化生活方面死板的财政制度也维护了当权的蒙昧主义者和门外汉迫害和压制创造性的权力。

五、异化

在一个方面，苏联工业在实际上要比在理论上设想的更像是资本主义工业。在理论上，苏联工人所操纵的设备是属于他们的（作为“全民国家”的成员）；工资不是工作的报酬，而是国民经济的产品中的一个份额。但在日常生活中，就工业的单调、残酷，纪律的令人厌烦，工资袋成为忍受这种情况的主要引诱来说，社会主义工厂可能不下于资本主义工厂。一旦管理部门失去工人的好感，不论是严厉惩罚的大棒还是颁发奖金的胡萝卜，全都不能提高效率。

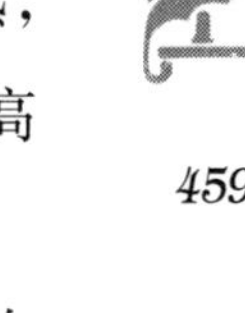

在苏联圈子里，所有国家的最大问题是找到某种办法使工人做工；多少年来伪善的官方宣传所产生的犬儒主义使得这个问题变得越发困难了。

当南斯拉夫脱离斯大林势力范围时，它采取了一种工人管理制度，这实际上是将每家企业的财产给以了碰巧在那里工作的工人队伍。这给以工人以资本主义厂商中技术专家体制一样强大的动力来有利地经营企业。同时，它也将资本主义的其他特征带进它的列车。盈利最多的最成功的一些集体，感兴趣的是发展它们自己的企业，而不是为国家更需要它的那些地方的发展作出贡献。317
持续的失业和不平等的发展到了整个试验像要声名狼藉的地步。

中国人试图用政治教育以及干部、技术人员和工人协商的办法来克服异化，使每个人都有关心生产的感情。

在这期间，最先进的资本主义管理部门得出结论说，如果劳动更有趣味，它就会更有效率。大概不久他们将会给苏联人做出榜样。

第二节　农业

在农业中引导工人进行劳动的问题比工业更为尖锐。在工厂中组织和监督生产比在田里容易，工业技术是能够研究和学习的东西，而耕者的经验知识大部分是说不出来的传统。对农业生产来讲，社会主义国家主要依靠某种合作制度或独立的自耕农，因而个人收入是同他所做的劳动密切相关的。

一、抽取剩余产品

工业发展取决于农业有一部分剩余产品——粮食净产量超过耕者吃掉的部分。（农产品作为原料和用于出口也是重要的。）从农业抽取剩余产品的方法对社会主义经济发展的方式有着重大影响。

工人所能生产的物质产品既取决于采用的技术与投入的劳动时间，又取决于土地的肥沃程度。耕者在他从土地收获的产品中能为自己保留的份额取决于他被劝诱或被迫放弃剩余产品的方法。只要有土地所有权，就要用缴纳这种或那种形式的地租来抽取剩余产品。社会主义革命废除了地租并将土地分配给一特定部分的耕者。实物税或上缴定额取代了地租。用工业品表示的农产品价格一部分根据能够强制农民的程度来规定(价格越低,要耕者生产和上缴所需要的力量就越大),一部分根据政治考虑——要给以农业工人和产业工人的相对利益——来规定。价格是——或应当是——根据劳动价值决定的理论没有得到应用,因为在这里,每人生产的价值离开他的特定产品所标的价格就没有意义了。

二、贸易条件 318

在资本主义经济中,工农业的贸易条件是任凭自由市场决定的,这导致不断的波动,一般说来平均水平低于农业劳动的长期供给价格。为了这个缘故,所有发达的工业国家都对农产品价格进行某种形式的政治控制,其目的一般是提高而不是压低这一部门的收入。[①]

试图在多少是自由市场的条件下实行工业化的经济则发生相反的问题。城市就业增加引起粮食需求的增长。粮食供给是缺乏弹性的,从而价格上涨(不管好处主要归耕者还是归地主得到);结果必须提高工业的货币工资率;对粮食的货币需求提高。如此反复循环。不论在哪一种情况下,教科书中关于市场价格倾向建立供求均衡的概念都没有多大用处。

三、政治价格

在斯大林领导下的苏联开展过强大的发展重工业运动。凡是

---

① 参看第 2 篇第 5 章第 5 节第 2 段。

生产出来的消费品都交由工业中迅速增长的工人队伍支配。能提供给农民花钱购买的东西极少。这就要施加压力，从农业获取剩余产品。同时要提高生产率的打算不曾获得显著的成功。大部分东欧社会主义国家采取一模一样的公式，虽然没有那么残酷无情。在苏联工业从战时破坏恢复过来后，贸易条件变得略微有利于农业，在集体农庄准许农民耕种的自留地上产生了兴旺的市场经济。尽管如此，农业好像还不曾克服开端不好的情形，它拖住了苏联圈子里各国发展的后腿。

中国是用帮助农民实行自助的方式推进合作化的，它为大部分人——“贫下中农”——带来直接的利益。征收剩余产品一部分采用赋税的形式，一部分采用按规定价格缴售定量剩余产品的形式。分配定量的原则是，每一集体农民应保留足够多的粮食自己吃。所以剩余产品系取自那些最担负得起将他们的一部分收成出让的农民。中国计划制订者吸取了苏联所犯错误的经验，为农民提供吸引人的东西来花钱购买，于是他们乐意挣钱。随着工业生产的发展，贸易条件变得大大有利于农业了。

经济分析能帮助我们研究这种种物价制度的结果，但是采取这些价格制度的原因就要从政治历史去探索了。

319 第三节　计划中的改革

目前在苏联圈子里，一个紧迫问题是如何利用经过这么巨大努力建立起来的生产能力来提高人民的生活程度。在进行积累的伟大运动中，普遍感觉是，只有重工业是重要的；消费品并不需要认真对待。现在重点已经改变，然而制度和思想意识却难以适应新的目标。

一、什么是企业

在波兰逐渐消失而在捷克遭受打击的改革尝试中，一个要素关系到企业的独立程度和首创精神。在苏联制度下，企业领导是国家官员。他被指派掌管一特定设备，获准从银行提取一定工资基金，并奉命使用什么原料，生产什么产品。由于他所接到的命令和他能获取奖金所依据的标准是详细规定的，有时是不一致的，他必须弄虚作假，曲解规章，不论他是真诚地关心生产还是仅仅关心他自己的前途。

为了突破文牍主义和鼓励首创精神，改革家建议在企业管理中引用某种模仿形式的利润制度。对企业只应下达一单纯的命令，而不是用物质说明的无数指示。在一个变种中，这是使销售的货币价值大于成本的超过额成为最大量；在另一个变种中，要从市场弥补产品流量的生产成本，其中应包括对工资额和对估计的资本设备价值征收的税款。企业不是像南斯拉夫那样为自己赚取利润，而是把收益作为经营成就的标准。

采用利润标准而没有利润动机的概念造成许多困难。头一个涉及企业的售货价格。如果一家企业随意规定它自己产品的价格，那么每一个经理都有一种动力要组织他那一部分工人来剥夺公众（一般工人），准许他们自己获得比较高的差额或比较松动地计算成本，这就让利润动机从利润标准后面爬进来了。

另一方面，如果价格是由中央规定的话，那就注定产生反常情形。当价格表最初进行合理调整时，改进是显著的，因为原有价格完全是任意的决定，同生产成本和消费需求两方面都脱了节，但是新价格表很快就要再次僵化起来。

一些自称改革家的人们主张价格要富有弹性，以便按照西方教科书中所描述的情形使供求保持平衡。我们已经看到，教科书在这方面是使人误解的。①

320 第二层困难是关于效率的意思。一家企业的管理部门同它的工人队伍应该是什么样的关系？据说这个制度的缺点之一是浪费劳动。那么，一家企业要负责摆脱多余的工人吗，谁来安排他们重新就业？加快生产和坚持质量是管理部门的事情吗？如果工人不同意，怎么做到这一点？说实在的，一家企业是由它的全体人员还是由一个雇主所组成，在劳动市场上争取尽可能好的要价是什么人的事情？

第三，利润标准对日常企业管理并不能给以充分的指导。在每一级必须作出的决定都是关于人或事的。成本和利润计算是对已经完成的工作的事后检查。它能表明怎样处理最后发生的一堆问题，但下一堆问题将不会是一色一样的。

不过，改革的主要障碍是来自官僚政治方面的反对意见，他们不肯放弃对工业所享有的权力，不让经理、技术员和工程师发挥更多的独立性和创造性。

① 参看第2篇第11章第1节第4段。

二、政治觉悟

中国共产党对苏联制度进行了仔细的研究，照他们的说法，是为了学习它的成就和吸取它的错误经验。当然，主要的一点是关于农业方面的；但在制造业方面，中国政策同苏联政策也有一些饶有兴味的差别。

中国人早在统销阶段就发现了控制生产的秘诀。他们鼓励1949年解放后留下来的资本家（大部分属于沿海城市的纺织业）继续进行生产。按照一定价格供给他们原料并收购他们的产品，让他们得到一个差额，算下来足够支付工资额和一笔合理的利润。（这些企业终于在1956年被归并到社会主义工业，企业所有主根据他们的资产估价在以后十年中每年领取百分之五的金额。）

全部消费品是根据这个制度组织供应的。商业部门在每个地方同生产者签订合同或收购协议，再将商品转交商店。卖给公众和企业的价格是规定的，所产货物的花色品种则根据存货的增加或减少进行调整，因而需求对供给有着直接的和即刻的影响。

每一行业的各家企业要使它们的计划吻合以获取源源不断的原料；商店将公众似乎需要的东西向每个地方商业部门汇报情况；企业也同百货商店和乡村商店保持直接联系以使它们的计划符合它们的顾客的需要。照合同进行生产的制度也控制国家和地方规划中各个投资品工业之间的关系。一家企业只关心生产，而同推销没有关系；价格是规定的，完成计划的个人奖金等等都已废除了。每家企业有其派定的职工。工人像管理部门一样接受教育，
要对效率、质量、技术进步以及原料和电力的节约感到关切。支配 321

这个制度的不是盈利或任何单方面的成功标准，而是自尊心，或像中国人所说的，是工人们的高度政治觉悟。

当原有的社会主义理想由于多少年来的犬儒主义和挫折而受到损害时，单靠修改一下发给工业的指示是不能恢复的。毫无疑问，在苏联圈子里将会发生重大的变化，可是今天谁也无法猜测这些变化将要采取什么样的形式。

第三章　第三世界 322

很多国家既不属于充分发达的资本主义范畴，也不属于社会主义计划范畴，大多数是从前帝国的继承国，它们从那些帝国获得一定程度的独立。因为没有更好的名词，所以这些国家被称为第三世界。

它们在历史、地理、社会结构和传统各方面都极不相同。亚洲、非洲和拉丁美洲三大陆中每一个都有以它自己的历史进化为标志的特征，在每一大陆上，政治经济情况都是多种多样的。就所有这些国家的共同特征来说，那就是，它们被排除在现代工业增长所带来的发展之外，或者，它们被迫处于为资本主义强国“砍柴挑水”的苦工地位。现在它们在名义上获得独立（撇开从旧式殖民制度争取自由或在略微隐蔽的新殖民主义下保持平静的国家不谈），它们的发言人使用了它们是“发展中国家”的概念，这暗示对它们来说，赶上并享有工业化国家曾经获得的财富和能力的一些利益是可能的和可取的。

同其他两类国家比较起来，这些国家甚至是在更大的程度上由政治支配着经济，因为在这些新兴的每一个国家中，经济政策都同它正在建立的社会形态纠缠在一起。发展的目的主要在于让人民吃饱和消除最严重的灾难，还是在于为富裕的中产阶级创造机

会或保卫地产特权？目标是要取得世界上将会认真对待的国家独立和权力，还是一种可以接受的卫星国地位？政治问题最有趣最重要，然而这些意见必须再次局限在和经济分析有关的一些要点上。

323 第一节　不发达

凡现代工业所产生的便利和不便利都不存在的国家，一般被说成是不发达的。在这个意义上，不发达一直是所有人类社会的正常状态，只有少数国家除外，这些国家在最近二百年中曾将科学工艺应用到生产和福利方面。一种发达经济的基本特征是，工艺、设备和政权使它能用一小部分人力来获取粮食和其他初级产品，因而大部分人力可以用于工业和其他活动。不发达的意思是大部分居民必须从事粮食生产；其余的人要靠耕者的产品超过其家属必须吃的口粮的剩余部分维持生活，于是整个社会发展取决于农业中的每人产量水平。

要摆脱这种状态，必须实行工业化，因为工业化意味着将动力用于生产和交通，作为人力和兽力的补充。中国人曾经表明，动员居民“赤手空拳”进行劳动究竟能有多大成就，然而不借助机械，每人产量(从而消费)就无法逐渐提高到现代水平。所以在它适用于工业也同样适用于农业的一般意义上，“开发”当然是同工业化相一致的。

一旦世界上任何地方爆发了工业革命，所有其他地方的局面就要发生根本变化。一方面，主要国家将科学应用于工艺，这就为高度的生产率开辟了道路，于是在政治情况许可的场合，别的地方可以追随于后。另一方面，在主要资本主义国家里，工业化所产生的经济和军事力量也可以粗暴地或巧妙地用来阻挠仿效他们的成就的企图。在目前，第三世界各国是处在前资本主义的不发达状态、殖民地的畸形发展或早期的现代发展的不同阶段。

一、地主与农民

在某些部落社会里，农业剩余是由全体居民所分享，任何家庭都没有被迫生产多于它要消费的东西。一般都知道的"文明"的上层建筑，就是建立在强迫耕者为别人劳动的基础之上的。今天许多第三世界国家，依然处在地主阶级按照多少像重农主义者所描述的情形①榨取地租和对农民进行高利盘剥，或者在他们的庄园里用维持最低生活的工资雇用工人的阶段。由于地主享受传统的生活方式，他们没有必要为生产率费脑筋。说实在的，他们也许确实对改进抱敌视态度，这种改进将会提高农民的生活程度并使他似不是那么一贫如洗。

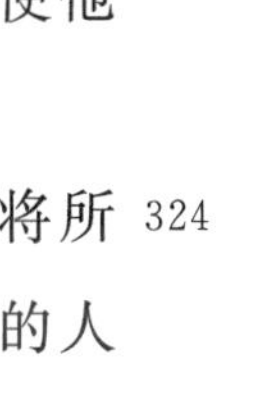

这种组织农业的方法是将剩余产品保持在低水平，同时将所 324
有用于养活地主家属的大部分都消费掉，于是经济社会其余的人可以得到的很少甚至一点也没有。在这里，李嘉图把地产看成是发展的一个沉重负担的见解依然是完全适用的。

对地租课税是抽取剩余产品用于投资来推动发展的一个方法，同时也是对地主施加压力来提高生产率，不过在政治上靠地主

① 参看第1篇第1章第2节第1段。

势力支持而存在的政府，是不能采取这种方法的。

二、土地改革

许多自称发展中国家，一些在亚洲，少数在拉丁美洲，曾试图用立法来改善耕者的状况。在某些事例中，土地改革的效果同其意图恰好相反。举个例子，当法律准许佃户连续三年耕种同一块租地就对它享有一部分权利时，地主就每两年将佃户移来移去。有时一项法律不能生效，例如对一个人可以占有的面积规定一个最高限，这就促使地主表面上将他的庄园分配给他的亲属，然后照样进行下去。

我们已经看到，对以前的佃农实行真正分配土地的办法本身并不能解决生产率低的问题，[①]一个耕者需要资财，就像他需要土地进行劳动一样。地主和放债的人使得农民家庭从一次收成到下一次收成能够活下去(不管是多么低的水平)；当他们取得土地所有权时，他依然需要信用。对农民来说，放债的人和就在收割后以低价买进并按一年中上涨的价格出售农作物的商人好像是吸血鬼，不过他们是在资助一种必要的劳务。农民得不到贷款，他们的处境可能比以前甚至更糟。

土地改革同提供信用相结合就可使农村居民为自己保留更多的产品而大大改善他们的生活。不过这样一来，他们吃得多些，可以供应城市人口吃的就要少些，于是工业发展受到限制。

要使农业提供剩余产品而无须使耕者处于极端悲惨的境地，

---

① 参看第 2 篇第 1 章第 1 节第 2 段。

就有必要提高生产率，同时还要耕者有让出他们的大部分产品的手段和动机。从自耕农抽取剩余产品的一个方法是征税。另一个方法是组织市场买卖并供应农村居民要获得的一些商品或劳务。

在为现有产品找到一个出路之前，试图改进工艺，作用往往不大。但是，一旦农民得到充分保障，认为值得改进土地并承担使农业生产多样化的风险，他们就容易接受新的耕种方法或新的农作物，假如为他们谋求的利益能令人信服地予以证实的话。

在准封建的经济中，实行土地改革而不进行彻底的革命，不仅 325
要遭到被剥夺地租和特权的地主的反对，而且要遭到放债者和商人的反对，他们是靠投资经营农产品来为自己谋生的。一些改革方案有点儿带试图作蛋卷而不打破鸡蛋的性质——这些方案的目的在于帮助农民而不损害其他任何人。

但在一些非洲国家，土地改革在使农民对整个经济发生利害关系并将他们变成政治制度中一支可靠的保守力量方面是成功的。

关于土地改革和自耕农农业的合作组织有过一些试验，这些试验在克服外部困难方面多少是有成就的，只是后来他们往往发生内部冲突。在每一个村庄里，一些家庭比其他家庭处于比较好的地位来利用试验给以他们的好处，于是，一种改革方案多半会以我们在富农和贫农情节中所描述的局面而告终。[①] 除非是在政府政策真正为农民利益着想的体制下，否则，农业合作社是不容易建立起来的。

---

① 参看第 2 篇第 1 章第 2 节第 6 段。

三、资本主义农场

现代灌溉方法、农作物新品种的科学发展和耕种的机械化使得从旧式地主和自耕农手里夺取农业并将它纳入资本主义投资的范围成为可能的事情。

在殖民地时期，专供出口销售的农作物已经有了很大的发展。① 在一些地区，这一类企业实行了现代化；在一些地区，多少是成功的自耕农继续在耕种；而在另一些地区，自称独立国家的政治局势制止了旧式种植园主的投资而没有用任何东西取而代之。

资本主义农业在第三世界一些地方的新发展接收了以前未开垦的土地。例如墨西哥北部不毛之地已经变成高产田，并将大量剩余产品用于出口和供应城市。旧式农村人口则不在这种发展之列，还继续靠低水平的自耕自给农业经营来维持生存。

当资本主义农业经营被引进人口稠密的区域时，如同在亚洲一些地方，佃户要受到排挤，因为土地被收买去创办适当规模的农场了。工资劳动者的雇用在一定程度上有所增加，但是新农场主觉得拖拉机要比人更容易掌握些。这种发展存在着严重的进退两
326 难情形。只要保持主要农作物——粮食谷物——的价格不跌落，新式农业经营就是有利可图的，并能吸引投资。这意味着，一年一年继续增加的农业产量只有在用于粮食的收入不断增长的情形下才能卖掉。如果产量增加而收入不足以提供对这些产量的需求，市场就会垮掉，成本高的农业经营将不再有利可图。但是，只要工

① 参看第 2 篇第 5 章第 3 节第 1 段。

业认为按照使工人够吃的高工资雇用他们赚不到钱，那就不会有足够的收入。

四、粮食进口

一定数目的国家的经济是环绕单一出口商品（如同石油或糖）发展起来的，它们习惯于进口几乎它们所消费的一切东西。一些国家处在沙漠地带。在某些国家里，原有居民早就被消灭了；一个从迁移来的工人队伍遗传下来的人口已经发展壮大，超过了可耕土地供养他们的能力。只要对他们的出口商品的需求不下降，人们就能活下去并养活一个富有的阶级，据统计，产油酋长国按每人计算的国民总产品是世界上最高的，但当资源耗竭或需求消失时，他们就要处于绝望的境地。

第二节 失业

对于计划经济当局，从一个观点来看，能够工作的男人和女人是必须赡养的人们；从另一个观点来看，他们是可用来对经济财富作出贡献的宝贵资源。在自称第三世界发展中经济的国家里，失业工人是受人责难和讨厌的事情，如果忽视的话，它可能变成政治威胁。政府当局把他们的问题看成一种极力提供就业的责任，而不看成一种开展某些有益工作的机会。

一、凯恩斯式的失业

在任何主要是私营企业的经济中，通常总有一些在下述意义上是凯恩斯式的失业：当支出水平偶然上升时，一些雇主认为增雇更多的工人和生产更多的产品是有利可图的。而且，第三世界各个城市有大量人民是在隐蔽失业情形下生活的，做擦皮鞋匠或搬运工人和在街道一些角落贩卖极小量的火柴或纽扣来提供他们的服务。收入和支出的大量增加使他们有做更多生意的机会。

但是，单靠提高有效需求来增加产量的可能性是有限的。雇用工人的设备和资金数量远远不够吸收潜在可以雇用的工人队伍，由于这一事实而存在着大量未就业情形。[①]

327 通过预算赤字或投资费用的突然增长而大量增加支出，就将需求提高到超过农业、运输和工业供应消费品的能力。要么进口货滚滚而来，要么物价猛烈上涨，于是产生利润和工资相结合的膨胀性螺旋形上涨。

凯恩斯的救治方法是对付已有生产能力利用不足的短期措施；这种方法是不会创造还不存在的生产能力的。

二、就业不足

能每天吃饭的人也能每天劳动，但是，正如我们从贫农家庭所看到的，一个人在农业中能够做的生产劳动量取决于他必须耕种的面积。在个体农业中有三个因素强迫人们闲散无事；头一个是因人们可以认为是可耕地绝对不足而造成的。在历史发展过程中，农业技术一直是在适应人口的压力。（古时在中国南部一些地方，占有地小到不足以饲养牲畜的地步，在那里，人的体力是动力

① 参看第 2 篇第 3 章第 4 节。

的唯一来源；而在印度，甚至到今天，两头小公牛还是最低限度的必要设备。)但是任何技术传统都有一个上限，超过这个限度，加强精耕细作也不会增加产量。当人口密度超过这一点时，即使在农忙季节，所有的人也不是整天劳动。在占有地是相当均匀地分配给各个家庭时，不一定有任何人完全失业，因为每人都得到对某块土地产品的所有权并出大部分的力量；不过总的看来，如果更多的劳动会增加产量的话，他们是情愿多干活的。(典型家庭是第二篇第一章第五节第1.6图所描绘的贫农情形。)在佃农或用谷物缴租的佃户或在占有地因一代一代人口增加而一分再分的自耕农中也可能产生这种情况。

只要耕者没有其他生产劳动可干，那就不管劳动显得多么浪费都不能正当地说他们拥挤在一块田地上是“不经济”的，因为所有的人都能参加劳动和分享收入，而不会驱使一些人在城市里拣面包屑为生。浪费是在于没有可供选择的工作，而不是在于农业经营规模的缺乏效率。

农村就业不足的第二个因素是因各个家庭占有地分配不均而产生的。我们对富农和贫农的分析非常形式化，但它符合许多国家个体农业的实际情况。

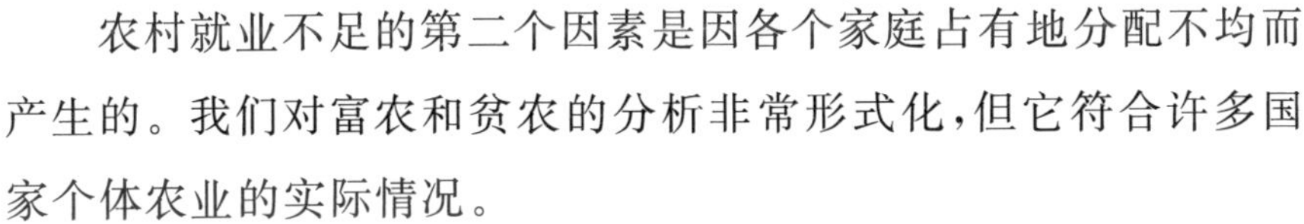

不妨考虑一下没有上述那种土地绝对缺少的地区。假使全部劳动按照获取尽可能最高总产量的方式在可耕地面积上铺开，劳动边际生产率会是正项，也就是说，如果减少一人一年劳动的话，产量将会遭受可观的损失，这在土地绝对缺少的情形下是不会发
生的。然而劳动并不是在地面上平均铺开。一些占有地太小，所 328
以这家劳动的边际生产率等于零；另一些占有地是那么大，因而一

家可以毫不费力地过舒适的生活。假使一家富农雇用他们耕种他的土地，可以减少强迫贫农闲散的情形，不过起初他们不愿意为工资而劳动，这是不光彩的，还要屈从一个老板。他们由于自尊心的关系而闲散无事，一直到他们不得不忍受为止。一旦他们习惯于为工资而劳动，额外收入就可以补偿独立自主方面的损失。

强迫人们闲散的第三个因素是农业生产过程的季节性。在许多地区，每年有一两次一周或两周的农忙季节，这时劳动没有过剩情形，说实在的，劳动还有点不足。而在各个农忙季节之间却有一大段时间在家里只有很少事情或者无事可做，人们没有可能赚到工资。

农村就业不足和季节性闲散现象有时也被说成是“隐蔽的失业”，但这是用词不当。在原来意义上隐蔽失业的特征是，它能用提高有效需求的办法来解决，而农村就业不足是需要根本改变生产条件的事情。

正如中国人所表明的，在技术上可能妥善利用耕者的闲散时间（只要他们一年到头都够吃）来兴修水利，预防土壤侵蚀，筑路等等，但是个人土地所有权是实行这种计划的一个障碍，因为发生谁要从这种计划得到益处的问题。

三、技术的选择

自称发展中国家从发达的国家进口工业技术，当外国厂商在它们境内设立分公司时，就有一部分是直接进口；当它们本国资本家或政府仿照外国模型进行投资，一开始进口设备，随后复制设备中的一些部件时，就有一部分是间接进口。在实际工资率不断上涨的压力下，发达国家发展出来的工艺一般要求为所雇每个工人投下巨额的投资费用，这显然对于大量工人就业不足，可供投资的资源有限和资金供应组织不好这样一种经济的局面是不相宜的。

由此看来，应当用不那么节约劳动的技术来实行工业化，从而每一轮投资都会在将来使更多的人就业。

这有时变成这样一种见解，即投资的目的在于提供就业，因而情愿要最耗费劳动的技术——每人产量是最低的。但是发展的目的，首先是给更多的人民一些东西吃，其次是为进一步投资提供更多的剩余。目的是从每一单位投资获得更多的产量而不是更多的工作。每人产量低本身并不是一个优点。在已知各种技术中间进行选择时，凡是每单位投资提供的产量比较低和每一个人提供的产量比较低的技术都应当拒绝采用。

在生产一定的产量——譬如说棉布——有各种各样合格技术 329
的场合，它们可以依据前面讨论过的工业化程度概念进行比较（尽管每种技术所需要的投入物和提供的出产物的时间形态的差别使论证变得复杂起来，如同我们在前面所了解到的）。[①] 一种比较机械化的技术要求对所雇每个工人投下更大量的投资费用并提供更高的每人产量。

以宁要每单位投资费用提供最高的将来产量的原则来指导选择时，比较低的机械化程度一定胜过比较高的机械化程度，因为程度比较低意味着每人投资费用比较小和今天进行的每单位投资费用的将来产量比较大。这也附带提供比较高的就业水平。

① 参看第 2 篇第 11 章第 4 节第 4 段。

然而现在论证涉及工资作为成本的概念。[①] 将一种技术同另一种进行比较，选择机械化程度比较低的一种将会带来比较大的将来工资额。我们往往发现比较高的机械化程度是盈利比较多的，视普遍的工资水平和预期从两种技术获得的产量水平而定。它提供每单位投资比较小的将来产量，比较少的就业人数，从而需要比较小的工资额。当节省的工资额大于放弃的产品价值时，那就可以想象，追求利润的资本家要避免采用提供每单位投资产量比较大的技术，而宁肯选择提供每单位投资利润比较大的一种。

在这种情形下，人们有时声称，获利最多的技术毕竟是对国民经济最有利的技术，因为它将提供更多的剩余。机械化程度低的技术提供比较高的产量并使更多的人摆脱凄惨的未就业状态，但是他们会将其挣得的工资全部吃光。获利较多的技术现在提供的就业人数少，却为将来扩大投资提供更多的剩余。如果没有其他方法获得投资资金，如果利润肯定要用于投资而不是被资本家花在他们自己的消费上面，获利较多的技术也许是更为可取的，不过一般地说，赞成这种技术的论点听来有点像是把资产阶级思想意识扩大到它并不适用的范围。

撇开已经知道的技术不谈，发明适合各种经济的生产能力的技术有无限多的可能性。各个地方都曾应用所谓“中间工艺”；这些工艺涉及比原始手工艺更富有生产性的方法和设备，不过比现代西方生产所需每人和每单位产量的投资要少得多。但是资本家宁要现成的技术，无论如何，他们往往要同那些认为它们自己的技

① 参看第 2 篇第 11 章第 4 节第 2 段。

术最好的外国厂商实行合作。此外，自称发展中国家的政府往往特别喜欢庞大的激动人心的规划，而这些规划决不是利用它们的有限资源的最有效方法。引进高度机械化技术的缺点不仅是它需要更多的投资来提供就业，而且它是从工人、技术员和经理人员难 330
以理解的复杂程度和水平开始的，因而它们要继续依靠外国人，而自己却无法学到技术知识。

第三节　对外贸易

我们在上面已经注意到，对任何国家的经济来说，国外购买力比国内资源更为宝贵，因为它可以支配更大范围的产品。① 自称发展中国家尤其如此，它们从已经高度发展的国家进口设备和技术知识来实行工业化。

并非所有可以获得的外汇都用在经济发展方面。许多国家把大部分外汇花在输入军火上，有时是在同一个大国结盟的幌子下用来对付一个邻国或镇压国内人民。一部分用于进口日益增长的中产阶级所迷恋的外国消费品，一部分是用窖藏黄金或外国银行存款的方法积蓄起来，一部分有时用于救济饥荒。但是，不论外汇用于什么目的，它总是十分值得想望的东西。

一、初级产品的出口

第三世界许多国家在殖民地时期就已经开辟了供应品的来

① 参看第 3 篇第 2 章第 1 节第 2 段。

源，现在为它们提供出口货来赚取外汇，虽然市场像我们所了解的那样是靠不住的。[①] 在以前帝国主义各国资本家开发这些资源的场合，它们现在就负有汇寄利润的义务，在许多事例中，移居的经理人员们的一部分薪金也获准汇出。它们必须准许为移居人员和本地模仿者进口消费品。这就减少了国外收益对经济发展所能作出的最大贡献。自称发展中国家容许它们继续保持这种状况的理由是，首先，政府当局害怕他们本国人民不能像外国人那样好地管理生产；其次，本地资本家同情外国人，同他们作出安排获得好处，因而给他们以政治上的支持。最后，向发达国家挑战是非常危险的。如果它们不会走到诉诸武力那么远的地步（直接地或通过内部颠覆活动），它们却能将一个违反它们强加给人的规则的国家通向世界市场的出口实行封锁。

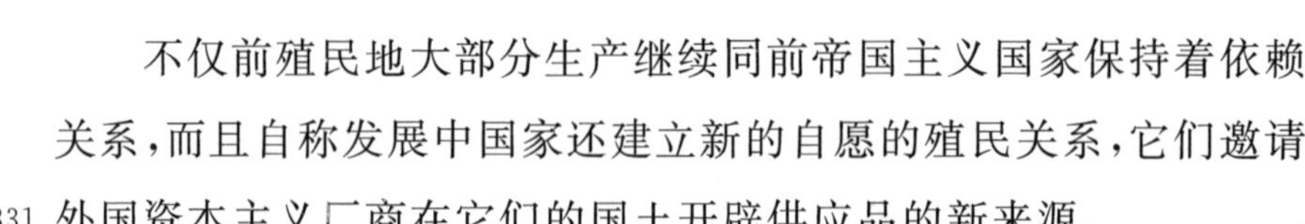

不仅前殖民地大部分生产继续同前帝国主义国家保持着依赖关系，而且自称发展中国家还建立新的自愿的殖民关系，它们邀请
331 外国资本主义厂商在它们的国土开辟供应品的新来源。

二、制造品

低工资工人不一定是廉价劳动力，因为营养不足的、未受教育的工人不会提供很多剩余产品，不论他们自己在产品价值中占多么小的份额，不过在许多行业中，低工资使得高度耗费劳动的工艺能同最先进工业的产品进行富有成效的竞争。

在本地资本家组织这种生产的场合，经济发展的节奏就大部

① 参看第 2 篇第 5 章第 3 节第 1 段。

分取决于他们的生活方式。当他们爱好外国式样的奢侈品并坚持准许进口这些东西或进口配料在本国生产时，经济发展就要走进死胡同。当他们的利润主要是储蓄起来用于再投资，先是扩充他们的出口货生产，然后转过来生产投资品时，他们就是走资本主义发展原来走过的老路。这个过程的真正本质涉及工资在产品价值中所占的份额小，也就是对工人的剥削率高。不管怎样，遭受资本家剥削的工人的处境比城市里隐蔽失业和农村中没有土地而生活在近乎饥饿状态的人们要好些。

打算根据这种方针发展的国家抱怨说，它们由于发达国家实行的保护主义而遭受挫折，这些国家不想进口别国的售价比它们自己的工业产品低的货物。照正统的自由贸易理论，它们应当接受这些廉价的进口货，而将它们自己的资源转移到更尖端的工业。对前一种货物来说，耗费劳动的技术是最有效的；对后一种工业来说，它们的比较利益要更大些。不过这样一种转移要使受到竞争的工业的资本家遭受损失，工人发生失业，而丝毫不能保证其他工业将会获得发展，取而代之。当自由贸易学说为英国制造业消灭殖民地世界手工业辩护时，它的确好得很。当情形相反时，它就没有那么大的吸引力了。

三、“进口替代”

由于外汇总是供应不足，经济发展的头一条规则应当是节约进口，这就是要使每单位用在进口货方面的花费尽可能最大量地改为由本国生产。这涉及实行禁止和用关税来排除那些没有也行的进口货，或可以由本国生产来替代的进口货，而只准许有助于发展规划的货物进口。

人们并不总是彻底理解这一点。自称发展中世界的一些外国顾问把“进口替代”蔑视为由于某种原因而同真正的自由贸易学说相矛盾的东西，尽管一切现在繁荣兴盛的工业国家都是在保护政策下开始它们的经济发展的。

332 即使接受节约进口的原则，它并不总是得到很好的应用。大家都知道，当一种工业建立起来时，实行保护关税以防止进口增加，后来却发觉它需要进口原料维持开工，这比进口成品要花费更多的外汇。为了避免这种错误，需要的不是自由贸易理论，而是技术情报、常识和不以国家利益为牺牲而给企业以恩惠的正当管理。

工业化政策的成功取决于受保护的市场。在许多拉丁美洲国家里，保护措施招致寡头垄断大企业在关税壁垒以内设立分公司，而这种设施往往只不过是使用外国部件的装配厂，因而只有一部分进口货价值真正节省下来了。

总之，保护所要节约的进口货通常是只有一小部分居民才买得起的一类东西。例如可以对汽车征收高额关税来促进投资，其结果是兴建了许多小规模经营从而成本高的工业。市场是狭小的，所以有关厂商只能靠生产一些其他昂贵物品卖给一小撮富有的阶级进行扩充。要使这一类厂商维持下去，还得对连续的一系列新商品实行保护，而每一种商品的销售只有这样的规模，在这个规模上，从先进工业国家引进的技术是效率不高的。从这条道路走下去，不可能出现实际工资和群众消费不断上升的步伐，而这正是资本主义发展获得成功的秘密所在。

对这种政策的反对意见并不是自由贸易主义者所提出的那种

意见——受保护的产品的成本高。国内成本同世界价格的比较是不相干的，因为按照世界价格来购买涉及花费相对国内资源来说是稀少的外汇。如果取消保护而其他一切照旧的话，中产阶级消费者会得到便宜的进口汽车，国内失业将会增加（利润也会下降），国际收支将会发生严重的危机。反对意见不是针对保护本身，而是针对保护所鼓励的投资类型。

第四节　流入资本

不论是在资本主义经济中，社会主义经济中，还是在混合经济中，要使积累过程进行下去就需要三个组成部分：资金，即可以花在投资上面的购买力；储蓄，节制消费以使资源能用于投资；进口货，作为国内可以利用的资源的补充。容许一国入超的外国贷款或援助对加速发展是有很大帮助的，一直到它为其出口开辟充足的市场（如果它很乐意的话）为止。许多第三世界国家也习惯于靠外国资金来充实其他两个组成部分。

一、资金 333

当（譬如说）一个富裕地主想起把他的一部分地租用于改进他的庄园或创办一个工厂时，投资也可以直接筹措资金而不需要任何借款。第三世界不发达的事实本身表明，这一类投资还不曾达到足够大的规模来推动经济发展。

一般工业化过程要求财富所有主将购买力移交给那些愿意在生产方面进行投资和雇用工人的人们。在一个现代工业经济中，把借贷双方拉拢在一起的业务有着高度的组织，于是我们倾向认为这是理所当然的。但在不发达的经济中，信用没有充分发展；财富所有主宁要土地和黄金而不要银行存款或企业股票。可能还有大量资金用于放债和贸易来获取未经考验的工业投资所担负不起的高额利率。

一个不愿意或不能够向其居民征税的软弱政府没有良好信用，也没有办法借到款项。

由于资金缺乏，工业化过程无法着手，不管对它的需要看来是多么迫切。资金不足情形可以靠向国外借债来解决吗？外国银行可能在不发达经济中从事经营，挑选前景最光明的企业给以贷款，政府也可能获得贷款或援助。当资金用于消费品或军火时，经济发展就不能更前进一步。但是，假设政府现在能够超过它的岁入来花钱，进行某种有益的投资，譬如说改进运输系统。支出可以增加收入、就业、利润和储蓄。撇开因扩大进口而造成的漏损不谈，国内财富增加了。在追加财富采取企业利润的范围内，它可以为进一步投资融通资金，但就它落到用储蓄购买黄金或外汇（不论是合法还是不合法）的一些人的手里来说，它就脱离了资金的流通。要保持一个稳定投资率不下降就需要资金的不断流入和外债的不断增长。

得到财富所有主信任的本地银行制度和生财市场的发展是在私营企业条件下进行积累的先决条件。

二、储蓄

人们往往提出这一论点，即第三世界各国每人收入是这么低，所以他们不可能进行储蓄。这个论点是微妙的，因为收入不是平均分配，到处都有从工人和耕者榨取的这种或那种形式的剩余。说积累由于没有潜在储蓄而停止下来，那会意味着脱离未就业状态的工人的必要消费用掉他所增加的全部产品，因而没有剩余可以用来进一步增加就业。 334

积累过程由于缺少工资能够买到的货物而停止下来，这种情形是可能发生的。当工业有额外工人就业时，粮食就有额外需求。在农产品供应品缺乏弹性的场合，因工业中挣得货币工资的花费而产生的额外需求抬高粮食价格，因此必须提高工业中的货币工资率，这又越发抬高粮食价格，从而造成恶性的螺旋形上升。这不能说是缺少储蓄的缘故。它倒是因为工农业发展失去平衡的关系，输入谷子可以克服这种困难，但这可能是一种治标办法，推迟根本问题的解决。

一般所谓缺少储蓄的问题并非真正缺少潜在可供投资的剩余，因为工业中就业的增加总是伴随着利润的增长。困难在于保证这一点，即不断引导日益增多的剩余用于增产消费必需品和投资的各种要素，以使就业有可能继续增加。储蓄问题也就是防止利润增加导致奢侈消费品增加的问题。

在外国贷款和援助用于投资所必需的各种要素（譬如说钢或机器）的限度内，它们直接补充国内的储蓄。这里所涉及的国内投资为贸易逆差（入超）所抵消。捐献国（它有出超）的储蓄转移到受援国了。

但当包括国内用费在内的全部投资费用都由捐献国支付时，入超大于进口投资品的部分系采取消费品的形式。外国储蓄取代国内储蓄。假定必要的消费是由国内来源供应，这意味着进口货系供应来自利润的消费需要。

在这些进口货是用贷款支付的情形下，以后支付利息将是一个负担，而不能从扩大国内生产能力得到补偿；在这些进口货是用援助支付的情形下，则捐献国的慈善目的就落空了。

这意味着，最值得援助的国家是那些将其工业实行国有化，防止利润被个人家属用于消费并禁止奢侈品进口的国家。然而推行这种政策的国家是最不可能接受援助的。

三、第二天早晨

即使在引进的外国资金严格用于投资的场合，贷款也为发展中国家制造一个问题。取得贷款的条件是要还本付息的。靠贷款得以进行的投资对一般经济发展是非常宝贵的，却无助于增加出
335 口收入。随着债务的增长，利息的支付消耗越来越多可以利用的外汇。只要这个国家希望继续借债，它就不敢拖欠不还；过一个时期，它发觉大部分新债的收入要用于支付旧债的利息。

另一种形式的资本流入是一家外国公司在自称发展中国家设立分公司进行直接投资。

公司往往只对它的投资提供一小部分资金，因为它能在当地出售债券借到款项。它组织一个企业，雇用工人并引进设备和技术知识（它也许不是对这个国家最适用的一种）。与此相对应，它有权永久汇寄利润。这一般是比贷款更为昂贵的借款形式。当这家公司将在该国赚到的利润进行再投资以扩大经营时，它促进那里的经济发展，但用这种方法产生的额外利润属于母公司所有并

将要求以后汇寄更多的利润。

有时一个发展中国家处于足够强大的地位同它准许在其领土设立的国际公司做成一笔交易，使它保留一部分权利，从而将一份利润留在国内并附带获得一些其他利益。但是许多自称发展中国家要相互竞争，因而提出减免赋税和其他特许权利将外国公司吸引进来，从中牟取厚利。

第五节　人口

尽管发生这种困难和矛盾，经济继续获得发展。第三世界的生产和收入是在增长，不过同时人口也到处在增加，在一些地区，人口增加远比就业和生产快，于是在发展的同时贫困和苦难的群众也在扩大。

一、粮食供应

农学家喜欢估计养活世界人口的种种可能性。一些人相当心安理得，另一些人则认为在三十年内就有发生大规模饥饿情形的危险。无论发生什么情形，今天有大量人民处在饥饿的边缘，有大量儿童由于婴儿时期营养不足而半死半活地在成长。对世界全部潜在人口的综合粮食供应问题同今天养活现有人口问题是毫不相干的。

二、投资

一旦现代工艺已经产生，看来明显的是，人口增加对于还活着

336 的人是不利的。在任何一个经济社会中，工人队伍和其他资源可以用于投资（包括教育）的部分必定是有限的。要供养的人数增加得越慢，可能为每一个人提供的设备、住房和文娱活动的数量就越大。“上帝为每一张嘴配备一双手”，而不是一部拖拉机，一个电力站或一个教室。即使在最富有的国家中，人口增加也要降低生活程度，它是最贫穷人们的一个沉重的负担。

三、政策

近年来人口大爆炸主要是由婴儿死亡率下降所造成。在历史上，随着婴儿死亡率的降低出生率也下降了。不论可以利用什么技术设备，在人们对自己的生命获得某种程度的安全和控制以前，要培养节制生育的习惯是不容易的。在中国，迟婚和小家庭运动是直到大大提高健康和饮食标准，实行充分就业与生活保障和每个人对将来充满乐观情绪时才开始的。

现在，在政府当局和受过教育的公众很关心他们所有同胞都应当有饭吃，有房子住和享受教育的一切国家里，节制生育的必要性得到承认并努力将其推广，取得不同程度的成功。

其他政权则认为廉价劳动力的大量供给是对地产的一种支持或是资本主义企业迅速发展的一种引力。它们利用宗教偏见在家庭计划方面设置障碍，而特权阶级除外。

第六节　结论

在第三世界知识分子当中散布的均衡和自由贸易理论的正统

学说同他们的问题没有关系。均衡理论是对赞成自由放任的假定的一个说明,而作为政策目标的发展这一概念本身是和自由放任相矛盾的。自由贸易的理由是在进出口总归平衡的模型中阐述的,而第三世界每一个国家都遭受外汇不足的痛苦。

对经济分析另一不同的处理方法可能使第三世界知识分子对他们的问题看得更清楚些,不过单靠经济学并不能告诉他们从哪里去寻求答案。

图书在版编目(CIP)数据

现代经济学导论/(英)琼·罗宾逊,(英)约翰·伊特韦尔著;陈彪如译.—北京:商务印书馆,2017
(汉译世界学术名著丛书:120年纪念版:珍藏本)
ISBN 978-7-100-14178-9

Ⅰ.①现… Ⅱ.①琼… ②约… ③陈… Ⅲ.①新剑桥学派—经济学—概论 Ⅳ.①F091.348.2

中国版本图书馆CIP数据核字(2017)第137578号

汉译世界学术名著丛书
(120年纪念版·珍藏本)
现代经济学导论
〔英〕琼·罗宾逊 约翰·伊特韦尔 著
陈彪如 译

商 务 印 书 馆 出 版
(北京王府井大街36号 邮政编码100710)
商 务 印 书 馆 发 行
南京爱德印刷有限公司印刷
ISBN 978-7-100-14178-9

2017年12月第1版 开本710×1000 1/16
2017年12月第1次印刷 印张32
定价:150.00元